普通高等教育"十二五"规划教材

国际贸易实务与操作

杨丽梅　杨　臣　张斯琴　主编

北京
冶金工业出版社
2013

内容提要

本书由导论、国际贸易术语、国际贸易货物销售合同主要条款（业务内容）、国际贸易交易的程序（业务程序）、具体业务的模拟实训等五个部分构建而成。每章以开篇案例引出问题、进入主题，增强了可读性和思考的自觉性。在内容编写上力求深入浅出、通俗易懂，不仅可以用于专业课的学习，还可以用于日后的工作实践之中；通过全方位、多角度、细致的讲解与模拟训练，学生在仿真环境中系统、规范、全面地学习国际贸易实务，可以了解、熟悉进出口业务流程，并能熟练地进行各个业务环节的实际操作。

本书可作为高等学校相关专业教材，也可供相关领域专业人员参考。

图书在版编目（CIP）数据

国际贸易实务与操作/杨丽梅，等主编．—北京：冶金工业出版社，2013.8

普通高等教育“十二五”规划教材

ISBN 978-7-5024-6338-0

Ⅰ.①国…　Ⅱ.①杨…　Ⅲ.①国际贸易—贸易实务—高等学校—教材　Ⅳ.①F740.4

中国版本图书馆 CIP 数据核字（2013）第 184586 号

出 版 人　谭学余
地　　址　北京北河沿大街嵩祝院北巷 39 号，邮编 100009
电　　话　（010）64027926　电子信箱　yjcbs@ cnmip. com. cn
责任编辑　宋　良　王雪涛　美术编辑　吕欣童　版式设计　孙跃红
责任校对　卿文春　责任印制　牛晓波
ISBN 978-7-5024-6338-0
冶金工业出版社出版发行；各地新华书店经销；北京印刷一厂印刷
2013 年 8 月第 1 版，2013 年 8 月第 1 次印刷
787mm×1092mm　1/16；21.75 印张；525 千字；337 页
45.00 元

冶金工业出版社投稿电话：（010）64027932　投稿信箱：tougao@cnmip. com. cn
冶金工业出版社发行部　电话：（010）64044283　传真：（010）64027893
冶金书店　地址：北京东四西大街 46 号（100010）　电话：（010）65289081（兼传真）

前　言

随着信息、通信、交通等技术产业的迅速发展，全球经济贸易越来越密切，呈现出了经济全球化及经济一体化的趋势，世界各国的国际贸易、国际物流、国际金融、国际电子商务等活动日益繁荣。我国加入世贸组织以来，对外贸易额在国际上的排名迅速飙升，第三产业占国民经济的比重日益攀升，商贸服务作为国民经济的重要支柱也日益活跃。我国作为当今全球最具代表性的国际经济组织的成员，在融入经济全球化，参与国际经济竞争方面将发挥越来越重要的作用。因此，培养具有国际视野，掌握国际贸易理论和操作技能，熟悉国际贸易活动的运作规律及国际贸易法律法规、惯例，面向贸易活动一线的外向型经营管理人才，是一项急迫而又长期的任务。

以服务为宗旨，以就业为导向，走产学结合的发展道路，培养具有一定理论基础，实践应用能力较强的高素质人才，是大学教育课程改革和教材建设的当务之急。

为了适应这种新形势下的市场需求，培养社会急需的应用型、复合型人才，我们在广泛应用吸收国内外学者先进成果的基础上，结合自身长期的科研理论沉淀及教学经验积累，本着求实、创新、着重培养学生能力的宗旨，遵循应用型本科的教学规律和特征要求，使学生熟练掌握国际货物贸易的基础理论、基础知识和基础技能，熟悉国际贸易惯例，能够正确分析进出口贸易案例，熟练正确地编制进出口贸易单证，为日后从事国际贸易工作打下扎实的基础，我们花费了三年多的时间，通过对自己的教学教案进行总结，参阅大量的国内外有关国际贸易的文献资料，走访了全国各地多个外贸企业，收集了大量实际案例，撰写了本书。

国际贸易是指不同国家或地区之间的货物、服务或技术的交换，具有线长、面广、环节多、难度大、变化快的特点。“国际贸易实务与操作”是一门研究国与国之间（或地区之间）有形商品买卖的有关理论与实际业务的课程，是一门“贸易政策”、“法律”、“国际贸易技能”、“商品技术知识”、“金融保险”、“国际物流”等相关学科知识相结合的学科，与学生的就业密切相关，是一门方针政策与业务技术相结合，理论与实践相结合的政策性和实践性很强的课程。我们编写本书的指导思想是：(1) 以我国对外贸易方针政策为指导，牢牢把握当前我国进出口贸易的具体要求。(2) 从当前我国对外贸易的实际需要出发，认真学习研究国际贸易法规、国际商业惯例和有关案例，以提高学生分析问题和解决问题的能力。(3) 配套国际贸易模拟实验，以提高学生的动手操作能力。

本书具有如下特点：

(1) 面向应用型本科的实际情况，以进出口业务为主线，一票业务到底，通过一笔模拟实际的铁矿石进口贸易展现进出口业务的全过程及内容，将真实的市场搬进课堂，对实务课程的知识点和实验实训进行了全面整合，尤其适合冶金类高等院校国际经济与贸易专业的本科学生学习。

(2) 突出实用性、新颖性、通俗性与完整性，在内容选取上与时俱进，力求新颖，如增加了《INCOTERMS 2010》和《UCP 600》的内容，能适应国内外贸易环境变化与发展的需要。

(3) 每章的开篇案例引出问题，进入主题，引导出课程内容，最终回到解决问题上来，并强化了案例阅读和案例分析部分，以培养学生独立分析问题和解决问题的能力，从而增强了可读性和思考的自觉性。

(4) 写作方法力求深入浅出，简明扼要，通俗易懂，不仅可以用于专业课的学习，还可以用于日后的工作实践之中，既方便教学，又方便学生自学。

(5) 通过全方位、多角度、细致的讲解与模拟训练，学生在仿真环境中系统、规范、全面地学习国际贸易实务，可以了解、熟悉进出口业务流程，并熟练地进行各个业务环节的实际操作。

(6) 以应用为目标，引导案例、课程内容、案例阅读与课后练习的内容紧密衔接。

(7) 注重国际贸易活动的工作项目和工作流程，使知识运用更加注重实际效果。

总之，本书既重视理论体系的完整性和系统性，又重视内容的新颖性和先进性；既重视实践应用性，又重视培养学生动手能力的可操作性；既重视理论的专业性，又重视实践的通用性。

本书由内蒙古科技大学经济与管理学院杨丽梅教授、杨臣副教授、张斯琴副教授担任主编，杨丽梅教授负责拟定全书的编写大纲、框架设计以及最后的统稿工作。内蒙古科技大学的刘建和副教授、汪海凤老师、云霞老师、韩洁芳老师和郭虹老师参加了本书的编写，具体编写分工如下：杨臣编写导论和第六章；张斯琴编写第一、二、三章；刘建和编写第十、十一、十二章；汪海凤编写第四、五、七章；云霞编写第八、九章；韩洁芳和郭虹共同编写第十三章。

本书可作为高等院校国际贸易、国际商务、国际物流、报关、国际市场营销等专业的本科生或硕士研究生的教学用书及应用型国际贸易业务人才培训的选用教材，也可作为高等院校相关专业、企事业单位工作人员岗位培训教材，还可供参加高等教育自学考试、国际商务专业和国际贸易专业从业人员职业资格考试之用。

本书的出版获得内蒙古科技大学教材教改基金的支持，得到了内蒙古科技大学经济与管理学院各位专家的关心指导以及众多企事业单位的帮助，在此一并致以诚挚的谢意。

在编写过程中参考了大量的国内外文献资料，在此向这些文献的作者表示诚挚的谢意。

由于编写时间仓促，加上作者知识、经验不足，水平有限，书中疏漏、不妥之处在所难免，敬请读者批评指正。

编　者

2013 年 5 月

目　录

导 论

国际贸易实务，是一门主要研究国际商品交换具体过程的学科，也是一门具有涉外活动特点的实践性很强的综合性应用学科，是涉外经济与贸易各专业必修的一门专业基础课程。国际贸易实务课程的主要任务：针对国际贸易的特点和要求，从实践和法律的角度，分析研究国际贸易适用的有关法律与惯例和国际商品交换过程的各种实际运作，总结国内外实践经验和吸收国际上一些行之有效的贸易习惯做法，以便掌握从事国际贸易的“生意经”。学会在进出口业务中，既能正确贯彻中国对外贸易的方针政策和经营意图，确保最佳经济效益，又能按国际规范办事，使我们的贸易做法能为国际社会普遍接受，与国际接轨，把对外贸易业务提到一个较高的水平，更好地完成进出口贸易的各项任务。研究如何协调国际货物买卖当事人之间的关系，在平等互利、公平合理的基础上达成交易，完成约定的进出口任务，乃是本课程研究的中心课题。在中国加入“ WTO”后，随着国内对外贸经营权的进一步放开，中国对外贸人才的需求量随之增长，学好国际贸易理论和实务课程是当务之急。

一、国际贸易的基本概念

（一）国际贸易

国际贸易（International Trade）泛指世界不同国家（和/或地区）之间所进行的以货币为媒介的商品和劳务（或货物、知识和服务）的交换活动。它由各国（地区）的对外贸易构成，是世界各国对外贸易的总和。国际贸易是商品和劳务的国际转移，由进口贸易（Import Trade）和出口贸易（Export Trade）两部分组成，故国际贸易也称为世界贸易（World Trade）、对外贸易（Foreign Trade）、国外贸易（External Trade）、进出口贸易和海外贸易（Oversea Trade）。国际贸易在奴隶社会和封建社会就已产生，并随生产的发展而逐渐扩大。到了资本主义社会，其规模空前扩大，具有世界性。

对外贸易（Foreign Trade）亦称“国外贸易”或“进出口贸易”，是指一个国家（地区）与另一个国家（地区）之间的商品和劳务的交换。这种贸易由进口和出口两个部分组成。对运进商品或劳务的国家（地区）来说，就是进口；对运出商品或劳务的国家（地区）来说，就是出口。这在奴隶社会和封建社会就开始产生和发展；到了资本主义社会，发展更加迅速。其性质和作用由不同的社会制度所决定。

（二）对外贸易值

对外贸易值（Value of Foreign Trade）是以货币表示的贸易金额，指一定时期内一国从国外进口的商品的全部价值，称为进口贸易总额或进口总额；一定时期内一国向国外出口的商品的全部价值，称为出口贸易总额或出口总额。进口总额和出口总额两者相加称为进出口贸易总额或进出口总额，它是反映一个国家对外贸易规模的重要指标之一，一般用本国货币表示，也可以用国际上习惯使用的货币表示。联合国编制和发表的世界各国对外贸易值的统计资料是以美元表示的。

由于各国一般都是按离岸价格（Free on Board，简称 FOB，即启运港船上交货价，只计成本，不包括运费和保险费）计算出口额；按到岸价格（Cost Insurance and Freight，简称 CIF，即成本、保险费加运费）计算进口额。因此世界出口总额略小于世界进口总额。

（三）对外贸易量

对外贸易量（Quantum of Foreign Trade）是以一定时期的不变价格为标准计算的对外贸易值，经常受到价格变动的影响，因而不能准确地反映一国对外贸易的实际规模，更不能将不同时期的对外贸易值直接进行比较。为了反映进出口贸易的实际规模，通常以贸易指数表示，其计算方法是将一定时期的不变价格作为标准来计算各个时期的贸易值，用进出口价格指数除进出口值，得出按不变价格计算的贸易值。这样剔除了价格变动因素，得出贸易量。然后，以一定时期为基期的贸易量指数同各个时期的贸易量指数相比较，就可以得出比较准确反映贸易实际规模变动的贸易量指数。

（四）总贸易

总贸易（General Trade）是指以国境为标准划分的进出口贸易。凡进入国境的商品一律列为总进口；凡离开国境的商品一律列为总出口。在总出口中又包括了本国产品的出口和未经加工的进口商品的出口。总进口额加总出口额就是一国的总贸易额。美国、日本、英国、加拿大、澳大利亚、中国、东欧等国均采用此种划分标准。

（五）专门贸易

专门贸易（Special Trade）是指以关境为标准划分的进出口贸易。只有从外国进入关境的商品以及从保税仓库库存提出进入关境的商品才列为专门进口。当外国商品进入国境后，暂时存放在保税仓库，未进入关境的则不能列为专门进口。从国内运出关境的本国产品以及进口后经加工又运出关境的商品，则列为专门出口。专门进口额加专门出口额称为专门贸易额。德国、意大利等国采用此种划分标准。

（六）直接贸易

直接贸易（Direct Trade）是指商品生产国与商品消费国直接买卖商品的行为。

（七）间接贸易

间接贸易（Indirect Trade）是"直接贸易"的对称，是指商品生产国与商品消费国通过第三国进行买卖商品的行为。其中，生产国是间接出口；消费国是间接进口；第三国是转口。转口贸易（Entrepot Trade）是指生产国与消费国之间通过第三国所进行的贸易。即使商品直接从生产国运到消费国去，只是两者之间并未直接发生交易关系，而是由第三国转口商分别同生产国与消费国发生的交易关系，仍然属于转口贸易范畴。

（八）有形贸易

有形贸易（Visible Trade）是指商品的进出口贸易。由于商品是可以看得见的有形实物，故商品的进出口被称为有形进出口，即有形贸易。国际贸易中的有形商品种类繁多，为便于统计，1920 年国际联盟成立，并着手制定国际贸易名词术语和商品统计目录。20 世纪 30 年代它出版了《关税名词草案》，并在此草案的基础上，修订成为各成员国共同使用的《国际贸易统计商品目录简编》。第二次世界大战结束后，51 个国家共同创建了联合国。为了便于对世界贸易进行统计和分析，由联合国统计委员会于 1950 年制定完成

《国际贸易标准分类》（Standard International Trade Classification，简称 SITC）。标准共分 10 个门类，50 个大类，150 个中类和 570 个细类。作为各国际机构做贸易统计报告和对世界贸易进行系统分析的共同基础。该标准于 1951 年由联合国经济和社会理事会推荐给各成员国使用。《国际贸易标准分类》自 1951 年颁布实施以后，进行了数次修订，除门类框架不动以外，其他类目，随着层次的增加，变动也相应扩大。SITC 采用经济分类标准，即按原料、半成品、制成品分类并反映商品的产业部门来源和加工程度。该标准目录使用 5 位数字表示，第 1 位数字表示类，前 2 位数字表示章，前 3 位数字表示组，前 4 位数字表示分组。目前，联合国已经公布了 SITC（Rev. 4）。然而，SITC 在中国却较少使用。

（九）无形贸易

无形贸易（Invisible Trade）是指劳务或其他非实物商品的进出口而发生的收入与支出。主要包括：（1）和商品进出口有关的一切从属费用的收支，如运输费、保险费、商品加工费、装卸费等；（2）和商品进出口无关的其他收支，如国际旅游费用、外交人员费用、侨民汇款、使用专利特许权的费用、国外投资汇回的股息和红利、公司或个人在国外服务的收支等。以上各项中的收入，称为无形出口；以上各项中的支出，称为无形进口。

（十）复出口

复出口（Re-export）是指外国商品进口以后未经加工制造又出口，也称再出口。复出口在很大程度上同经营转口贸易有关。

（十一）复进口

复进口（Re-import）是指本国商品输往国外，未经加工又输入国内，也称再进口。复进口多因偶然原因（如出口退货）所造成。

（十二）贸易条件

贸易条件（Terms of Trade）又称交换比价或贸易比价，即出口价格与进口价格之间的比率，也就是说一个单位的出口商品可以换回多少进口商品。它是用出口价格指数与进口价格指数来计算的。计算公式为：出口价格指数/进口价格指数 ×100。以一定时期为基期，先计算出基期的进出口价格比率并作为 100，再计算出比较期的进出口价格比率，然后以之与基期相比，如果大于 100，表明贸易条件比基期有利；如果小于 100，则表明贸易条件比基期不利，交换效益劣于基期。

（十三）对外贸易地理方向

对外贸易地理方向（Direction of Foreign Trade 或 Geographic Distribution of Foreign Trade）是指一定时期内各个国家或区域集团在一国对外贸易中所占有的地位，通常以它们在该国进出口总额或进口总额、出口总额中的比重来表示。对外贸易地理方向指明一国出口商品的去向和进口商品的来源，从而反映一国与其他国家或区域集团之间经济贸易联系的程度。一国的对外贸易地理方向通常受经济互补性、国际分工的形式与贸易政策的影响。

（十四）国际贸易地理方向

国际贸易地理方向（Geographic Distribution of International Trade）亦称国际贸易地区分布（International Trade by Region），用以表明世界各洲、各国或各个区域集团在国际贸易中所占的地位。计算各国在国际贸易中的比重，可以计算出各国的进、出口额在世界进、出口总额中所占的比重。

(十五) 对外贸易与国际贸易商品结构

对外贸易商品结构（Composition of Foreign Trade）是指一定时期内一国进出口贸易中各种商品的构成，即某大类或某种商品进出口贸易与整个进出口贸易额之比，以份额表示。国际贸易商品结构（Composition of International Trade）是指一定时期内各大类商品或某种商品在整个国际贸易中的构成，即各大类商品或某种商品贸易额与整个世界出口贸易额相比，以比重表示。为便于分析比较，世界各国和联合国均以《国际贸易商品标准分类》（Standard International Trade Classification，SITC）公布的国际贸易和对外贸易商品结构进行分析比较。

通过一国对外贸易商品结构可以反映出该国的经济发展水平、产业结构状况、科技发展水平等。国际贸易商品结构也可以反映出整个世界的经济发展水平、产业结构状况和科技发展水平。

(十六) 知识产权贸易

知识产权贸易（Trade of Intellectual Property）是根据关贸总协定乌拉圭回合谈判达成的"与贸易有关的知识产权协议"（Agreement on Trade-Related Aspects of Intellectual Property Rights，TRIPs），简称《知识产权协定》，而进行的有关知识产权方面的贸易。知识产权包括如下内容：版权、专利、商标、地理标志、工业设计、集成电路、外观设计（分布图）等，是一种受专门法律保护的重要的无形资产。

(十七) 服务贸易

服务贸易（Service Trade）是根据关贸总协定乌拉圭回合谈判达成的"服务贸易总协定"（General Agreement on Trade in Service，GATS）。服务贸易是指："从一成员境内向任何其他成员境内提供服务；在一成员境内向任何其他成员的服务消费者提供服务；一成员的服务提供者在任何其他成员境内以商业存在提供服务；一成员的服务提供者在任何其他成员境内以自然人的存在提供服务。"服务部门包括如下内容：商业服务，通信服务，建筑及有关工程服务，销售服务，教育服务，环境服务，金融服务，健康与社会服务，与旅游有关的服务，娱乐、文化与体育服务，运输服务。

(十八) 贸易差额

贸易差额（Balance of Trade）是一国在一定时期内（如一年、半年、一季、一月）出口总值与进口总值之间的差额。当出口总值与进口总值相等时，称为"贸易平衡"；当出口总值大于进口总值时，出现贸易盈余，称为"贸易顺差"或"出超"；当进口总值大于出口总值时，出现贸易赤字，称为"贸易逆差"或"入超"。通常，贸易顺差以正数表示，贸易逆差以负数表示。

一国的进出口贸易收支是其国际收支中经常项目的重要组成部分，是影响一个国家国际收支的重要因素。

二、国际贸易的主要分类

国际贸易范围广泛，性质复杂，可以从不同角度进行分类。

(一) 根据商品流向分类

按商品流向可以划分为：出口贸易、进口贸易、过境贸易、转口贸易、复出口和复进口。

（二）根据商品的形态分类

按商品的形态可划分为：（1）有形贸易。有实物形态的商品的进出口。例如，机器、设备、家具等都是有实物形态的商品，这些商品的进出口称为有形贸易。（2）无形贸易。没有实物形态的技术和服务的进出口。专利使用权的转让、旅游、金融保险企业跨国提供服务等都是没有实物形态的商品，其进出口称为无形贸易。

（三）根据境界标准分类

按境界标准可划分为：总贸易和专门贸易。这是由于国境和关境不一致所产生的统计标准。一般各国都按自己的统计方式公布对外贸易的统计数据，并向联合国报告。联合国公布的国际贸易统计数据一般注明总贸易或专门贸易。过境贸易列入总贸易，不列入专门贸易。

（四）根据贸易关系分类

按贸易关系可划分为：直接贸易和间接贸易。

（五）根据贸易国数目分类

按贸易国数目可划分为：双边贸易和多边贸易。

双边贸易（Bilateral Trade）是指在两国政府之间商定的贸易规则和调节机制下的贸易。两国政府往往通过签订贸易条约或协定来规定贸易规则和调节机制，要求两国在开展贸易时必须遵守贸易条约或协定中的规定。双边贸易所遵守的规则和调节机制不适用于任何一个签约国与第三方非签约国之间开展的贸易。例如，在《中美贸易条约》下开展的中美贸易就是一种双边贸易。多边贸易（Multilateral Trade）是指在多个国家政府之间商定的贸易规则和调节机制下的贸易。同样，多个国家政府之间也需要通过签订贸易条约或协定来规定贸易规则和调节机制，而且这些贸易规则和调节机制也不适用于任何一个签约国与其他非签约国之间的贸易。例如，世界贸易组织中的国家所开展的贸易就属于多边贸易。

（六）按清偿工具分类

按清偿工具可划分为：自由结汇贸易和易货贸易（换货贸易）。

自由结汇贸易（Free-Liquidation Trade）指的是以国际货币作为清偿手段的国际贸易，又称现汇贸易。能够充当这种国际支付手段的，主要是美元、英镑、欧元和日元这些可以自由兑换的货币。反之，以经过计价的商品作为清偿手段的国际贸易，则称易货贸易（Barter Trade），或称为换货贸易。它的特点是，进口与出口直接相联系，以货换货，进出基本平衡，可以不用现汇支付。这就解决了那些外汇匮乏国家开展对外贸易的困难。加上现在各国之间经济依赖性加强，有支付能力的国家有时也不得不接受这种贸易方式，因此，易货贸易在国际贸易中十分兴盛。必须注意，倘若两国间签订了贸易支付协定，规定双方贸易由清算账户收付款，则一般不允许进行现汇贸易。因此，从清偿工具的角度看，这是一种特殊形式的国际贸易。

（七）根据经济发展水平分类

按经济发展水平可划分为：水平贸易和垂直贸易。

经济发展水平比较接近的国家之间开展的贸易活动，称为水平贸易（Horizontal Trade）。例如，北北之间、南南之间以及区域性集团内的国际贸易，一般都是水平贸易。

相反，经济发展水平不同的国家之间的贸易，称为垂直贸易（Vertical Trade）。这两类国家在国际分工中所处的地位相差甚远，其贸易往来有着许多与水平贸易大不一样的特点。南北之间贸易一般就属此类。区分和研究这两者的差异，对一国确定其对外贸易的政策和策略具有重要作用。

三、国际贸易的产生与发展

（一）国际贸易的产生条件

在人类原始社会初期，由于社会生产力极为低下，人类劳动所生产的产品仅能维持当时的氏族公社成员最基本的生存需要，没有什么剩余产品可以用作交换。到了原始社会末期，由于社会生产力的发展，出现了以畜牧部落从其他部落分离出来为标志的人类社会的第一次大分工。畜牧部落专门从事牲畜的驯养和繁殖，不仅能供养本部落，还有了部分剩余产品，于是产生了部落与部落之间的交换，也就是两个或两个以上政治经济实体进行的相互交换。人们把这种交换称为初级对外贸易。人类社会的第二次大分工是手工业从农业中分离出来，于是也就出现了以交换为目的的生产活动。伴随着这种交换的发展和客观需要，产生了货币。这样，产品交换就逐渐地变成了以货币为媒介的商品生产和商品流通；再随着商品流通的日益扩大，又产生了专门从事商品交换活动的商人和商业。这就是人类社会的第三次大分工，其发生在人类奴隶社会的末期。当这种商品流通的规模扩大到奴隶社会初期已形成的国家的界限以外时，就产生了国际贸易。

由此可见，国际贸易是在一定的历史条件下产生和发展起来的。社会生产力和社会分工的发展引起商品生产和商品交换的扩大以及商人和商业资本的出现和国家的形成。国际贸易的两个基本条件是：（1）社会生产力的发展产生出用于交换的剩余商品；（2）国家的形成使得剩余商品在国与国之间交换。

（二）国际贸易的发展现状

伴随经济全球化的发展，国际贸易的发展明显加速。但是，随着2008年爆发的全球金融危机的不断发酵，欧洲债权债务的蔓延以及欧元前景的不确定性，导致发达国家经济复苏缓慢，世界贸易增长急剧减速，如表1所示，2012年货物贸易增长率为零，服务贸易仅增长了2%。

表1　2005～2012年世界货物和服务贸易出口的增长情况

项　目	贸易额/10亿美元	年增长率/%			
	2012年	2005～2012年	2010年	2011年	2012年
货物	18323	8	22	20	0
服务贸易	4345	8	10	11	2

资料来源：http：//www. wto. org/english/news_ e/pres13_ e/pr688_ e. htm.

根据2013年WTO官方发布的数据，世界经济实际增长率由上年的2.4%放缓至2.1%，同期全球贸易增长明显减速，2012年世界出口增长率仅为2%，低于2011年的5.2%，也低于过去20年5.3%的平均增长率（1992～2012年），更远低于危机前的平均增长率6%（1990～2008年），如图1和图2所示。

2013年由于欧洲的经济下滑将继续抑制全球进口需求，经济增长率仍然缓慢，预计可达3.3%，因此全球贸易增长不会超过3.5%。WTO总干事拉米说："2012年的事件应该作为一个提示：尽管在某些领域取得重要进展，但是经济危机所揭示的经济中的结构性缺陷还没有完全解决，2013年的首要任务是修复这些缺陷。"

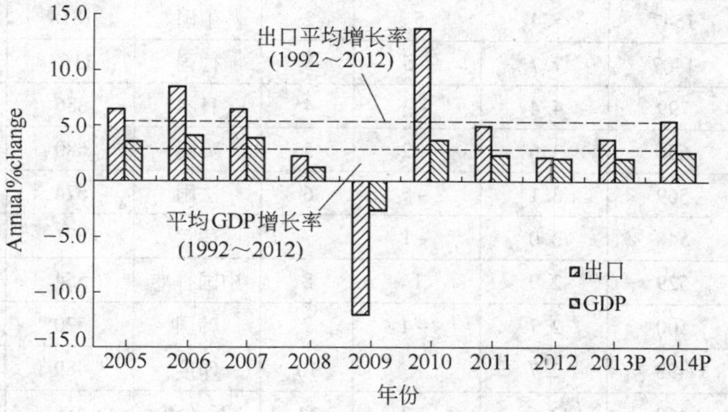

图1　2005~2014年世界商品贸易量和国内生产总值的年增长率（%）（2013年和2014年的数据是预测的）
（资料来源：http：//www.wto.org/english/news_e/pres13_e/pr688_e.htm）

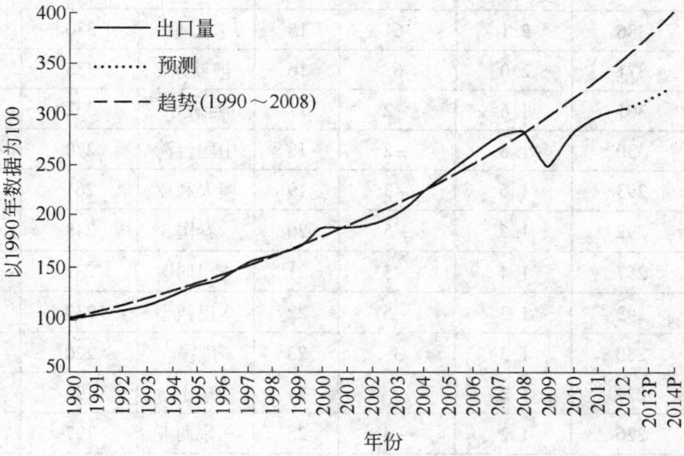

图2　1990~2014年世界商品出口量（2013年和2014年的数据是预测的）
（资料来源：http：//www.wto.org/english/news_e/pres13_e/pr688_e.htm）

1. 世界商品贸易现状

2012年，全球贸易状况可谓"一路磕磕绊绊"。除中美之外，整个欧洲贸易的状况都不乐观。如表2所示，中国商品出口达2.049万亿美元，占全球商品出口的11.2%，居世界第一位；商品进口达1.818万亿美元，占世界商品进口的9.8%，在美国之后居世界第二。目前，只有两个国家占世界贸易的比重超过10%，即中国出口占11.2%，美国进口占12.6%。这意味着每100美元的世界贸易出口，其中就有11.2美元是中国出口的；每100美元的世界贸易进口，其中就有12.6美元是美国进口的。世界贸易组织总干事拉米说，过去5年里，中国在全球贸易中的出色表现犹如从世界经济低迷的乌云中透出的一片曙光，给全球贸易增长带来希望。

表2　2012年世界货物贸易出口和进口国或地区排名

位次	出口国/地区	出口额/10亿美元	占比/%	年增长率/%	位次	进口国/地区	进口额/10亿美元	占比/%	年增长率/%
1	中国	2049	11.2	8	1	美国	2335	12.6	3
2	美国	1547	8.4	5	2	中国	1818	9.8	4
3	德国	1407	7.7	−5	3	德国	1167	6.3	−7
4	日本	799	4.4	−3	4	日本	886	4.8	4
5	荷兰	656	3.6	−2	5	英国	680	3.7	1
6	法国	569	3.1	−5	6	法国	674	3.6	−6
7	韩国	548	3.0	−1	7	荷兰	591	3.2	−1
8	俄罗斯	529	2.9	1	8	中国香港	554	3.0	8
9	意大利	500	2.7	−4	9	韩国	520	2.8	−1
10	中国香港	493	2.7	8	10	印度	489	2.6	5
11	英国	468	2.6	−7	11	意大利	486	2.6	−13
12	加拿大	455	2.5	1	12	加拿大	475	2.6	2
13	比利时	446	2.4	−6	13	比利时	435	2.3	−7
14	新加坡	408	2.2	0	14	墨西哥	380	2.0	5
15	沙特[b]	386	2.1	6	15	新加坡	380	2.0	5
16	墨西哥	371	2.0	6	16	俄罗斯[a]	335	1.8	4
17	中国台湾	301	1.6	−2	17	西班牙	332	1.8	−1.2
18	阿联酋[b]	330	1.6	−2	18	中国台湾	270	1.5	−4
19	印度	293	1.6	−3	19	澳大利亚	261	1.4	7
20	西班牙	292	1.6	−5	20	泰国	248	1.3	8
21	澳大利亚	257	1.4	−5	21	土耳其	237	1.3	−2
22	巴西	243	1.3	−5	22	巴西	233	1.3	−2
23	泰国	230	1.3	3	23	阿联酋[b]	220	1.2	7
24	马来西亚	227	1.2	0	24	瑞士	198	1.1	−5
25	瑞士	226	1.2	−4	25	马来西亚	197	1.1	5
26	印尼	188	1.0	−6	26	波兰	196	1.1	−7
27	波兰	183	1.0	−3	27	印尼	190	1.0	8
28	瑞典	172	0.9	−8	28	奥地利	178	1.0	−7
29	奥地利	166	0.9	−6	29	瑞典	162	0.9	−8
30	挪威	160	0.9	0	30	沙特[b]	144	0.8	9
30个国家和地区总计		14870	81.2				15270	82.3	
世界总计		18325	100.0	0			18565	100.0	0

资料来源：http：//www.wto.org/english/news_e/pres13_e/pr688_e.htm.

注：a. 进口以FOB价计；

b. WTO秘书处估计。

中国、美国、德国为前三大出口国，占全球出口比重分别为11.2%、8.4%和7.7%。美国、中国、德国为前三大进口国，占全球进口比重分别为12.6%、9.8%和6.3%。若不考虑欧盟内部贸易，欧盟和美国分别为世界最大出口方和进口方，金额分别为：21 660亿美元和233 50 亿美元，占全球出口、进口比重分别为14.7%和15.6%。

从部门商品贸易的发展来看，图3是以美元现值衡量的世界贸易中制成品的主要类别，表明在2009年的贸易崩溃过程中，一些部门，如办公设备和电信设备贸易下降较早，恢复也早于其他行业。在当前贸易放缓的情况下，它可以提示贸易是否仍然是减缓或已经走出低谷，开始有复苏的迹象。

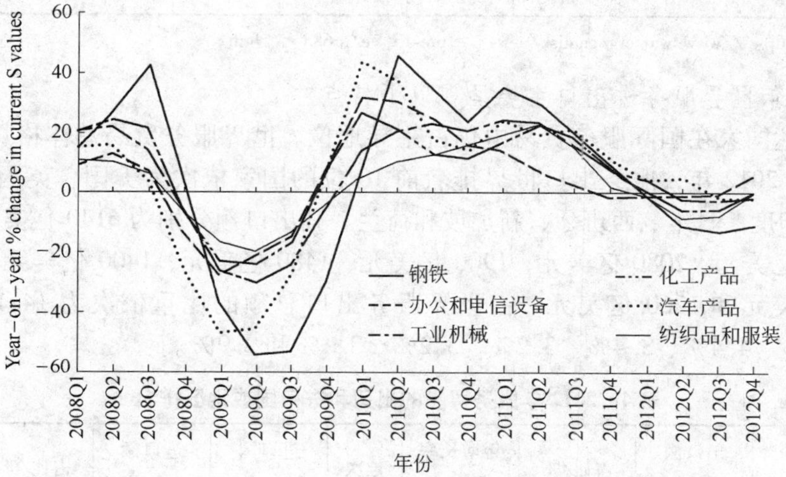

图3　2008～2012年按部门分类的世界出口制成品季度数据（以美元现值的同比变化%）
（资料来源：http：//www. wto. org/english/news_ e/pres13_ e/pr688_ e. htm）

钢铁（Iron and Steel）贸易似乎是一个高度顺周期性并有点滞后全球贸易增长的指标。在2009年的贸易崩溃和最近的经济衰退期间，是在几个部门中跌幅最大的：在2012年第四季度同比增长降到－11%，相对于上一季度的－13%跌幅减缓。

办公设备和电信设备（Office and Telecom Equipment）在2012年第二和第三季度的同比增长是－1%和0%，但在第四季度恢复到6%的正增长。该部门恢复引导了2009年贸易崩溃后的世界贸易，由负转正的增长对未来几个月贸易复苏是一个积极的信号。

从第三和第四季度之间同比增长看，其他大部分行业都有所改善，这表明，贸易可能正在复苏。化学品（Chemicals）从－6%提高到0%，工业机械（Industrial Machinery）从－3%上升到－2%，纺织品和服装（Textiles and Clothing）从－8%上升到－1%。汽车产品（Automotive Products）是一个重要的例外，它往往是一个贸易周期的同步指标，在第三季度和第四季度都是－2%，没有显示出改善。

2. 世界服务贸易现状

2012年，世界经济增长由2011年的2.4%下降为2.1%，低于金融危机前20年的平均涨幅3.2%的水平，也低于包括金融危机在内的近20年的平均涨幅2.8%的水平，主要是发达国家国内生产总值（GDP）同比只增长了1.2%，特别是欧盟同比还下降了0.3%，世界经济的复苏进一步放缓。世界服务贸易在2009年创下历年最大降幅之后，随着全球经济的复苏，2010年和2011年世界服务进出口出现恢复性增长的10%和11%，2012年世界服务进出口重现低迷，如表3所示，总额为84 500亿美元，比2011年增长2%。其中，出口43 450亿美元，同比增长2%；进口41 050亿美元，同比增长2%。

表3 2005～2012年世界服务贸易进出口情况

出口额/10亿美元	出口年增长率/%			进口额/10亿美元	进口年增长率/%		
2012年	2005～2012年	2010年	2011年	2012年	2005～2012年	2010年	2011年	2012年

出口额/10亿美元	出口年增长率/%				进口额/10亿美元	进口年增长率/%			
2012年	2005～2012年	2010年	2011年	2012年	2012年	2005～2012年	2010年	2011年	2012年
4345	8	10	11	2	4105	8	10	11	2

资料来源：http：//www. wto. org/english/news_ e/pres13_ e/pr688_ e. htm。

3. 2012年世界服务进出口主要呈现以下特点

（1）发达国家在国际服务贸易中仍占主导地位。世界服务贸易总体格局变化不大。如表4所示，2012年，服务出口世界排名前10位的国家依次为美国、英国、德国、法国、中国、印度、日本、西班牙、新加坡和荷兰。其出口额分别为6140亿美元、2780亿美元、2550亿美元、2080亿美元、1900亿美元、1480亿美元、1400亿美元、1400亿美元、1330亿美元和1260亿美元，占世界服务出口总额的比重依次为14.1%、6.4%、5.9%、4.8%、4.4%、3.4%、3.2%、3.2%、3.1%和2.9%。

表4 2012年服务贸易的出口和进口国或地区排名

位次	出口国/地区	出口额/10亿美元	占比/%	年增长率/%	位次	进口国/地区	进口额/10亿美元	占比/%	年增长率/%
1	美国	614	14.1	4	1	美国	406	9.9	3
2	英国	278	6.4	-4	2	德国	285	6.9	-3
3	德国	255	5.9	-2	3	中国[a]	281	6.8	19
4	法国	208	4.8	-7	4	英国	176	4.3	1
5	中国[a]	190	4.4	4	5	日本	174	4.2	5
6	印度	148	3.4	8	6	法国	171	4.2	-10
7	日本	140	3.2	-2	7	印度	125	3.0	1
8	西班牙	140	3.2	-1	8	新加坡	117	2.8	3
9	新加坡	133	3.1	3	9	荷兰	115	2.8	-5
10	荷兰	126	2.9	-7	10	爱尔兰	110	2.7	-5
11	中国香港	126	2.9	7	11	加拿大	105	2.6	1
12	爱尔兰	115	2.6	2	12	韩国	105	2.6	7
13	韩国	109	2.5	16	13	意大利	105	2.6	-8
14	意大利	104	2.4	-1	14	俄罗斯	102	2.5	16
15	比利时	94	2.2	0	15	比利时	90	2.2	-1
16	瑞士	88	2.0	-7	16	西班牙	90	2.2	-5
17	加拿大	78	1.8	-1	17	巴西	78	1.9	7
18	瑞典	76	1.7	2	18	澳大利亚	65	1.6	10
19	卢森堡	70	1.6	0	19	丹麦	57	1.4	-2
20	丹麦	65	1.5	-2	20	中国香港	57	1.4	2
21	奥地利	61	1.4	1	21	瑞典	55	1.3	0
22	俄罗斯	58	1.3	10	22	泰国	53	1.3	1

续表4

位次	出口国/地区	出口额/10亿美元	占比/%	年增长率/%	位次	进口国/地区	进口额/10亿美元	占比/%	年增长率/%
23	澳大利亚	53	1.2	4	23	阿拉伯联合酋长国[b]	50	1.2	—
24	挪威	50	1.2	3	24	沙特阿拉伯王国	49	1.2	-10
25	泰国	49	1.1	18	25	挪威	49	1.2	6
26	中国台湾	49	1.17		26	瑞士	44	1.1	-2
27	中国澳门	45	1.0	14	27	奥地利	43	1.1	3
28	土耳其	42	1.0	9	28	中国台湾	42	1.0	2
29	巴西	38	0.9	5	29	马来西亚	42	1.0	10
30	波兰	38	0.9	1	30	卢森堡	41	1.0	0
上述30个国家和地区合计		3640	83.7	—	上述30个国家和地区合计		3285	80.0	—
世界总计		4345	100.0	2	世界总计		4105	100.0	2

资料来源：WTO和UNCTAD秘书处，http：//www. wto. org/english/news_ e/pres13_ e/pr688_ e. htm.

注：许多国家和地区数据为秘书处估计。年度百分比变化和排名受两个因素的影响：一是一些经济体序列数据连续性中断；二是国家间可比性的限制。

a　初步估计；

b　秘书处估计；

—　表示不适用。

进口方面，世界排名前10位的国家依次为美国、德国、中国、英国、日本、法国、印度、新加坡、荷兰和爱尔兰。其进口额分别为4060亿美元、2850亿美元、2810亿美元、1760亿美元、1740亿美元、1710亿美元、1250亿美元、1170亿美元、1150亿美元和1100亿美元，占世界服务出口总额的比重依次为9.9%、6.9%、6.8%、4.3%、4.2%、4.2%、3.0%、2.8%、2.8%和2.7%。美国是主要发达国家中服务进出口放缓最慢的国家之一，继续为全球最大的服务出口国和进口国。德国和英国继续保持世界服务进出口领先地位，中国排名在前五之内。

（2）发展中国家和地区在国际服务贸易中趋于上升地位。20世纪90年代以来，发达国家向发展中国家转移服务贸易的趋势日渐明显，发展中国家和地区服务出口增长明显加快。

如表5所示，2012年，北美地区服务出口和进口同比均增长2%，欧洲则由于反复发酵的主权危机，该地区服务出口和进口同比均下降3%，但其贸易额在世界主要地区居首位，其中，出口额2.024万亿美元，占世界总额的46.6%；进口额1.68万亿美元，占世界总额的40.9%。作为欧洲两个最大的服务贸易国，英国和德国的服务出口与本地区的发展趋势相一致；法国和荷兰的服务出口下降幅度最大，达7%。在进口方面，仅英国增长了1%，法国下降幅度最大，达10%。

独联体服务贸易进出口额虽小，但其服务进出口是世界所有地区中增长最快的，其中出口增长10%；进口增长17%。在世界服务贸易总额中所占份额：出口为2.42%，达

1050 亿美元；进口为 3.68%，达 1510 亿美元。

表 5　2005～2012 年世界主要地区服务贸易进出口情况

国家或地区	出口额/10 亿美元	出口年增长率/%				进口额/10 亿美元	进口年增长率/%			
	2012 年	2005～2012 年	2010 年	2011 年	2012 年	2012 年	2005～2012 年	2010 年	2011 年	2012 年
世界	4345	8	10	11	2	4105	8	10	11	2
北美洲	709	7	9	9	4	537	6	8	8	2
美国	614	8	9	9	4	406	6	5	7	3
中南美洲[a]	136	10	13	13	6	178	14	23	18	9
巴西	38	14	15	20	5	78	19	36	22	7
欧洲	2024	7	4	12	－3	1680	6	3	10	－3
欧盟(27)	1819	6	4	12	－3	1553	5	2	10	－4
德国	255	7	3	9	－2	285	4	3	11	－3
英国	278	5	4	10	－4	176	1	1	6	1
法国	208	8	1	17	－7	171	7	4	12	－10
荷兰	126	5	4	17	－7	115	5	－2	15	－5
西班牙	140	6	1	14	－1	90	4	－1	8	－5
独联体	105	14	13	19	10	151	14	19	18	17
非洲	90	7	12	0	5	162	12	11	12	3
埃及	21	6	11	－19	11	16	7	2	1	19
南非	15	4	17	6	3	17	5	25	7	－11
尼日利亚	2	6	49	－12	－4	27	23	21	13	18
中东	125		11	10	9	222		12	11	2
阿联酋[b]	12		16	9		50		12	18	—
沙特	10		10	7	－9	49		8	8	－10
亚洲	1159	11	22	12	6	1175	11	21	14	8
中国[c]	190	14	25	13	4	281	19	22	23	19
日本	140	4	10	3	－2	174	4	6	5	
印度	148	16	34	11	8	125	15	46	6	1
新加坡	133	13	20	15	3	117	11	22	18	3
韩国	109	12	19	9	16	105	9	19	3	7
中国香港	126	10	23	14	7	57	8	17	10	2
澳大利亚	53	8	15	10	4	65	12	22	18	10

资料来源：http://www.wto.org/english/news_e/pres13_e/pr688_e.htm.

注：占世界服务贸易三分之二以上约 50 个国家的临时全年数据在 3 月中旬已得，而大多数其他国家的估计值是基于前三个季度的数据。

Source：WTO and UNCTAD Secretariats.

a　包括加勒比地区；

b　秘书处估计；

c　初步估计。

中南美洲和亚洲服务进出口增长迅猛，2005～2012 年，无论是出口还是进口，均以两位数的年均增长率，高于发达国家年均增速 1 倍左右。2012 年中南美洲和亚洲服务出口增长均为 6%，进口增长分别为 9% 和 8%，是世界所有地区中增长第二和第三的两个地区。

发展中国家和地区服务出口增长迅猛，亚洲（主要是东亚）服务贸易发展尤为迅速，中国、中国香港和韩国都已经进入全球服务贸易出口的前 20 名。2012 年中国服务贸易进出口总额达到 4710 亿美元，同比出口增长 4%，进口增长 19%，出口规模位列世界第五，进口规模居世界第三。

（3）新的服务业不断涌现。二战之前，国际服务贸易主要是劳动力的输出、输入。二战以后，由于新的科学技术革命的迅猛发展，以旅游、运输、银行、建筑和承包市场为代表的服务贸易逐步走向国际市场。20 世纪 80 年代末至 90 年代初，美国率先提出信息高速公路计划，标志着世界经济进步趋向于信息经济，以国际贸易信息化、国际金融信息化、生产管理信息化为主的信息产业发展迅速，不但欧洲、日本、美国等发达国家加入其中，中国、东南亚等一些发展中国家也逐渐参与信息产业，促进了国际服务贸易进一步发展。

在服务贸易中，运输、旅游和其他商业服务（主要包括通信服务、建筑服务、保险、金融、计算机和信息服务、专有权利使用和特许、其他商业服务如个人、文化和娱乐服务等）是最重要的三大类别。如表 6 所示，其他商业服务是世界服务贸易中贸易额最大、增长最快的类别，在 2011 年前是持续快速增长，目前已占世界服务贸易出口总额的一半以上。但在 2012 年，其他商业服务增长 1%，低于运输和旅游，贸易额为 2. 35 万亿美元，其中，通信（包括邮政、快递和电信服务）下降了 3%，而建筑和保险服务分别增加了 3% 和 2%，跌幅最大的是金融服务业（即提供服务的银行和其他金融机构），增速最快的是计算机和信息服务，同比增长 6%。

表 6　2005 ~ 2012 年世界服务贸易出口分类别增长情况

项目		贸易额/10 亿美元	年增长率/%			
		2012 年	2005 ~ 2012 年	2010 年	2011 年	2012 年
服务贸易		4345	8	10	11	2
运输		885	7	16	9	2
旅游		1105	7	9	12	4
其他商业服务		2350	10	8	12	1
其中	通信服务	100	8	3	10	−3
	建筑	110	10	−4	8	3
	保险	100	11	1	0	2
	金融	300	8	7	12	−4
	计算机和信息服务	265	14	12	14	6
	专有权利使用和特许	285	9	8	14	−2

资料来源：http：//www. wto. org/english/news_ e/pres13_ e/pr688_ e. htm.

增长速度的差异导致世界服务贸易总体结构发生变动。2012 年，运输、旅游和其他商业服务三大类别占世界服务出口总额的比重分别为 20. 4%、25. 4% 和 54. 1%，增速分别为 2%、4% 和 1%，旅游增幅最大，原因是金融危机后，欧美等发达国家的货币相继贬值，刺激了新兴国家特别是中国旅客前往旅游消费，推动了世界旅游出口的增长。

四、国际贸易的特点

国际贸易或对外贸易是相对于国内贸易（Domestic Trade 或 Home Trade）而言的。国际贸易与国内贸易的一致性表现在：都是商品和劳务的交换；价值规律都起作用。货物都是从生产者向消费者转移；都属于经济活动中的流通过程。进行交易的过程大同小异；经营的目的是取得利润或经济利益。

国际贸易是在不同国家之间进行商品交换的行为，这就使得国际贸易与国内贸易相比具有以下特点。

（一）国际贸易困难大于国内贸易

从国际贸易的行为来看，比国内贸易困难大表现在以下几方面：

1. 语言不同

当今国际贸易最通行的商业语言是英文，诸如进行贸易交谈、通信、电报、签约和处理贸易上的各种单证，大部分都采用英文，故要通晓英文。但英文在有的地区还不普遍，如东欧、北欧通常使用的是德文；法国及中西非国家通行的是法语。西班牙及大部分中南美国家以西班牙文最为普遍。贸易商如不知晓这些语言，而要与这些地区的商人进行贸易往来，就会遇到很大的困难。

2. 法律、风俗习惯不同

由于各贸易国家的商业法律并不完全一致，有的甚至差别很大，国际贸易因为涉及不同法律适用地区之间的交易，在交易过程中，不论是买卖合同，运输合同还是保险合同，一旦发生纠纷无法私下解决时，就要根据某些国际规则，进行仲裁、诉讼等。这比起国内贸易问题的解决，难度更大。此外，各国的风俗习惯、宗教、信仰都有许多不同，这也为国际贸易过程中所产生的贸易纠纷的解决带来一定的难度。

3. 贸易障碍多

各国为了争夺市场，保护本国的工业和市场，往往采取关税壁垒与非关税壁垒来限制外国商品的进口。出口商一方面要关心价格，以便竞争；另一方面还要研究如何打破关税与非关税壁垒的限制。此外许多国家一方面通过采取外汇管制措施限制进出口，进口货物所需外汇要向政府申请；另一方面出口货物所得到的外汇都须结售给国家，这就使得经营贸易者受到很大的约束。

4. 市场调查不易

进行国际贸易必须随时掌握市场动态，为保障交易的顺利进行，经营者要及时掌握瞬息万变的市场，但国外市场情报的收集、整理与分析比较困难，不像国内市场容易调查。

5. 贸易对手资信调查不易

交易开始前，买卖双方都要调查对方资信情况，但由于各种原因，这种调查十分困难。如通过往来银行代为调查，往往过分简略。如委托资信所调查，虽然比较详尽，但费用昂贵。

6. 交易技术困难较多

在进行国际贸易的过程中，由于缺乏共同的贸易法规，加之一般贸易商所遵循的是一些国际贸易上通行的惯例，而这些惯例又不是国际条约，因此在法律上不具有强制力和约束力。一旦出现由于货物品质、规格、数量、交货日期、包装等与原条件不符等纠纷时，虽有公约与惯例，也难以得到公正的解决。

7. 交易接洽不便

国际贸易往往通过电报信函接洽交易，旷时费日。虽然有国际电话、电传、通信卫星，但费用较高。亲自面谈，也不会是一帆风顺。现在，互联网的发展，E－mail 和短信成为普遍的交流方式，使得交易接洽过程的诸多不便得以缓解。

（二）国际贸易比国内贸易复杂

1. 货币与度量衡制度

国际贸易双方因国度不同，所使用的货币与度量衡制度不尽相同，在国际贸易中，应采用哪国货币作为计价结算工具？两国货币如何兑换？在两国度量衡不一致时，究竟采取何种单位为准？各种单位如何换算？凡此种种，都比国内贸易复杂。

2. 商业习惯复杂

各国各地市场商业习惯不同，怎样进行沟通？国际贸易中所遵循的规约和条例，其适用范围如何？解释是否一致？稍有不慎就会影响贸易。

3. 海关制度及其他贸易法规不同

各国都设有海关，对于货物进出口，都有准许管制或禁止的规定。货物出口，不但要在输出国办妥出口的相关手续，而且出口货物的种类、品质、规格、包装和商标也要符合输入国海关的规定。一般来说，货物的进口报关手续比出口报关手续更为复杂。

4. 国际汇兑复杂

国际贸易货款的清偿多以外汇支付，而外汇的价格依各国所采取的汇率制度、外汇管理制度而定。此外，外汇汇率分类很多，故计算国际汇兑方法相当复杂。

5. 货物的运输

国际贸易的货物运输，绝大多数采用海运，也有采用陆运、空运或邮寄的方式。在运输时，要考虑到运输合同的条款、运费、承运人与托运人的责任，办理装运手续，提货手续，仲裁与索赔。处理运输过程中的问题，也十分复杂。

6. 货物的保险

为了避免国际贸易运输过程中受到的损失，还要对运输货物加以保险。但洽购保险，确定保险条件，签订保险合同，划分保险人与被保险人的责任，计算保险费与货物受损时的索赔等，均比国内复杂。

（三）国际贸易风险大

经营国际贸易，可能发生的风险很多，比较显著的有下列几种。

1. 信用风险

在国际贸易的交易过程中，自买卖双方接洽开始，经过报价、还价、确认后订立合同，再到卖方交货，买方付款，需经过一段相当长的时间，在此期间，买卖双方的财务营业可能发生变化，有时危及履约。

2. 商业风险

在国际贸易中，进口商往往以各种理由拒受货物，对出口商来说就是提高了风险。拒收的理由多是由货样不符、交货期晚、单证不符等造成的，这些理由，在货物遭到拒收前是无法确定的。拒收后，虽可交涉弥补，但损失已发生。

3. 汇兑风险

在国际贸易中，交易双方必有一方要以外币计价，但汇价不断变化，如掌握不好，还要承担货物本身以外的汇兑亏损。

4. 运载风险

国际贸易货物运载里程一般比国内贸易遥远，在运输过程中发生的风险也随之增高，承担风险的人，有卖方、买方及保险公司，有些风险可由保险公司承担。但有些风险，无法由保险公司承担。如货物及时安全地运到目的地，就可保证买方取得经济利益。但如果遇到天灾人祸，货物运到时已时过境迁，市场发生变化或误期使用，买方就要受损。

5. 价格风险

贸易双方签好合同以后，在卖方进货前，货物价格上涨，则卖方要承担其风险。买方收到货后，该货价格下跌，则买方要承担其风险。经营贸易多为大宗买卖，买卖双方面临的价格风险更大。

6. 政治风险

世界各国大都实行贸易管制。这些贸易管制政策与措施受制于国内政治经济状况，常常修改，尤其是经济上处于困难地位的国家，具体的政策和措施往往是朝令夕改，变化很大。再加之一些国家内部的政局变动常常使经营贸易者承担许多国内贸易所不需负担的政治风险。

五、国际贸易惯例

国际贸易惯例（International Trade Custom）是指在长期的国际贸易实践中逐渐形成并发展起来的，在世界范围内广泛适用的、具有确定内容的贸易规则和行为习惯。《联合国国际货物销售合同公约》第9条对国际贸易惯例的解释为："在国际贸易上已经为有关特定贸易所涉同类合同的当事人所广泛知道并为他们所经常遵守。"

从上述定义中，可以得出构成国际贸易惯例一般应具备以下三个条件：（1）国际贸易惯例应是一定范围内的人们经长期反复实践而形成的某种商业方法、通例或行为规范；（2）国际贸易惯例的内容必须是明确肯定的，并被许多国家和地区所认可；（3）国际贸易惯例必须是在一定范围内众所周知的，从事该行业的人们认为是具有普遍约束力的。

由于早期的国际贸易只是货物买卖，早期的国际贸易惯例也主要是国际货物买卖惯例，因此，国际贸易惯例又被称为国际货物买卖惯例。现代意义上的国际贸易惯例也主要是货物买卖惯例。但是，国际贸易惯例本身并不是法律，贸易双方当事人有权在合同中达成不同于惯例规定的贸易条件。但许多国家在立法中明文规定了国际惯例的效力，特别是在《联合国国际货物销售合同公约》中，惯例的约束力得到了充分的肯定。在下列情况中，国际贸易惯例对当事人具有约束力：第一，当事人在合同中明确表示选用某项国际惯例；第二，当事人没有排除对其已知道或应该知道的某项惯例的适用，而该惯例在国际贸易中为同类合同的当事人所广泛知道并经常遵守，则应视为当事人已默示地同意采用该项惯例。

（一）何谓国际惯例，国际惯例具有哪些特征？

国际惯例（International Custom）是国际习惯和国际通例的总称，是一种国际行为规范。它包括习惯做法、著名判例和裁决及国际公约中某些公认原则。一般讲，它在效力上是任意性和准强制性的混合，是在国际交往中逐渐形成的成文和不成文的法律规范（属于私法范畴）。

国际惯例可分为：国际外交惯例；国际商业（贸易）惯例，即国际经济惯例。

国际惯例的形成条件在于：有习惯事实，内容既明确又规范，与现行法律没有冲突而法律又未明确规定，不违背公共秩序、民风民俗，经过国家、民事承认，有一定的强制力保证。

国际惯例具有如下特征：一是通用性，即在国际上大多数国家和地区通用（在适用主体上通用——国家、国际经济组织、企业与个人）都通用。通用性有范围之分（世界通用、区域通用和行业通用）。二是稳定性，不受政策调整和经济波动的影响（得到普遍支持和认可，历史悠久并多具有权威性）。三是效益性，即被国际交往活动所验证是成功的。四是重复性，即被重复多次地运作。五是准强制性，即虽不是法律，但受到各国法律的保护，具有一定的法律约束力（只有在当事人承认或在合同中采用时才对当事人有法律约束力）。

（二）产生国际经济惯例的原因何在？

国际经济惯例是发达的商品经济的产物。发达的商品经济具有如下特征：首先，物化和非物化的产品，连同生产要素都已商品化；其次，经济活动的金融化；第三，国家的宏观经济职能业已形成。

在这种情况下，各个经济主体间是通过市场来联系的。现代商品经济市场可分为产品市场、资源（要素）市场、货币金融市场和国际市场，这样一些市场的有机结合便形成一个市场体系。

发达的商品经济是受市场机制和国家宏观调控引导和制约的经济。这种经济的运行，有着自身性质所决定的客观要求，人们只能满足这些要求，才能发挥其应有的效率和功能。长期的经济活动实践和经验教训，使人们将这些“客观要求”规章化。规章化的结果是形成各种的法律，更多的则是表现为惯例。这些“惯例”，虽然法律上没有明文规定，但过去曾经施行，目前仍可仿此办理。虽然其强制性不如法律，但因不少国家和地区办事重“例”，久而久之，“惯例”作为一种约定俗成的规范，也就具有相当大的强制性约束力了。

（三）国际经济惯例涉及哪些主要的经济领域？

严格地说，国际经济惯例涉及经济活动的方方面面，择其要而言，主要有如下领域：（1）国际贸易方面。国际贸易是历史上最早出现的国际经济活动，而现代意义上的国际贸易活动在其数百年的发展历程中，已逐渐形成一个用以约束和调节国际经贸活动本身的规范系统。这样的规范系统后经贸易参加国的努力，有的形成了具有强制力的国际法或条约，有的即成为现今意义上的国际贸易惯例。（2）国际市场营销方面。国际市场营销包含了国际贸易的内容，而又远远超出它的范围。国际市场营销惯例是国内市场营销惯例的延伸、发展和扩大范围的使用。（3）国际投资方面。在这方面的国际惯例中，尤以投资可行性研究和制定投资环境两方面的惯例最为重要。（4）国际金融方面。现代商品经济的金融化，使国际金融活动规模不断扩大，活动的内容和形式也在不断创新，新的金融工具层出不穷。因此，表现在金融活动中的新“惯例”也在不断出现，这一点，显然与以上三方面的国际惯例有所不同。

（四）国际经济贸易领域中的惯例主要涉及哪些方面？

因为贸易是出现最早的国际经济活动，所以这方面的国际惯例更为人所熟悉。已为各国对外经济贸易、运输、保险、商品检验、银行结算、共同海损理算以及仲裁机构和法院等各界人士所熟知的国际惯例主要涉及如下方面：（1）合同契约方面：1）《联合国国际货物销售合同公约》（1980 年通过）（互惠保留、书面保留，除保留条款外，它优先于国内法）。2）英国《1893 年货物买卖法案》（1973 年修订）。3）1994 年 5 月国际统一私法协会《国际商事合同通则》。4）1997 年 6 月国际商会《国际销售合同范本》。（2）价格术语方面：1）国际商会《国际贸易术语解释通则》(INCOTERMS)。2）国际法协会《1932年华沙－牛津规则》。3）美国全国对外贸易协会《美国对外贸易定义修订本》。(3）支付方面：1）国际商会《跟单信用证统一惯例》。2）国际商会《托收统一规则》(1978年修订本)(ICC第322号出版物)。3）1996年1月国际商会《最新托收统一规则》(VRC522)。(4）运输保险方面：1）《统一提单的若干法律规则的国际公约》1924年签订（即海牙规则）。2）《修改统一提单的若干法律规则的国际公约的议定书》1968年签订（即维斯比规则）。3）《联合国1978年海上货物运输公约》（汉堡规则）。4）国际商会《联合运输单证统一规则》(1975修订，ICC第298号出版物）。5）国际海事委员会《1974年约克－安特卫普规则》。6）英国《伦敦保险协会货物保险条款》（1982年修订，简称ICC1982.1.1）。7）1990年国际海事委员会《海运单统一规则》和《电子提单规则》。8）1994年10月国际海事委员会《1994年约克－安特卫普规则》。(5）仲裁方面：1)《联合国国际贸易法委员会仲裁规则》（1976年通过）。2)《联合国承认和执行外国仲裁决的公约》（1958年通过，简称纽约公约。中国1987年作互惠保留、商事保留）。3)《国际商会调解与仲裁新规则》（1988年1月1日生效）。4)《联合国国际贸易法委员会调解规则》(1980年12月4日联大通过，推荐通过)。(6）专利与商检方面：1)《保护工业产权巴黎公约》（1967年修订）。2)《商标国际注册马德里协定》（1967年修订）。3)《成立知识产权组织公约》（1967年签订）。4)《商标注册条约》（1973年签订）。

（五）在对外经济交往中，为什么要重视了解和正确运用国际惯例？

首先，许多国际惯例本身就是一种国际法。国际法有协定法与习惯法之分。由于国际法是平等主权国家之间的法，而在各国之上不存在超国家的立法机关，许多国际法规范最初都是在各国相互交流中由习惯演化而成，所以习惯法是国际法的一个重要方面。而且习惯法在当下仍是与国际条约并行采用的一种独立存在的国际法形式。其次，从一些国际条约的规定看，国际惯例的作用越来越重要。例如，有的国际公约中就明确规定，凡国际条约未囊括者，各国仍要受“已确认的习惯”的约束，等等。从大量的事实中可看出，不仅双方当事人讲明同意的国际惯例对双方当事人有约束力，而且，除非当事人间另有协议，否则，即认为双方当事人默认接受了他们已知道或理应知道的普遍的国际惯例。再次，从中国目前状况看，不仅国际惯例补缺成为法律适用的一项原则，而且国际惯例还是涉外合同当事人进行法律适用选择的对象。对外开放以来，虽然中国的涉外立法有了大的发展，但离健全、完善、成熟尚有一定距离。鉴于此，中国立法确立了国际惯例补缺原则。最后，重视了解和正确运用国际惯例是我们进行对外经济贸易交流的必然要求。当今世界有“地球村”之称，各国经济发展已相互密不可分，在长期的国际经济贸易交流中，已经形成大量人们必须遵循的行为规范。人们如果不按这些规范办事，将无法进行正常的国际经济交流。而这些行为规范正是调整国际经济贸易关系的国际条约和惯例。

（六）国际贸易惯例的作用

国际贸易惯例的作用主要体现在：(1）国际贸易惯例有利于买卖合同的顺利磋商和订立。使用国际贸易惯例，可以简化进出口交易的相关手续，节省费用支出，缩短商务谈判时间。(2）它的形成与发展有利于维护自由、公平合理的贸易关系。无论是大国还是小国，在惯例面前一律平等。因此，像中国这样的发展中国家，可以利用国际贸易惯例来对付发达国家的贸易歧视，以维护自身应有的贸易权益。(3）它规范了贸易当事人的行为，因而就构成贸易秩序的一部分，从而对维护贸易当事人各方的权益起着重要作用。(4) 它对于解决贸易纠纷具有重要的作用。由于贸易国际惯例适用范围大于国际私法，因而其作为解决贸易纠纷的依据，更易于被当事人接受。(5) 它规范当事人的行为活动，协调当事人的权益关系，保证贸易活动在一定时期相对稳定地按照一定的规则和方式进行和发展，从而使贸易活动日益扩大化、稳定化。

(七) 怎样在对外经济交流中正确运用国际惯例?

国际惯例并不是国际公约，对有关国家或当事人也不能直接产生法律上的强制力和约束力，只有当事人在合同中加以引用或申明适用时，才对其具有约束力；而且当事人还可以约定排除或改变惯例中部分甚至全部规定。因此，国际经济惯例最多不过是经济法，而且还有不少习惯做法连“法”都谈不上。鉴于此，在对外经贸中，我们在针对某一具体事件时，不要贸然肯定国际惯例的存在，更不要动辄以适用国际惯例相许诺。

另外，根据中国现行法律和有关司法解释，在对外经贸交流中适用国际商业惯例必须符合下列条件：须是法律未作规定的事项；须不违背公共秩序；须经接受为法律，而非一切国际上的习惯做法。

总之，适用国际惯例应有利于涉外经贸法律问题公正、合理地解决，最终达到促进国际经贸关系的正常发展。

(八) 为什么说国际惯例是“国际化”趋势?

国际经济惯例是发达商品经济的产物，随着社会化大生产程度的提高，统一的世界市场的形成，商品经济的运作方式已扩展到整个世界，各国在经济上的相互依赖性也空前提高。国际贸易在全球经济一体化中的作用，不仅表现在其增长率与世界生产率都增长的相互关系上，更重要的还表现在投入国际交换的商品，在商品总额中的比重大大增加，从而表现出各国在商品交换方面相互依赖程度提高。除国际商品贸易外，国际无形贸易也在迅速发展，现在的无形贸易不仅包括一些传统项目：如银行、保险、交通运输、国际旅游业务等，还出现了一些新项目，如租赁、咨询和管理服务、技术贸易等。

“二战”后国际无形贸易的增长速度大大超过整个国际贸易的发展速度。各国之间的经济联系早已超越了流通领域，出现了与国际投资联系在一起的生产国际化，生产资本的大规模跨越国界，又使世界经济一体化的发展达到一个新台阶。目前，跨国公司在投资、贸易、技术转让、商品营销和金融等各种经济活动方面，都堪称世界经济舞台上的主角。另外，国际金融本身已成为重要的国际产业。国际金融市场规模不断扩大，国际资本流量迅速增长。一般估计，国际资本交易总额超过世界贸易总额已近30倍。

以上种种，都是世界经济一体化的主要表现。而世界经济越是一体化，就越离不开使经济活动得以规范运转的经济惯例，这些惯例的适用范围，也必须随着商品经济的发展而从地区扩展到全国，进而突破国界走向世界。

六、国际贸易业务流程

进出口贸易的业务程序一般分为三个阶段：交易前的准备、交易磋商和履行合同阶段。交易磋商前的准备阶段是交易磋商能否顺利进行的保证，也是履行合同的基础，而交易磋商是能否达成协议和确定双方权利、义务与责任的关键阶段；履行合同则是买卖双方按照合同条款履行自己的权利和义务。

（一）交易前的准备阶段

主要有：进出口计划的编制，按计划进行收购或调拨出口货源，并采取各种方式和通过各种渠道对国际市场和客户进行调查研究，选择适当的市场和客户；制订进出口营销方案、宣传等工作。准备阶段包括情报调研、商品市场调研、客户调研、广告宣传和商标注册等工作。在调研的基础上制订进出口商品经营方案。

（二）交易磋商和订立合同阶段

交易磋商和合同订立阶段，从事交易的各方需与对方就合同条款进行磋商。磋商可通过当面谈判、交换函电或电子数据交换进行，一般要经过询盘、发盘、还盘、接受等环节。合同条款的内容包括商品品名、品质、数量、包装、价格、装运、支付方式、商品检验检疫、索赔、不可抗力和争议的处理办法等。按中国政府规定，若企业没有直接进出口权，交易必须找到一个进出口商作为中间商来进行。

（三）履行合同阶段

1. 出口业务的程序

此阶段将涉及备货、领证、配载、报关、报检、装船、投保、议付、结汇、退税、索赔等环节。整个经贸活动中的信息流将受到贸易主管部门、生产部门、运输、海关、商检、银行、税务、外汇管理、保险和贸促会等多个职能机构的监控（图4）。

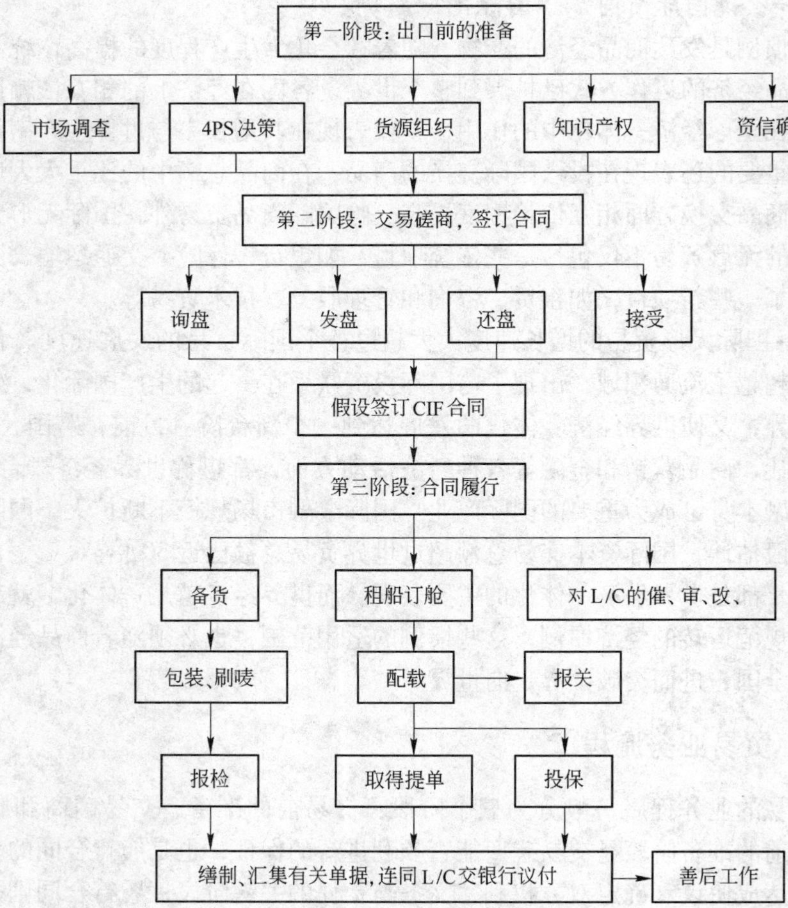

图4　出口业务流程示意图

2. 进口业务的程序

此阶段包括开立信用证、租船或订舱（CIF 或 CFR）催装、保险、审单、付款、买汇赎单、货到后报关（缴纳关税）、商检、提货或拨交、验收、索赔（图 5）。

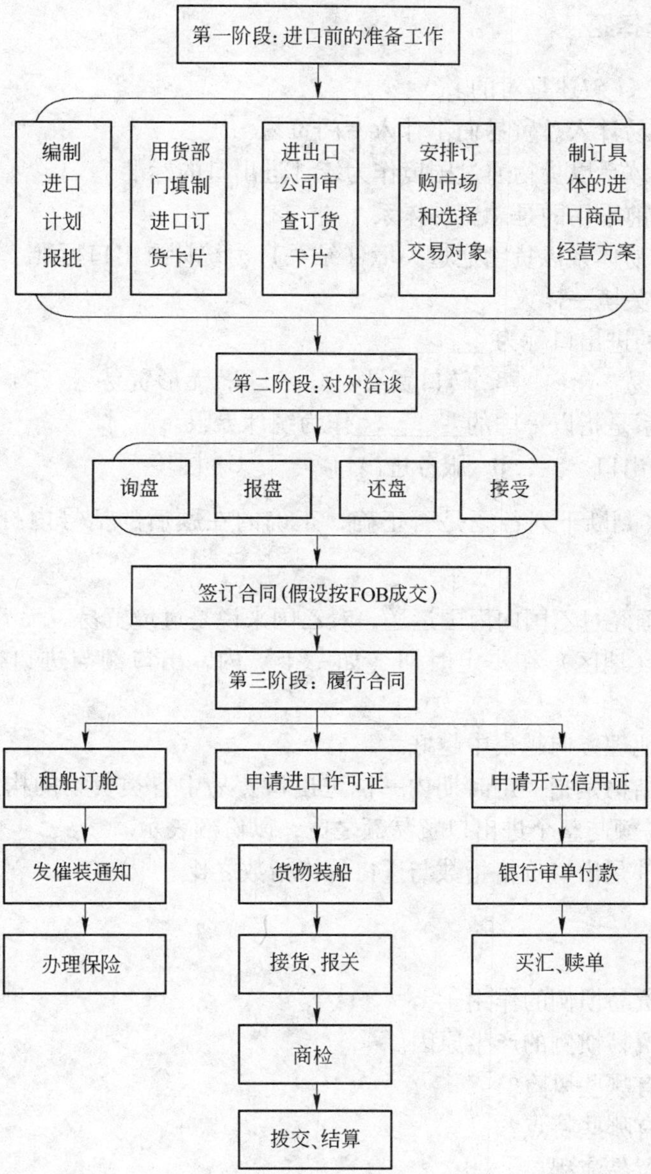

图 5　进口贸易流程图

【课后习题】

一、重点概念

国际贸易；对外贸易；对外贸易值；对外贸易量；总贸易；复进口；专门贸易；直接

贸易；间接贸易；有形贸易；无形贸易；复出口；贸易条件；对外贸易地理方向；国际贸易地理方向；贸易差额、对外贸易商品结构；国际贸易商品结构；知识产权贸易；服务贸易

二、不定项选择题

1. 以下________叙述是对的。

A. 过境贸易计入总贸易而不计入专门贸易

B. 总贸易体系以货物通过国境作为统计进出口的标准

C. 我国当前采用的是总贸易体系

D. 专门贸易体系以货物通过关境（结关）为统计进出口标准

E. 国境与关境一样大

2. 实物商品的进出口称为________。

A. 过境贸易　B. 转口贸易　C. 无形贸易　D. 有形贸易

3. 总贸易体系是指以一国的________作为统计界限。

A. 货物进出口　B. 服务进出口　C. 国境　D. 关境

三、判断题（判断下列各题是否正确，正确的在题后的括号内打“√”，错误的打“×”。）

1. 商品从甲国经过乙国向丙国运送，对乙国来说是过境贸易。（　）

2. 一个国家（地区）在一定时期（如一年）内，出口额与进口额的相差数，称为“贸易差额”。（　）

3. 对外贸易地理方向越集中越好。（　）

4. 贸易货物结构是指一定时期内一国进出口贸易中各类货物的构成，即各大类或各种货物进出口贸易额与整个进出口贸易额之比，以份额表示。（　）

5. 净贸易条件是出口价格指数与进口价格指数之比。（　）

四、简答题

1. 简述国际贸易惯例的作用。
2. 简述国际贸易惯例的产生原因。
3. 国际贸易有哪些风险？
4. 国际贸易有哪些特点？
5. 简述进口贸易流程。
6. 简述出口贸易流程。

第一章　国际贸易术语概述

【案例】1996年，中国某出口公司向加拿大魁北克某进口商出口500吨干果，双方签订合同规定：价格为每吨4800加元CIF魁北克，装运期不得晚于10月31日，不得分批和转运并规定货物应于11月30日前到达目的地，否则买方有权拒收，支付方式为90天远期信用证。加方于9月25日开来信用证。我方于10月5日装船完毕，但船到加拿大东岸时已是11月25日，此时魁北克已开始结冰。承运人担心船舶驶往魁北克后出不来，便根据自由转船条款指示船长将货物全部卸在哈利法克斯，然后从该港改装火车运往魁北克。待这批货物运到魁北克已是12月2日。恰逢此时魁北克市场上干果价格大跌，于是进口商以货物晚到为由拒绝提货，提出降价20%以弥补其损失。几经交涉，最终以我方降价15%结案。在这笔交易中我方公司共损失36万加元。

上例中的“每吨4800加元CIF魁北克”就是国际贸易合同中价格条款的常见表述，其中“CIF”就是一种贸易术语。国际贸易术语是国际货物买卖合同中的重要组成部分。本章将介绍国际贸易术语的含义、产生背景、其在国际贸易中的作用以及几种主要的国际贸易惯例。通过本章的学习，要求学生掌握国际贸易术语的含义，理解国际贸易术语产生原因及其作用，了解有关贸易术语的国际贸易惯例的主要内容。

第一节　国际贸易术语含义

一、贸易术语的产生背景

国际贸易中买卖双方既要享受合同赋予的各种权利，同时也要承担合同中规定的各种义务。作为卖方，基本义务是在规定的时间地点提供符合合同规定的货物，而买方则需及时受领货物并支付货款。然而，由于国际贸易中的交易双方分处两国，相距遥远，所交易的商品在长距离的运输过程中往往需要经过储存、运输、多次装卸等环节，在进出关境时还需办理进出口清关手续，此外，进出口贸易货物在装、运、卸、贮的整个流转过程中都存在着风险，可能遭受自然灾害、意外事故等。在国际贸易中，由于贸易环节多、风险大、需要办理各种手续并支付相关费用，所以国际贸易中商品的价格远比国内市场所述商品的价格复杂，合同中的价格条款不仅要表明商品“价格”，还要明确货物在交接过程中，有关风险、责任如何划分和费用由谁来承担的问题。例如：租船、订舱和支付运费，办理出口、进口许可证及报关手续，装卸运输出口、进口货物，办理货物运输保险手续等。有关上述各环节的手续由谁办理、费用由谁负责、风险如何划分就成为国际贸易实际业务中交易双方在洽谈交易、订立合同时必须通过磋商加以明确的问题。但是如果在每次谈判时买卖双方对这些事项都逐一进行磋商并逐笔写入合同条款的话，不仅使合同内容变得更加繁杂冗长，也会耗费大量的时间和经费，既降低交易效率和增加交易成本，还可能因考虑不周而造成疏漏事项并最终导致合同无法履行或产生争议和纠纷。于是在长期的国际贸易实践中，人们逐渐摸索出一种办法，用一些简短的概念和外文字母缩写来代表贸易双方责任费用及各自义务，并划分相关风险，即把和价格密切相关的一系列贸易条件用简单的英文缩写来代替与价格直接联系在一起的若干种报价的模式，这就是国际贸易术语。

二、国际贸易术语的含义

国际贸易术语（Trade Term），又称价格术语或交易条件，是用一个简短的概念或字母的缩写，来表明商品的价格构成，说明国际货物贸易中的交货地点、商品的价格构成和买卖双方的有关费用、风险和责任的划分，确定卖方和买方应尽的义务。贸易术语具有两重性；一方面，它是用来确定交货条件，即说明买卖双方在交接货物时各自承担的风险、责任和费用；另一方面，又用来表示该商品的价格构成因素。这两个方面是密切相关的。

三、国际贸易术语的作用

国际贸易是随着商品的跨国交换而产生的，其起源可以追溯到奴隶社会。但是国际贸易术语则是在国际贸易发展到一定阶段才逐渐产生的。所以，贸易术语是国际贸易发展过程中的产物，而其产生之后在国际贸易实务中得到广泛运用，又大大促进了国际贸易的发展。

（一）贸易术语的主要功能

贸易术语的主要功能是通过明确货物贸易中的交货地点、商品的价格构成和买卖双方的有关费用、风险和责任的划分来简化缔约程序，国际贸易交易双方只需对选择的贸易术语进行磋商，即可确定货物从装运地到目的地全部过程中的装卸、运输、保险等各环节费用及责任划分，从而大大简化了磋商环节、缩短洽商时间和节约交易费用，提高了贸易双方的磋商效率。

（二）贸易术语及其惯例

贸易术语及其惯例为世界各国的进出口贸易商提供了统一的定义和标准，不仅简化了合同条款，也避免了各国因文化和习惯差异而产生的对贸易条件的不同理解及由此可能导致的贸易摩擦和法律纠纷，增强了贸易的确定性。

（三）贸易术语的解释

各种贸易术语的解释在国际上已经有了很高程度的一致性，成为大家所遵守的一种类似于行为规范的准则。如果在合同的商定过程中有些规定不明确或不完备，导致履约过程中买卖双方发生了争议，根据双方确定的贸易术语的一般解释就能够起到对当事人的行为进行规范和判定分歧的作用。

（四）贸易术语可以表示商品的价格构成因素

贸易术语可以表示商品的价格构成因素，买卖双方确定成交价格时必须要考虑采用的术语中包含哪些从属费用，如运费、保险费、装卸费、关税、增值税等，从而便于双方比价并核算价格和成本。

第二节　国际贸易术语解释通则

一、国际贸易惯例

国际贸易术语是在贸易实践中逐渐形成的。早在19世纪初，人们就开始在国际贸易中使用贸易术语。贸易术语虽然可以使国际贸易磋商更加便捷简化，但是由于贸易双方地处不同的国家、在不同的法律规定及不同的风俗习惯文化传统背景下，不同国家对贸易术语的解释不同，合同双方当事人之间互不了解对方国家的贸易习惯，由此引起的误解和纠纷乃至诉讼时有出现，严重阻碍着国际贸易的发展。为了减少贸易争端、规范贸易行为、进一步促进贸易的发展，一些商业团体、国际组织或权威机构陆续制定颁布了一些解释规则，根据贸易习惯和通行做法对贸易术语做出通则性的解释、规定。一些解释规则逐渐被越来越多的国家的商人所认可，在国际上被普遍接受和广泛使用，从而成为了国际贸易惯例。

国际贸易惯例就是在国际贸易实践中逐渐形成的被人们所承认的具有普遍意义的一些习惯做法和规则。在长期的贸易实践中，国际贸易术语随着贸易发展的需要而不断地发展变化，更适应新形势下贸易实践的术语相继产生，那些已经过时的术语被逐渐淘汰，国际贸易惯例的内容也与此相适应不断修订。目前，国际上影响较大的国际贸易惯例有国际法协会制定的《华沙－牛津规则》、美国一些商业团体制定的《美国对外贸易定义修订本》以及国际商会制定的《国际贸易术语解释通则》。

二、《国际贸易术语解释通则2000》

《国际贸易术语解释通则》原文为International Rules for the Interpretation of Trade Terms（简称通则或INCOTERMS），其宗旨是为国际贸易中最普遍使用的贸易术语提供一套解释的国际规则，以避免因各国不同解释而出现的不确定性，或至少在相当程度上减少这种不确定性。

贸易术语因各国文化、法律、习惯等的不同而解释各异，甚至各主要港口也都有自己的惯例，由此导致贸易双方之间的误解争议时有发生，可见有一个准确统一的贸易术语解释出版物是很有必要的。有鉴于此，国际商会（International Chamber of Commerce，ICC）于1921年在伦敦举行的第一次大会时就授权搜集各国所理解的贸易术语的摘要。在贸易术语委员会的主持下准备摘要的工作有条不紊地进行，并且得到各国家委员会的积极协助，同时广泛征求了出口商、进口商 、代理人、船东、保险公司和银行等各行各业的意见，以便对主要的贸易术语作出合理的解释，使各方能够共同适用。摘要的第一版于1923年出版，内容包括几个国家对下列几种术语的定义：FOB，FAS，FOT或FOR，Free Delivered，CIF以及C&F。摘要的第二版于1929年出版，内容有了充实，摘录了35个国家对上述6种术语的解释，并予以整理。经过十几年的磋商和研讨，终于在1936年制定了具有历史性意义的贸易条件解释规则，定名为《INCOTERMS 1936》，副标题为《International Rules for the Interpretation of Trade Terms》（国际贸易术语解释通则）。由于《INCOTERMS 1936》提供了一个可以供各国商人在进行贸易时普遍使用的统一的术语解释，其使用范围日益广泛。随着新的运输方式和技术不断运用于国际贸易和货物运输，为适应国际贸易实践发展的需要，国际商会先后对其进行过多次修订和补充。

1999 年，国际商会广泛征求世界各国从事国际贸易的各方面人士和有关专家的意见，通过调查、研究和讨论，对实行 60 多年的《通则》进行了全面的回顾与总结。为使贸易术语更进一步适应世界上无关税区的发展、交易中使用电子信息的增多以及运输方式的变化，国际商会再次对《国际贸易术语解释通则》进行修订，并于 1999 年 7 月公布《国际贸易术语解释通则 2000》，于 2000 年 1 月 1 日起生效。《INCOTERMS 2000》随之成为包括的内容最多、在国际上应用的范围最广、影响最大的国际贸易术语解释通则。

《INCOTERMS 2000》对 13 个贸易术语进行了详细的解释，详细列明了各种术语下买卖双方的义务，并根据双方承担义务的不同将其分为四组，从 E 组到 D 组，卖方义务负担逐渐加重，而买方义务负担则渐趋减轻。

（1）E 组，发货或起运组。包括一种术语：EXW（EX Works，工厂交货）。

（2）F 组，主要运费未付。包括三种术语：FCA（Free Carrier，交至承运人）；FAS（Free Along Side，船边交货）；FOB（Free On Board，船上交货）。

（3）C 组，主要运费已付。包括四种术语：CFR（Cost and Freight，成本加运费）；CIF（Cost Insurance and Freight，成本、保险加运费付至）；CPT（Carriage Paid to，运费付至）；CIP（Carriage and Insurance Paid to，运费、保险费付至）。

（4）D 组，到达组。包括五种术语：DAF（Delivered at Frontier，边境交货）；DES（Delivered EX Ship，目的港船上交货）；DEQ（Delivered EX Quay，目的港码头交货）；DDU（Delivered Duty Unpaid，未完税交货）；DDP（Delivered Duty Paid，完税后交货）。

其中，FOB、CFR、CIF 是目前国际贸易中使用最多的术语。

三、《国际贸易术语解释通则 2010》

2010 年 9 月 27 日，国际商会正式推出在《INCOTERMS 2000》的基础上修订完成的最新修订本《国际贸易术语解释通则 2010》(INCOTERMS 2010)，新版本与《INCOTERMS 2000》并用，于 2011 年 1 月 1 日正式生效。《INCOTERMS 2010》对术语的修订考虑了以欧盟为代表无关税区的发展和扩大，运输方式特别是集装箱运输的发展，电子通信的普遍使用以及货物运输安全性的提高等原因，在内容上主要做了如下几个方面的调整。

（一）贸易术语的数量调整

贸易术语的数量由原来的 13 种变为 11 种。由于集装箱在国际物流中愈加充当主流角色，很多货物即便使用海洋运输方式也往往在集装箱堆场进行交接，甚至进行“门到门”的交接。因此，新版本删除了《INCOTERMS 2000》中的 DDU、DAF、DEQ、DES，只保留了 DDP，同时新增加了两种 D 组贸易术语，即 DAT（Delivered at Terminal）与 DAP（Delivered at Place）以取代被删去的术语，即用 DAP 取代了 DAF、DES 和 DDU 三个术语，DAT 取代了 DEQ，且将其适用范围扩展至适用于一切运输方式。

（二）术语分类调整

术语分类由原来的 E、F、C、D 四组调整为适用于两类运输方式：适用于各种运输方式的 CIP、CPT、DAP、DAT、DDP、EXW、FCA 和适用于水运的 CFR、CIF、FAS、FOB，意在提醒使用者注意不要将仅适用于水运的术语用于其他运输方式。

（三）新的通则取消了“船舷”的概念

《通则2010》之前的版本，针对传统的适用于水上运输的主要贸易术语如FOB、CFR和CIF均强调卖方承担货物至在指定装运港越过船舷时为止的一切风险，买方承担货物自在指定装运港越过船舷时起的一切风险。由于装船过程是个连续性的行为，船舷也很可能是一个不规则的立体交叉结构，船舷概念显得比较虚幻，货物损坏是在船舷内还是外，具体操作起来不好确定。长期以来已不能反映各国港口的惯常做法，“越过船舷”的规定在实务的执行中颇有难度，长期以来一直很有争议。修订后的《通则2010》不再设定“船舷”的界限，只强调卖方承担货物装上船为止的一切风险，买方承担货物自装运港装上船开始起的一切风险。这一修改更贴切地反映了现代国际贸易实务中的操作，使得买卖双方的风险转移、责任划分和费用负担完全统一起来。

（四）在FAS、FOB等术语中加入了在货物运输期间被多次买卖（String Sales，连环贸易）的责任义务的划分

大宗货物买卖中，货物常在一笔连环贸易下的运输期间被多次买卖，由于连环贸易中货物由第一个卖方运输，作为中间环节的卖方就无须装运货物，而是由“获得”所装运的货物而履行其义务。因此，新版本对此连环贸易模式下卖方的交付义务做了细分，在指导性说明中对FAS、FOB、CFR和CIF几种适用水上运输的术语首次提及“String Sales”，在CPT和CIP的A3项中也有提及，这也弥补了以前版本中在此问题上未能反映的不足。

（五）术语的适用范围扩大

考虑到对于一些大的区域贸易集团，如欧洲单一市场，国与国之间的边界手续已不那么重要了，新版本首次正式明确这些术语不仅适用于国际销售合同，也适用于国内销售合同，这就将术语的适用范围扩大到国内贸易中。

（六）细化了双方权利义务

新通则充分考虑了国际贸易技术不断进步下的新情况，对双方权利义务的划分更加细致，如赋予电子单据与书面单据同样的效力，增加对出口国安检的义务分配，要求双方明确交货位置，将承运人定义为缔约承运人等。以上这些变化在很大程度上反映了国际货物贸易的实践要求，并进一步与《联合国国际货物销售合同公约》及《鹿特丹规则》衔接。

《INCOTERMS 2000》与《INCOTERMS 2010》基本义务对比见表1-1。

表1-1　《INCOTERMS 2000》与《INCOTERMS 2010》基本义务对比

《INCOTERMS 2000》	《INCOTERMS 2010》
A1/B1 “Provision of goods in conformity with the contract/Payment of the price”（提供符合合同规定的货物、支付价款）	A1/B1 “General obligations of the Seller (Buyer)”（买方/卖方的一般义务）
A2/B2 “Licences, authorization and formalities”（许可证、其他许可和手续）	A2/B2 “Licences, authorizations, security clearances and other formalities”（许可证、其他许可、安全清关和其他手续）
A3/B3 “Contracts of carriage and insurance”（运输合同和保险合同）	A3/B3 “Contracts of carriage and insurance”（运输与保险合同）

续表 1-1

《INCOTERMS 2000》	《INCOTERMS 2010》
A4/B4 "Delivery/Taking delivery"（交货/受领货物）	A4/B4 "Delivery/Taking delivery"（交货/收货）
A5/B5 "Transfer of risks"（风险转移）	A5/B5 "Transfer of risks"（风险转移）
A6/B6 "Dicision of costs"（费用划分）	A6/B6 "Allocation of costs"（费用分摊）
A7/B7 "Notice to the buyer/seller"（通知买方/卖方）	A7/B7 "Notice to the buyer/seller"（通知买方/卖方）
A8/B8 "Proof of delivery, transport document or equivalent electronic message"（交货凭证、运输单据或有同等作用的电子讯息）	A8/B8 "Delivery document /proof of delivery equivalent electronic message"（交付单据/交货证明）
A9/B9 "Checking - packaging - marking/Inspection of goods"（查对、包装、标记/货物检验）	A9/B9 "Checking - packaging - marking/Inspection of goods"（核对-包装-标记/货物检验）
A10/B10 "Other obligations"（其他义务）	A10/B10 "Assistance with information and related costs"（信息协助和相关费用）

由上述内容及表 1-1 可以得知，《INCOTERMS 2010》第 1 项和第 10 项的改动较《INCOTERMS 2000》明显，尤其是第 10 项要求卖方和买方分别要帮助对方提供包括与安全有关的信息和单据，并向受助方索偿因此而发生的费用。

国际贸易惯例在适用的时间效力上并不存在"新法取代旧法"的说法，虽然《INCOTERMS 2010》于 2011 年 1 月 1 日正式生效，但是并非此后《INCOTERMS 2010》之前的版本就自动作废。当事人在订立贸易合同时仍然可以选择适用《INCOTERMS 2000》甚至《INCOTERM 1990》。

第三节 国际贸易术语的其他国际惯例

有关贸易术语的其他国际贸易惯例主要有以下两种。

一、《华沙-牛津规则》

《1932 华沙-牛津规则》是国际法协会专门为解释 CIF 术语的性质和适用范围而制定的，是比较早的关于贸易术语的国际贸易惯例。19 世纪中叶，CIF 贸易术语开始在国际贸易中得到广泛采用，然而在该术语下买卖双方各自义务并没有统一的规定和解释。因此，1928 年国际法协会在波兰召开了华沙会议，以英国的贸易习惯和判例为基础，制定了 CIF 术语相关的惯例，称为《CIF 买卖合同统一规则》（简称《华沙》规则）。其后几经修订，在 1932 年牛津会议完成了比较完整的修订工作，全称是《1932 华沙-牛津 CIF 合同规则》（Warsaw - Oxford Rules for CIF Contract, 1932）。

在该规则的序言中写道："本规则是为了对那些愿按 CIF 条款进行货物买卖但目前缺乏标准合同格式或共同交易条件的人们提供一套可在 CIF 合同中易于使用的统一规则。"《1932 华沙-牛津规则》全文共分 21 条，对于 CIF 的性质、买卖方所承担的风险、责任和费用的划分以及所有权转移的方式等问题都做了较为详尽的解释。后来，国际商会将其内容引入了《国际贸易术语解释通则》，随着《通则》的不断修订，其中对 CIF 的解释也不断完善。所以目前大家普遍选用《通则》对 CIF 的解释，《华沙 - 牛津规则》实际上已经较少使用。但是由于该规则是专门针对 CIF 术语订立的，至今仍对国际贸易 CIF 合同当事人的权利、义务划分有一定的参考作用。

二、《美国对外贸易定义修订本》

《美国对外贸易定义》（Revised American Foreign Trade Definitions 1941）是由美国几个商业团体制定的。1919 年美国的九大商务团体制定了《美国出口报价及其缩写条例》，对一些贸易术语的定义做了统一解释，供对外贸易人员参考使用。后来随着贸易习惯和经营做法的演变，在 1940 年举行的美国第 27 届全国对外贸易会议上对原有定义作了修改。1941 年 7 月 30 日，美国商会、美国进口商全国理事会和全国对外贸易理事会所组成的联合委员会正式通过并采用了此项定义，名为《Revised American Foreign Trade Definitions 1941》（1941 年美国对外贸易定义修正本），并由全国对外贸易理事会发行。

《1941 定义修正本》分为序言、注意要点、价格术语三大部分，所解释的贸易术语共有六种，分别为：EX（Point of Origin）（产地交货）；FOB（Free on Board）（在运输工具上交货）；FAS（Free Along Side）（在运输工具旁边交货）；C&F（Cost and Freight）（成本加运费）；CIF（Cost，Insurance and Freight）（成本加保险费、运费）；EX Dock（Named Port of Importation）（目的港码头交货），分别叙述了几种术语的定义以及在该种报价下买卖双方所承担的权利、义务、责任范围等。

1990 年该《修正本》经过修订，命名为《1990 年美国对外贸易定义修订本》，新的修订本里收录了 6 种贸易术语，具体包括：原产地交货—EXW（EX Works）、运输工具上交货—FOB（Free On Board）、运输工具旁边交货—FAS（Free Along Side）、成本加运费—CFR（Cost and Freight）、成本保险费运费—CIF（Cost，Insurance，Freight）、目的港码头交货—DEQ（Delivered EX Quay）。其中，FOB 术语又细分为 6 种。因此，该惯例实际上有 11 种贸易术语。修订后的《美国对外贸易定义修订本》在形式上和《国际贸易术语解释通则》中的术语很接近，不过其中各术语的定义则和《通则》差距甚大，特别是 FOB 和 FAS 需要在使用中予以注意。

《美国对外贸易定义修正本》对明确买卖双方权利与义务、简化贸易手续和便利合同的签订与履行等方面，具有积极意义，它曾在南北美洲各国有很大的影响。现在则主要为北美国家如美国、加拿大以及其他美洲国家所采用。由于它对贸易术语的解释与国际商会的《国际贸易术语解释通则》有明显的差异，所以，在同北美国家客户进行交易时应加以注意，双方应在合同中予以注明所选贸易术语依据的具体惯例。

由于《美国对外贸易定义修正本》内容与一般解释相距较远，国际间很少采用。随着国际商会制定的《国际贸易术语解释通则》在国际上的影响越来越大，绝大多数国际贸易从业人员都接受了《通则》的解释，美国制定《美国对外贸易定义修正本》的团体已同意不再继续使用该项定义，将尽量采用国际商会制定的《国际贸易术语解释通则》。2004 年美国对其《美国统一商法典》（UCC）第 2 篇中涉及贸易术语部分引入更为通用的 INCOTERMS，以替代其本国定义的贸易术语，其用意在于逐渐统一使用《国际贸易术语解释通则》。

三、贸易术语国际惯例的效力

国际商会是国际非政府组织，其成员为不同国家的公司或非政府组织，没有立法权，故其制定的规则没有一般法律具有的强制性特点。其他国际贸易惯例本身也并无法律约束力。但是在国际货物买卖中，如果双方当事人在合同中规定采用某项惯例，它对双方当事人就具有约束力。在发生争议时，法院和仲裁机构也可以参照相关的国际贸易惯例来确定当事人的权利与义务。总之，国际贸易惯例本身不是法律，对国际贸易当事人不产生必然的强制性约束力；而国际惯例一经选择写入合同即对双方当事人具有约束力。

【案例分析】

作为外贸工作人员不仅要熟知各种国际贸易术语的涵义，还应在进出口合同磋商时根据货物、运输、保险、进出口地等具体情况选择较为合适的贸易术语，以尽可能规避风险、保障己方利益。如篇首案例中，魁北克在加拿大的东岸，属于季节封冻港口，11 月在该地已经接近冰冻期，出口方对货轮在途时间估算不足；对魁北克冰冻期的情况不了解因而未能根据这一情况选择可靠的运输方式。

此外，本案中的合同已经不是真正意义的 CIF 合同。CIF 合同是装运合同，卖方将货物装船后风险即转移给买方，但卖方在合同中规定了货物到达目的港的时限条款，从而改变了合同的性质，使得卖方需承担货物不能按期到达目的港的风险。对于一些季节性很强的商品，进口方往往要求限定到货时间，卖方应充分注意到在 CIF 合同中添加到货期等限制性条款将改变合同性质，故应采取措施减少风险。

【课后习题】

一、重点概念

国际贸易术语；贸易术语的国际惯例；国际贸易术语解释通则

二、不定项选择题

1. 《华沙－牛津规则》介绍了哪种术语？（　　）

A. FOB　　B. CIF　　C. CFR　　D. FAS

2. 《1932 年华沙－牛津规则》解释了（　　）种贸易术语。

A. 1　　B. 6　　C. 13　　D. 14

3. 关于贸易术语的作用描述不正确的是（　　）。

A. 简化了磋商环节，缩短洽商时间

B. 节约了交易费用

C. 完全避免了双方的争端和诉讼

D. 便于双方核算成本

三、判断题（判断下列各题是否正确，正确的在题后的括号内打“√”，错误的打“×”）

1. 《华沙－牛津规则》是国际上最早全面介绍各种贸易术语的国际惯例。 （ ）
2. 贸易术语的国际惯例具有法律效力，对合同双方有强制执行的约束力。 （ ）
3. 国际贸易术语是伴随着国际贸易的产生同时产生的。 （ ）
4. 《美国对外贸易定义》中关于FOB的定义与《INCOTERMS 2010》中完全相同。 （ ）
5. 《INCOTERMS 2000》中的四组术语，从E组到D组，买方义务负担逐渐加重，而卖方义务负担则渐趋减轻。 （ ）

四、简答题

1. 简述国际贸易术语产生的背景。
2. 如何看待贸易术语国际惯例的效力?
3. 贸易术语对促进国际贸易发展的作用主要体现在哪些方面?
4. 《INCOTERMS 2010》相对于《INCOTERMS 2000》对FOB术语的规定有哪些变化?

五、案例分析

1. 一位外贸人员在答复美国客户询盘时报价“FOB USD×××TIANJIN PORT”，结果该客户回复他的报价与自己的理解有差距，请解释其中FOB的涵义，并结合本章的知识分析该事件可能的原因。

2. 中国某公司按CIF条件与日本某进口公司签订了产品的交易合同。在合同规定的装运期内，卖方备妥货物安排好从装运港到目的港的运输事项。在装船时，卖方考虑到从装运港到目的港距离较近且风平浪静，不会发生什么意外，因此没有办理运输保险。货物如期安全抵达目的港后买方因市场行情下跌，就以卖方提交的单据中缺少保险单，以单据不全为由拒收货物和拒付货款。试分析本案例进口商的行为是否合理。

第二章 主要国际贸易术语

【案例】A 公司按 CIF 条件向欧洲某国进口商出口一批商品。合同规定由出口方投保一切险，并采用信用证方式支付。出口公司在规定的期限、指定的装运港口装船完毕，船公司签发了提单，然后在银行议付了款项。第二天，出口公司接到客户来电，称：装货的海轮在海上遇到风暴，商品全部损毁，客户要求 A 公司出面向投保的保险公司提出索赔，否则要求 A 公司退回全部货款，遭到了 A 公司的果断拒绝，请问其拒绝是否有道理？

对上述案例的判断，需要准确把握各贸易术语下对于买卖双方权责的具体规定。本章将以《INCOTERMS 2010》中的 11 个贸易术语为主，结合《INCOTERMS 2010》相对于《INCOTERMS 2000》内容上的重大变化，详细介绍国际贸易中常用的贸易术语。通过学习，要求学生准确掌握各贸易术语的含义及买卖双方责任义务、费用负担及风险转移的规定，具体包括风险何时转移给买方以及运费、保险、装卸费用、进出口清关等手续分别由谁负责等。

第一节 适用于各种运输方式的贸易术语

《国际贸易术语解释通则 2010》将 EXW、FCA、CPT、CIP、DAT、DAP、DDP 七种术语定义为适合各种运输方式，包括多式联运的贸易术语，以下做逐一介绍。

一、EXW ——工厂交货

（一）含义

本术语英文为 EX Works（…Named Place），该贸易术语后面跟指定地点（Named Place），即 EXW + 指定出口地，是指当卖方在其所在地或其他指定的地点（如车间、工厂或仓库等）将货物交给买方处置时，即完成交货。卖方不需将货物装上任何运输工具，亦不必为货物办理出口清关手续。买方必须承担在双方约定的地点或在指定地受领货物后直至目的地的全部费用和风险。

（二）买卖双方责任

（1）EXW 当买方在卖方工厂或仓库提货时，卖方的义务即停止，因此是卖方承担责任最小的术语。卖方具体义务如下：1）在合同规定的时间地点将货物置于买方的处置之下。2）承担在此之前的一切风险及费用。3）提交商业发票或具有同等作用的电子信息。4）就买方办理出口清关提供必要的协助。

（2）相应的买方义务范围更为广泛，具体包括：1）接受卖方提供的商业发票等单据，在合同规定时间地点受领货物，按合同规定的时间及方式交付货款。2）承担货物受领之时起的一切费用及风险，自费办理检验、运输及保险等。3）自担风险自费办理官方出口及进口证件、货物出口及进口的一切海关手续、进出口关税及其他费用等。

（三）术语运用及注意事项

在该术语下买方的责任范围最大，但是由于买方可以自主选择本国的运输公司及保险公司，从而可能得到较多的运费和保险费优惠，也同时避免了以外币结算的运费和保险费，因此，一些买方本着节约外汇支出的目的经常要求选择该术语成交。选择该术语成交需要注意的是：（1）双方都应该尽可能明确地指定货物交付地点，因为此时（交付前的）费用与风险由卖方承担。（2）本术语与（当事人）所选择的运输模式无关，即便（当事人）选择多种运输模式，亦可适用该规则。（3）卖方没有义务为买方装载货物，若合同约定由卖方装载货物，相关风险和费用亦由买方承担。（4）如果卖方在装载货物中处于优势地位，则使用由卖方承担装载费用与风险的 FCA 术语通常更合适。如果根据出口国家的规定，买方并不能直接或间接获得出口许可证，则不能使用 EXW 术语。因此本术语较适用于国内交易，对于国际交易，则应选 FCA 术语为佳。

二、FCA——货交承运人

（一）含义

该贸易英文是 Free Carrier（…Named Place），术语后面跟指定地点（启运地），即 FCA + 指定起运地，指卖方办理出口清关手续，并将货物在指定地点交给由买方指定的承运人或运输代理人，即完成交货。就《通则 2010》而言，承运人是指与托运人签署运输合同的一方，如果存在多式联运，则指货交第一承运人时。在《通则 2000》中的 FCA 用语就删去了有关运输方式的区别以及集装箱和非集装箱的区别，规定 FCA 术语可适用于各种运输方式，包括多式联运。

（二）合同各方责任

1. 卖方

（1）在合同规定的时间地点将货物交给买方指定的承运人，并及时通知买方。（2）承担在此之前的一切风险及费用。（3）自担风险自付费用办理官方出口证件，并办理货物出口所需一切海关手续，支付出口关税及其他相关费用。（4）提交商业发票或具有同等作用的电子信息，并自费提供通常的交货凭证以及合同可能要求的、证明货物符合合同规定的其他任何凭证。

2. 买方

（1）签订从指定地点承运货物的合同，支付相关运费，将承运人名称及相关情况及时通知卖方。（2）根据买卖合同规定及时受领货物支付货款。（3）承担受领货物后发生的一切风险及费用。（4）自担风险自付费用办理进口许可证或其他官方文件，并办理相关进口手续。

（三）注意事项

（1）交货地点的选择对于在该地点装货和卸货的义务划分影响很大。如卖方在其货物所在地交货，则卖方应负责装货，当货物被装上承运人的运输工具时，交货即算完成。但若卖方在其他任何地点交货，卖方负责运货至该地点，不负责卸货，即货物在卖方运输工具上尚未卸货而交给承运人处置时，交货即算完成。即在卖方货物所在地交货，卖方负责装货；在其他地点交货，卖方不负责卸货。

(2) 关于订立运输合同。该术语下一般是由买方自行订立从指定地点承运货物合同，卖方无义务签订运输合同。但若买方要求，或者如果是商业惯例而买方未适时给予卖方相反指示，则卖方可按照通常条件订立运输合同，费用和风险由买方承当。在任何一种情况下，卖方都可以拒绝订立此合同；如果拒绝，则应立即通知买方。

三、CPT——运费付至目的地

（一）含义

该贸易术语是英文 Carriage Paid to（… Named Place of Destination）的缩写，术语后面跟指定地点（目的地），即 CPT + 指定目的港或目的地。CPT 指卖方在指定交货地向承运人或由卖方指定的其他人交货，并承担将货物运送至指定目的地的所产生的必要费用和办理出口清关手续，买方承担交货之后一切风险和其他费用。

（二）双方责任

1. 卖方

(1) 与承运人订立将货物运往指定目的地的运输合同，并支付运费。在约定的日期及地点将货物交付承运人，并及时通知买方。(2) 承担货物交由第一承运人接管之前的一切风险及费用 。(3) 提供符合销售合同规定的货物和商业发票以及合同可能要求的、证明货物符合合同规定的其他凭证。(4) 自担风险自付费用取得出口许可证或其他官方许可，支付关税及其他相关费用。

2. 买方

(1) 自担风险和费用，取得所需的进口许可证或其他官方许可证，并办理货物进口所需的一切海关手续。(2) 承担货物在约定地点交给承运人后的一切风险及其他费用。(3) 根据买卖合同规定及时受领货物支付货款。

（三）注意事项

(1) 关于风险划分界限，注意 C 组术语都存在风险点和费用点的分离。在 CPT 和下文的 CIP、CFR、CIF 术语的情形下，卖方的交货义务在将货物交付承运人，而非货物到达指定目的地时，即告完全履行交货义务，即卖方需要签订从起运地到目的地的运输契约并支付运费，但是卖方承担的风险并未延伸至目的地，而是在货交承运人时即终结并转移给买方。在多式联运的情况下，这一风险转移点为货交第一承运人时。(2) 卖方负担货物运至目的地的正常运费，正常运费之外的其他费用由买方承担。货物的装卸费可包含于运费中由卖方承担，也可由双方在合同中另行约定。(3) 由于风险和成本在不同的地方发生转移，买卖双方当事人应在买卖合同中尽可能准确地确定以下两点：风险转移至买方的交货地点即货交第一承运人的地点，以及货物运输的目的地。

四、CIP——运费/保险费付至目的地

（一）含义

该术语是英文 Carriage and Insurance Paid to（… Named Place of Destination）的缩写，后跟指定目的地名称，含义是卖方除具有与 CPT 术语相同的义务外，还必须订立保险合同以防买方货物在运输途中灭失或损坏风险，并支付保险费。买方在合同规定的地点受领

货物，支付货款，并负担货物从起运地到目的地的除正常运费、保险费以外的其他费用。

（二）双方责任

1. 卖方

（1）安排运输，办理货物运输保险，并支付运费及保险费。（2）在约定的日期及地点将货物交付承运人，并及时通知买方，承担货物交由第一承运人接管之前的一切风险及费用 。（3）提供符合销售合同规定的货物和商业发票以及合同可能要求的、证明货物符合合同规定的其他凭证。（4）自担风险自付费用取得出口许可证或其他官方许可，支付关税及其他相关费用。

2. 买方

（1）买方必须自担风险和费用，取得所需的进口许可证或其他官方许可证，并办理货物进口所需的一切海关手续。（2）承担货物在约定地点交给承运人后的一切风险及费用。（3）根据买卖合同规定及时受领货物支付货款。

（三）注意事项

（1）卖方虽负担货物从起运地到目的地的运费及保险费，但是卖方承担风险从货交第一承运人时即告终结。如果买卖双方希望风险在之后的某一阶段转移（例如在一个海港或一个机场），则他们需要在其买卖合同中明确之。买卖双方最好在合同中尽可能精确地确认交货地点、风险转移至买方地点以及卖方必须订立运输合同所到达的指定目的地。（2）买方应注意到 CIP 术语只要求卖方投保最低限度的保险险别，且保险金额在合同价格的基础上加成 10%。如买方需要更多的保险保障，则需要与卖方明确地达成协议，或者自行作出额外的保险安排。

五、DAP——目的地交货

（一）含义

DAP 是 Delivered at Place（…Named Place of Destination）的缩写，即目的地交货。指卖方在合同规定的交货日期和指定的交货地点，将还在运输工具上可供卸载的货物置于买方的控制之下即完成交货。卖方应承担将货物运至指定的目的地的一切风险和费用（除进口费用外）。DAP 是《通则 2010》新添加的术语，取代了《通则 2000》的 DAF（边境交货）、DES（目的港船上交货）和 DDU（未完税交货）三个术语。按照《国际贸易术语解释通则 2010》规定，该规则的适用不考虑所选用的运输方式的种类，同时在选用的运输方式不止一种的情形下也能适用。

（二）双方责任

1. 卖方

（1）自付费用订立运输合同，在约定的日期或期限内将货物运至约定的交货地点，无需卸货。（2）承担在此之前的一切风险及费用 。（3）提供符合销售合同规定的货物和商业发票以及合同可能要求的、证明货物符合合同规定的其他凭证。（4）自担风险自付费用取得任何出口许可证或其他官方许可。

2. 买方

（1）买方必须自担风险和费用，取得所需的进口许可证或其他官方许可证，并办理货物进口所需的一切海关手续。（2）根据买卖合同规定及时受领货物、支付货款，并承担指定目的地将货物从交货运输工具上卸下以受领货物的一切卸货费。（3）承担受领货物后发生的一切风险及费用。

（三）注意事项

（1）尽管卖方承担货物到达目的地前的风险，该规则仍建议双方将合同交货目的地指定尽量明确，因为（货物）到达这一地点的风险是由卖方承担。同时由于该术语并不要求卖方负责卸货并承担费用，所以建议卖方签订恰好匹配该种选择的运输合同。如果由于卖方选择运输方式的缘故在目的地发生了卸货费用，那么除非双方达成一致，否则卖方无权向买方追讨该笔费用。（2）DAP 与 CIP 的异同点。这两个术语都是由卖方投保货物运输保险并承担费用，但在投保目的地及货运途中风险划分上却是不同的。CIP 是象征性交货即成本和风险是分离的，采用该术语时卖方只是承担运费将货物运到目的地，并有义务按照合同规定办理保险，但是货物运输途中的风险却在货交承运人时即转移给买方，而无需卖方承担。而采用 DAP 时，货运途中的风险是由卖方承担、在目的地货交买方后终结，所以 DAP 下卖方投保是为了保障自己的利益。

六、DAT——终点站交货

（一）含义

DAT 是 Delivered at Terminal（… Named Place of Destination）的缩写，中文意思是运输终端交货，指卖方在指定日期将货物运至指定港口或目的地的指定运输终端，将货物从运载工具上卸下交由买方处置即完成交货。术语后面跟指定地点（目的地），即 DAT + 指定目的港或目的地，表示目的地或目的港集散站交货。所谓“运输终端”可以是不论室内还是室外的任何地点，如仓库、码头、集装箱堆场、铁路、公路或航空货运站等。

DAT 的产生旨在替代《通则 2000》中的 DEQ 术语，不同的是 DEQ 仅指目的港码头交货，而按照《INCOTERMS 2010》定义中 DAT 适用于包括公路、铁路、江河、航空及多式联运的各种运输方式，即交货地点不仅局限于码头。与 DEQ 术语类似，DAT 指卖方在指定的目的地卸货后将货物交给买方处置即完成交货，卖方应承担将货物运至指定的目的地和将货物卸下所产生的一切风险和费用（进口费用除外）。

（二）双方责任

1. 卖方

（1）自付费用订立运输合同，在约定的日期或期限内将货物运至指定目的港或目的地的指定终点站，将货物从交货的运输工具上卸下，并交给买方处置。（2）承担在此之前的一切风险及费用 。（3）提供符合销售合同规定的货物和商业发票以及合同可能要求的、证明货物符合合同规定的其他凭证。（4）自担风险自付费用取得任何出口许可证或其他官方许可证。

2. 买方

（1）买方必须自担风险和费用，取得所需的进口许可证或其他官方许可证，并办理货物进口所需的一切海关手续。（2）根据买卖合同规定及时受领货物支付货款。（3）承担受领货物后发生的一切风险及费用。

（三）注意事项

（1）建议当事人尽量明确地指定终点站，如果可能，（指定）在约定的目的港或目的地的终点站内的一个特定地点，因为（货物）到达这一地点的风险是由卖方承担。建议卖方签订一份与这样一种选择准确契合的运输合同。（2）DAP 和 DAT 术语都是《通则 2010》中新增的术语，要注意区分二者对于买卖双方责任划分的区别。DAT 卖方要负责卸货，DAP 则无需卖方卸货，这两个术语下卖方均需负责办理出口清关手续，但无义务办理进口清关手续。如果双方希望进口清关手续、进口关税等也由卖方负责，则应选择 DDP（完税后交货）术语。

七、DDP——完税后交货

（一）含义

DDP 是英文 Delivered Duty Paid（Named Place of Destination）的缩写，术语后跟指定目的地，即 DDP + 指定目的地名称。该术语是指卖方在指定的目的地，办理完进口清关手续，将在交货运输工具上尚未卸下的货物交给买方处置，完成交货。该术语下卖方承担最大责任。卖方承担将货物运至指定的目的地的一切风险和费用，包括处理货物出口及进口中的各项任务，有义务办理出口清关手续与进口清关手续，包括关税、任何增值税或其他进口时需要支付的税项和通关等。

（二）买卖双方责任

1. 卖方

（1）自付费用订立运输合同，在约定的日期或期限内将货物运至指定目的港或目的地的指定终点站，将运输工具上尚未卸下来的货物交与买方处置。（2）承担在此之前的一切风险及费用。（3）提供符合销售合同规定的货物和商业发票以及合同可能要求的、证明货物符合合同规定的其他凭证。（4）自担风险自付费用取得出口许可证、进口许可证或其他官方许可，支付进出口关税及其他相关费用。

2. 买方

（1）在卖方自担风险和费用下，协助其取得所需的官方进口许可证和办理货物进口所需的海关手续。（2）根据买卖合同规定及时受领货物支付货款。（3）承担受领货物后发生的一切风险及费用。

（三）注意事项

（1）DDP 下卖方无订立保险合同的义务，但是该术语下卖方承担的风险及责任过大，同时 DDP 可以适用于任何一种运输方式，所以卖方为了避免运输途中由于自然灾害和意外事故造成货物损失，应根据运输方式及货物的性质等因素办理相应的运输保险。（2）因为到达指定地点过程中的费用和风险都由卖方承担，建议当事人尽可能明确地指定目的地。建议卖方在签订的运输合同中也正好符合上述选择的地点。（3）DDP 下任何增值税或其他进口时需要支付的税项都由卖方承担，如果双方当事人愿意从卖方的义务中排除货物进口时需支付的某些费用，应在合同中加注。如“DDP value added tax unpaid New York”（纽约完税后交货，增值税未付）。（4）上述适用于各种运输方式的三个 D 组术语对于卖方责任划分的不同要注意区别，简单概括为：DAP（运到）、DAT（运到、卸下）和 DDP（运到、完税）。需要注意的是 DAP 或 DDP 卖方不负责卸货但需负责从卸货港到货交实际买家的运费，故若当事人希望卖方承担从终点站到另一地点的运输及管理货物所产生的风险和费用，那么此时 DAP（目的地交货）或 DDP（完税后交货）规则应该被适用。如果卖方不能直接或间接地取得进口许可，不建议当事人使用DDP术语；如果双方希望买方承担所有进口清关的风险和费用，则应采用DAP术语。

第二节　适用于水上运输方式的贸易术语

根据《通则2010》，下列四种贸易术语FAS、FOB、CFR、CIF只适用于海运或内河运输。

一、FAS——装运港船边交货

（一）含义

FAS是英文Free Alongside Ship（…Named Port of Shipment）的缩写，该术语后跟指定装运港名称，即FAS＋装运港名称。“船边交货”是指卖方办理出口清关手续，将货物运至指定装运港并交到买方指定的船边，即完成交货。从该时刻起，货物灭失或损坏的风险转移给买方，并且由买方承担所有费用。

（二）双方责任

1. 卖方

（1）在合同规定的时间和装运港口将货物交至买方指定的船只旁边，并及时通知买方。（2）承担在此之前的一切风险及费用。（3）自担风险自付费用办理官方出口证件，并办理货物出口所需一切海关手续，支付出口关税及其他相关费用。（4）提交商业发票或具有同等作用的电子信息，以及合同可能要求的、证明货物符合合同规定的其他任何凭证。

2. 买方

（1）签订从指定地点运输货物的合同，支付相关运费，将船名、装货时间地点及其他相关情况及时通知卖方。（2）根据买卖合同规定及时受领货物支付货款。（3）承担卖方将货运至船边之后发生的一切风险及费用。（4）自担风险自付费用办理进口许可证或其他官方文件，并办理相关进口手续。

（三）《美国对外贸易定义修订本》项下的FAS

根据国际商会《通则2010》的解释，该术语只适用于水上运输方式，即FAS是指装运港船边交货价。但是按照《美国对外贸易定义修订本》中的FAS为“Free Along Side”应译为“运输工具边交货”，指交货到各种运输工具旁。在实际应用时，只有FAS Vessel（…named port of shipment）术语一种，称为“船边交货”术语。《通则2010》中的FAS为Free Alongside Ship的缩写，仅指“船边交货”。但“FAS Vessel”术语虽然与《解释通则》下的FAS很接近，但仍有区别：（1）风险与费用分界点不同。按《修订本》，其风险与费用承担分界点为船边（船已到港时）或码头仓库（船已靠港时），视具体情形而定，而《通则2000》中FAS的风险与费用承担分界点为船边，因此，按FAS Vessel交易时，买方所购买的保险应订明货物存入码头仓库时起投保，它在仓库保管中的风险也由保险公司承保；（2）《通则》中要求在FAS下，卖方负责出口通关手续并支付与此相关的费用。而《修订本》中FAS规定，由买方负责此项义务，当然如果应买方要求，卖方也可协助办理但费用仍由买方负担。

(四)注意事项

(1)由于国际商会《通则》与《美国对外贸易定义修订本》中对于FAS定义的大不相同,在同美国、加拿大等国家客户签订贸易合同时,需在合同中注明本术语依据哪种贸易术语的国际惯例。(2)当事方应当在合同中尽可能明确指定装运港,这是因为到这一地点的费用与风险由卖方承担,并且根据港口交付惯例这些费用及相关的手续费可能会发生变化。(3)该术语是由买方负责办理运输手续,及时租船订舱和货船在指定装运港及时到位是卖方按时装船的前提,但如果引起了船货衔接不当并造成货物损失责任由谁承担,应在合同中加以明确。(4)当货物通过集装箱运输时,卖方通常在终点站将货物交给承运人,而不是在船边。在这种情况下,船边交货规则不适用,而应当适用货交承运人(FCA)规则。

二、FOB—装运港船上交货

(一)含义

FOB是英文Free on Board(Named Port of Shipment)的缩写,该术语后跟指定装运港名称,即FOB+装运港名称。FOB又称"离岸价",是国际贸易中常用的贸易术语之一,指卖方在指定的装运港,将货物交至买方指定的船只上,或者指(中间销售商)设法获取这样交付的货物。一旦装船,买方将承担货物灭失或损坏造成的所有风险,承担所有费用。卖方被要求将货物交至船只上或者获得已经这样交付装运的货物。这里所谓的"获得"迎合了目前在商品贸易中十分普遍的链式销售,也是《通则2010》与时俱进的变化之一。

(二)双方责任

1. 卖方

(1)在合同规定的时间和装运港口将货物装上买方指派的船只,并及时通知买方。(2)承担在此之前的一切风险及费用。(3)自担风险自付费用办理官方出口证件,并办理货物出口所需一切海关手续,支付出口关税及其他相关费用。(4)提交商业发票或具有同等作用的电子信息,以及合同可能要求的、证明货物符合合同规定的其他任何凭证,提交证明货物已交至船上的通常单据。

2. 买方

(1)租船或订舱,签订运输货物的合同并支付相关运费,将船名、装货时间地点及其他相关情况及时通知卖方。(2)根据买卖合同规定及时受领货物支付货款。(3)承担卖方将货物装上买方所指定的船只后发生的一切风险及费用。(4)自担风险自付费用办理进口许可证或其他官方文件,并办理相关进口手续

(三)《通则2000》与《通则2010》中关于风险界限的不同规定

《通则2000》规定FOB下风险划分"以装运港船舷为界",即货物装船越过船舷之前货物跌落码头或海中造成的损失由卖方承担。越过船舷之后,包括起航前和整个运输过程中所发生的损坏和灭失,都由买方承担。而《通则2010》把交货、收取货物与风险转移统一为"在船上",规定货物装到船上,风险由卖方转移给买方,这一变化使得卖方的风险、责任和费用分担更为明确,但相对来说是增加了卖方的相关责任范围,转船中货物从越过船舷到整批货物装上船这段的风险原由买方承担现由卖方承担。同时,卖方承担的责

任、费用也相应增加。

(四)《通则 2000》中关于 FOB 的变形

这个问题其实是关于装船费用的负担问题。由于旧版本存在"船舷"概念，且各国对于"装船"一词并无统一解释，对装船各项费用由谁承担，各国习惯也不一致，所以造成装船费如何划分并不清楚。买卖双方往往在 FOB 后加列附加条件，用来说明装船费用由谁负担，称为 FOB 贸易术语的变形。具体有以下几种。

1. FOB Liner Terms（FOB 班轮条件）

这一变形是指装船费用按照班轮的做法处理，班轮的特点之一是管装管卸，即装卸费用由船公司承担，而 FOB 由买方租船订舱。所以，采用这一变形，装船费由买方承担，卖方不负担装船的有关费用。

2. FOB Under Tackle（FOB 吊钩下交货）

这一变形是指卖方负担费用将货物交到买方指定船只的吊钩所及之处，而吊装入舱及其他费用，概由买方负担。

3. FOB Stowed（FOB 理舱费在内）

这一变形是指卖方负责将货物装入船舱并承担包括理舱费在内的装船费用。为了使船上装载的货物放置妥善和分布合理，货物装船后，需要进行垫隔和整理，目的是根据舱图安排使积载合理、保持船舶平衡、多装货物。理舱费是指货物入舱后进行安置和整理的费用。

4. FOB Trimmed（FOB 平舱费在内）

这一变形是指卖方负责将货物装入船舱并承担包括平舱费在内的装船费用。平舱费是指对装入船舱的散装货物（如米、饲料、矿砂）进行平整所需的费用。

5. FOBST（FOB Stowed and Trimmed 理舱费和平舱费在内）

这是前两项的综合，指既有包装货又有散装货，由卖方承担包括理舱费和平舱费在内的各项装船费用。

修订后的《INCOTERMS 2010》规定卖方负责货物装上船之前的所有费用，此前买卖双方可在销售合同中规定由谁承担理舱、平舱费用的这种情形基本消失。因此卖方当然的要承担理舱、平舱的责任和费用，这就增加了卖方的费用。卖方在以 FOB 对外报价时应充分考虑到这点。这些分析同样适用于以下的 CFR、CIF 术语。

(五)《美国对外贸易定义修订本》对 FOB 的不同解释

《1990 美国对外贸易定义修订本》"Free on Board"（FOB）译为"运输工具上交货"，美国惯例把 FOB 笼统地解释为在某处某种运输工具上交货，其适用范围很广，《修订本》中的 FOB 术语划分为六种不同的类型，不同类型间在交货地点和合同性质上有很大的差别。也就是说美国的 FOB 术语实际上不是单指一种术语，而是代表六种不同的贸易术语，包括：在指定内陆发货地点的指定内陆运输工具上交货（FOB named inland carrier at named inland point of departure）、在指定内陆发货地的指定内陆运输工具上交货，运费预付到指定的出口地点（FOB named inland carrier at named inland point of departure, freight prepaid to (named point of exportation)）、在指定内陆发货地的指定内陆运输工具上交货，减除到指定地点的运费（FOB named inland carrier at named inland point of departure , freight allowed to (named point)）、在指定出口地点的指定内陆运输工具上交货（FOB named inland carrier at named inland point of exportation）、装运港船上交货（FOB Vessel）、在指定进口国内陆地点交货（Named inland point in country of importation），其中只有第五种“FOB Vessel”才与国际贸易中一般通用的 FOB 贸易术语的含义大体相似，但是在对相关费用承担方面的规定与国际商会《解释通则》很不同。（1）在《修订本》里的 FOB 术语中，“FOB Vessel”中卖方无需负责取得出口许可证、缴纳出口税费等。因此，在同美国、加拿大等国的商人按 FOB 订立合同时，除必须标明装运港名称外，还必须在 FOB 后加上“船舶”（Vessel）字样，否则，卖方有可能按照转运地内陆运输工具上交货执行，而不负责将货物运到港口并交到船上。（2）在风险划分上，是以船舱为界，即卖方负担货物装到船舱为止所发生的一切灭失与损坏，因此卖方要负责承担货物装上运输工具的费用。（3）依据《美国对外贸易定义》“FOB Vessel”下卖方无需负责取得出口许可证、缴纳出口税费等，规定买方要支付因卖方协助提供出口单证的费用以及出口税和因出口而产生的其他费用。

（六）其他注意事项

（1）充分通知。FOB 术语中涉及两个充分通知。买方租船后的派船通知，应将船名、装货时间和地点给卖方以充分通知；而卖方在货物装船后也要给买方以充分通知，即装船通知。（2）船货衔接问题。FOB 下卖方按照规定的时间地点将货物装船是其基本的义务，但是负责租船订舱、安排运输的是买方，买方所派船只是否能如期抵达装运港是卖方顺利履约的前提，所以船货的顺利衔接很重要。因此 FOB 下要在合同中明确规定装运期和装运港，有关备货和派船的相关事宜买卖方要加强联系密切配合，以确保船货很好衔接。（3）虽然《通则 2010》取消了“船舷”这个概念，但是装运港作业时的意外风险仍可能存在，所以风险划分的临界点问题仍不可避免。《INCOTERMS 2010》间接鼓励商人们自行解决，当事人双方在订立合同时要考虑到该问题。（4）FOB 不适用于货物在装船前移交给承运人的情形。比如，货物通过集装箱运输，并通常在目的地交付。在这些情形下，适用 FCA 的规则。

三、CFR——成本加运费

（一）含义

CFR 是英文 Cost and Freight（…Named Port of Destination）的缩写，该术语后跟指定目的港名称，即 CFR + 指定目的港名称。CFR（成本加运费）是国际贸易常用术语之一，是指卖方必须支付将货物运至指定目的港的成本和运费，而货物损毁或灭失的风险及其他额外费用从货物转移至船舶之上起转移给买方，故存在风险点和成本点的分离。术语其中的“cost”相当于 FOB 价，故 CFR 的含义就是 FOB 价加上装运港至目的港的运费。采用这种贸易术语成交，卖方要负责租船订舱，并支付到指定目的港的运费，包括装船费用。但从装运港至目的港的货运保险，仍由买方负责办理，保险费由买方负担。

（二）双方责任

1. 卖方

（1）签订从指定地点运输货物的合同，在合同规定的时间和装运港口将货物装上船，支付运至目的港的运费，并及时通知买方。（2）承担在此之前的一切风险及费用。（3）自担风险自付费用办理官方出口证件，并办理货物出口所需一切海关手续，支付出口关税及其他相关费用。(4) 提交商业发票或具有同等作用的电子信息、提货凭证以及合同可能要求的、证明货物符合合同规定的其他任何凭证。

2. 买方

(1) 自担风险与费用获得进口许可或其他的官方授权，并办理相关进口手续。(2) 根据买卖合同规定及时受领货物支付货款。(3) 承担货物装上船后发生的一切风险，支付货物运至目的地的其他额外费用。

(三) 注意事项

(1) 本规则有两个关键点，因为风险转移地和运输成本的转移地是不同的。卖方承担货物运至目的港的运费，但是风险转移给买方的地方却是装运港（货物装上船后），建议双方就这两个地点在合同中尽可能精确地加以确认。(2) 装船通知。按照 CFR 条件达成的交易，卖方需要特别注意的问题是，货物装船后必须及时向买方发出装船通知，以便买方办理投保手续。如果货物在运输途中遭受损失或灭失，由于卖方未发出通知而使买方漏保，那么卖方仍要承担相关的损失和风险。可见，尽管 FOB 和 CIF 下，卖方装船后也要向买方及时通知，但是 CFR 下的及时通知买方，对于卖方具有更重要的意义。(3) 成本加运费对于货物在装到船舶之上前即已交给承运人的情形可能不适用，例如通常在终点站交付的集装箱货物。在这种情况下，宜使用 CPT 术语。

(四) 几点说明

如果合同双方同意适用《通则 2000》为双方术语解释的依据，为了避免纠纷，双方签订合同时仍然要就卸货费用由谁负担明确规定，具体有下列几种：(1) CFR Liner Terms（CFR 班轮条件）这一变形指卸货费按班轮做法处理，即卖方负担卸货费。(2) CFR Landed（CFR 卸至码头）这一变形是指由卖方承担卸货费，包括可能涉及的驳船费在内。(3) CFR EX Tackle（CFR 吊钩下交货）这一变形是指卖方负责将货物从船舱吊起一直卸到吊钩所及之处（码头上或驳船上）的费用，船舶不能靠岸时，驳船费用由买方负责。(4) CFR EX Ship's Hold（CFR 舱底交货）按此条件成交，船到目的港在船上办理交接后，由买方自行启舱，并负担货物由舱底卸至码头的费用。

四、CIF——成本、保险费加运费

(一) 含义

该术语是英文 Cost Insurance and Freight（…Named Port of Destination）的缩写，术语后跟指定目的港名称，即 CIF + 指定目的港名称。CIF 是使用历史悠久并在现代国际贸易中应用最广泛的术语。“成本、保险费加运费”下卖方除承担 CFR 的义务外，还负责购买海上保险。该术语指卖方须自行订立运输合同及保险合同，并支付保险费及将货物装运至指定目的港所需的运费和其他费用。卖方在合同规定的日期和指定的装运港口，将货物交到自己安排的船上并以取得货物已装船证明的方式完成交货，此后货物灭失或损坏的风险转移向买方。

从交货方式来看，CIF 是一种典型的象征性交货。所谓象征性交货(Symbolic Delivery)是针对实际交货(Physical Delivery)而言，指卖方只要按期在约定地点完成装运，并向买方提交合同规定的包括物权凭证在内的有关单证，就算完成了交货义务，而无须保证到货。可见，在象征性交货方式下，卖方是凭单交货，买方是凭单付款。实际交货是指卖方要在规定的时间和地点将符合合同规定的货物提交给买方或其指定人。

（二）双方责任

1. 卖方

（1）安排运输，办理货物运输保险，并支付保险费及至目的港的运费。（2）在约定的日期及港口将货物装上船，并及时通知买方，承担货物完成装船之前的一切风险及费用。（3）提供符合销售合同规定的货物和商业发票以及合同可能要求的、证明货物符合合同规定的其他凭证。（4）自担风险自付费用取得出口许可证或其他官方许可，支付出口关税及其他相关费用。

2. 买方

（1）买方必须自担风险和费用，取得所需的进口许可证或其他官方许可证，并办理货物进口所需的一切海关手续。（2）承担货物在装运港装船后的一切风险及费用。（3）根据买卖合同规定及时受领货物支付货款。

（三）注意事项

（1）CIF 下同样存在风险转移点和运输成本点的分离。（2）关于保险。按 CIF 术语成交，卖方须订立货物在运输途中由买方承担的货物灭失或损坏风险的保险合同。一般在签订买卖合同时，在合同的保险条款中明确规定保险险别、保险金额等内容。在 CIF 规则下卖方有义务投保的险别仅是最低保险险别，按照至少符合《协会货物保险条款》ICC（C）款或其他类似条款中规定的最低保险险别投保；保险金额应当包括合同中所规定的价款另加百分之十（即 110%），并应用合同货币。如买方希望得到更为充分的保险保障，则需与卖方明确地达成协议或者自行做出额外的保险安排。（3）当事人最好尽可能确定在约定的目的港内的交货地点，卖方承担至交货地点的费用。（4）装船通知。如因卖方未及时发出装船通知使买方漏保，货物于运输途中遭受的损失或灭失，卖方不能以货已装船免责。（5）成本加运费对于货物在装到船舶之上前即已交给（原为交付）承运人的情形可能不适用，例如通常运到终点站交货的集装箱货物。在这样的情况下，应当适用 CIP 术语。

（四）关于 FOB、CFR、CIF 的区别

三种贸易术语都适用于水上运输方式，都是在装运港交货，风险划分均以货物在装运港装上船为界，卖方需负责办理出口手续，进口手续均由买方负责。三者的主要区别在于装运港至目的港的运费负担和投保义务由谁负担规定不同。CFR 卖方除承担 FOB 所必须履行的义务外，还同意承担货物运到目的港的运费；若卖方除承担 CFR 所必须履行的义务外还同意承担到指定目的港的最低保险时，应优先考虑使用 CIF。CFR 通常是指 FOB + 运费；CIF 通常是 FOB + 运费 + 保险费。

第三节　各贸易术语总结

从 E 组→F 组→C 组→D 组，总的趋势是卖方义务负担逐渐加重，而买方义务负担则逐渐减轻，EXW 卖方义务最轻，而 DDP 下卖方义务最重。

一、FCA 、CPT、CIP 与 FOB、CFR、CIF 的区别

FOB、CFR、CIF 是国际贸易中最常用的三种术语，其对于买卖双方的权利、义务规

定也有很多相似之处，如都适用于海运和内河运输，都是装运港交货，都以货装船上（或装运港船舷）作为买卖双方风险转移的界限，都属于象征性交货。而 FCA 、CPT、CIP 分别是从前面三个术语发展而来。总体说来，这六个术语有如下关系：(1) 都是象征性交货，相应的买卖合同为装运合同；(2) 均由出口方负责出口报关，进口方负责进口报关；(3) 买卖双方所承担的运输、保险责任互相对应，即 FCA 和 FOB 由买方办理运输；CPT 和 CFR 由卖方办理运输；CIP 和 CIF 由卖方承担办理运输和保险。

在 CPT、CIP、CFR、CIF 适用的情形下，卖方的交货义务为将货物交付承运人。

这两类贸易术语的主要不同点在于：(1) 适合的运输方式不同。FCA、CPT、CIP 适合于各种运输方式，而 FOB、CFR、CIF 只适合于海运和内河运输；(2) 风险点不同。由于适用的运输方式不同，对应的 FCA、CPT、CIP 方式中，买卖双方风险和费用的责任划分以“货交承运人”为界，而 FOB、CFR、CIF 则以“货装上船或船舷”为界；(3) 装卸费用负担不同。FCA、CPT、CIP 由承运人负责装卸，因而不存在需要使用贸易术语变形的问题；(4) 运输单据性质不同。海运提单具有物权凭证的性质，而航空运单和铁路运单等，不具有这一性质。

所以，除了风险点不同之外，可以把 FCA、CPT、CIP 看成是 FOB、CFR、CIF 方式从海运向各种运输方式的延伸。由于集装箱在当今国际物流中日益充当主流角色，很多货物即便使用海洋运输方式也往往在集装箱堆场进行交接，甚至进行“门到门”的交接。因此，FCA、CPT、CIP 被认为是未来国际贸易中最有前途、最能适应现代化运输方式的贸易术语。

二、《通则 2010》各贸易术语比较

对于各术语的准确把握应该从以下几个方面进行：买卖双方的责任范围（包括进出口清关手续、运输及保险由谁负责、对装卸货的特殊规定等）、交货以及风险转移点的规定、术语适用的运输方式。各术语间关系及区别有如下几点。

（一）适用的运输形式

EXW、FCA、CPT、CIP、DAP、DAT、DDP 适合于各种运输方式，FAS、FOB、CFR、CIF 只适合海运及内河等水上运输方式。

（二）买卖双方责任范围

大致说来，EXW 下卖方责任最小，DDP 下买方责任最大。

1. 对于适合任何运输方式的贸易术语

如卖方仅想使其责任限于在其所在地或另一指定地点将货物置于买方处置之下，而不承担任何其他义务包括不承担出口清关手续时，可考虑使用 EXW。

如卖方愿意自己办理出口清关，且在承运人指定地点将货物交付于买方处置之下时，应考虑使用 FCA。

如卖方除承担 FCA 所必须履行的义务外，还愿意签订到目的地的运输合同时，可考虑选择 CPT。

如卖方除承担 CPT 所必须履行的义务外，还愿意承担到目的地的最低保险时，可考虑选择 CIP。

如卖方欲在目的地指定地点交货，且愿意承担货物运送到该地点的费用（卸货费除

外）和风险时，可考虑选择 DAP。

如卖方除承担 DAP 所必须履行的义务外，还愿意承担货物运送到该地点从运输工具上卸货产生的费用时，可考虑选择 DAT。

如卖方除承担 DAP 所必须履行的义务外，还愿意承担货物的进口报关和有关关税时，可考虑选择 DDP。

2. 适合水上运输方式的贸易术语的选择

如卖方愿意在装运港船边交货或者获得所要交付的货物时，应考虑使用 FAS。

如卖方愿意在装运港船上交货或者获得所要交付的货物时，应考虑使用 FOB。

如卖方除承担 FOB 所必须履行的义务外，还愿意承担费用提供到指定目的港的运输合同时，应考虑使用 CFR。

如卖方除承担 CFR 所必须履行的义务外，还愿意承担到指定目的港的最低保险时，应考虑使用 CIF。

（三）交货地点及风险转移点

EXW、FCA、FAS、FOB、CFR、CIF、CPT、CIP 交货地点在出口国；DAP、DAT、DDP 交货地点在进口国。在双方于交货地点交货时风险转移给买方。需要注意的是 CFR、CIF、CPT、CIP 四个风险点与成本点分离的术语，尽管在卖方所在地即完成交货，但是卖方要支付从出口地到买方所在地的运费甚至是保险费。

（四）运费

EXW、FCA、FAS、FOB 由买方负责找承运人签订运输合同并支付运费；CFR、CIF、CPT、CIP、DAP、DAT、DDP 卖方负责找承运人签订运输合同并支付运费。

（五）进出口清关

除 EXW 下出口、进口清关手续及费用都由买方办理，DDP 下都由卖方负责外，其他术语均是由卖方负责办理出口清关相关手续和支付费用，买方负责进口清关相关手续和付费。11 种贸易术语的比较见表 2－1 和图 2－1。

表 2－1　11 种贸易术语比较

术语	适用运输方式	交货地点	风险转移时点	运输及运费	运输保险	出口清关	进口清关
EXW	任何	卖方工厂、仓库	工厂货交买方	买方	买方	买方	买方
FCA	任何	出口起运地	货交承运人	买方	买方	卖方	买方
FAS	水运	出口地装运港	货交船边	买方	买方	卖方	买方
FOB	水运	装运港船上	货交船上	买方	买方	卖方	买方
CPT	任何	出口起运地	货交承运人	卖方	买方	卖方	买方
CFR	水运	装运港船上	货交船上	卖方	买方	卖方	买方
CIP	任何	出口起运地	货交承运人	卖方	卖方	卖方	买方
CIF	水运	装运港船上	货交船上	卖方	卖方	卖方	买方
DAP	任何	目的地	货交买方	卖方	买方	卖方	买方
DAT	任何	目的地	货交买方	卖方	买方	卖方	买方
DDP	任何	目的地	货交买方	卖方	买方	卖方	卖方

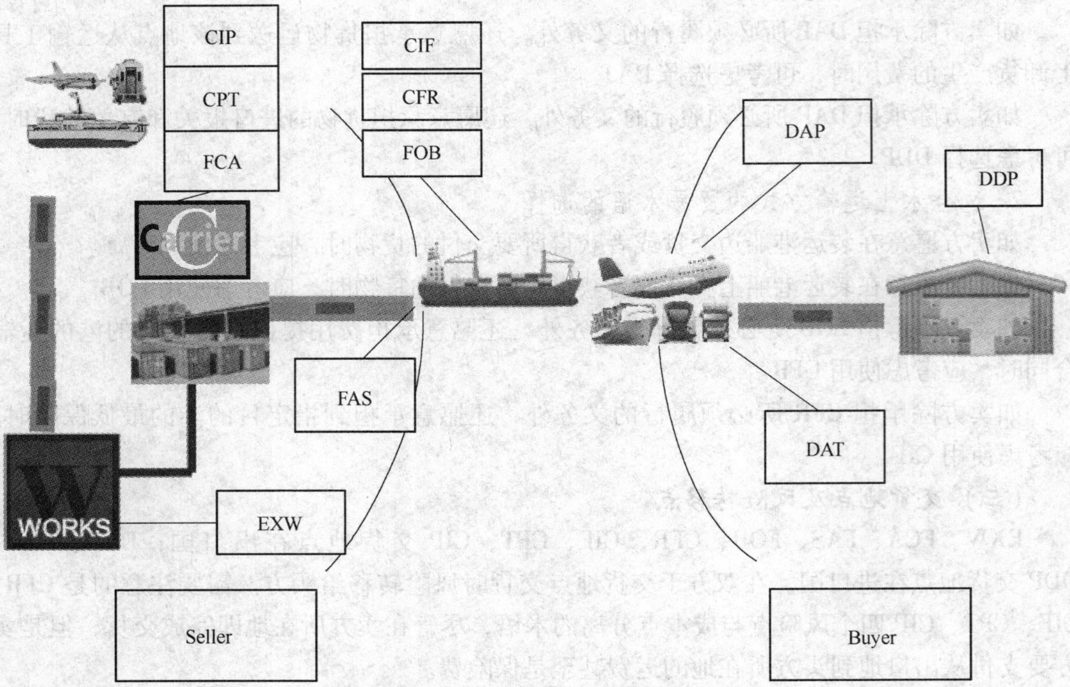

图 2-1 2010 年国际贸易术语示意图

【案例分析】

CIF 价下，由卖方负责租船订舱、与船方签订运输合同安排运输，并要支付货到目的地的运费。但是，卖方对风险的承担延续到货物装上船即转移到买方，所以货轮在海上的运输风险应由买方承担。本案例中应由买方出面向保险公司办理索赔。

【课后习题】

一、重点概念

国际贸易术语；EXW；FAS；FOB；CFR；CIF；FCA；CPT；CIP；平舱费；理舱费；DAT；DAP；DDP

二、不定项选择题

1. FOB 的变形是为了说明（　　）。
   A. 运输费用　　B. 装船费用　　C. 报关费用　　D. 卸货费用
2. 《INCOTERM2000》C 组贸易术语与其他各组贸易术语的重要区别之一是（　　）。
   A. 交货地点不同　　B. 风险划分地点不同
   C. 风险和费用划分的地点相分离　　D. 以上都不是
3. 《通则 2000》解释的贸易术语有（　　）。

A. 6种　　B. 9种　　C. 13种　　D. 14种

4. 被认为是未来国际贸易中最有前途、最能适应集装箱等现代化运输方式的贸易术语是（ ）。

A. FOB　　B. FCA　　C. CIP　　D. CPT

5. 就卖方承担的费用而言，费用从高到低的排列应该是（ ）。

A. FOB、CFR、CIF　　B. CIF、CFR、FOB

C. FOB、CIF、CFR　　D. CIF、FOB、CFR

6. 关于FOB、CFR、CIF说法正确的是（ ）。

A. 三种贸易术语都适用于水上运输方式

B. 都是在装运港交货，风险划分均以货物在装运港装上船为界

C. CFR卖方除承担FOB所必须履行的义务外，还同意承担货物运到目的港的运费

D. CIF通常是运费+保险费+FOB

7. 下列说法正确的是（ ）。

A. FCA和FOB唯一的区别就是适用的运输方式不同

B. DDP与DAT相比较，卖方除了需要在目的地卸货外还需要办理进口清关手续

C. CFR通常是FOB+运费

D. CIF和CPT相比其区别就在于卖方除了要承担货物运到目的地的运费外，还需要投保货运保险

三、判断题（判断下列各题是否正确，正确的在题后的括号内打“√”，错误的打“×”。）

1. 依据《通则2010》卖方责任最大的贸易术语是DDT。（ ）

2. CIF是典型的实际交货的术语。（ ）

3. 根据《通则2010》FAS下卖方负责办理货物出、进口的清关手续。（ ）

4. CFR和CIP的术语唯一不同点就是适用运输方式不一样。（ ）

5. 依据《通则2010》CFR和DDP都是由卖方负责租船订舱，以货运至目的地交买方时发生风险转移。（ ）

6. 除EXW和DAP两个术语外，其余术语下均是卖方负责办理出口清关手续，买方负责办理进口清关手续。（ ）

7. FOB和CIP术语都是以“货装上船”为其风险划分点。（ ）

8. CFR和CIF都是适用于水上运输方式的术语。（ ）

四、简答题

1. CFR下为什么出口方发出装船通知十分重要？
2. 根据《通则2010》比较C组和D组贸易术语的区别。
3. FCA和FOB在使用中有什么异同？

五、案例分析题

1. 分析下述案例中法院的判决是否合理。

2006年初，程先生发现沙滩车在一些国家很受欢迎，便有了“倒”车的想法。经考察与谈判，程先生联系到迪拜的一位买主，随后联系上浙江省武义县一家厂家，与之达成购买66台沙滩车的协议，共计货款21万元。双方约定，程先生先付3万元定金，余款在货物运出后45日内结清。签订合同后，程先生支付了3万元预付款。因货物运输涉及国际贸易出口，而程先生没有获得对外贸易的授权，所以他委托一家出口公司负责交易。根据约定，生产沙滩车的厂家在宁波港将货物交给出口公司，由后者安排船只，将货物运至迪拜。

2006年3月，厂家将沙滩车如数运到宁波港，交给出口公司。但一段时间后，迪拜的买主并未如期收到货物，便向程先生索赔。经调查发现，原来出口公司未经程先生允许，擅自更改客户，将货物发给了另一家公司。

程先生认为，迪拜的客户没有收到沙滩车，应视厂方没有履行好交货义务。而厂家认为，其已将沙滩车交由程先生指定的出口公司，即履行了交货义务。至于出口公司擅自更改客户，与厂家无关。双方争执不下，程先生诉至法院。

法院在审理中发现，程先生与厂家在合同中约定了一项条款——“FOB宁波门到门”，遂认定厂方已按约履行了交货义务。2007年10月，法院一审判决驳回程先生的诉讼请求，并判令他向厂家支付剩余货款。试分析上述案例中法定的判决是否合理。

2. 中国A公司（买方）与澳大利亚B公司（卖方）于某年3月20日订立了5000公斤羊毛的买卖合同，单价为314美元/公斤，CFR张家港，规格为型号T56FNF，信用证付款，装运期为当年6月，A公司于5月31日开出信用证。7月9日卖方传真A方称，货已装船，但要在香港转船，香港的船名为Safety，预计到达张家港的时间为8月10日。

但直到8月18日Safety轮才到港，A方去办理提货手续时发现船上根本没有合同项下的货物，后经多方查找，才发现合同项下的货物已在7月20日由另一条船运抵张家港。但此时已造成A方迟报关和迟提货，被海关征收滞报金人民币16 000元。A方向出口方提出索赔，请问A方要求是否合理。

第三章　国际贸易术语的选用

【案例】中国某公司（我方）向巴黎一公司出口布料，采用FOB武汉术语，集装箱装运。我方5月18日收到对方装运通知，为保证及时装船，我方将货于19日存放于武汉码头仓库。不料当晚仓库发生火灾，货物全部烧毁。损失全部由我方承担。

本章是关于国际贸易术语的实践篇。作为一名外贸从业人员，不仅要熟悉并准确掌握各术语的涵义，同时，在与客户磋商订立合同的时候，要根据具体情况选择可有效防范可能风险的最适宜术语。本章主要介绍与国际贸易术语相关的一些概念以及术语选择的原则和注意事项。通过本章的学习要求学生能够掌握并灵活运用术语选用的各项原则。

第一节　与术语相关的其他概念

国际贸易术语就是用一个简短的概念或英文缩写字母来表示商品的价格构成、说明交货地点、确定买卖双方的责任、费用、风险划分等问题的专门用语。与贸易术语相关的几个重要概念分述如下。

一、交货

在各种贸易术语中，“交货”（Delivery）是核心问题，因为交货地点不同，买卖双方对于费用和风险的承担，以及货物价格的计算也随之不同。交货在《通则》中有两个方面的含义。一方面，“交货”首先意味着卖方将买卖合同中涉及的货物交付给买方，使买方可以自由使用、收益或处置，这其中当然包含着卖方必须提供符合双方合同规定的货物（包括数量、质量等）；另一方面，“交货”同时意味着买方受领或接受货物的义务，这也意味着买方要及时交纳货款。买方未按时受领货物会产生不必要的贮藏费、滞期费等，在CFR、CIF贸易术语下由于卖方负责与承运人签订货运合同，这笔费用几乎必然会造成卖方的损失；而买方延期付清货款也会造成卖方的损失。所以买卖双方在签订合同时，必须就双方交货的时间地点及相关违约责任作出清楚的规定。

二、交货地点

在交货地点的规定上，由于《通则2010》将货物运输方式分为两类，一类是海运或内河运输，另一类是其他运输方式，不同的运输方式下交货地点采用了不同的措辞，如FAS、FOB、CIF、CFR用的是目的港（Port of Destination）、装运港（Port of Shipment），或称装货港（Loading port）等“港口”的概念，其他的术语采用的则是“地点”（Place）。有些情况下，双方还需要在合同中明确货运至某港口或某地点内的某“点”

(Point)。合同中对于交货地点及时间的规定必须尽可能明确具体，因为从该时该点起，风险及其他费用将由卖方转移至买方。

三、承运人

承运人（Carrier）是承担运输责任的当事人，包括船舶所有人（Shipowner）和以期租（Time Charter）或光租（Bare Charter）的形式承租，进行船舶经营的经营人。在货运合同中，承运人的责任一般说来主要是保证所运输的货物按时、安全地送达目的地。因此，承运人应对货物在承运人的责任期间内发生的灭失、短少、污染、损坏等负责，一旦发生此种情况，应按实际损失给予赔偿。承运人的责任期间一般是从货物由托运人交付承运人时起，至货物由承运人交付收货人为止。法律有特别规定或当事人有特别约定的除外。但损失是由于不可抗力、货物本身的自然性质或合理损耗、托运人或收货人的过错等原因造成的情况，承运人可以免责。

四、清关

清关（Customs Clearance）即结关，或习惯称为通关，指进口货物、出口货物和转运货物进入一国海关关境或国境必须向海关申报，办理海关规定的各项手续，履行各项法规规定的义务；只有在履行各项义务，办理海关申报、查验、征税、放行等手续后，货主或申报人才能提货。同样，载运进出口货物的各种运输工具进出境或转运，也均需向海关申报，办理海关手续，得到海关的许可。货物在结关期间，不论是进口、出口或转运，都是处在海关监管之下，不准自由流通。

五 、船只

在适用海上运输方式时，“Ship”、“Vessel”被作为同义词使用。无论是在 FAS 中“船边交货”，还是 FOB 的“船上交货”，都需要将明确的船名写入合同，以便卖方及时在船边或船上交货。

六、贸易术语的变形

所谓变形（Variants)，实际上就是对现有术语的修改适用。只要是在买卖合同中作出了与选用术语的适用规则不同的规定，就认为是变形。《INCOTERMS》定义的是货物在交接过程中相关责任和义务在买卖双方之间若干种具有代表性的分工情形，实务中当然不仅限于此。贸易术语的使用者需要根据其具体的交易情形选择恰当的贸易术语，如果没有完全对应的术语，当然可以修改适用，也就是对贸易术语加以变形。

第二节 贸易术语的选用原则和注意事项

贸易术语的选择既关系到双方的利益所在，也关系到能否顺利履约。在洽谈交易时，买卖双方应综合考虑货物的运输条件、货源情况、运输途中的各种风险、货物价格等因素选择恰当的贸易术语。一般情况下当事人在订立合同时对贸易术语的选用可以依据“安全、经济、方便、灵活”八字原则来进行。

一、安全原则

安全原则是买卖双方在贸易术语选择中要考虑的首要因素。在外贸交易进程的各个环节中，都可能潜伏着对经营者造成损害的风险，应预先防范。安全原则即在规避风险、保障安全收汇或安全收货的原则下选择恰当的国际贸易术语。

（一）确保出口收汇和进口收货的安全

在进口业务中，如采用 CFR 术语，因为由国外卖方租船或订舱，货物装船后的风险由我方负担，保险也由我方办理，如果国外卖方所安排的船舶不当，或卖方与船方勾结出具假提单，就将使我方蒙受付了款却收不到货的损失。出口业务中，国外买方往往要求按 FOB 术语向我方购货，这也产生了少数不法商人可能与承运人相勾结，越过向银行付款赎单的正常渠道，向承运人无单提货，随后采用逃逸或宣告破产的伎俩，骗取我方货物的风险。一般来说，出口业务中，尽量选择使用 CIF 或 CFR，进口业务中选择 FOB，以免出现承运人与客户联手欺诈。当买方进口大宗货物需以租船方式装运时，一般应采用 FOB 方式，由买方自行租船、投保，以避免卖方与船方勾结，利用租船提单骗取货款。

在出口业务中，对于 FOB 条件下，买方指定境外货代的情况应慎重考虑是否接受，避免买方与货代勾结，要求船方无单放货，造成卖方钱货两空。此外，还要详细了解买方指定的货代的资质情况。例如有的货代只在装运口岸设个小小的办事处，并无实际办理装运的能力，回过来再通过己方有关机构办理，既增加了环节，降低了效率，又提高了费用。作为卖方应对此有一定的了解，如认为不能接受，应及时予以拒绝，尽量规避可以避免的风险。

（二）选择与运输方式相适应的术语

FOB、CFR、CIF 是中国目前对外贸易中使用最多的术语，但是这三种都只适合于海洋运输和内河运输。在航空运输和铁路运输情况下，前三种术语规定的“货置船上”的风险分割点就毫无意义。以集装箱为媒介的运输方式和多式联运应用也日益广泛，即使是海洋运输，在以集装箱方式运输时，出口商往往在集装箱堆场或货运站即已货交承运人，这时便失去了对货物的控制，但是风险仍由卖方承担。如果不顾所使用的运输方式，不适当地选用贸易术语，将使该术语的解释产生困难。一旦买卖双方在交接货物的义务上发生纠纷，有关当事人将陷入困境，并可能遭受损失。国际商会也多次强调在当今集装箱带来的多式联运日益运用广泛的条件下，FCA、CPT 和 CIP 等术语更加方便当事人对货物的交接。选用这几类术语，对卖方至少有两大好处：一是货交承运人后风险即转移至买方，减轻了卖方的风险责任；二是提前取得运输单据，缩短交单收汇时间，提高资金周转速度和减少利息支出。

（三）考虑货物运输途中的风险和费用

如果由我方承担海运，必须考虑海上运输的各种风险，这样的损失虽然会有保险弥补，因不能按时供货造成客户的损失可能是后果严重难以弥补的；如果还需要送到买方库房，那么买方国家的内陆运输情况也是需要提前了解充分的，而且即便如此，也难以避免有各种意外。如买方国内的流通费用是否很大；如果涉及对方国家的铁路运输，那么铁路车皮是否很紧张甚至需要做计划；在对方港口卸货产生的费用、检验、检疫、税费、适用法律，等等。这些虽然在报价的时候可以做出成本并且做到合同价格里，甚至可以涵盖一些不可测费用，但是实际执行的时候通常会出现完全超出计划的情况，从而造成费用上涨和进度延迟。

（四）分析交易对象的情况

因为国际贸易中不同国家对贸易术语的理解是不同的，如同前文所述对 FOB 贸易术语美国就有和《国际贸易术语解释通则》不同的规定，如果和美国、加拿大等国进行货物贸易就要和对方客户进行充分的协商，约定好到底适用哪种惯例下的 FOB 贸易术语。因为不同惯例下的 FOB 术语，对双方风险、费用、责任和义务的规定有很大区别，为了杜绝将来履行合同时出现不必要的纠纷，减少不必要的开支，对贸易术语进行仔细研究、具体约定才会事半功倍。

二、经济原则

经济原则，即控制成本、增收节支。国际贸易中的成本控制主要指运费以及保险费。

（一）国际货物买卖合同中贸易术语的选择

国际货物买卖合同中贸易术语选择时并不是己方义务越小越好，对方义务责任越大越好。因为贸易术语也是个价格构成术语。就出口国而言，出口商以 CFR 或 CIF 等术语出口货物时，出口商虽承担运输及保险费用，但这些费用已计入价格内，可增加外汇收入。就进口国而言，进口商以 FOB、FAS 等术语进口货物时，进口商虽承担运输及费用，但因大多数情况下可以以本国货币支付运费和保险费，可以节省外汇。以 CIF 为例，该术语是指价格包括成本加运费加保险费，运费和保险费都由卖方来安排。但是很多时候对于买方这并不是一个既省事又能省钱的好方案，因为卖方在付这些费用的同时要求的货物的价格就会相对较高，羊毛可能还是出在羊身上。假如买方所在国家海运非常发达，而且其公司与当地海运公司长期合作，订舱可以优先，费用还相对于卖方办理来得较低。或者合同装运期间正好与其长期合作的一家海运公司有一艘班轮路过卖方所在地港口，这时可以选择由买方来办理订舱、支付运费的术语，便于将货物价格压低，节省的运费可由双方当事人分享，可以说是一个双赢的合同。保险方面同样存在类似情况，需要衡量由哪方购买效益更大。

一般来说，在进出口业务中都应尽量选取由我方负责寻找运输公司和保险公司，安排运输及投保的方式，比如中国在进口贸易中，可多使用 EXW、FOB 或 FCA 等术语；在出口贸易中，则争取按 CIF 或 CIP 等方式成交。这样的安排我方可以自行选择承运人、自办保险，便于与长期合作的承运人和保险公司获取较低的运费和保险费优惠，同时可为国家增加收入和节省支出外汇运费和保险费，并促进中国远洋运输业和对外保险事业的发展，增收减支，一举多得。

（二）考虑货源情况

国际贸易中货物品种很多，不同类别的货物具有不同的特点，它们在运输方面各有不同要求，故安排运输的难易不同，运费开支大小也有差异，这是选用贸易术语应考虑的因素。此外，成交量的大小，也直接涉及安排运输是否有困难和经济上是否合算的问题。当成交量太小，又无班轮通航的情况下，负责安排运输的一方势必会增加运输成本，故选用贸易术语时也应予以考虑。

（三）考虑运价动态

在选用贸易术语时，应注意将运费变动的趋势考虑在内。当运费看涨时，为了避免承担运费上涨的风险，出口时应选用 FOB 术语，进口时应选用 CIF 或 CFR 术语。如因某种原因，采用由我方安排运输的贸易术语时，则应对货价进行调整，将运费上涨的风险考虑到货价中去。

三、灵活原则

随着中国对外开放的扩大，对外贸易的发展，可以按实际需要，采用更加灵活的贸易方式，选用贸易术语，也应根据业务的实际需要，作必要的灵活掌握，其他贸易术语，如 EXW、FAS、DAF、DES、DEQ、DDU 和 DDP 等，也可视不同交易的具体情况适当地选择使用。

譬如，国外买方在向中国购买大宗商品时，为了可以在运价和保险费上得到优惠，要求自行租船装运货物和保险的情况并不少见。为了不影响贸易，我方出口也可采用 FOB 术语。对于国外某些港口，因无固定班轮或我方自行派船不方便而对方愿意自行派船接运时，也可按 FOB 术语成交。有些国家为了扶持其本国保险事业的发展，规定其进口贸易必须在其本国投保，在此情况下，我们可同意使用 CFR 或 FOB 术语，以示合作。在进口业务中，如我方所进口的货物，数量不多，金额不大，也采用 CIF 术语进行交易。对于进出口商来说，尤其是欧盟成员国之间的进出口货物贸易，可多采用 D 组的术语以便更加明晰风险和费用，因为在 C 组的术语中始终存在两个临界点，即风险和费用的临界点分别在装运地和目的地。

四、方便原则

贸易术语的选用应考虑方便、可操作，在本身有足够运输能力或安排运输无困难，而且经济上又合算的情况下，可争取按由自身安排运输的条件成交，如进口可以按照 FCA、FAS 或 FOB 成交，出口可以按 CIF、CFR 或 CPT 、CIP 成交。否则，则应酌情争取按由对方安排运输的条件成交。在选择贸易术语时，还应考虑进出口货物通结关手续的难易。如采用 EXW 则买方最好在出口国有分支机构，否则不宜选择该术语；反之，如果卖方在进口国没有分支机构或特别的合作伙伴，最好不要接受 DDP 术语。

贸易术语只是成本不同，如果由卖方承担的风险大、责任大、费用多，其价格自然要高一些；反之，如果由买方承担较多的风险、责任和费用，货价则要低一些买方才能接受。若想客户方便，最好多沟通各种成本，比如不同贸易术语下，各自增加的成本，选取最适合双方的。

【案例分析】

中国一些进出口企业长期以来不管采用何种运输方式，都习惯采用 FOB、CFR 和 CIF 三种术语。但在集装箱运输情况下，应尽量改用 FCA、CPT 和 CIP，具有以下几方面的好处：可以提前转移风险；提早取得运输单据；提早交单结汇，从而加快卖方资金周转速度和降低风险。本案例中，如果我方采用了 FCA 术语，不仅无需承担此次损失，还可以提早取得运输单据，交单结汇。

【课后习题】

一、重点概念

清关；承运人；贸易术语的变形；术语选用的安全原则

二、不定项选择题

1. 下列（　　）不属于国际贸易合同中价格条款的基本组成。
A. 单位价格金额　　B. 贸易术语　　C. 计量单位　　D. 商品总重量
2. 《通则 2000》规定，下列（　　）不是 FCA、CPT 与 CIP 的相同之处。
A. 交货地点相同　　B. 风险划分界限相同
C. 适用的运输方式相同　　D. 都是由买方负责订立运输合同
3. 在交货地点方面的规定，《1990 年美国对外贸易定义修订本》中对（　　）的解释与《国际贸易术语解释通则 2010》中对 FOB 的解释大致相同。
A. FOB Under Tackle　　B. FOB
C. FOB Vessel　　D. FOB Liner Terms
4. 我天津某公司与美商签订进口合同，规定在旧金山的船上交货，应采用（　　）。
A. FOB Tianjin　　B. FOB San Francisco
C. FOB Vessel San Francisco　　D. FOB Vessel Tianjin

三、判断题（判断下列各题是否正确，正确的在题后的括号内打“√”，错误的打“×”。）

1. 合同中对于“交货”的规定事关买卖双方责任、风险转移点，一定要明确做出规定。（　　）
2. 中国出口的商品在合同中可用“200 美元/千克 CIF 广州”来表示其价格条款。（　　）
3. 贸易术语变形后改变了原术语中买卖双方责任义务的划分。（　　）
4. 国际货物买卖合同中贸易术语选择时应以己方义务越小越好，对方义务责任越大越好。（　　）

四、简答题

1. 为什么合同中对交货地点和时间做出明确的规定很重要？
2. 为什么要在国际贸易中推广使用 FCA、CPT、CIP 三种术语？
3. 考虑到运费动态变动的趋势，应该如何选择贸易术语？
4. 为什么说在采用集装箱运输方式下 FCA 比 FOB 更实用？
5. 为什么说出口业务中，选择使用 CIF 或 CFR，可以尽量避免出现承运人与客户联手欺诈？

五、案例分析题

1. 中国出口到纽约一批商品，买方要求由我方支付货至目的地的运费及投保，采用集装箱运输方式。我方给予买方“US$200 per dozen CIF New York”报价。请问这个报价是否合理，为什么？

2. 国内某公司向伦敦出口一批商品，价格为FOB 广州 USD350/t，买方租用本国籍货轮从广州运往伦敦，采用托收方式支付。买方船到，我方装船后取得船长签发的提单并随附其他单据送中国银行托收，但买方拒不付款赎单，并称货已失踪。经查，欧洲买方在无提单的情况下已从船公司手中提货，而该船公司随后即宣布破产。请问我方应如何处理？

第四章　商品的名称、品质、数量和包装

【案例】 韩国 A 公司向中国 B 公司订购大蒜 1000 公吨，双方经过磋商后最终达成了交易。但在缮制合同时，由于山东省的胶东半岛地区是中国大蒜的主要产区，通常中国公司都以此地作为大蒜货源基地，所以 B 公司就按惯例在合同的名称条款中写上了“山东大蒜”。然而，在临近履行合同时，大蒜产地——胶东半岛地区由于自然灾害导致歉收。在这种情况下，中国 B 公司紧急从其他省份采购大蒜，最终按时交货。但韩国 A 公司称，所交货物与合同规定不符，要求中国 B 公司做出选择，要么提供山东大蒜，要么降价，否则将撤销合同并提出赔偿要求。试问，A 公司的要求是否合理？

商品的名称、品质、数量和包装作为主要交易条件，是国际货物买卖合同的要件。因此，本章将具体介绍国际货物买卖合同中商品的名称条款、品质条款、数量条款和包装条款的内容及其注意事项。同时，本章还将重点介绍品质的表示方法、品质机动幅度和品质公差、重量的表示方法、数量机动幅度以及包装的分类和包装标志的相关知识。订好这些合同条款，有着重要的法律和实践意义。

第一节　商品的名称

商品的名称（Name of Commodity 或 Name of Goods）是指使某种商品区别于其他商品的一种称呼或者概念。它在一定程度上能够体现出商品的自然属性、用途、性能等。加工程度较低的商品，其名称一般较多地反映该商品所具有的自然属性；加工程度较高的商品，其名称则更多地体现出该商品的性能特征。商品的名称是国际货物买卖合同的主要交易条件。

一、合同中列明商品名称条款的意义

（一）从实际业务角度看

商品的名称是买卖双方交易磋商的实质内容，是交易赖以进行的物质基础和前提条件。只有在确定商品名称的前提下，卖方才有可能安排生产、加工或收购，买卖双方才有可能据此决定包装和运输方式、承保险别和支付方式，并在此基础上就价格问题进行具体的磋商，达成协议，进而签订买卖合同。因此，在国际货物买卖合同中，一定要明确、具体地列明商品的名称，避免履约的麻烦。

（二）从法律和惯例角度看

在合同中明确规定商品的名称，关系到买卖双方在货物交接方面的权利和义务。在国际货物买卖业务中，如果卖方所交货物不符合合同规定的商品名称，则买方有权拒收货

物，可以撤销合同并提出索赔。

二、商品的名称条款的内容

国际货物买卖合同中的商品的名称条款，并无统一的要求和格式，通常由买卖双方协商确定。商品的名称条款的内容一般比较简单，通常都是在商品名称或品名（Name of Commodity 或 Name of Goods）的标题下，列明所交易商品的名称。有时为了省略起见，也可不加标题，只在合同的开头部分，列明交易双方同意买卖某种商品的文句。

三、规定商品的名称条款的注意事项

国际货物买卖合同中，商品的名称条款是合同中的主要条款，在规定此条款时，应注意下列事项：(1) 商品的名称必须明确、具体。商品的名称要用文字来描述和表达，要能确切反映标的物的特征，避免空泛、笼统的规定。例如：果品、干果均为笼统的规定，不宜作为商品的名称；(2) 商品的名称必须切实反映商品的实际情况。(3) 商品的名称要尽可能使用国际上通行的名称。(4) 确定商品的名称时，应注意有关国家的海关税则和进出口限制的有关规定，在不影响外贸政策的前提下，恰当地选择有利于降低关税和方便进出口的名称。例如，有一种商品称为合金钨，是半成品，它的商品编码是 81019400，属于战略物资，出口企业必须具有政府签发的出口批文和出口许可证才能出口；另一种商品称为钨合金，是制成品，其商品编码是 81019500，属于非战略物资，企业可以自由出口，不需要任何进出口批件。(5) 确定商品的名称时必须考虑其与运费的关系。当前通行的班轮运费是按照商品规定收费标准的，由于商品名称存在不统一的情况，存在着同一商品因名称不同而收费费率不同的现象。因此，在国际货物买卖合同中选择合适的商品名称，是节省运费开支的一个重要方面。

第二节　商品的品质

商品的品质（Quality of Goods）是商品的外观形态和内在质量的综合。商品的外观形态是通过人们的感觉器官可以直接获得的商品的外形特征，如商品的色泽、气味、造型、款式、结构等。商品的内在质量是指商品的物理性能、化学成分、生物特征、技术指标和要求等，一般需要借助仪器、设备进行测试。例如，化工商品的熔点、沸点、凝固点等。

一、商品品质的重要性

商品品质的优劣，直接影响到商品的使用效能、销路和市场价格，关系到买卖双方的经济利益甚至企业信誉、国家形象等。在当今国际市场上，商品竞争逐渐由价格竞争转向非价格竞争，而商品的品质竞争是非价格竞争的主要手段之一。因此，提高商品品质是增强企业竞争力的重要因素。此外，随着世界各国的贸易摩擦不断加剧，许多国家把提高商品品质作为贸易保护主义的手段之一。在这种情况下，提高商品品质有利于突破一些国家的质量保护贸易壁垒。

合同中的品质条款，是买卖双方交接货物的依据。各国法律及《公约》都把品质作为合同的重要条款。如卖方交货不符合约定的品质条件，买方有权要求损害赔偿，也可以要求修理或交付替代物，甚至拒收货物和撤销合同，由此可见商品品质的重要性。

二、商品品质的表示方法

在国际贸易中，表示商品品质的方法可分为两大类。

（一）以实物样品表示

在国际贸易中，买卖双方往往距离较远，除寄售、拍卖和展卖外，根据成交商品的实际品质进行交易的看货买卖较少，通常采取的方法是凭样品买卖（Sale by Sample）。

样品（Sample）通常是指从一批货物中抽取出来的或由生产和使用部门设计、加工出来的，能够代表所销售的整批商品品质的少量实物。凭样品买卖是指买卖双方按约定的能够代表实际货物的样品作为交货的品质依据的交易。

在国际贸易中，凭样品买卖的种类较多，根据样品提供方的不同，可分为以下几种：

（1）凭卖方样品买卖。凭卖方提供的样品磋商交易和订立合同，并以卖方样品作为交货品质的依据，称为凭卖方样品买卖（Sale by Seller's Sample）。凭卖方样品买卖时，卖方应注意以下问题：1）卖方样品应是代表性样品（Representative Sample），即能代表整批商品的平均品质，不能太低或太高。2）卖方在向国外客户寄送原样（Original Sample）的同时，应留存一份或数份同样的样品，以备日后交货或处理争议时核对之用，该样品称为复样（Duplicate Sample）。此外，卖方在原样和复样上应编制相同的号码或注明寄送日期，以便日后联系时引用。3）封样（Sealed Sample）是由第三方或公证机构（如商检局）从整批货物中抽取样品若干份，每份样品经包裹捆扎后用火漆或铅封等加封，第三方留存一份，其余封样交当事人使用。封样有时也可以由卖方自封，或由买卖双方会同加封。封样的目的是防止和处理当事人之间的品质争议。4）在订立国际货物买卖合同时，卖方若没有把握做到货样完全一致，可以在合同条款中灵活规定："Quality to be considered as being about equal to the sample"（卖方交货与所提供样品的品质大致相同），或"Quality is similar to the sample"（卖方交货与所提供样品的品质类似）。

（2）凭买方样品买卖。凭买方提供的样品磋商交易和订立合同，并以买方样品作为交货品质的依据，称凭买方样品买卖（Sale by Buyer's Sample），也称凭来样成交。这是一种企业提高出口商品的适应性和竞争能力的一种销售方法。

为了防止日后交货困难及减少发生纠纷，在凭买方样品买卖的情况下，卖方可根据买方提供的样品，加工复制出一个类似的样品供买方确认，经确认后的样品称为对等样品（Counter Sample）或回样（Return Sample），亦称确认样（Confirming Sample）。这样，凭买方样品买卖便转变为凭卖方样品买卖。

在凭买方样品买卖时，卖方一般要在合同中规定：如果由于买方来样引起与第三方的知识产权纠纷，与卖方无关，概由买方负责。此外，买卖双方为了增进了解，发展贸易关系，有时以寄送样品的形式介绍商品，此时应标明"仅供参考"（For Reference Only）或者"参考样品"（Reference Sample）字样。参考样品对买卖双方均无约束力。

（二）以文字说明表示

买卖双方凭文字说明磋商交易和订立合同，交货品质以文字说明为依据，称作凭文字说明买卖（Sale by Description）。在国际货物买卖中，大部分商品采用的是这种表示商品品质的方法。它又可以细分为以下几种：

（1）凭规格买卖。商品的规格（Specification）是指用以反映商品品质的若干主要指标，如成分、纯度、含量、长短、大小、粗细等。用规格来确定商品的品质进行买卖，即凭规格买卖（Sale by Specification）。例如，中国对欧洲大豆出口的规格是：水分含量14%以下，杂质含量1%以下，不完善粒7%以下。中国对日本和中国港澳地区大豆出口的规格是：水分含量15%以下，杂质含量1%以下，不完善粒9%以下。凭规格买卖比较方便、准确，在国际货物买卖中应用非常广泛。

（2）凭等级买卖。商品的等级（Grade）是指同一种商品按其品质或规格差异划分为品质优劣不同的若干级别，并用文字、数码或符号表示。每一种等级都规定相对固定的规格，凭等级买卖（Sale by Grade）只需说明其级别，即可明确买卖商品的品质。

例如，中国出口的冻鸡鸡腿分为大、中、小三级。其中，大级每只净重220克以上；中级每只净重180克以上；小级每只净重小于180克。

再比如，中国山羊绒原绒分为两个等级，一等原绒：含绒量80%，含短散毛20%，羊绒细长，色泽光亮，手感柔软，允许含有少量活肤皮；二等原绒：含绒量50%，含短散毛50%，羊绒粗短，光泽差，带有严重肤皮和不易分开的薄膘短绒、黑皮绒。

（3）凭标准买卖。标准（Standard）是指经政府机关或工商业团体统一制定和公布的规格和等级。在中国，商品的标准分为国家标准和部颁（专业）标准。以标准表示商品品质的交易称为凭标准买卖（Sale by Standard）。

由于商品的标准常随生产和技术的发展进行修改和变动，所以，同一标准往往会有不同年份的版本。因此，在援用标准时，应注明版本年份。

除了等级和标准外，在国际市场上买卖一些农副产品时，还有两种方法可以使用：

一种是良好平均品质（Fair Average Quality—FAQ）。所谓FAQ，是指农副产品的每个生产年度的中等货，一般由生产国在农副产品收获后，经过广泛抽样制定出该年度的FAQ标准；或者农副产品某一季度或某一装船月份在装运地发运的同一种商品的平均品质，一般由同业公会或检验机构从各批出运的货物中抽样，然后综合评定取其中者作为FAQ标准。由于，FAQ标准实际上并不代表固定确切的品质规格，因此，在使用时，除在合同内注明FAQ字样外，通常还需订明商品的具体规格。

另外一种是上好可销品质（Good Merchantable Quality—GMQ）。GMQ是指该商品品质上好，可以销售。由于这种方法的含义较为笼统，在实际中应用较少。

（4）凭牌号或商标买卖。在国际市场上信誉良好、品质稳定，并为买方所熟悉的货物，可凭牌号或商标对外销售，即凭牌号或商标买卖（Sale by Brand or Trade Mark），如“张小泉”剪刀、“海尔”家用电器、“Software”软件等。在凭牌号或商标买卖时，企业应注意有关国家的法律规定，为了保护自己的牌号或商标，应在进口国办理登记注册手续。

（5）凭产地名称买卖。有些商品，特别是传统农副产品，受产区自然条件和传统加工技术影响较大，具有特色，在国际市场上享有盛誉，可以以产地名称（Name of Origin）作为该商品品质的依据。以产地名称表示商品品质的交易称为凭产地名称买卖（Sale by Name of Origin）如：四川榨菜、西湖龙井茶、福建武夷山大红袍、浙江金华火腿等。

（6）凭说明书和图样买卖。在国际货物买卖中，有些商品，如机器设备、电器、仪器仪表等，由于结构复杂，型号繁多，性能各异，难以用几项指标来表示其品质，也不能用简短文字说明其使用方法，在买卖这类商品时，就需凭说明书和图样买卖，并且在合同中规定："Quality and technical data to be strictly in conformity with the illustration submitted by the seller"（品质和技术数据必须与卖方所提供的产品说明书严格相符）。

凭说明书和图样买卖（Sale by Description and Illustration）是指以说明书并附以图样、照片、设计图纸、分析表及各种数据来说明货物的具体性能和结构特点，按这种表示品质的方法进行交易的交易方式。

在实际业务中，可根据商品和市场习惯，单独使用某一方法来表示商品的品质，也可以两种或两种以上的方法结合使用。此外，有些商品，如字画、首饰、某些工艺品、土特产品，也有采取看货成交的。

三、品质机动幅度和品质公差

在国际贸易中，卖方交货品质必须与买卖合同中规定的品质条款相符。但是，某些商品由于本身特点的影响或科学技术水平的限制，难以保证交货质量与合同规定内容完全一致。此时，可以在合同中规定一些灵活条款，如品质机动幅度或品质公差。

（一）品质机动幅度

品质机动幅度（Quality Latitude）是指对卖方所交货物的品质指标允许在一定范围内有所灵活。规定品质机动幅度有三种方法：

（1）规定范围。对某项货物的品质指标规定允许有一定差异范围。例如：漂布，幅宽35/36英寸（bleached shirting 35″/36″），即布的幅宽只要在35英寸到36英寸的范围内，均作为合格。

（2）规定极限。对有些货物的品质规格，规定上下极限。规定极限的表示方法，常用的有：最大、最高、最多（Maximum，缩写为max.）；最小、最低、最少（Minimum，缩写为min.）。例如：大米碎粒35%（最高）Rice，long shaped Broken grains 35%（max.）；水分15%（最高）Moisture 15%（max.）；杂质1%（最高）Admixtures 1%（max.）。

（3）规定上下差异。规定上下差异是指在规定某一具体品质指标的同时，规定必要的上下变化幅度，如：灰鸭毛，含绒量18%，上下1%（Grey Duck Feather，Down content 18%，1% more or less）。

（二）品质公差

品质公差（Quality Tolerance）是指为国际同行业所公认的商品品质的误差。这种为国际上所公认的品质公差，即使在合同中不作规定，卖方交货品质在公认的误差范围内，即认为符合合同。

在品质机动幅度和品质公差范围内，交货品质如有上下，一般都不另行计算增减价，即按照合同价格计收价款。但是在使用品质机动幅度时，有的时候经买卖双方协商同意，也可按比例计算增减价格，并在合同中订立"增减价条款"。例如：在中国大豆出口合同中规定："水分每增减1%，则合同价格减增1%；不完善粒每增减1%，则合同价格减增0.5%；含油量每增减1%，则合同价格增减1.5%。如增减幅度不到1%者，可按比例计算。"

第三节 商品的数量

商品的数量（Quantity of Goods）是买卖双方交接货物的依据，是国际货物买卖合同的主要条件之一。卖方所交货物的数量必须与合同规定相符，否则，买方有权提出索赔甚至拒收货物。

商品的数量是指以一定的度量衡单位表示的商品的重量、个数、长度、面积、体积、容积等的量。

一、商品的计量单位

各国的度量衡制度不同，计量单位也不同。在国际贸易中，常见的度量衡制度主要有四种。第一种是公制（The Metric System），基本单位为千克和米，为欧洲大陆及世界大多数国家所采用。第二种是国际单位制（The International System），是国际标准计量组织在公制基础上制定公布的，其基本单位包括千克、米、秒、摩尔、坎德拉、安培和卡七种。第三种是英制（The British System），基本单位为磅和码，主要为英联邦国家所采用，而英国因加入欧盟，在一体化进程中已宣布放弃英制，采用公制。第四种是美制（The U. S. System），基本单位和英制相同，为磅和码，但有个别派生单位不一致。如英制为长吨等于2200磅，而美制为短吨等于2000磅。此外容积单位加仑和蒲式耳，英美制名称相同，大小不同。

中国采用国际单位制，国际单位制计量单位和国家选定的其他计量单位为国家法定计量单位。在出口业务中，除照顾对方国家的贸易习惯而采取公制、英制、美制计量单位外，应采用国家法定计量单位。

根据商品的不同性质，计量单位有以下几种。

（一）重量单位

常用重量（Weight）的计量单位：千克（kilogram, or kg）、吨（ton, or t）、公吨（metric ton, or M/T）、公担（quintal, or q）、克（gram, or g）、磅（pound, or lb）、盎司（ounce, or oz）、长吨（long ton, or L/T）、短吨（short ton or S/T）。适用货物：一般天然产品以及部分工业制成品，如羊毛、棉花、谷物、矿产品、油类、沙盐、药品等。

（二）容积单位

容积（Capacity）常用计量单位：公升（litre, or l）、加仑（gallon, or gal.）、蒲式耳（bushel, or bu）等。适用货物：谷物类以及部分流体、气体物品，如小麦、玉米、煤油、汽油、酒精、啤酒、双氧水、天然瓦斯等。

（三）个数单位

个数（Number）常用计量单位：只（piece, or pc.）、件（package, or pkg）、双（pair）、台、套、架（set）、打（dozen, or doz）、罗（gross, or gr）、大罗（great gross, or g. gr）、令（ream, or rm）、辆（unit）、头（head）、箱（case）、包（bale）、桶（barrel, drum），袋（bag）、瓶（bottle）、筐（basket）、听（tin）等。适用货物：一般日用工业制品、日常消费品、机械产品以及杂货类产品，如文具、纸张、玩具、成衣、车辆、拖拉机、活牲畜等。

（四）长度单位

长度（Length）常用计量单位：码（yard, or yd）、米（meter, or m）、英尺（foot, or ft）、厘米（centimeter, or cm）。适用货物：布匹、绳索、电线、电缆等。

（五）面积单位

面积（Area）常用计量单位：平方码（square yard）、平方米（square metre）、平方英尺（square foot）、平方英寸（square inch）。适用货物：皮制商品、塑料制品等，如塑料篷布、地毯、皮革、铁丝网等。

（六）体积单位

体积（Volume）常用计量单位：立方码（cubic yard）、立方米（cubic metre）、立方英尺（cubic foot）、立方英寸（cubic inch）。适用货物：化学气体、天然气、木材等。

二、计算重量的方法

在国际货物买卖中，多数商品的数量是以重量来计量的。计量重量的方法主要有几下几种。

（一）毛重

毛重（Gross Weight）是指商品本身的重量加皮重（tare），即商品连同包装的重量。对价值较低的商品，可以在合同中规定以毛重计量，即所谓“以毛作净”（Gross for Net）。

（二）净重

净重（Net Weight）是指商品本身的重量，即毛重扣除皮重（包装）的重量。在国际贸易中，如果货物是按重量计量的，而且在没有明确规定采用何种方法计算重量时，按照惯例应按净重计量。在计算净重时，关键是如何计算去除皮重的重量。在国际贸易中去除皮重的方法有四种。

1. 按实际皮重

按实际皮重（Real Tare/ Actual Tare）是将整批商品的包装逐一过秤，算出包装的总重量。

2. 按平均皮重

按平均皮重（Average Tare）是从全部商品中抽取几件商品，称其包装的重量，除以抽取的件数，得出平均数，再以平均每件的皮重乘以总件数，得出全部包装重量。

3. 按习惯皮重

按习惯皮重（Customary Tare）是指某些商品的包装比较规格化，并已经形成了一定的标准，即可按公认的标准单件包装质量乘以商品的总件数，得出全部包装重量。

4. 按约定皮重

按约定皮重（Computed Tare）是买卖双方以事先约定的单件包装重量，乘以商品的总件数，求得该批商品的总皮重。

（三）公量

对于含水率不稳定的商品，如羊毛、生丝、棉花等，为准确计算这类商品的重量，国际上通常采用按公量计算的方法。公量（Conditioned Weight）是用科学方法除去商品的实际水分，再加上标准水分所得的重量。

计算公式有如下两种：

（1）公量＝商品干净重×（1＋标准回潮率）

（2）$公量=\frac{实际重量\times(1+标准回潮率)}{1+实际回潮率}$

其中，回潮率是水分与干净重之比。

（四）理论重量

对于规格和尺寸固定的商品，其重量大致相同，根据件数而推算出的重量即为理论重量（Theoretical Weight），适用于钢板、马口铁等。

（五）法定重量和净净重

按照一些国家海关的规定，在征收从量税时，商品的重量是以法定重量计算的。所谓法定重量（Legal Weight）是纯商品重量加上直接接触商品的包装材料，如销售包装（内包装）等重量。而除去这部分销售包装的重量及其他包含杂物（如水分）的重量则称为净净重（Net Net Weight）或实物净重。

三、合同中的数量条款

（一）数量条款的内容

数量条款的内容主要包括成交商品的数量和计量单位。按重量计算商品，还须明确计算重量的方法。对于大宗散装货物，还需要在数量条款中加订溢短装条款，主要包括数量机动幅度、机动幅度的选择权以及溢短装部分的作价方法。

（二）合理规定数量机动幅度

1. 数量机动幅度的大小要适当

有些大宗商品，如粮食、矿砂、食糖等，由于商品特性、生产、运输、包装等因素的影响，很难精确计算交货商品的数量。为了便于合同的履行，买卖双方往往在合同中规定数量机动幅度条款。规定数量机动幅度有两个方法："溢短装条款"或使用"约"字。

所谓溢短装条款（More or Less Clause），就是在合同中规定具体交货数量的同时，再规定允许多装或少装的一定百分比。如：5000公吨，卖方可溢装或短装5%（5000 M/T, with 5% more or less at seller's option）。

为使装货数量有所机动，合同中对数量规定为约数，即在所交货商品的具体数量前加一个"约"（About or Approximately）字。但国际上对"约"数没有一个统一解释，买卖双方必须事先讲明，规定这个"约"数等于多少，防止发生纠纷。但值得注意的是，如果合同中采用信用证支付方式，根据国际商会第600号出版物《跟单信用证统一惯例》的规定，"约"或类似的词语用于信用证金额、数量或单价时，应解释为允许有关的金额或数量或单价有不超过10%的增减幅度。

2. 机动幅度选择权的规定要合理

一般来说，机动幅度选择权归履行交货的一方，即卖方选择（At Seller's Option）。如果涉及海洋运输，则由安排运输的一方选择。CFR和CIF术语下由卖方选择，FOB术语下在买方派船装运时由买方选择（At Buyer's Option）。在程租船运输时，为了充分利用舱容，有时授权船方决定，这种情况下，买卖合同中应明确由承运人选择（At Carrier's Option）。

3. 溢短装数量的计价方法要公平合理

溢短装数量的计价方法，如无相反的规定，一般按合同价格计算。为了防止有权选择多装或少装的一方当事人利用行市的变化，有意多装或少装以获取额外收益，也可在合同中规定，多装或少装的部分，按装船时或货到时的市价计算，以体现公平合理的原则。

第四节 商品的包装

包装是生产的最后一道工序，同时也是物流的起点。包装是把运输、储存、装卸等物流活动有机联系起来的重要手段。包装对保护商品、方便流通、降低物流费用起着重要作用。国际贸易中，商品种类繁多，性质、特点和形状各异，因而它们对包装的要求也不尽相同。

一、商品包装的概念

在中国《包装通用术语》的国家标准中，商品包装（Packing of Goods）是指为在流通过程中保护商品，方便贮运，促进销售，按一定的技术方法而采用的容器、材料及辅助等的总体名称。也指“为了达到上述目的而在采用容器材料和辅助物的过程中施加一定技术方法等的操作活动。”

商品包装包括两层含义：一方面，是指对商品进行包裹、存放的容器和辅助材料，通常称作包装物，如箱、袋、筐、桶、瓶等；另一方面，是指对商品进行包裹、存装、打包、装潢的整个操作过程，如装箱、打包、灌瓶等。

二、商品包装的作用

（一）商品包装是商品生产的延续

随着中国国民经济的不断发展，商品包装在生产、流通和人民生活中的地位和作用日益增长，在现代生产中绝大多数产品只有经过包装后，才算完成它的生产过程，才能进入流通领域和消费领域。否则，生产过程不算完结。

（二）商品包装能够保护商品品质完好和数量完整

国际贸易商品往往需要经过长途运输，且流通环节较多，在运输和流通过程中容易受到外界因素损害和影响，从而使得商品品质受损。良好恰当的商品包装能够抵抗各种破坏因素，防止商品遭到损害和影响，起到保护商品品质完好和数量完整的作用。

（三）商品包装使商品使用价值和价值增值

在商品生产出来之后，进行新颖独特、精美合理的包装，是商品价值增值的重要手段。而且，合理的包装可以增加商品的自然寿命，因而使商品的使用价值增值。

（四）商品包装具有美化商品、促进销售的作用

商品包装是“无声的推销员”。利用结构造型、色彩、图案和文字进行精美的商品包装，可起美化和宣传商品的作用，增加商品的销售陈列效果，从而能够诱导和激发消费者的购买动机和重复购买的兴趣，并最终导致消费者购买行为的发生。特别是在当今人们的物质生活和文化生活水平不断提高的情况下，商品的包装与装潢更成为消费者购买商品时考虑的重要因素。

（五）商品包装具有便于商品流通的作用

商品出厂后，购销双方要对商品进行计数、计量与清点、验收。包装完整的商品便于计数、计量、清点、验收，在流通过程中，商品需要经过搬运、堆码、运输、装卸、批发、零售等环节，包装合理，可加速商品流转，从而提高商品流通的经济效益。

三、商品包装的分类和特点

在国际贸易中，根据货物是否需要包装，可以分为散装货、裸装货和包装货。其中，散装货（Bulk Cargo）是指不需要包装可以直接散装在运输工具上的货物，主要包括一些大宗的、廉价的、成粉、粒、块状的货物以及不必要包装、不值得包装的疏散地装载在运输工具内的货物，如煤炭、矿砂、粮食、石油等。裸装货（Nude Cargo）是指没有包装或稍加捆扎便可以自然成件的货物，这些货物在存储和运输过程中可以保持原有状态，如圆钢、钢板、木材等。包装货（Packed Cargo）是指需要加包装的货物。在国际货物买卖中，大部分货物都需要加包装，属于包装货。商品的包装种类繁多，主要有以下几种分类。

（一）运输包装和销售包装

按照商品包装在流通中作用的不同，商品包装可以分为运输包装和销售包装两大类。

1. 运输包装

运输包装（Transport Packing）又称外包装（Outer Packing）或大包装，它是以运输为主要目的的包装，是指在商品运输时，将一件或数件商品装入容器或以特定的方式包扎的二次包装。这种包装具有保护商品品质完好和数量完整，方便储运、装卸、计数、进而加速交接、点验等作用。运输包装通常又分为：（1）单件运输包装。它是指在运输过程中作为一个计件单位的包装。常见的单件运输包装主要有：1）箱（case）。不能紧压的货物通常装入箱内。按不同材料，箱子有木箱（wooden case）、板条箱（crate）、纸箱（carton）、瓦楞纸箱（corrugated carton）、塑料箱（plastic case）等。2）桶（drum，cask）。液体、半液体以及粉状、粒状商品，可用桶装。桶有木桶（wooden drum）、铁桶（iron drum）、塑料桶（plastic drum）等。3）袋（bag）。粉状、颗粒状和块状的农产品及化学原料，常用袋装。袋有麻袋（gunny bag）、布袋（cloth bag）、纸袋（paper bag）、塑料袋（plastic bag）等。4）包（bundle，bale）。羽毛、羊毛、棉花、生丝、布匹等紧压的商品可以先经机压打包，压缩体积后，再以棉布、麻布包裹，外加箍铁和塑料带，捆装成件。（2）集合运输包装。它是指将若干个单件运输包装组合成一个大包装或装入一个大的包装容器内。常见的集合运输包装主要有：集装箱（container）、托盘（pallet）、集装袋（flexible freight bags）、集装包（flexible container）等。集装箱又称货柜，国际标准化组织（ISO）对集装箱定义为：集装箱是一种运输设备；具有足够的强度，可长期反复使用；为便于商品运送而专门设计的，在一种或多种运输方式下运输时，无需中途换装；具有快速装卸和搬运的装置，特别是从一种运输方式转移到另一种运输方式时；设计时注意到便于货物装满或卸空；内容积为1 立方米或1 立方米以上。

国际标准化组织ISO/TC 104 技术委员会自1961 年成立以来，对集装箱国际标准做过多次补充、增减和修改，到目前为止，国际标准集装箱共有13 种规格，其中，使用最为广泛的集装箱规格是：20 尺货柜、40 尺货柜和40 尺高柜。其中，20 尺货柜的外尺寸为20 英尺长、8 英尺宽、8 英尺6 英寸高；40 尺货柜的外尺寸是40 英尺长、8 英尺宽、8 英尺6英寸高；40尺高柜的外尺寸为40英尺长、8英尺宽、9英尺6英寸高。

此外，按集装箱的不同用途，集装箱分为以下几种：（1）干货集装箱（Dry Container）。这种集装箱也称为杂货集装箱或通用集装箱，用来运输无需控制温度的杂货，比如文化用品、化工用品、电子机械、工艺品、医药、日用品、纺织品及仪器零件等。这是最常用的集装箱。（2）开顶集装箱（Open Top Container，OT），也称敞顶集装箱，是一种没有刚性箱顶的集装箱，但有可折叠式或可折式顶梁支撑的帆布、塑料布或涂塑布制成的顶篷，其他构件与干货集装箱类似。这种集装箱适于装载大型货物和重货，如钢铁、木材，特别是像玻璃板等易碎的重货，利用吊车从顶部吊入箱内不易损坏，而且也便于在箱内固定。（3）通风集装箱（Ventilated Container）。它是为装运水果、蔬菜等不需要冷冻而需通风、防止汗湿的货物，在端壁和侧壁上设有通风孔的集装箱。如将通风口关闭，同样可以作为干货集装箱使用。（4）冷藏集装箱（Reefer Container，RF）。它是专为运输要求保持一定温度的冷冻货或低温货而设计的集装箱，如鱼、肉、新鲜水果、蔬菜等。冷藏集装箱造价较高，营运费用较高，使用中应注意冷冻装置的技术状态及箱内货物所需的温度。（5）罐式集装箱（Tank Container，TK），又称液体集装箱，它是专用以装运酒类、油类（如动植物油）、液体食品以及化学品等液体货物的集装箱。它还可以装运其他液体危险货物。这种集装箱有单罐和多罐数种，罐体四角由支柱、撑杆构成整体框架。（6）散货集装箱（Bulk Container）。它是一种密闭式集装箱，除了有箱门外，在箱顶部还设有2~3个装货口，适用于装载粉状或粒状货物。使用时要注意保持箱内清洁干净，两侧保持光滑，便于货物从箱门卸货。（7）台架式集装箱（Platform Based Container）。它是没有箱顶和侧壁，甚至连端壁也去掉而只有底板和四个角柱的集装箱。这种集装箱可以从前后、左右及上方进行装卸作业，适合装载长大件和重货件，如重型机械、钢材、钢管、木材、钢锭等。台架式集装箱没有水密性，怕水湿的货物不能装运，或用帆布遮盖装运。（8）平台集装箱（Platform Container）。这种集装箱是在台架式集装箱上再简化而只保留底板的一种特殊结构集装箱。平台的长度和宽度与国际标准集装箱的箱底尺寸相同，可使用与其他集装箱相同的紧固件和起吊装置。平台集装箱适宜装超重超长货物，长度可达6米以上，宽4米以上，高4.5米左右，重量可达40公吨，且两台平台集装箱可以联结起来，装80公吨的货。（9）汽车集装箱（Car Container）。它是一种运输小型轿车用的专用集装箱，其特点是在简易箱底上装一个钢制框架，通常没有箱壁（包括端壁和侧壁），可装载一层或两层小轿车。（10）牲畜集装箱（Pen Container or Live Stock Container）。这是一种装运鸡、鸭、鹅等活家禽和牛、马、羊、猪等活家畜用的集装箱。这种集装箱有通风设施，带有喂料和除粪装置。

2. 销售包装

销售包装（Sales Packing）又称为内包装（Inner Packing）或小包装，它是以销售为主要目的，随商品进入零售市场直接与消费者见面的包装。这种包装除具有保护商品的作用外，还有美化商品、宣传商品、便于携带，从而促进销售的功能。

根据商品的特征和形状，销售包装可采用不同的包装材料和不同的造型结构与样式。常见的销售包装主要包括三大类：（1）便于陈列展销的销售包装。1）挂式包装，它是可在商店货架上悬挂展示的包装，其独特的结构如吊钩、吊带、挂孔、网兜等，可充分利用货架的空间陈列商品。2）堆叠式包装，它通常指包装品顶部和底部都设有吻合装置使商品在上下堆叠过程中可以相互咬合，其特点是堆叠稳定性强，大量堆叠而节省货位，常用于听装的食品罐头或瓶装、盒装商品。（2）便于识别商品的销售包装。这种销售包装主要是透明或“拉盖”式包装，其容器全部或部分用透明材料制成或在容器上设有“开口”，这样便于消费者直接观看商品的色形，增强吸引力。（3）便于消费者使用的销售包装，如1）便携式包装，它的包装造型和长宽高比例的设计均适合消费者携带使用，如有提手的纸盒、塑料拎包等；2）一次用量包装，又称单份包装、专用包装或方便包装，经使用一次为目的的较简单的包装，如一次用量的药品、饮料、调味品等；3）易开包装，包装容器上有严格的封口结构，使用者不需另备工具即可容易地开启，易开包装又分为易开罐、易开瓶和易开盒等；4）喷雾包装，在气性容器内，当打开阀门或压按钮时，内装物由于推进产生的压力能喷射出来的包装，例如香水、空气清新剂、清洁剂等包装。5）配套包装，将消费者在使用上有关联的商品搭配成套，装在同一容器内的销售包装。如工具配套袋、成套茶具的包装等；6）礼品包装，专作为送礼用的销售包装。礼品包装的造型应美观大方，有较高的艺术性，有的还使用彩带、花结、吊牌等。它的装潢除了给消费者留下深刻印象外，还必须具有保护商品的良好性能。使用礼品包装的范围极广，如糖果、化妆品、工艺品、滋补品和玩具等。

（二）中性包装和定牌

在国际贸易中，为了适应国际市场的特点和需要以及尽量满足进口商的需要，有时还可以采用中性包装和定牌。

1. 中性包装

中性包装（Neutral Packing）指既不标明生产国别、地名和厂家名称，也不标明商标或牌号的商品包装。具体包括：（1）无牌中性包装。商品或包装上均不使用任何商标或牌号，也不注明生产国别、厂名和地名。（2）定牌中性包装。商品或包装上使用买方指定的商标或牌号，但不注明生产国别。对于某些低值商品或半制成品可以采用这种方法，可以节省费用。

2. 定牌

定牌包装（Packing of Nominated Brand）是指卖方按买方要求在其出售的商品或包装上标明买方指定的商标或牌号。在国际货物买卖中，有时为了利用买方的销售渠道或品牌的声誉，可以考虑采用这种方法。定牌包装的使用情况有以下两种：

（1）对某些国外大量的长期的稳定的定货，为了扩大销售，可以接受买方指定的商标，不加注生产国别的标志，即定牌中性包装。

（2）接受国外买方指定的商标或牌名，但在商标或牌名下标明“中华人民共和国制造”或“中国制造”（Made in China）。

四、商品的包装标志

包装标志是指在运输包装上面刷写、压制的图形、数字和文字，其目的是为了便于在装卸运输过程中识别货物。包装标志主要包括运输标志、指示性标志和警告性标志三种。

（一）运输标志

运输标志（Shipping Mark）又称唛头（Mark），通常是由一个简单的几何图形和一些英文字母、数字及简单的文字组成，其作用在于使货物在装卸、运输、保管过程中容易被有关人员识别，防止错发错运。

联合国欧洲经济委员会简化国际贸易程序工作组，在国际标准化组织和国际货物装卸协调协会的支持下，制定了一项运输标志向各国推荐使用。该标准化运输标志包括4个内容，它们是：（1）收货人或买方名称的英文缩写字母或简称，但使用国际铁路或公路运输时，必须用全称。（2）参考号：如合同号、运单号、订单号和发票号等。（3）目的地：表明货物最终运抵地点，通常为港口；如需转运则标明转运地点，并在它前面加“Via”字样，例如：London Via Hong Kong。这里 London 是卸货港，而 Hong Kong 则是转运港。（4）件号：主要用来说明本件货物与整批货的关系。假如该批货只有一种规格时，货物的件号可以是一个，如 CTN/NOS. 1—100。但如果一批货物有100箱，每一箱的包装细数和规格均不相同时，则采用顺序件号的方法，即在包装上用 CTN/NOS. 1—100、CTN/NOS. 2—100、CTN/NOS. 3—100……来表示，以便理货清查短损。CTN/NOS. 2—100 中的 CTN 表示 Carton 纸箱，2—100 中的100表示该批货物共计100件，2则表示本件是100件中的第2件。

例如：ABC. Co　　收货人代号
94LAO602　　参考号
San Francisco　　目的地
CTN/NOS. 1—1000　件号

除此之外，为了某种需要，也可将商品的毛重、原产地或进口许可证号码等项内容标在运输包装上，但这些内容不是运输标志的一部分，必须把它们清楚地与运输标志分隔开来，字体要尽可能小，内容也要尽量简略。

（二）指示性标志

指示性标志（Indicative Mark）是指为了保护商品安全，对某些易碎、易损、易变质的商品，用文字说明和图形作出标志，以示在运输、装卸、保管过程中如何安全操作。例如“小心轻放”、“请勿用钩”等，如图4－1所示。

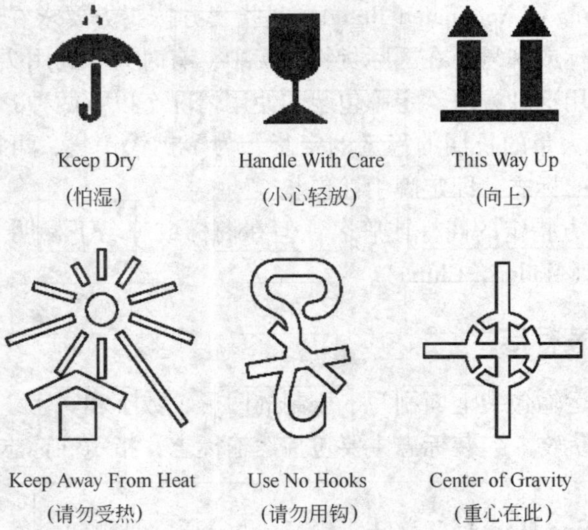

图4－1　商品常见的指示性标志

（三）警告性标志

警告性标志（Warning Mark）又称危险品标志，是指在易燃品、爆炸品、有毒物品、剧毒物品、腐蚀性物品及放射性物品等的运输包装上刷制的表明危险性的文字说明和图形，用以提醒有关人员在货物的运输、保管和装卸过程中，根据货物的性质，采取相应的防护措施，以保护人身和货物的安全。

中国颁布了《危险货物包装标志》。联合国政府间海事协商组织也规定了一套《国际海运危险品标志》，这套规定在国际上已有许多国家采用，有的国家进口危险品时要求在运输包装上标明该组织规定的危险品标志，否则不准靠岸卸货，如图 4－2 所示。

图 4－2　常见的危险品标志

五、合同中的包装条款

国际货物买卖合同中的包装条款主要包括：包装材料、包装方式、包装规格、包装标志和包装费用等内容。例如：(1)“Packing: Each Pair in a coloured box, 24 pairs to an export carton.”（包装：每双装一个彩盒，24 双装一个出口纸箱）。(2)“In wooden cases of 50kg net each”（木箱装，每箱净重 50 千克）。(3)“Packing Charges Included”（若在单价后标注，即表明全部包装费用都已经包括在单价里面了）。(4)“Shipping Mark is to be determined by the seller.”（唛头由卖方决定）。

在磋商和订立包装条款时，应注意以下几个方面的问题：(1) 对包装的要求应具体明确，应尽量避免使用“适合海运包装”(Seaworthy Packing)、“习惯包装”(Customary Packing) 或“卖方惯用包装”(Seller's Customary Parking) 等术语，从而避免双方对上述术语内涵存在法律解释分歧。(2) 应订明包装费用由何方负担。包装费用一般都包括在货价内，合同条款不必列入。但如买方要求特殊包装，则可增加包装费用，如何计费及何时收费则应在条款中列明。如果包装材料由买方供应，则条款中应明确包装材料到达时间，以及逾期到达时买方应负的责任。(3) 明确何方提供运输标志。若运输标志由买方提供，则还应规定标志到达时间（标志内容须经卖方同意）及逾期不到时买方应负的责任等。

【案例分析】

引例中的问题主要是由商品的名称和品质条款引发的争议。韩国 A 公司的要求是合理的。

首先，按照有关的法律和商业惯例的规定，在合同中明确规定买卖商品的名称，是买卖双方交接货物的一项基本依据。若卖方交付的货物不符合约定的商品名称，买方有权拒收货物或撤销合同并提出损害赔偿。因此，商品的名称条款是合同中的重要条件，一旦签订合同，卖方必须严格按合同的约定交货。其次，在表示商品品质的方法中，有一种是凭产地名称买卖，产地名称代表着商品的品质。不同产地的同种货物品质可能存在着很大的差别，因此 A 公司要求提供山东大蒜的要求是合理的。

【课后习题】

一、重点概念

原样；对等样品；代表性样品；良好平均品质（FAQ）；公量；中性包装；定牌；溢短装条款；运输包装；销售包装

二、不定项选择题

1. 凭商标或牌号买卖，一般只适用于（　　）。

A. 一些品质稳定的工业制成品　　B. 经过科学加工的初级产品

C. 机器、电器和仪表等技术密集产品　　D. 造型上有特殊要求的商品

2. 运输包装的标志按其用途，可分为（　　）。

A. 运输标志　　B. 条形码标志

C. 警告性标志　　D. 指示性标志

3. 合同中的数量条款为“1000M/T with 5% more or less at seller’s option”，则卖方交货数量可以是（　　）。

A. 950M/T　　B. 1000M/T　　C. 1500M/T　　D. 1050M/T

E. 950M/T 到 1050M/T 之间任意数量

4. 国际标准化组织推荐的标准运输标志，应包括的内容是（　　）。

A. 收货人名称的缩写或简称　　B. 参考号（订单号、发票号）

C. 目的地　　D. 件号或箱号　　E. 产地标志

5. 数量条款主要涉及（　　）。

A. 成交数量　　B. 计量单位　　C. 计量方法

D. 数量机动幅度　　E. 品质公差

三、判断题（判断下列各题是否正确，正确的在题后的括号内打“√”，错误的打“×”。）

1. 在出口贸易中，表示品质的方法多种多样，为了明确责任，最好采用既凭样品又

凭规格买卖的方法。 (　　)

2. 为了适应国际市场的需要，我国出口日用工业品，应尽量争取按买方样品达成交易。 (　　)

3. 中国在采用定牌和无牌出口时，除非买卖双方另有协议，一般都应在出口商品和包装上标明“中国制造”字样。 (　　)

4. 卖方所交货物如果多于合同规定的数量，按《公约》规定，买方可以收取也可以拒收全部货物。 (　　)

5. 如果合同中没有明确规定按毛重还是按净重计价，根据惯例，应按毛重计价。 (　　)

四、简答题

1. 合同中规定商品品质的方法有哪些？试分别说明其含义。
2. “凭卖方样品买卖”和“凭买方样品买卖”时分别应注意哪些问题？
3. 订立品质机动幅度的方法有哪些？
4. 合同中重量的表示方法有哪些？试分别说明其含义。
5. 在合同的数量前“约”字应如何理解？
6. 包装有哪些类型？
7. 国际货物运输中运输标志的含义和主要内容是什么？
8. 合同中的包装条款一般包括哪些内容，在订立包装条款时应注意哪些问题？

五、案例分析题

1. 有一年，中国某公司A向国外买方B公司出口自行车2000台，由A公司缮制合同一式两份，其中包装条款规定为“Packed in wooden case”。将此合同寄至B公司，然后由B公司签回。B公司签回的合同上在原包装条款后加“C. K. D.”字样，但这一改动未引起A公司的注意。A公司将货运至目的港。B公司发现是整台自行车箱装，由于自行车整台进口需多交纳20%进口税。因此，拒收货物并要求退还货款。试问B公司的要求合理吗？为什么？

2. 中国某公司A向孟加拉国某公司B出口一批货物，合同价值约为USD20000.00，货物为汽车配件，共有10个型号，其中有四个型号要求根据客户样品制造的。付款方式为，客户先支付定金1000美金，剩余部分30%和70%分别以L/C和T/T支付（在货物生产完毕通知客户支付）。客户随即开来信用证，A公司按合同和L/C要求开始生产货物，但发现其中按客户样品要求订做的货物不能完成，由于客户订货的数量比较少，开发该产品十分不合算。因此打算从其他厂家购进该产品，但遗憾的是，却一直无法找到生产该产品的厂商。而此时已接近装船期了，其他货物亦相继生产完毕。A公司只好告诉B公司上述问题。B公司要求取消所有的货物并退还定金和样品，他的理由是，他要求订做的货物是十分重要的，不能缺少，因A公司没有按时完成货物，错过他的商业机会。A公司也感到无可奈何，确实理亏，只好答应客户的要求，承担一切货物积压的损失。请问，A公司为何会造成如此被动的局面？

第五章　商品的价格

【案例】某年中国某公司A按CIF价格条件向国外买方B出售一批牛仔裤。但是，A公司寄出的结算单据却遭到拒付，理由是在商业发票上所列价格条件仅标明了目的港名称，但在其前面却漏打了“CIF”贸易术语。几经交涉之后，国外买方B同意“买方只能按90%付款赎单。”试说明A公司应从中吸取什么教训。

在国际贸易中，如何确定商品价格和规定合同中的价格条款，是买卖双方所关心的一个重要问题。因此，讨价还价往往成为买卖双方交易磋商的焦点，价格条款也成为国际货物买卖合同中的核心条款。因此，本章将重点介绍进出口商品的定价原则和方法、出口商品的成本核算、常用贸易术语的价格换算、佣金和折扣的相关知识以及合同中价格条款的主要内容。

第一节　进出口商品的定价原则和方法

在国际货物买卖中，进出口商品价格的确定直接影响企业的效益和产品的市场竞争力，是企业对外开展业务时必须面临的主要问题。

一、进出口商品的定价原则

在确定进出口商品价格时，必须遵循以下三个原则：（1）按照国际市场价格水平定价。国际市场价格是以商品的国际价值为基础并在国际市场竞争中形成的且买卖双方都能接受的价格，是我们确定进出口商品价格的客观依据。（2）要结合国别（地区）政策定价。企业在某种特定场合应以国家利益为重，将外贸配合外交，在参照国际市场价格水平的同时，适当考虑国别（地区）政策。（3）要结合购销意图作价。进出口商品价格在国际市场价格水平的基础上，可根据购销意图来确定，即可略高或略低于国际市场价格。例如：若企业旨在开拓市场或控制市场与对手竞争或者在国际市场需求萎缩的情况下，进出口商品的价格可以定得低一些；若商品具有一定的垄断性或技术含量较高或者在国际市场需求较大的情况下，进出口商品的价格可以定得高一些。

二、影响进出口商品价格的因素

确定进出口商品的价格是一项十分复杂的工作，为了做好此项工作，必须切实掌握国际市场的价格变动趋势，充分考虑影响价格的各种因素。

（一）商品的质量和档次

在国际市场上，一般都贯彻按质论价的原则。一般而言，品质优，档次高，价格就会高；反之，品质劣，档次低，价格便会低。

（二）运输的距离

运输距离的远近，影响企业的运费开支，从而会影响商品的价格。而且，在国际贸易中，采用 CFR 和 CIF 贸易术语报价的情况较多，因此，确定进出口商品价格时，必须认真核算运输成本，在报价中体现地区差价。

（三）贸易术语的不同

在国际货物买卖中，采用的贸易术语不同，交货地点和交货条件不同，涉及买卖双方所承担的责任、风险、费用也不同。因此，进出口商品的价格也应该有所不同。

（四）成交数量

按国际贸易的习惯做法，成交量的大小影响价格，成交数量越大，卖方的交易成本就相对较低，进出口商品的价格就相对较低；反之，成交数量越小，进出口商品价格就相对较高。

（五）支付方式和汇率变动的风险

支付方式是否有利和汇率变动风险的大小，也影响进出口商品的价格。例如，在其他条件相同的情况下，同一笔交易采取预付货款方式付款与采取承兑交单的托收方式付款，其对应的价格应当有所区别。采用预付货款方式付款，卖方风险较小，买方风险较大，此时，进出口商品的价格相对较低；采用承兑交单的托收方式付款，卖方风险较大，而买方风险较小，此时，进出口商品的价格相对定得高一些。同时，确定进出口商品价格时，一般应争取采用对自身有利的货币成交，如果采用对自身不利的货币成交时，应当把汇率变动的风险考虑到商品价格中，即适当提高出售价格或压低购买价格。

（六）国际市场供求

国际市场供求关系是影响进出口商品价格因素的综合反映，也是进出口商品价格的决定性因素。国际市场明显供大于求时，价格可以定得略低一点；相反，国际市场明显呈现供不应求的情况时，价格可以定得高一些。

（七）季节性需求的变化

在国际市场上，某些时令性商品，如赶到时令前到货，抢行应市，即能卖上好价钱。过了时令再出售的商品，往往售价很低。因此，在确定进出口商品的价格时，应充分利用季节性需求的变化，掌握好季节性差价，争取按对自己有利的价格成交。

此外，市场销售习惯、消费者的消费水平和爱好、自由贸易协定等因素，对确定进出口商品的价格也有一定的影响，我们必须全面考虑和正确掌握。

三、进出口商品的定价方法

在国际贸易中，可以根据不同的情况，分别采用以下几种定价办法。

（一）固定价格

固定价格（Fixed - price）也称固定作价法，是指买卖双方在签订合同时，将商品价格一次“定死”，不得变更。例如：USD 20 per pound CIF New York，no price adjustment shall be allowed after conclusion of this contract. 这是国际上常见的习惯做法。固定价格的优点在于价格明确、便于核算。但采用固定价格定价，买卖双方要承担从合同签订开始一直到交货付款期间价格变动的风险。因此，对于一些远期交货或市场价格起伏不定的商品，为减少价格变动的风险，不宜轻易采用固定价格的定价方法。此外，为了减少价格风险，采用此方法时，必须对商品价格前景作出准确的判断，并选择资信好的客户成交。

（二）非固定价格

非固定价格（Non－fixed price），习惯上又称“活价”。具体做法又分为以下几种。

1. 暂不固定价格

暂不固定价格又称暂不固定作价法，是指买卖双方只约定成交商品的品种、数量和交货期以及未来确定商品价格的依据和方法，而商品的具体价格暂不固定。这种方法主要适用于交货期比较远（1 年或 2 年）或商品的国际市场价格波动频繁且幅度较大的交易。例如，买卖双方可以在合同中规定“由双方在交货期前 25 天，参照国际市场价格水平协商确定正式价格”或“以某月某日某地的商品交易所的该商品的收盘价为基础加（或减）若干美元”。暂不固定价格的定价方法的优点是避免将价格定死，从而买卖双方都不承担价格变动的风险，有利于交易的顺利完成。

2. 暂定价格

暂定价格又称暂定作价法，是指买卖双方在合同中先规定一个初步价格，作为开立信用证和初步付款的依据，待日后交货期前一定时间，双方再确定最后价格，按多退少补的原则进行结算。这种方法主要适用于价格变动频繁的商品交易。例如，买卖双方可在合同中规定“GBP 200 per Dozen CIF London（Remarks：The above is a provisional price，which shall be determined through negotiation between the buyer and the seller 15 days before the month of shipment。）”然而，需要注意的是，这种定价方法如缺乏明确的定价依据，买卖双方可能在磋商确定最后价格时不能取得一致，导致无法履行合同。所以，含有暂定价格的国际货物买卖合同存在较大的不稳定性。

3. 滑动价格

某些商品，如大型机器设备，从合同成立到执行完毕耗时较长，买卖双方为了避免在此期间原材料、工资等变动而承担风险，往往采用滑动价格。滑动价格即滑动价格作价法，是指先在合同中规定一个基础价格，交货时或交货前一定时间，按工资、原材料价格变动的指数作相应调整，以确定最后价格。买卖双方在合同中订有价格调整条款，例如，“以上基础价格将按下列调整公式根据×××（机构）公布的 2012 年×月的工资指数和物价指数予以调整。”

价格调整公式如下：

$$P = P_0 \times (A + B \times M/M_0 + C \times W/W_0)$$

式中，P 表示成交的最后价格；P_0 表示签订合同时约定的基础价格；M 表示计算最后价格时引用的有关原材料的平均价格或指数；M_0 表示签订合同时有关原材料的平均价格或指数；W 表示计算最后价格时引用的有关工资的平均价格或指数；W_0 表示签订合同时的有关工资的平均价格或指数；A 表示经营管理费用和利润在价格中所占的百分比；B 表示原材料在价格中所占的百分比；C 表示工资在价格中所占的百分比。

A、B、C 所代表的百分比在签订合同时确定，以后固定不变，且三者相加为 1。

（三）部分固定价格加部分非固定价格

部分固定价格加部分非固定价格又称“半死半活价”，多用于分批交货的国际货物买卖合同，交货期临近的批次采用固定价格，其余采用非固定价格。

在中国的进出口贸易中，一般采用固定作价法，但根据商品的不同特点，有时也采用其他定价方法。

四、计价货币的选择

进出口业务中选择使用何种计价货币（Money of Account），关系到买卖双方的切身利益。因为通常国际货物买卖交货期都比较长，从签订合同到履行合同，往往需要有一个过程。在此期间，计价货币的币值可能发生变化，甚至可能出现较大起伏，其结果必然直接影响进出口双方的切身利益。因此，应恰当选择计价货币，可以减少和避免汇率变动的风险，防止遭受损失。

在进出口业务中，所使用的计价货币有两类：硬货币（Hard Currency）和软货币（Soft Currency）。硬货币又称硬通货，是指在国际金融市场上汇价坚挺并能自由兑换、币值稳定甚至有升值趋势、可以作为国际支付手段或流通手段的货币。软货币又称软通货，是指在国际金融市场上汇价疲软，不能自由兑换他国货币，信用程度低的国家货币。硬货币和软货币是相对而言的，它会随着一国经济状况和金融状况的变化而变化，而且可能相互转化。

选择计价货币的一般原则是：出口贸易最好选择硬货币作为计价货币；进口贸易最好选择软货币作为计价货币。这是因为，出口商出售货物后要收入外汇，若所收外汇的汇率在货款实际收付时上升，意味着所收外汇的购买力有所提高，此时，同样的外汇收入可在国际市场上购买到更多的商品或兑换更多的本国货币。相反，进口商购买货物要支付外汇，倘若实际付款时所支付的外汇汇率下跌，则可用较少的本国货币兑换外汇即可，这无形中降低了进口商品的总成本。

第二节　出口商品的成本核算

在出口前对出口商品进行成本核算，主要目的在于掌握出口总成本以及出口销售外汇净收入和人民币净收入数据，并计算和比较出口盈亏情况，以便不断提高出口的经济效益。其中，出口商品的成本核算指的是出口商品的进货成本加上出口前的一切费用和税金；出口销售外汇净收入是指出口商品按FOB价格出售所得外汇净收入；出口销售人民币净收入是指出口商品的FOB价格按当时的外汇牌价折算成人民币的数量。

出口商品的成本核算主要有以下三个经济指标。

一、出口商品盈亏率

出口商品盈亏率（Export Profit Margin）是指出口商品盈亏额占出口总成本的比率，其中，出口商品盈亏额（Profit or Loss of Export）是指出口销售人民币净收入与出口总成本的差额。若出口销售人民币净收入大于出口总成本，是盈利；反之，则是亏损。计算公式为：

$$\text{出口商品盈亏率}=\frac{\text{出口商品盈亏额}}{\text{出口总成本}}\times 100\%$$

$$=\frac{\text{出口销售人民币净收入}-\text{出口总成本}}{\text{出口总成本}}\times 100\%$$

上式的计算结果若为正值，即为盈利率；若为负值，即为亏损率。

二、出口换汇成本

出口换汇成本（Export Cost for Foreign Exchange）是指出口商品每取得 1 美元的外汇净收入所耗费的人民币总成本，换句话说，需要多少元人民币才能换回 1 美元。

该指标反映出口商品每取得 1 美元的外汇净收入所耗费的人民币成本。出口换汇成本越低，意味着商品出口的经济效益越好。具体计算公式如下：

$$\text{出口换汇成本}=\frac{\text{出口总成本（人民币表示）}}{\text{出口销售外汇净收入（美元表示）}}$$

需要注意的是，若外汇收入是用美元以外的其他货币计算的，则需要按当时的外汇牌价折算成美元收入。

若出口换汇成本高于银行的外汇牌价（买入价），则出口为亏损，对应的出口商品盈亏率是负值；反之，则说明出口盈利，对应的出口商品盈亏率是正值。

出口换汇成本的核算，对出口企业改善出口经营状况有着十分重要的作用。通过对不同种类商品出口换汇成本的比较，可以作为出口企业调整出口商品结构的依据；通过针对同一种类商品不同国家或地区出口换汇成本的比较，可以作为出口企业选择出口市场的依据；通过对同一类商品不同时期出口换汇成本的比较，可以作为出口企业改善经营状况的依据。

例：某商品国内进价为人民币 6000 元，加工费 600 元，流通费 500 元，税金 50 元，出口销售外汇净收入为 1200 美元，则：

$$\text{出口换汇成本}=\frac{6000+600+500+50}{1200}=5.96\ \text{元/美元}$$

三、出口创汇率

出口创汇率又称外汇增值率，出口创汇率是指加工成成品后出口的外汇净收入与原料外汇成本的比率，它反映的是以外汇进口原料加工成成品后再出口创汇的效果，即反映“以进养出”商品的创汇效果。

其计算公式如下：

$$\text{出口创汇率}=\frac{\text{成品出口外汇净收入}-\text{原料外汇成本}}{\text{原料外汇成本}}\times 100\%$$

注意：如原料全部进口，则原料外汇成本按 CIF 价格计算；如原料全部国产，则原料外汇成本按 FOB 出口价计算；若部分国产，部分进口，则国产原料部分按 FOB 出口价计算，进口原料部分按 CIF 价计算，二者相加即为原料外汇成本。

第三节　常用贸易术语的价格构成与换算

贸易术语也称为价格术语（Price Terms），是在长期的国际贸易实践中产生的，用来表示成交价格的构成和交货条件，确定买卖双方风险、责任、费用划分等问题的专门用语。不同的贸易术语，价格构成不同。

一、常用贸易术语的价格构成

在国际贸易中，最常用的贸易术语是FOB、CFR、CIF术语以及FCA、CPT、CIP术语。

（一）FOB、CFR、CIF术语的价格构成

在这些贸易术语的价格构成中，通常包括三个方面的内容：进货成本、费用和净利润。而费用的核算最为复杂，包括国内费用和国外费用两部分。其中，国内费用主要有：（1）加工整理费用；（2）包装费用；（3）保管费用（仓储/租，火险等）；（4）国内运输费用（仓库至码头）；（5）证件费用（包括商检费、公证费、领事签证费、产地证费、许可证费、保管费等）；（6）装船费（装船、起吊和驳船费等）；（7）银行费用（贴现利息、手续费等）；（8）预计损耗（耗损、短损、漏损、破损、变质等）；（9）邮电费（电报、电话、电件、传真、电子邮件等费用）。国外费用主要有：（1）国外运费（自装运港至目的港的海上运输费用）；（2）国外保险费（海上货物运输保险）；（3）如果有中间商，还包括支付给中间商的佣金。

三种价格术语的价格构成可以用如下公式表示：

FOB价＝进货成本＋国内费用＋净利润

CFR价＝进货成本＋国内费用＋国外运费＋净利润

CIF价＝进货成本＋国内费用＋国外运费＋国外保险费＋净利润

（二）FCA、CPT、CIP术语的价格构成

在这些贸易术语的价格构成中，也通常包括三方面内容：进货成本、费用和净利润。其中，国内费用有：（1）加工整理费用；（2）包装费用；（3）保管费用（包括仓租、火险等）；（4）国内运输费用（仓库至码头）；（5）拼箱费（如果货物构不成一整集装箱）；（6）证件费用（包括商检费、公证费、领事签证费、产地证费、许可证费、报关单费等）；（7）银行费用（贴现利息、手续费等）；（8）预计损耗（耗损、短损、漏损、破损、变质等）；（9）邮电费（电报、电传、邮件等费用）。而国外费用主要有：（1）国外运费（自出口国内陆启运地至国外目的地的运输费用）；（2）国外保险费；（3）如果有中间商，还包括支付给中间商的佣金。

FCA、CPT、CIP三种价格术语的价格构成可以用如下公式：

FCA价＝进货成本＋国内费用＋净利润

CPT价＝进货成本＋国内费用＋国外运费＋净利润

CIP价＝进货成本＋国内费用＋国外运费＋国外保险费＋净利润

二、常用贸易术语的价格换算

在进行出口成本核算计算出口商品盈亏率或出口换汇成本时，常涉及贸易术语的价格换算问题。

（一）FOB、CFR和CIF三种贸易术语的价格换算公式

FOB价也称为出口总成本，而国外的保险费都是以CIF价格为基础计算的，即国外保险费＝CIF价格×（1＋投保加成率）×保险费率。

1. FOB 价换算为其他价的公式

CFR 价 = FOB 价 + 国外运费

CIF 价 = FOB 价 + 国外运费 + 国外保险费

= (FOB 价 + 国外运费)/[1 - 保险费率 × (1 + 投保加成率)]

2. CFR 价换算为其他价的公式

FOB 价 = CFR 价 - 国外运费

CIF 价 = CFR 价 + 国外运费

= CFR 价/[1 - (1 + 投保加成率) × 保险费率]

3. CIF 价换算为其他价的公式

FOB 价 = CIF 价 - 国外运费 - 国外保险费

= CIF 价 × [1 - (1 + 投保加成率) × 保险费率] - 国外运费

CFR 价 = CIF 价 - 国外保险费

= CIF 价 × [1 - (1 + 投保加成率) × 保险费率]

例如：中国某公司向德国出口一批农产品，向客户发盘为 CIF 汉堡价每公吨 1000 欧元，按 CIF 价加成 10% 投保，对方要求改报 CFR 价格，我方同意，经查自中国口岸至汉堡运费为每公吨 120 欧元，保险费率为 2%，请计算我方改报 CFR 价格应为多少？

解：CFR 价 = CIF 价 × [1 - (1 + 投保加成率) × 保险费率]

$= 1000 \times [1 - (1 + 10\%) \times 2\%]$

= 978（欧元）

（二）FCA、CPT 和 CIP 三种贸易术语的价格换算公式

这里需要注意的是，在这三种贸易术语中，国外保险费是以 CIP 价格为基础计算的，国外保险费 = CIP 价格 × (1 + 投保加成率) × 保险费率。

1. FCA 价换算为其他价的公式

CPT 价 = FCA 价 + 国外运费

CIP 价 = FCA 价 + 国外运费 + 国外保险费

$$= \frac{\text{FCA 价} + \text{国外运费}}{1 - (1 + \text{投保加成率}) \times \text{保险费率}}$$

2. CPT 价换算为其他价的公式

FCA 价 = CPT 价 - 国外运费

CIP 价 = CPT 价 + 国外运费

$$= \frac{\text{CPT 价}}{1 - (1 + \text{投保加成率}) \times \text{保险费率}}$$

3. CIP 价换算为其他价的公式

FCA 价 = CIP 价 - 国外运费 - 国外保险费

= CIP 价 × [1 - (1 + 投保加成率) × 保险费率] - 国外运费

CPT 价 = CIP 价 - 国外保险费

= CIP 价 × [1 - (1 + 投保加成率) × 保险费率]

第四节 佣金和折扣

在国际贸易中，佣金与折扣是价格构成因素之一。价格中是否包含佣金或折扣以及佣金或折扣比例的大小，会直接影响商品价格的高低，也影响交易能否最终完成，而且关系到进、出口双方以及相关第三方的经济收益。正确掌握和运用佣金和折扣，可达到扩大销售、增加经济效益的目的。

一、佣金

佣金（Commission）又称手续费，是指卖方或买方付给中间商为其对商品的销售或购买提供中介服务的酬金。这种中介服务可以是介绍交易或是代为买卖商品。上述中间商通常为经纪人（Middleman；Broker）或代理人（Agent）。佣金一般由买方或卖方一方支付，有时候中间商采用一定手法在同一笔交易中同时从买卖双方获取佣金，人们习惯上称为双头佣。

（一）佣金的表示办法

凡价格中包含佣金的，称为含佣价。不含佣金的价格称为净价（Net Price）。一般而言，除非双方事先另有约定，如果有关价格对是否包含佣金未作表示，通常应理解为不含佣金的价格，即净价。有时为了明确起见，特地在价格条款中加列“净价”字样。例如：

USD 200 per metric ton FOB Shanghai net。

每公吨 200 美元 FOB 上海净价。

佣金有明佣和暗佣两种。其中，明佣是指明确表示佣金的百分比；暗佣则是指在合同中不标明佣金的百分比，甚至连佣金字样也不出现，双方另行约定佣金问题。

明佣有以下两种表示方法：

（1）用文字说明表示。在用文字说明表示明佣时，可以考虑采用佣金率或者绝对数两种表示方式。

例如：1）USD 480 per metric ton CIF Singapore including 2% commission（每公吨 480 美元，CIF 新加坡，包含 2% 佣金）。2）USD 480 per metric ton CIF Singapore including USD 20 commission（每公吨 480 美元，付 20 美元佣金）。

（2）在贸易术语后面加注“佣金”的英文缩写字母“C”和佣金的百分比。

例如：USD 480 PMT CIFC2% New York（每公吨 480 美元，CIFC2% 纽约）。

佣金的规定应合理，其比率一般掌握在 1% ~5% 之间，不宜偏高。

（二）佣金的计算

在国际贸易中，计算佣金的方法不一。有的按交易金额约定的百分比计算，也有的按交易商品的数量来计算，即按每一单位数量收取若干佣金计算。中国一般是按交易金额为基础计算佣金。其计算公式为：

$$佣金 = 含佣价 \times 佣金率$$

在实际业务中，进出口双方可采用的贸易术语很多，那么到底以什么价格为标准计算含佣价呢？习惯做法是以 FOB 价或 FCA 价为标准，即若按 CPT、CIF 或 CPT、CIP 术语成交，则利用价格换算公式首先换算成 FOB 价或 FCA 价，然后再按 FOB 价或 FCA 价计算佣金。不过也有人主张按交易金额（发票金额）为基础计算佣金。采用何种标准，并无定则，主要由双方协商达成一致。

在国际贸易中，有时候买卖双方只是约定某种商品的成交价格，即净价，净价 = 含佣价 - 佣金 = 含佣价 ×(1 - 佣金率)。因此，要计算佣金，首先要计算含佣价。计算公式如下：

$$含佣价 = \frac{净价}{1 - 佣金率}$$

例如，在交易磋商时，我方报价为1500美元，对方要求2%的佣金，在这种情况下，我方改报含佣价，按上述公式计算，报出的含佣价应为1500/(1 - 2%) = 1530.6美元，这样才能保证我方实收1500美元。

(三) 佣金的支付方法

佣金一般由卖方在收到货款后另行通过银行付给中间商。因为，中间商的服务不仅在于促成交易，还应负责联系、督促买方履约，协助解决履约过程中可能发生的问题，以便合同得到圆满履行。另外，佣金支付也可以由中间商直接从货价中扣除。在实际业务中，具体如何支付佣金，应由双方事先约定或按条款规定办理。

按照一般惯例，在独家代理的情况下，如委托人同约定地区的其他客户达成交易，即使未经独家代理过手，也得按约定的比率付其佣金。

二、折扣

折扣（Discount）是指卖方按照原价给买方一定百分比的减让。在实际业务中，折扣的形式很多，常见的有：数量折扣（Quantity Discount）、季节折扣（Season Discount）、年终回扣（Turnover Bonus）、特别折扣（Special Discount）等。

(一) 折扣的表示办法

在国际贸易中，折扣通常用文字明确表示出来。例如："USD 200 per set CFR Shanghai less 2% discount"（CFR上海，每台200美元，折扣2%）。

在实际业务中，也有用"CIFD"或"CIFR"来表示CIF价格中包含折扣。这里的"D"和"R"是"Discount"和"Rebate"的缩写。但是，鉴于在贸易往来中加注的"D"或"R"含义不清，可能引起误解，故最好不使用此缩写语。

(二) 折扣的计算

折扣的计算，较为简单，一般以实际交易金额（发票金额）为基础进行计算，不存在按FOB或FCA价还是按CIF或CIP价计算的问题。

折扣的计算公式为：

单位货物折扣额 = 原价（或含折扣价）× 折扣率

折实售价 = 原价 - 单位货物折扣额 = 原价 ×（1 - 折扣率）

例如：中国某外贸公司出口某商品，价格条款中规定："USD 400 per set FOB Guangzhou less 3% discount"，试计算单位货物折扣额以及折实售价。

解：单位货物折扣额 = 原价（或含折扣价）× 折扣率

= 400 × 3% = 12（美元/台）

折实售价 = 原价 - 单位货物折扣额 = 400 - 12 = 388（美元/台）

(三) 折扣的支付方法

折扣一般是在买方付款时或开立信用证时预先扣除。也有的折扣金额不直接从货价中扣除，而按暗中达成的协议另行支付给买方，这种做法通常在给“暗扣”时采用。

第五节　合同中的价格条款

国际货物买卖合同中的价格条款一般包括单价和总值两项基本内容。商品的定价方法以及与单价有关的佣金和折扣也属于价格条款的内容。

一、单价

单价（Unit Price）是指在国际货物买卖合同中，一个完整的单价由计量单位、单位价格金额、计价货币、贸易术语四个要素组成。

例如：USD 480 per metric ton CIF Singapore

每公吨	480	美元	CIF 新加坡
计量单位	单位价格金额	计价货币	贸易术语

单价中的四个要素不但可以表明商品的价格，还可以划分买卖双方所承担的责任、费用和风险。因此，单价的各个要素必须表达明确。

需要注意的是，一般而言，价格条款中的计量单位应与数量条款中所用的计量单位一致，如计量单位为公吨，则合同条款中的数量和单价中均应为公吨，而不能其中一个用长吨或短吨。另外，应按买卖双方协商一致的价格，正确填写在国际货物买卖的书面合同中，如价格填写错误，容易引起争议，甚至导致不必要的损失。

二、总值

总值（Total Amount）是单价同数量的乘积，也就是一笔交易的货款总金额。在总值项下一般也同时列出贸易术语。如果一份国际货物买卖合同中有两种以上的不同单价，就会有两个以上金额，那么几个金额相加便得到总值。同时，总值所使用的货币必须与单价所使用的货币一致。而且总值除用阿拉伯数字填写外，一般还用文字表示，填写时要求认真细致，计算正确，防止出现差错。

三、合同中规定价格条款应注意的事项

在签署合同时，对确定价格条款应注意到：第一，适当确定单价水平，防止偏高偏低。认真贯彻中国进出口商品定价原则，结合购销意图，确定适当的单价水平。同时，也必须掌握各类商品的价格弹性特征，对于一些价格弹性低的商品，较低的价格并不能起到扩大销售和增加外汇收入的效果。第二，争取选择有利的计价货币。计价货币的选择会直接影响国际货物买卖的经济效益，由于国际上一些货币的汇率具有不稳定性，为了避免由于货币汇率的不稳定带来的风险损失，出口合同应争取采用“硬通货”，进口合同应尽量选用“软通货”。第三，根据货源和船源的实际情况以及经济意图选择适当的贸易术语。根据货源的特征及中国船源的供给状况，在权衡利弊的基础上选用适当的贸易术语，对于更好履行合同有重要影响。第四，灵活运用不同的定价方法，避免承担价格变动的风险。尤其是对于国际市场价格波动剧烈且波动幅度大的敏感性商品，规定其价格水平时，应考虑价格波动趋势。一般而言，敏感性商品的交货期不能太长，若干次分期装运的商品也不

宜一次将价格固定。另外，如果商品品质和数量条款规定有一定的机动幅度，则对机动部分的定价也应一并规定。第五，参照国际贸易惯例，注意佣金和折扣的运用。恰当合理地运用佣金和折扣可以充分调动中间商推销和经营我方出口商品的积极性，增强出口商品在国际市场上的竞争力，从而扩大销售。

【案例分析】

引例中的问题主要是价格条件引起的问题。价格条件是商业发票的主要项目，贸易术语是商品单价的一个组成部分。制单人不应该在商业发票的单价项下漏打“CIF”贸易术语。在这种情况下，买方可以拒付货款，或者杀价。由此可见，卖方在制单工作中，必须一丝不苟。

【课后习题】

一、重点概念

出口商品盈亏率；出口换汇成本；出口创汇率；佣金；折扣

二、不定项选择题

1. 出口总成本的基本构成因素是（　　）。
   A. 进货成本　　B. 国内费用　　C. 国外费用
   D. 保险费　　E. 佣金
2. 成交价为 CIF 价格时，计算外汇净收入需扣除的是（　　）。
   A. 国内运费　　B. 装船费用　　C. 国外运费
   D. 国外保险费　　E. 佣金
3. 合同中的单价条款包括（　　）。
   A. 总值　　B. 计量单位　　C. 单位价格金额
   D. 计价货币　　E. 贸易术语
4. 以下国际贸易商品的单价表示方式（　　）是最规范的。
   A. CIF ROTTERDAM US＄1010/MT　　B. CIF ROTTERDAM＄1,010.00/MT
   C. CIF ROTTERDAM US＄1,010.00/MT　　D. CIF ROTTERDAM US＄1,010.00/TON
5. 在核算出口商品价格时，国内费用主要包括的项目是（　　）。
   A. 加工整理费用　　B. 包装及保管费用　　C. 国内运费及装船费用
   D. 邮电费及证件费　　E. 银行费用和预计损耗

三、判断题（判断下列各题是否正确，正确的在题后括号内打“√”，错误的打“×”。）

1. 我国出口合同中规定的价格应与出口总成本一致。（　　）
2. 在实际业务中，较常采用的作价方法是固定作价。（　　）
3. 如果出口换汇成本高于银行牌价，说明该笔出口交易是盈利的。（　　）

4. 折扣一般是在买方支付货款时从货款中预先扣除。　（　）

5. 在市场价格瞬息万变而对市场价格变化趋势看不准的情况下，为了避免承担价格变动的风险，应采用固定价格的作价办法。　（　）

四、简答题

1. 中国进出口商品的定价原则是什么，在确定进出口商品价格时应考虑哪些因素？
2. 进出口商品的定价方法有哪些？试说明在实际中如何使用。
3. 常用的贸易术语之间如何进行价格换算？
4. 佣金和折扣的表示方法有哪些？
5. 佣金和折扣有什么不同？
6. 价格条款的基本内容是什么，规定价格条款时应注意哪些问题？

五、案例分析题

1. 中国某公司 A 向法国某公司 B 就某类出口商品询盘，公司 B 报价为每公吨 400 欧元 CIF 马赛，而我公司对该商品内部掌握价为 FOB 大连每公吨人民币 2978 元。当时中国银行外汇牌价为每 1 欧元的买入价人民币 938. 12 元，卖出价人民币 942. 35 元。我方公司备有现货，只要不低于公司内部掌握价即可出售。现该商品自中国某口岸至汉堡港的运费为每公吨人民币 598 元，保险费为每公吨人民币 102 元。问我方公司能否接受此报价？为什么？

2. 某出口公司按 CIF 伦敦向英商出售一批核桃仁，由于该商品季节性较强，双方在合同中规定：买方须于 9 月底前将信用证开到，卖方保证运货船只不迟于 12 月 2 日驶抵目的港。如货轮迟于 12 月 2 日抵达目的港，买方有权取消合同，如贷款已收，卖方必须将贷款退还买方。问这一份合同的性质是否属于 CIF 合同？

六、计算题

1. 中国某企业出口一批货物，出口总价为 50 万美元，贸易术语采用 CIF New York，已知从广州至纽约的海洋运输费用是 15000 美元，海洋运输投保一切险（费率为 1%）和海洋运输战争险（费率为 0. 5%），投保加成率为 10%。另知该批货物的国内购入价为人民币 3202000 元，结汇时银行的外汇买入价为 1 美元折合人民币 6. 15 元。试计算这笔交易的出口商品盈亏率和出口换汇成本。

2. 某工厂进口一批原材料，支出外汇 200 万美元，加工成品出口，外汇净收入 280 万美元，试计算出口创汇率。

3. 中国某企业向国外买方销售一批衬衫，共 10000 件，原报价为 USD25. 00/件，FOB Tianjin，已知从天津港至利物浦港的海洋运输费用是 6000 美元，海洋运输投保一切险（费率为 1%）和海洋运输战争险（费率为 0. 5%），投保加成率为 10%，现国外买方要求我方改报 CIFC3% Liverpool 的价格。请问我方应该报出的单价是多少？

4. 某公司出口某种商品，数量为 1000 件，单价为 CIF Sydney 每件 25 美元，含 3% 的折扣，请计算单位商品的折扣额和卖方实际净收入。

5. 某公司出口商品 200 公吨，价格为每公吨 USD1000 CIFC5% 鹿特丹，货物装运后，卖方按照合同的规定向中间商支付佣金。请问卖方应支付多少佣金？

第六章　国际货物运输

【案例】我方出口茶叶1000箱，合同规定允许分批装运。对方来证规定："1000 C/S to be shipped in three equal shipments with an interval of one month between each shipment"。我方可否接受？

国际货物运输是一项政策性、时间性强和面广、线长、环节多的复杂工作。从事国际贸易的人员必须熟悉和掌握有关国际货物运输的基本知识，才能在磋商交易和签订合同时充分考虑运输方面的问题，使合同中的装运条款订得完整、明确、合理和切实可行，从而保证进出口商品交接任务的顺利完成。

第一节　运输方式

在国际货物运输中，涉及的运输方式很多，其中包括海洋运输、铁路运输、航空运输、河流运输、邮政运输、公路运输、管道运输、大陆桥运输以及由各种运输方式组合的国际多式联运等。

一、海洋运输

（一）海洋运输的特点

在国际货物运输中，运用最广泛的是海洋运输（Ocean Transportation）。目前，其运量在国际货物运输总量中占80%以上。海洋运输之所以被如此广泛采用，是因为它与其他国际货物运输方式相比，主要有下列明显的优点：（1）通过能力大。海洋运输可以利用四通八达的天然航道，它不像火车、汽车受轨道和道路的限制，故其通过能力很大。（2）运量大。海洋运输船舶的运载能力，远远大于铁路运输车辆和公路运输车辆。如一艘万吨船舶的载重量一般相当于250～300个车皮的载重量。（3）运费低。按照规模经济的观点，因为运量大，航程远，分摊于每货运吨的运输成本就少，因此运价相对低廉。

海洋运输虽有上述优点，但也存在不足之处。例如，海洋运输受气候和自然条件的影响较大，航期不易准确，而且风险较大。此外，海洋运输的速度也相对较低。

（二）海洋运输船舶的经营方式

按照海洋运输船舶经营方式的不同，可分为班轮运输和租船运输。

1. 班轮运输

班轮运输（Liner Transport）是在不定期船运输的基础上逐渐发展起来的，它是当今国际海洋运输中不可缺少的主要运输方式之一。

（1）班轮运输的特点。1）船舶按照固定的船期表、沿着固定的航线和港口来往运输，并按相对固定的运费率收取运费，因此，它具有“四固定”的基本特点。2）由船方负责配载装卸，装卸费包括在运费中，货方不再另付装卸费，船货双方也不计算滞期费和速遣费。3）船、货双方的权利、义务与责任豁免，以船方签发的提单条款为依据。4）班轮承运货物的品种、数量比较灵活，货运质量较有保证，且一般采取在码头仓库交接货物，故为货主提供了更便利的条件。

（2）班轮运费。班轮运费包括基本运费和附加费两部分。前者是指货物从装运港运到卸货港所应收取的基本运费，它是构成全程运费的主要部分；后者是指对一些需要特殊处理的货物，或者由于突然事件的发生或客观情况变化等原因而需另外加收的费用。附加费名目繁多，通常有下列几种：1）超重附加费（Heavy Lift Additionals）。2）超长附加费，（Long Length Additionals）。3）选卸附加费（Optional Surcharge）。

对于选卸货物需要在积载方面给予特殊的安排，这就会增加一定的手续和费用，甚至有时会发生翻舱，由于上述原因而追加的费用，称为选卸附加费。如：①直航附加费（Direct Additional）。如一批货达到规定的数量，托运人要求将一批货物直接抵达非基本港口卸货，船公司为此加收的费用，称为直航附加费。②转船附加费（Tran - shipment Surcharge）。如果货物需要转船运输，船公司必须在转船港口办理换装和转船手续，由于上述作业所增加的费用，称为转船附加费。③港口附加费（Port Surcharge）。由于某些港口的情况比较复杂，装卸效率较低或港口收费较高等原因，船公司特此加收一定的费用，称为港口附加费。

除上述各种附加费外，船公司有时还根据各种不同情况临时决定增收某种费用，例如燃油附加费（Bunker Adjustment Factor or Bunker Surcharge）、货币贬值附加费（Currency Adjustment Factor）、绕航附加费（Ration Surcharge）等。班轮运费通常是按照班轮运价表“Liner’s Freight Tariff”的规定计收的。

班轮运费的计收标准，根据不同商品，通常采用下列几种：1）按货物实际重量计收运费，故称重量吨，运价表内用“W”表示。2）按货物的体积/容积计收，故称尺码吨，运价表中用“M”表示。3）按重量或体积计收，由船公司选择其中收费较高的作为计费吨，运价表中以“W/M”表示。4）按商品价格计收，即称为从价运费，运价表内用“A. V”或“Ad. Val”表示。从价运费一般按货物的 FOB 价格的百分之几收取。另外，在班轮运价表中还有下列标志“W/M or ad va1.”及“W/M plus A. V”。前者表示运费按照货物重量、体积或价值三者较高的一种计收；后者表示先按货物重量或体积计收，然后另加一定百分比的从价运费。5）按货物的件数计收．一般只对包装固定、包装内的数量、重量、体积也是固定不变的货物，才按每箱、每捆或每件等特定的运费额计收。6）由货主和船公司临时议定，这种方法通常是在承运粮食、豆类、矿石、煤炭等运量大、货价较低、装卸容易、装卸速度快的农副产品和矿产品时采用。在运价表中，以“Open Rate”表示。

2. 租船运输

租船运输（Charter Transport）又称不定期船运输。它与班轮运输的营运方式不同，即没有预定的船期表，船舶经由的航线和停靠的港口也不固定，须按船租双方签订的租船合同来安排。有关船舶的航线和停靠的港口、运输货物的种类以及航行时间等，都按承租人的要求，由船舶所有人确认而定。运费或租金也由双方根据租船市场行市在租船合同中加以约定。租船运输的方式包括：

(1) 定程租船。定程租船（Voyage Charter, Trip Charter）又称航次租船，它是由船舶所有人负责提供船舶，在指定港口之间进行一个航次或数个航次。可分为：1）单程租船，又称单航次租船；2）来回航次租船；3）连续航次租船；4）包运合同。

(2) 定期租船。定期租船（Time Charter），它是船舶所有人将船舶出租给承租人，供其使用一定时期的租船运输，承租人也可将此期租船充作班轮或程租船使用。

程租船与期租船有许多不同之处，主要表现在下列几方面：1）程租船是按航程租用船舶，而期租船则是按期限租用船舶。关于船租双方的责任和义务，前者以定程租船合同为准，后者以定期租船合同为准。2）程租船的船方直接负责船舶的经营管理，他除负责船舶航行、驾驶和管理外，还应对货物运输负责。但期租船的船方，仅对船舶的维护、修理、机器正常运转和船员工资与给养负责，而船舶的调度、货物运输、船舶在租期内的营运管理的日常开支，如船用燃料、港口费、税捐以及货物装卸、搬运、理舱、平舱等费用，均由租方负责。3）程租船的租金或运费，一般按装运货物的数量计算，也有按航次包租总金额计算的。而期租船的租金一般是按租期每月每吨若干金额计算。同时，采用程租船时要规定装卸期限和装卸率，凭以计算滞期费（Demurrage）和速遣费（Despatch）；而采用期租船时，船、租双方不规定装卸率和滞期速遣费。

除上述两种租船方式外，还有光船租船。光船租船（Bare Boat Charter）是船舶所有人将船舶出租给承租人使用一个时期，但船舶所有人所提供的船舶是一艘空船，既无船长，又未配备船员，承租人自己要任命船长、配备船员、负责船员的给养和船舶营运管理所需的一切费用。这种光船租船，实际上属于单纯的财产租赁，与上述期租船有所不同。由于这种租船方式比较复杂，在当前国际贸易中很少使用。

中国大宗货物的进出口通常采用租船运输方式。在采用这种方式时，除了要对运输进出口商品的运费占成本中的比例做出正确的估价和判断外，还必须对国际航运市场的运费行市的发展趋势做出预测，以便正确选择适当的贸易用语。

二、铁路运输

铁路运输（Railway Transportation）是一种仅次于海洋运输的主要运输方式。海洋运输的进出口货物，也大多是靠铁路运输进行货物的集中和分散的。

铁路运输有许多优点，一般不受气候条件的影响，可保障全年的正常运输，而且运量较大，速度较快，有高度的连续性，运转过程中可能遭受的风险也较小。办理铁路货运手续比海洋运输简单，而且发货人和收货人可以在就近的始发站（装运站）和目的站办理托运和提货手续。

铁路运输可分为国际铁路货物联运和国内铁路货物运输两种。

（一）国际铁路货物联运

凡是使用一份统一的国际联运票据，由铁路负责经过两国或两国以上铁路的全程运送，并由一国铁路向另一国铁路移交货物时，不需发货人和收货人参加，这种运输称为国际铁路货物联运。

采用国际铁路货物联运，有关当事国事先必须要有书面约定。欧洲国家的铁路联运工作开始较早，1938 年签订《国际铁路货物运送公约》（简称《国际货约》），参加该公约的国家有：德国、奥地利、比利时、丹麦、西班牙、法国、希腊、意大利、列支敦士登、卢森堡、挪威、荷兰、葡萄牙、英国、瑞典、瑞士、土耳其、保加利亚、匈牙利、波兰、罗马尼亚、捷克斯洛伐克和南斯拉夫等。1951 年 4 月 1 日起，中国同苏联开办铁路联运，同年 11 月前，苏联和东欧各国签订《国际铁路货物联运协定》。从 1954 年 1 月 1 日起，中国同朝鲜、蒙古也参加了上述协定。随后于 1956 年 5 月 1 日，越南也参加了国际铁路联运。至此，欧亚大陆有 12 个国家参加了《国际铁路货物联运协定》，简称《国际货协》。

目前，中国对朝鲜、独联体国家的大部分进出口货物以及东欧一些国家的小部分进出口货物，都是采用国际铁路联运的方式运送的。

为了适应东欧、北欧一些国家的需要，1980 年中国成功地试办了通过西伯利亚大陆桥实行集装箱国际铁路联运，通过西伯利亚铁路向西欧、北欧和伊朗运输货物，货运里程可比海运缩短 1/3 或 1/2，这对加速货运速度以及节省运费，都有重要意义。目前，中国负责国际铁路联运进出口集装箱货物总承运人和总代理的是中国对外贸易运输总公司。在 1992 年，东起中国连云港，途经陇海、兰新、北疆铁路进入独联体直达荷兰鹿特丹的第二条亚欧大陆桥运输的正式营运，更进一步加快了货运速度，节省了运杂费用，将进一步促进中国对外贸易的发展。

（二）国内铁路运输

国内铁路运输是指仅在本国范围内按《国内铁路货物运输规程》的规定办理的货物运输。中国出口货物经铁路运至港口装船及进口货物卸船后经铁路运往各地，均属国内铁路运输的范畴。

对中国香港地区的铁路运输是一种特殊的租车方式的两票运输，它的全过程是由国内段铁路运输和港段铁路运输两段组成，由中国对外贸易运输公司各地分支机构和中国香港中国旅行社联合组织。其具体工作是：（1）按铁路局规定，按时提出月度要车计划和旬度装车计划；（2）发货地外运公司或外贸进出口公司填制铁路运单向车站办理至深圳北站的托运手续；（3）按车站指定的进货日期，将货物送到车站指定的货位，并办妥出口报关手续；（4）发货单位以出口物资工作单委托深圳外运分公司办理接货租车过轨等手续，装车后立即发送传真或（及）电邮；（5）深圳外运分公司接到各发货地工作单和传真或（及）电邮后，及时通知中旅社做好接车准备工作；（6）发货地发车后，当地外运分公司与铁路局进行票据交换，并编制货车过轨计划，办理租车手续；（7）货车到达后，深圳外运分公司与铁路局进行票据交换，并编制货车过轨计划，办理租车手续；（8）中旅社向中国香港海关报关，并向广九铁路公司办理托运起票手续；（9）货到中国香港后，由中旅社负责卸货并送交货主。如属去中国澳门货物，则发至广州，由广州外运公司办理中转手续，其他手续与对中国香港运输货物的手续相同。

三、航空运输

航空运输（Air Transportation）是一种现代化的运输方式，它与海洋运输、铁路运输相比，具有运输速度快、货运质量高，且不受地面条件的限制等优点。因此，它最适宜运送急需物资、鲜活商品、精密仪器和贵重物品。近年来，随着国际贸易的迅速发展以及国际货物运输技术的不断现代化，采用空运方式也日趋普遍。

采用航空货运需要办理一定的货运手续，但航空公司一般只负责空中运输，即从一个机场运至另一机场的运输，而货物在始发机场交给航空公司之前的揽货、接货、报关、订舱以及在目的地机场从航空公司手中接货或运货上门等业务，则是由航空货运公司办理的，航空货运公司可以是货主的代理，也可以是航空公司的代理，也可两者兼之。当航空货运公司作为双重代理人时，它代表航空公司接受货主的货物，出具航空运单（包括代理自己的分运单）并在一定范围内充当货主的承运人，故其对货物的安全负有责任。货物在航空公司责任范围内的丢失、损坏，收货人或其代理人可凭商务事故记录，向航空公司索赔。如果货损货差发生在代理人的责任范围内，则由代理人负责赔偿。

中国对外贸易运输总公司既是中国民航的代理，也是各进出口公司的货运代理，它负责办理货运出口货物的报关、托运等工作，同时还为空运进口货物代办报关、提货和办理中转运输等工作。为了利用国外代理共同完成空运任务，中国对外贸易运输公司还同日本、美国、德国、法国和中国香港等许多国家和地区的货运代理公司建立了航空货运代理业务。

目前，中国的进出口商品中，进口采用空运的有电脑、成套设备中的精密部件、电子产品等；出口商品中主要有丝绸、纺织品、海产品、水果和蔬菜等。这些进出口商品，按不同需要，主要采用下列几种运输方式。

（一）班机运输

班机是指在固定时间、固定航线、固定始发站和目的站运输的飞机，通常班机是使用客货混合型飞机。一些大的航空公司也有开辟定期全货机航班的。班机因有定时、定航线、定站等特点，因此适用于运送急需物品、鲜活商品以及节令性商品。

（二）包机运输

包机是指包租整架飞机或由几个发货人（或航空货运代理公司）联合包租一架飞机来运送货物。因此，包机又分为整包机和部分包机两种形式，前者适用于运送数量较大的商品，后者适用于多个发货人，但货物到达站又是同一地点的货物运输。

（三）集中托运

集中托运是指航空货运公司把若干单独发运的货物（每一货主货物要出具一份航空运单）组成一整批货物，用一份总运单（附分运单）整批发运到预定目的地，由航空货运公司在那里的代理人收货、报关、分拨后交给实际收货人。集中托运的运价比国际空运协会公布的班机运价低7%～10%。因此发货人比较愿意将货物交给航空货运公司安排。

航空运输货物的运价是指从启运机场运至目的机场的运价，不包括其他额外费用（如提货、仓储费等），运价一般是按重量（公斤）或体积重量（6000立方厘米折合1公斤）计算的，而以两者中高者为准。空运货物是按一般货物、特种货物和货物的等级规定运价标准。

四、公路、内河和邮包运输

（一）公路运输

公路运输（Road Transportation）是构成陆上运输的两种基本运输方式之一。所谓公路运输，是指以公路为运输线，利用汽车等陆路运输工具，做跨地区或跨国的移动，以完成货物位移的运输方式。它是对外贸易运输和国内货物流程的主要方式之一，既是独立的运输体系，也是车站、港口和机场物资集散的重要手段。

公路运输具有机动灵活、速度快和方便等特点，尤其在实现“门到门”运输中，更离不开公路运输，但公路运输也有一定的不足之处，如载货量有限、运输成本高、容易造成货损事故。

公路运输在中国对外贸易运输中占有重要的地位。中国同许多周边国家有公路相通。

（二）内河运输

内河运输（Inland Water Transportation）是水上运输的亘要组成部分，它是连接内陆腹地与沿海地区的纽带，在运输和集散进出口货物中起着重要的作用。中国拥有四通八达的内河航运网，长江、珠江等主要河流中的一些港口已对外开放，中国同一些邻国还有国际河流相连通，这就为中国进出口货物通过河流运输和集散提供了十分有利的条件。

（三）邮包运输

邮包运输（Parcel Post Transportation）是指通过邮局寄交货物的运输方式。各国的邮政业务都由国家办理，均兼办邮包运输业务。各国邮政之间订有协定和公约，通过这些协定和公约，各国的邮件包裹可以互相传递，从而形成国际邮包运输网。由于国际邮包运输具有国际多式联运和“门到门”运输的性质，加之手续简便，费用也不高，故其成为国际贸易中普遍采用的运输方式之一。

邮包运输包括普通邮包和航空邮包两种。国际邮包运输，对邮包的重量和体积均有限制，如每包裹重量不得超过20公斤，长度不得超过一公尺。因此，邮包运输只适用于量轻、体小的货物，如精密仪器、机器零部件、药品、金银首饰、样品和其他零星物品。

五、集装箱运输和国际多式联运

（一）集装箱运输

集装箱运输（Container Transportation）是以集装箱作为运输单位进行货物运输的一种现代化先进的运输方式，它可适用于海洋运输、铁路运输及国际多式联运等。

海上集装箱运输开始于1956年4月，美国海陆运输公司将一艘油轮进行改装，设置了集装箱平台，在纽约至休斯敦航线上做首次航行，试航3个月，获得巨大的经济效益，装卸速度提高了两倍，节省了装卸费用，加速了货运周转，得到货主的好评，从此以后，引起了世界各国的广泛关注，很多国家纷纷仿效，集装箱运输因此得到了迅速发展。同传统海运相比，它具有下列优点：（1）提高了装卸效率，加速了船舶的周转。（2）有利于提高运输质量，减少货损货差。（3）节省各项费用，降低货运成本。（4）简化货运手续，便利货物运输。（5）把传统单一运输串联成为连贯的成组运输，从而促进了国际多式联运的发展。

集装箱海运运费是由船舶运费和一些有关的杂费所组成。目前，有下列两种计费方法：（1）按件杂货基本费率加附加费。这是按照传统的按件杂货计算方法，以每运费吨为计算单位，再加收一定的附加费。（2）按包箱费率。这是以每个集装箱为计费单位。包箱费率视船公司和航线等不同因素而有所不同。

（二）国际多式联运

国际多式联运（International Multimodal Transportation）是在集装箱运输的基础上产生和发展起来的一种综合性的连贯运输方式，它一般是以集装箱为媒介，把海、陆、空各种传统的单一运输方式有机地结合起来，组成一种国际间的连贯运输。《联合国国际货物多式联运公约》对国际多式联运所下的定义是："国际多式联运是指按照多式联运合同，以至少两种不同的运输方式，由多式联运经营人把货物从一国境内接运货物的地点运至另一国境内指定交付货物的地点。"多式联运应具备下列条件：(1) 有一个多式联运合同，合同中明确规定多式联运经营人和托运人之间的权利、义务、责任和豁免。(2) 必须是国际间两种或两种以上不同运输方式的连贯运输。(3) 使用一份包括全程的多式联运单据，并由多式联运经营人对全程运输负总的责任。(4) 必须是全程单一运费费率，其中包括全程各段运费的总和、经营管理费用和合理利润。

开展国际多式联运是实现"门到门"运输的有效途径，它简化了手续，减少了中间环节，加快了货运速度，降低了运输成本，并提高了货运质量。为了更有效地开展以集装箱为媒介的国际多式联运，我们除加强交通运输设施的现代化建设外，还需注意下列事项：(1) 要考虑货价和货物性质是否适宜装集装箱。(2) 要注意装运港和目的港有无集装箱航线，有无装卸及搬运集装箱的机械设备，铁路、公路沿途桥梁、隧道、涵洞的负荷能力如何。(3) 装箱点和起运点能否办理海关手续。

第二节 装运条款

在洽商交易时，买卖双方必须就交货时间、装运地和目的地、能否分批装运和转船、转运等问题商妥，并在合同中具体订明。明确、合理地规定装运条款（Clause of Shipment），是保证进出口合同顺利履行的重要条件。

装运条款的内容及其具体订立与合同的性质和运输方式有着密切的关系。中国的进出口合同大部分是 FOB、CIF 和 CFR 合同，而且大部分的货物是通过海洋运输。按照国际贸易惯例解释，在上述条件下，卖方只要将合同规定的货物在装运港履行交货手续，取得清洁的装船单据，并将其交给买方或其代理人，即算完成交货义务。因此，上述合同的装运条款应包括装运时间、装运港、目的港、是否允许转船与分批装运、装运通知以及滞期、速遣条款等内容。现分述如下。

一、装运时间

装运时间（Time of Shipment），又称装运期，是指卖方将合同规定的货物装上运输工具或交给承运人的期限。装运时间是合同中的一项重要条款。在合同签订后，卖方能否按规定的装运时间交货，直接关系到买方能否及时取得货物，以满足其生产、消费或转售的需要。因此，《联合国国际货物销售合同公约》第 33 条规定卖方必须按合同规定的时间交货。有些西方国家法律规定，如果卖方未按合同规定的时间交货，即构成卖方的违约行为，买方有权撤销合同，并要求卖方赔偿其损失。

（一）装运时间的规定方法

国际贸易合同中，对装运期的规定方法一般有以下几种：

(1) 明确规定具体装运时间。一般不确定在某一个日期上，而是确定在一段时间内。

如：2012 年 3 月份交货（装运）（Shipment during March 2012）；2012 年 3 月底前装运（Shipment at or before the end of March 2012）；2012 年 2 ~ 3 月装运（Shipment during

Feb. /Mar. 2012)。

这种规定方法，期限具体，含义明确，在国际货物买卖合同中采用较为普遍。

(2) 规定在收到信用证后若干天或若干月装运。这类规定方法，主要适用于下列情况：1) 按买方要求的花色、品种和规格或专为某一地区或某商号生产的商品，或者是一旦买方拒绝履约难以转售的商品，为防止遭受经济上的损失，则可采用此种规定方法。2) 在一些外汇管制较严的国家和地区，或实行进口许可证或进出口配额制的国家，为促成交易，有时也可采用这种方法。3) 对某些信用较差的客户，为促使其按时开证，也可酌情采用这一方法。

如：收到信用证后45天内装运(Shipment within 45 days after receipt of L/C)。

但是，在采用此种装运期的规定时，必须同时规定有关信用证的开到期限或开出日期等。例如，"买方必须最迟于××(日期)将有关信用证开抵卖方"，"买方如不按合同规定开证，则卖方有权按买方违约提出索赔"。

(3) 收到信汇、电汇或票汇后若干天装运。

(4) 笼统规定近期装运。这种规定方法即不规定具体期限，只是用"立即装运"、"即刻装运"(Prompt Shipment)、"尽速装运"(Shipment as soon as possible)等词语表示，由于各国或各行业对这类词语的解释不尽一致，容易造成分歧，因此，在采用此方法时应当慎重。

(二) 规定装运时间的注意事项

(1) 应考虑货源和船源的实际情况。如对货源心中无数，盲目成交，就有可能出现到时交不了货，而形成有船无货的情况。在按CFR和CIF条件出口和按FOB进口时，还应考虑船源的情况。如船源无把握就盲目成交，或者没有留出安排舱位的合理时间，规定在成交的当月交货或装运，则可能出现到时租不到船或订不到舱位而形成有货无船的情况。

(2) 对装运期的规定要明确。在买卖合同中，应明确规定装运的具体期限，对"立即装运"和"尽速装运"等词语，应用时必须慎重。

(3) 装运期限应当适度。装运期限的长短，应视不同商品和租船订舱的实际情况而定。

(4) 在规定装运期的同时，应考虑开证日期的规定是否明确合理。装运期与开证日期是互相关联的，为保证按期装运，装运期和开证日期，应该互相衔接起来。

二、装运港和目的港

装运港(Port of Shipment)是指货物起始装运的港口。目的港(Port of Destination)是指最终卸货的港口。

(一) 装运港和目的港的规定方法

在买卖合同中，装运港和目的港的规定方法有以下几种：(1) 在一般情况下，装运港和目的港分别规定各为一个，如，装运港：上海(Port of Shipment: Shanghai)，目的港：纽约(Port of Destination: New York)。(2) 有时按实际业务的需要，也可分别规定两个或两个以上，Port of Shipment: Qingdao and Shanghai; Port of Destination: London/Liverpool。(3) 在磋商交易时，如明确规定装运港或目的港有困难，可以采用选择港(Optional Ports）办法。规定选择港有两种方式：一种，是在两个或两个以上港口中选择一个，如 CIF 伦敦选择港汉堡或鹿特丹（CIF London ，optional Hamburg / Rotterdam），或者 CIF 伦敦/汉堡/鹿特丹（CIF London/ Hamburg / Rotterdam）；另一种，是笼统规定某一航区为装运港或目的港，如"西欧主要港口"（European Main Port）等。

买卖双方在确定装运港或目的港时，通常都是从本身利益和需要出发，根据产、销和运输等因素考虑的。特别是确定国外装运港和目的港时，应当格外谨慎。

（二）确定国内外装运港和目的港注意事项

1. 规定国外装运港和目的港应注意的问题

（1）对国外装运港或目的港的规定，应力求具体明确。在磋商交易时，如国外商人笼统地提出以"欧洲主要港口"或"非洲主要港口"为装运港或目的港时，不宜轻易接受，因为，欧洲或非洲港口众多，究竟哪些港口为主要港口，并无统一解释，而且各港口距离远近不一，港口条件也有区别，运费和附加费相差很大，所以，我们应避免采用此种规定方法。

但是，在实际业务中，有时根据具体情况和需要，也可允许在同一航区规定两个或两个以上的邻近港口为装运港或目的港。例如，有些买方是中间商，他们在洽谈交易时明确指定具体目的港有困难，为了照顾买方的实际困难和促成交易起见，可允许买方在几个港口中任选其中一个港口作为目的港，但选择的目的港必须规定在同一航区，而且不宜过多，同时在合同中应明确规定：第一，如所选目的港要增加运费、附加费，应由买方负担；第二，买方应在开信用证的同时，宣布最后目的港。

（2）不能接受内陆城市为装运港或目地港的条件。因为，接受这一条件，我方要承担从港口到内陆城市这段路程的运费和风险。

（3）必须注意装卸港的具体条件。主要是有无直达班轮航线，港口和装卸条件以及运费和附加费水平等。如果租船运输时，还应进一步考虑码头泊位的深度，有无冰封期，冰封的具体时间以及对船舶国籍有无限制等港口制度。

（4）应注意国外港口有无重名问题。世界各国港口重名的很多，例如，维多利亚港，世界有 12 个之多，波特兰、波士顿、的黎波里等也有数个。为防止发生差错，引起纠纷，在买卖合同中应明确注明装运港或目的港所在国家和地区的名称。

2. 规定国内装运港或目的港应注意的问题

在出口业务中，对国内装运港规定，一般以接近货源地的对外贸易港口为宜，同时应考虑港口和国内运输的条件和费用水平。在进口业务中，对国内目的港的规定，原则上应选择以接近用货单位或消费地区的对外贸易港口为最合理。但根据中国目前港口的条件，为避免港口到船集中而造成堵塞现象，在进口合同中，目的港有时也可规定为"中国口岸"。

三、分批装运和转运

所谓分批装运（Partial Shipment）又称分期装运（Shipment by Installment），是一个合同项下的货物先后分若干期或若干次装运。根据《跟单信用证统一惯例》规定，同一船只、同一航次中多次装运货物，即使提单表示不同的装船日期及（或）不同装货港口，也不作为分批装运论处。在大宗货物交易中，买卖双方根据交货数量、运输条件和市场销售需要等因素，可在合同中规定分批装运条款。

转运（Trans Shipment）至卸货港或目的地的货运过程中进行转装或重装，包括从一运输工具或船只移至另一同类运输方式的运输工具或船只，或由一种运输方式转为另一种运输方式的行为，买卖双方可以在合同中商订“允许转运”条款。

分批装运和转运条款，直接关系到买卖双方的权益，因此，能否分批装运和转运，应在买卖合同中订明。一般来说，允许分批装运和转运，对卖方来说比较主动。根据国际商会《跟单信用证统一惯例》规定，除非信用证有相反规定，可准许分批装运和转运，但买卖合同如对分批装运、转运不作规定，按国外合同法，则不等于可以分批装运和转运。因此，为了避免不必要的争议，争取早出口、早收汇，防止交货时发生困难，除非买方坚持不允许分批装运和转运，原则上应明确在出口合同中订入“允许分批装运和转运”为好。

如合同和信用证中明确规定了分批数量，例如“3～4 月分 2 批每月平均装运，允许在中国香港转运”（During Mar/Apr in two equal monthly Shipments, to be transhipped at Hong Kong.），以及类似的限批、限时、限量的条件，则卖方应严格履行约定的分批装运条款，只要其中任何一批没有按时、按量装运，就可作为违反合同论处。按《跟单信用证统一惯例》规定，其中任何一批未按规定装运，则本批及以后各批均告失效。

四、装运通知

装运通知（Shipping Advice）又称 Declaration of Shipment 或 Notice of Shipment，系出口商向进口商发出货物已于某月某日或将于某月某日装运某船的通知。

装运通知是采用租船运输大宗进出口货物的情况下，在合同中加以约定的条款。规定这个条款的目的在于明确买卖双方的责任，促使买卖双方互相配合，共同做好船货衔接工作。

按照国际贸易的一般做法，在按 FOB 条件成交时，卖方应在约定的装运期开始以前，一般是 30 天或 45 天，向买方发出货物备妥通知，以便买方及时派船接货。买方接到卖方发出的备货通知后，应按约定的时间，将船名、船舶到港受载日期等通知卖方，以便卖方及时安排货物出运和准备装船。

此外，在货物装船后，卖方应在约定时间，将合同号、货物的品名、件数、重量、发票金额、船名及装船日期等项内容，电告买方，以便买方办理保险并做好接卸货物的准备，及时办理进口报关手续。

五、装卸时间、装卸率和滞期、速遣条款

在国际贸易中，大宗商品多使用程租船运输。由于船方在核算航次租船运费时，已将船舶在港停泊时间（包括装卸货物的时间）和在港停泊期间所发生的港口费用，作为成本要素包括在运费之内。因此，如果承租人按约定的装卸时间将货物装完和卸完，使船舶如期开航，航次如期结束，船舶所有人是不能再向承租人索取其他任何报酬的。但是，如果承租人未能在约定的装卸时间内将货物装完和卸完，也就是说因货物未装完和卸完而延长了船舶在港停泊时间，从而延长了航次时间，这对船舶所有人来说，既可能因在港停泊时间延长而增加了港口费用的开支，又因航次时间延长意味着相对降低了船舶的周转率，

从而相对地减少了船舶所有人的营运收入。与此相反，如果承租人在约定的装卸时间以前，将全部货物装完和卸完，从而缩短了船舶在港停泊时间，使船舶所有人可以更早地将船舶投入下一次航次的营运，取得了新的运费收入，这对船舶所有人来说是有利的。正由于装卸时间的长短和装卸效率的高低，直接关系到船方的利害得失，故船方出租船舶时，都要求在定程租船合同中规定装卸时间、装卸率，并规定延误装卸时间和提前完成装卸任务的罚款与奖励办法，以约束租船人。

但是，在实际业务中，负责装卸货物的不一定是租船人，而是买卖合同的一方当事人，如FOB合同的卖方或CIF合同的买方。因此，负责租船的一方为了促使对方及时完成装卸任务，故在买卖合同中也要求规定装卸时间、装卸率和滞期、速遣条款。

（一）装卸时间

装卸时间（Lay Time）是指承租人和船舶所有人约定的，承租人保证将合同货物在装货港全部装完和在卸货港全部卸完的时间。它一般以天数或小时数来表示。装卸时间的规定方法很多，其中“日”主要有下列几种：

1. 日或连续日

日（Days）或连续日（Running Days；Consecutive Days），根据1993年航次租船合同装卸时间解释规则，“日”是指从午夜零点至午夜24点连续24小时的时间。不足一天按比例计算（“DAY” shall mean a period of twenty – four consecutive hours running from 00：00 to 24：00 hours. Any part of a day shall be counted pro rate.）。日是指午夜至午夜连续24小时的时间，也就是日历日数，以“日”表示装卸时间时，从装货或卸货开始，到装货或卸货结束，整个经过的日数，就是总的装货或卸货时间。在此期间内，不论是实际不可能进行装卸作业的时间（如雨天、施工或其他不可抗力），还是星期日或节假日，都应计为装卸时间。这种规定，对租船人很不利。

连续日是指一天紧接着一天的日数，即每一天，连续经过、中间不存在中断，包括所有的日子，如周六、周日和假日等。英美判例法的不断发展，确认了连续日的含义与日（day）完全相同，即不论是由于天气原因不能装卸货物，还是因为节假日不能装卸货物，装卸时间都连续计算，不作任何扣减。

2. 工作日

工作日（Working Day）是指在港口当地，按照港口当地的习惯，进行正常装卸作业的日子。而休息日，例如一般国家规定的星期日或伊斯兰教国家规定的星期五，不属于工作日。但在实务中，即便是国家规定的休息日，有些港口也进行工作，特别是星期六，有些地方规定是休息日，有些地方规定上半天班，那么算不算休息日呢？容易引发争议，所以最好在合同中给予明确。根据《1993年航次租船合同装卸时间解释规则》，工作日是指没有被装卸时间明确排除在外的日数（Working day shall mean days not expressly excluded from laytime）。根据该术语的解释，合同中没有明确从装卸时间中扣除的日期均应作为工作日，不论是星期六、星期日还是节假日，只要合同中没有明确扣除的话，都不能扣除。节假日主要指公共节日，不包括星期天或者星期六。而根据1980年租船合同装卸时间定义，工作日是指没有被租船合同明确排除在装卸时间外，并且也不属于节假日的日数或部分时间（Working days means days or part there of which are not expressly excluded from laytime by the charter party and which are not holidays）。根据该术语的解释，除了节假日，合同中没有明确从装卸时间中扣除的日期均应作为工作日，不论是星期六还是星期日都不能给予扣除，除非合同有明文规定。由于对工作日的解释和规定不同，需要在合同中明确适用《1993 年航次租船合同装卸时间解释规则》还是《1980 年租船合同装卸时间定义》。

3. 晴天工作日

晴天工作日（Weather Working Day，WWD）是在工作日的含义基础上将影响船舶装卸的不良天气排除在外的表示方法，即除去天气不良影响船舶装卸任何时间之外的工作日。

由于各国港口习惯和规定不同，在采用此种规定办法时，为了避免争执，租船实务中通常又把晴天工作日之后加上不同的表述：如晴天工作日，周日和节假日除外（WWD Sunday and Holiday excepted）；晴天工作日，周日和节假日除外，除非已使用（WWD Sunday and Holiday excepted，unless used）；晴天工作日，周日和节假日除外，即使已使用（WWD Sunday and Holiday excepted，even if used）；晴天工作日，周日和节假日除外，除非已使用，但仅按照实际使用时间计算（WWD Sunday and Holiday excepted，unless used，but only time actually used to count）。

4. 累计 24 小时好天气工作日

累计 24 小时好天气工作日（Weather Working Days of Consecutive 24 Hours）是指在好天气情况下，不论港口习惯作业为几小时，均以累计 24 小时作为一个工作日。如果港口规定每天作业 8 小时，则一个工作日便跨及几天的时间。这种规定对租船人有利，而对船方不利。

5. 连续 24 小时好天气工作日

连续 24 小时好天气工作日（Weather Working Days of 24 Consecutive Hours）是指在好天气情况下，连续作业 24 小时算一个工作日，如中间因坏天气影响而不能作业的时间应予扣除。这种方法一般适用于昼夜作业的港口。当前，国际上采用这种规定的较为普遍，中国一般都采用此种规定办法。

除了具有一定含义的日数表示装卸时间的办法外，有时关于装卸时间并不按日数或每天装货物的吨数来规定，而只是按“港口习惯速度尽快装卸”（To load/discharge in customary quick dispatch，CQD），这种规定不明确，容易引起争议，故采用时应审慎行事。

为了计算装卸时间，合同中还必须对装卸时间的起算和止算时间加以约定。

关于装卸时间的起算时间，各国法律规定或习惯并不完全一致，一般规定在船长向承租人或他的代理人递交了“装卸准备就绪通知书”（Notice of Readiness，N/R）以后，经过一定的规定时间后，开始起算。

关于止算时间，现在世界各国习惯上都以货物装完或卸完的时间作为装卸时间的止算时间。

（二）装卸率

所谓装卸率，即指每日装卸货物的数量。装卸率的具体确定，一般应按照港口习惯的正常装卸速度，掌握实事求是的原则。装卸率的高低，关系到完成装卸任务的时间和运费水平，装卸率规定过高或过低都不合适。规定过高，完不成装卸任务，要承担滞期费的损失，反之，规定过低，虽能提前完成装卸任务，可得到船方的速遣费，但船方会因装卸率低，船舶在港时间长而增加运费，致使租船人得不偿失。因此，装卸率的规定应当适当。

（三）滞期费和速遣费

如果在约定的允许装卸时间内未能将货物装卸完，致使船舶在港内停泊时间延长，给船方造成经济损失，则延迟期间的损失，应按约定每天若干金额补偿给船方，这项补偿金称为滞期费（Demurrage）。反之，如按约定的装卸时间和装卸率，提前完成装卸任务，使船方节省了船舶在港的费用开支，船方将其获取的利益的一部分给租船人作为奖励，称为速遣费（Despatch Money）。按惯例，速遣费一般为滞期费的一半。滞期费和速遣费通常约定为每天若干金额，不足一天者，按比例计算。

六、OCP 装运条款

装运条款涉及的面很广，除上述条款外，有时，根据需要还订有其他与装运有关的条款，例如，OCP 条款就是其中的一种。在同美国进行贸易时，为了取得运费上的优惠，可以采用 OCP 条款。

OCP 是 OVERLAND COMMON POINTS 的缩写，即陆上运输通常可到达的地点。OCP 地区是指内陆地区，按美国相关规定，以美国西部九个州为界，即以落基山脉为界，其以东地区均定为内陆地区范围，该地区约占全美三分之二的面积。从远东地区向美国 OCP 地区出口货物，如按 OCP 条款达成交易，出口商可以享受较低的 OCP 海运优惠费率，进口商在内陆运输中也可以享受 OCP 优惠费率。相反方向，凡从美国内陆地区启运经西海岸港口装船出口的货物同样可按 OCP 运输条款办理。该条款是太平洋航运公会为争取运往美国内陆地区的货物经美国西海岸港口转运而制定的。

OCP 运输是一种特殊的国际运输方式。它虽然由海运、陆运两种运输形式来完成，但它并不是也不属于国际多式联运。国际多式联运是由一个承运人负责的自始至终的全程运输；而 OCP 运输，海运、陆运段分别由两个承运人签发单据，运输与责任风险也是分段负责。

对 OCP 运输，在贸易合同和信用证上的目的港栏加注 OCP 字样，如“LOS ANGELES OCP”对于转运到 OCP 区域内的某个城市的货物，在签发提单时，要注意合同和提单的要求，以便结汇。如目的港是 LOS ANGELES 但需转运 CHICAGO，则目的港一栏填“LOS ANGELES OCP”，在提单的货物内容下面或货物唛头中加“CIF LOS ANGELES（OCP CHICACO）”。

七、装运条款示例

五月份装运，自上海到纽约。卖方应于装运月份前 30 天将备妥货物可供装船的时间通知买方。允许分批装运和转运。

Shipment during May from Shanghai to New York. The seller shall advise the buyer 30 days before the month of shipment of the time the goods will be ready for shipment. Partial shipment and transshipment allowed.

第三节 运输单据

运输单据（Shipping Documents）是承运人收到承运货物后签发给出口商的证明文件，

它是交接货物、处理索赔与理赔以及向银行结算货款或进行议付的重要单据。在国际货物运输中，运输单据的种类很多，其中包括海运提单、铁路运单、承运货物收据、航空运单和邮包收据等。现将主要运输单据简述如下。

一、海运提单

（一）海运提单的性质和作用

海运提单（Ocean Bill of Lading，B/L）是船方或其代理人在收到其承运的货物时签发给托运人的货物收据，也是承运人与托运人之间的运输契约的证明，在法律上它具有物权证书的效用。收货人在目的港提取货物时，必须提交正本提单。

（二）海运提单的格式和内容

提单的格式很多，每个船公司都有自己的提单格式，但基本内容大致相同，一般包括提单正面的记载事项和提单背面印就的运输条款。

1. 提单正面的内容

提单正面的记载事项，分别由托运人和承运人或其代理人填写，通常包括下列事项：（1）托运人；（2）收货人；（3）被通知人；（4）收货地或装货港；（5）目的地或卸货港；（6）船名及航次；（7）唛头及件号；（8）货名及件数；（9）重量和体积；（10）运费预付或运费到付；（11）正本提单的张数；（12）船公司或其代理人的签章；（13）签发提单的地点及日期。

2. 提单背面的条款

在班轮提单背面，通常都有印就的运输条款，这些条款是作为确定承运人与托运人之间以及承运人与收货人及提单持有人之间的权利和义务的主要依据。提单中的运输条款，起初是由船方自行规定的。后来由于船方在提单中加列越来越多的免责条款，使货方的利益失去保障，并降低了提单作为物权凭证的作用，为了缓解船、货双方的矛盾并照顾到船、货双方的利益，国际上为了统一提单背面条款的内容，曾先后签署了有关提单的国际公约，其中包括：(1) 1924 年签署的《关于统一提单的若干法律规则的国际公约》，简称《海牙规则》。(2) 1968 年签署的《布鲁塞尔议定书》简称《维斯比规则》。(3) 1978 年签署的《联合国海上货物运输公约》，简称《汉堡规则》。

由于上述三项公约签署的历史背景不同，内容不一，各国对这些公约的态度也不相同，因此，各国船公司签发的提单背面条款也就互有差异。

（三）海运提单的种类

海运提单可以从各种不同角度，予以分类，主要有以下几种：

（1）根据货物是否已装船，分为已装船提单和备运提单。

1）已装船提单。已装船提单（Shipped B/L; On Board B/L）是指轮船公司已将货物装上指定船舶后所签发的提单，其特点是提单上必须以文字表明货物已经装某某船上，并载有装船日期，同时还应由船长或其代理人签字。

2）备运提单。备运提单（Received for Shipment B/L）又称收讫待运提单，是指船公司已收到托运货物等待装运期间所签发的提单。

（2）根据提单上有无对货物外表状况的不良批注可分为“清洁提单和不清洁提单”。

1）清洁提单。清洁提单（Clean B/L）是指货物在装船时“表面状况良好”，船公司在提单上未加注任何有关货物受损或包装不良等批注的提单。

2）不清洁提单。不清洁提单（Unclean B/L）是指轮船公司在提单上对货物表面状况或包装有不良或存在缺陷等批注的提单。例如提单上批注（×件损坏）（…packages in damaged condition），“铁条松散”等。

（3）根据提单收货人抬头的不同可分为记名提单、不记名提单和指示提单。

1）记名提单。记名提单（Straight B/L）是指提单上的收货人栏内填明特定收货人名称，只能由该特定收货人提货。由于这种提单不能通过背书方式转让给第三方，它不能流通，故其在国际贸易中很少使用。

2）不记名提单。不记名提单（Bearer B/L）是指提单收货人栏内没有指明任何收货人，谁持有提单，谁就可以提货，承运人交货，只凭单，不凭人，采用这种提单风险大，故其在国际贸易中很少使用。

3）指示提单。指示提单（Order B/L）是指提单上收货人一栏内载明“凭指示”（to Order）或“凭某人指示”（to the Order of）字样的提单。前者称为不记名指示提单，承运人应按托运人的指示交付货物；后者称为记名指示提单，承运人按记名的指示人的指示交付货物。这种提单可经过背书转让，故其在国际贸易中广为使用。目前在实际业务中，使用最多的是“凭指定”并经空白背书的提单，习惯上称其为空白抬头、空白背书提单。

（4）按运输方式分类，可分为直达提单、转船提单和联运提单。

1）直达提单。直达提单（Direct B/L ）是指轮船中途不经过换船而直接驶往目的港卸货所签发的提单。凡合同和信用证规定不准转船者，必须使用这种直达提单。

2）转船提单。转船提单（Transshipment B/L）是指从装运港装货的轮船，不直接驶往目的港，而需在中途港换装另外船舶所签发的提单。在这种提单上要注明“转船”或“在××港转船”字样。

3）联运提单。联运提单（Through B/L）是指经过海运和其他运输方式联合运输时由第一程承运人所签发的包括全程运输的提单，它如同转船提单一样，货物在中途转换运输工具和进行交接，由第一程承运人或其代理人向下一程承运人办理。应当指出，联运提单虽包括全程运输，但签发联运提单的承运人一般都在提单中规定，只承担他负责运输的一段航程内的货损责任。

（5）从船舶营运方式的不同，可分为班轮提单和租船提单。

1）班轮提单。班轮提单（Liner B/L）是指由班轮公司承运货物后所签发给托运人的提单。

2）租船提单。租船提单（Charter Party B/L）是指承运人根据租船合同而签发的提单，在这种提单上注明“一切条件、条款和免责事项按照某年某月某日的租船合同”或批注“根据××租船合同出立”字样。这种提单受租船合同条款的约束，银行或买方在接受这种提单时，通常要求卖方提供租船合同的副本。

（6）集装箱提单。集装箱提单（Container B/L）是指为装运集装箱所签发的提单，是集装箱货物运输下主要的货运单据，负责集装箱运输的经营人或其代理人，在收到集装箱货物后而签发给托运人的提单。集装箱提单有两种形式：一种是在普通的海运提单上加注“用集装箱装运”字样；另一种是使用多式联运提单，这种提单的内容增加了集装箱号码和“封号”。使用多式联运提单，应在信用证上注明多式联运提单可以接受或类似的条款。

(7) 根据提单内容的繁简，可分为全式提单和略式提单。

1) 全式提单。全式提单（Long Form B/L）是指提单背面列有承运人和托运人权利、义务的详细条款的提单。

2) 略式或简式提单。略式或简式提单（Short Form B/L）是指提单背面无条款，而只列出提单正面的必须记载事项。这种提单一般都列有"本提单货物的收受、保管、运输和运费等项，均按本公司全式提单上的条款办理"字样。此外，租船合同项下所签发的提单，通常也是略式提单，在这种略式提单上应注明："所有条件根据×年×月×日签订的租船合同。"

(8) 按提单使用有效性分，可分为正本提单和副本提单。

1) 正本提单。正本提单（Original B/L）是指提单上有承运人、船长或其代理人签字盖章并注明签发日期的提单。这种提单在法律上和商业上都是公认有效的单证。提单上必须要有标明"正本"（Original）字样，以示与副本提单有别。

2) 副本提单。副本提单（Copy B/L）是指提单上没有承运人、船长或其代理人签字盖章，而仅供工作上参考之用的提单。在副本提单上一般都以"Copy"或"Non Negotiable"（不作流通转让）字样，以示与正本提单有别。

(9) 其他种类提单。

1) 舱面提单（On Deck B/L），是指承运货物装在船舶甲板上所签发的提单，故又称甲板货提单。由于货物装在甲板上风险较大，故托运人一般都向保险公司加保甲板险。

2) 过期提单。过期提单（Stale B/L）是指错过规定的交单日期或者晚于货物到达目的港的提单。前者是指卖方超过提单签发日期后 21 天才交到银行议付的提单，即出口商向银行交单结汇的日期与装船开航的日期距离过久，以致无法于船到目的地以前送达目的港收货人的提单。按惯例，如信用证无特殊规定，银行将拒绝接受这种过期提单。后者是在近洋运输时，容易出现的情况，故在近洋国家间的贸易合同中，一般都订有"过期提单可以接受"的条款。

3) 运输代理人提单。运输代理人提单（House B/L）又称商号提单、分提单、运输代理行提单，泛指无船承运人（或称契约承运人，如货运代理人、无船公共承运人、租船人等）签发的提单。

4) 倒签提单。倒签提单（Anti - dated B/L）是指承运人应托运人的要求在货物装船后，提单签发的日期早于实际装船完毕日期的提单。

5) 预借提单。预借提单（Advanced B/L）是指因信用证规定装运期和结汇期到期而货物因故未能及时装船，但已在承运人掌握之下或已开始装船，由托运人出具保函要求承运人预借的提单。

二、铁路运输单据

铁路运输可分为国际铁路联运和国内铁路运输两种方式，前者使用国际铁路联运运单，后者使用国内铁路运单。通过铁路对中国港、澳出口的货物，由于国内铁路运单不能作为对外结汇的凭证，故使用承运货物收据这种特定性质和格式的单据。现将国际铁路联运运单和承运货物收据分别介绍如下。

（一）国际铁路联运运单

国际铁路联运运单（International Through Railway Bill）是发货人与铁路之间缔结的运输契约，它规定了铁路与发、收货人在货物运送中的权利、义务和责任，对铁路和发、收货人都具有法律效力。该运单从始发站随同货物附送至终点站并交给收货人，它不仅是铁路承运货物出具的凭证，也是铁路同货主交接货物、核收运杂费用和处理索赔与理赔的依据。国际铁路联运运单副本，在铁路加盖承运日期戳记后发还给发货人，它是卖方凭以向银行结算货款的主要证件之一。

由于国际铁路货物联运分为快运和慢运两种，故在运单及其副本上加有不同的标记。凡需快运的货物，则在运单及其副本的正反两面的上边与下边加印有红线；慢运货物则使用不加印红线的运单和运单副本。

（二）承运货物收据

承运货物收据（Cargo Receipt）是在特定运输方式下所使用的一种运输单据，它既是承运人出具的货物收据，也是承运人与托运人签订的运输契约。中国内地通过铁路运往中国港、澳地区的出口货物，一般多委托中国对外贸易运输公司承办。当出口货物装车发运后，对外贸易运输公司即签发一份承运货物收据给托运人，以作为对外办理结汇的凭证。

承运货物收据的格式及内容和海运提单基本相同，主要区别是它只有第一联为正本。在该正本的反面印有“承运简章”，载明承运人的责任范围。该简章第二条规定由该公司承运的货物，在铁路、轮船、公路、航空及其他运输机构范围内，应根据各机构规章办理，可见这种“承运货物收据”不仅适用于铁路运输，也可用于其他运输方式。

三、航空运单

航空运单（Air Waybill，简称 AWB）是承运人与托运人之间签订的运输契约，也是承运人或其代理人签发的货物收据。航空运单还可作为承运人核收运费的依据和海关查验放行的基本单据。但航空运单不是代表货物所有权的凭证，也不能通过背书转让。收货人提货不是凭航空运单，而是凭航空公司的提货通知单。在航空运单的收货人栏内，必须详细填写收货人的全称和地址，而不能做成指示性抬头。

航空运单共有正本一式三份：第 1 份正本注明“Original - for the Shipper”应交托运人；第 2 份正本注明“Original - for the Issuing Carrier”，由航空公司留存；第 3 份正本注明“Original - for the Consignee”，由航空公司随机带交收货人；其余副本则分别注明“For Airport of Destination”，“Delivery Receipt”，“For second Carrier”，“Extra Copy”等，由航空公司按规定和需要进行分发。

四、邮包收据

邮包收据（Parcel Post Receipt）是邮包运输的主要单据，它既是邮局收到寄件人的邮包后所签发的凭证，也是收件人凭以提取邮件的凭证。当邮包发生损坏或灭失时，它还可以作为索赔和理赔的依据。但邮包收据不是物权凭证。

五、多式联运单据

多式联运单据（Combined Transport Documents，CTD；Multimodal Transport Document，

简称 MTD）是指证明国际多式联运合同成立及证明多式联运经营人接管货物，并负责按照多式联运合同条款支付货物的单据。

多式联运单据是在多种运输情况下所使用的一种运输单据。这种单据虽与海运中的联运提单有相似之处，但其性质与联运提单有别。

【案例分析】

不能接受：原因是1000箱等分不可能。虽然习惯做法上对这种情况，把最后的尾数放到最后一批，但绝对的相同间隔的时间，派船很容易有误，因此应在每月前加ABOUT字样。

【课后习题】

一、重点概念

海运提单；定程租船；运费吨；国际多式联合运输；大陆桥运输

二、不定项选择题

1. 班轮运输的运费应该包括（　）。
   A. 装卸费，不计滞期费、速遣费　B. 装卸费，但计滞期费、速遣费
   C. 卸货费和滞期费，不计速遣费　D. 卸货费和速遣费，不计滞期费
2. 船公司一般按货物的（　）计收运费。
   A. 净重　B. 毛重　C. 法定重量　D. 理论重量
3. 当贸易术语采用CIF时，海运提单对运费的表示应为（　）。
   A. Freight Prepaid　B. Freight Collect
   C. Freight Pre - payable　D. Freight Unpaid
4. 在进出口业务中，能够作为物权凭证的运输单据有（　）。
   A. 铁路运单　B. 海运提单　C. 航空运单　D. 邮包收据
5. 在下列集装箱运输的情况下，船公司可以提供“门对门”的服务的条件是（　）。
   A. FCL/FCL　B. FCL/LCL　C. LCL/FCL　D. LCL/LCL
6. 签发多式联运单据的承运人的责任是（　）。
   A. 只对第一程运输负责　B. 必须对全程运输负责
   C. 对运输不负责　D. 只对最后一程运输负责
7. 大陆桥运输是一种以集装箱为媒介的多方式联合运输，其基本形式为（　）。
   A. 海—陆—海连续运输　B. 陆—海—陆连续运输
   C. 陆—海—空连续运输
8. 按提单对货物表面状况有无不良批注，可分为（　）。
   A. 清洁提单　B. 不清洁提单　C. 记名提单　D. 不记名提单

9. 海运提单的性质与作用主要是（ ）。

A. 它是海运单据的唯一表现形式

B. 它是承运人或其代理人出具的货物收据

C. 它是代表货物所有权的凭证

D. 它是承运人与托运人之间订立的运输契约的证明

10. 租船运输包括（ ）。

A. 定期租船 B. 集装箱运输 C. 班轮运输 D. 定程租船

11. 采用 OCP 条款必须满足的条件是（ ）。

A. 货物最终的目的地必须属于 OCP 地区

B. 货物必须经由美国西海岸港口中转

C. 提单上必须标明 OCP 字样并在提单目的港一栏中注明西部港口及最终内陆城市的名称

D. “唛头”目的港城市名称下须加注 OCP 及最终目的地城市名称

三、判断题（判断下列各题是否正确，正确的在题后的括号内打“√”，错误的打“×”。）

1. 重量吨和尺码吨统称为运费吨。（ ）

2. 如合同中规定装运条款为“2003 年 7/8 月份装运”，那么我出口公司必须将货物于 7 月、8 月两个月内，每月各装一批。（ ）

3. 国际铁路货物联运的运单副本，可以作为发货人据以结算货款的凭证。（ ）

4. 记名提单和指示提单同样可以背书转让。（ ）

5. 在航空运输中，收货人提货凭航空公司的提货通知单。（ ）

6. 货轮运费计收标准的“W/M Plus Ad Val”是指计收运费时，应选三者中较高者计收。（ ）

7. 同一票货物包装不同，其计费标准和等次也不同，如托运人未按不同包装分别列明毛重和体积，则全票货物均按收费较高者计收运费。（ ）

8. 凡装在同一航次、同一条船上的货物，即使装运时间和装运地点不同，也不作分批装运。（ ）

9. 海运提单、铁路运单、航空运单都是物权凭证，都可通过背书转让。（ ）

四、简答题

1. 简述班轮运输的特点。

2. 班轮运费的计费标准有哪几种？

3. 程租船合同的主要条款有哪些？

4. 简述海运提单的性质、作用与种类。

5. 简述国际多式联运的基本条件。

五、计算题

1. 某公司出口货物共 3500 箱，对外报价为每箱 USD380 CFR Sydney，国外商人要求将价格改报为 FOBC3% 价，试求 FOBC3% 价为多少？

（已知该批货物每箱的体积为 45cm × 35cm × 25cm，毛重为 30 千克，净重 25 千克，商品计费标准为 W/M，基本运费为每运费吨 100 美元，到悉尼港需加收燃油附加费 20%，货币附加费 10%，港口拥挤附加费 20%）。

2. 某公司出口箱装货物一批，原报价为每箱 50 美元 FOB 上海，英国商人要求改 CFRC3% Hamburg。我方应报价多少？（已知，该批货物体积 0.05 立方米，每箱毛重 40 千克，商品计费标准为 W/M，每运费吨基本运费率为 200 美元，并加收燃油附加费 10%）。

3. 我方按 CFR 价格出口洗衣粉 100 箱，该商品内包装为塑料袋，每袋 0.5 千克，外包装为纸箱，每箱 100 袋，箱的尺寸 47cm × 30cm × 20cm，基本运费为每尺码吨 USD $ 367，另加收燃油附加费 33%，港口附加费 5%，转船附加费 15%，计费标准为“M”，试计算该批商品的运费为多少？

4. 我方按 FOB 价格从澳大利亚购进一批矿产品 30000 公吨，买卖合同中规定卖方每天负责装货 2000 公吨，按晴天工作日计算；但我方租船合司中规定每天装货 2500 公吨，按连续日计算。上述两个合同的滞期费均为每天 6000 美元，速遣费 3000 美元。结果卖方只用 13 天（其中包括一个星期六和一个星期天）便将全部货物装完。问：（1）我方共支付滞期费和速遣费多少元？（2）从中可以得到什么教训？

5. 上海运往肯尼亚蒙巴萨港口“门锁”一批计 100 箱，每箱体积为 20cm × 30cm × 40cm，毛重为 25 千克。当时燃油附加费为 30%，蒙巴萨港口拥挤附加费为 10%。门锁属于小五金类，计收标准是 W/M，等级为 10 级，基本运费为每运费吨 443.00 港元，请计算应付运费是多少？

第七章　国际货物运输保险

【案例】中国A公司按照CIF贸易术语与国外买方B公司签订了一份2000吨食用糖的国际货物买卖合同，并按中国海洋运输货物保险条款投保了一切险。由于货轮航行速度慢，加上沿途停靠码头的次数和时间太多，结果航行3个月才到达目的港。卸货后发现，由于路途时间过长，加之食用糖在运输过程中受热，使得食用糖变质，根本无法出售。请问，在这种情况保险公司是否应赔偿，为什么？

在国际贸易中，货物通常需要经过长途运输或多次转运、装卸和储存过程，在这些过程中，货物可能会遇到各种各样的风险而遭受损失。为了在国际货物遭受损失时能得到一定的经济补偿，有必要对货物进行保险。因此，本章将重点介绍海上货物运输保险的承保范围、《中国保险条款》（China Insurance Clauses，简称CIC）、英国伦敦保险协会海运货物保险险别和条款（Institute Cargo Clauses，简称ICC）、国际货物运输保险业务程序以及合同中保险条款的主要内容。

货物运输保险是指投保人在货物装运前，按照一定的保险金额，向承保人投保一定的险别，并缴纳保险费，取得保险凭证。保险是一种经济补偿制度，从法律角度看，它是一种补偿性契约行为。承保人对被保险货物在国际运输过程中遭受的承保范围内的损失，将给予一定的经济补偿。国际货物运输保险是财产险的一种，通过投保货物运输保险，企业能够保障自身利益。因此，国际货物运输保险是国际贸易的重要组成部分，对国际贸易的发展起关键作用。

第一节　海上货物运输保险的承保范围

国际货物运输路线长、环节多，运输过程中可能会遇到各种风险而造成货物损失。在这种情况下，国际货物买卖中的买方或卖方若向保险人投保，并不意味着保险人会对所有的风险都予以承保以及对任何损失都进行补偿。为了明确责任，保险人一般会对其承保范围即承保的风险、损失和费用作出明确规定。

一、风险

各种保险单中所提到的“风险”一词主要是指灾害事故发生的可能性以及人们对灾害事故的发生在认识上的不确定性。保险业把海上货物运输的风险分成海上风险和外来风险。风险是造成损失的原因。

（一）海上风险

海上风险（Perils of the Sea），一般是指被保险货物及船舶在海上运输途中或随附海上运输所发生的风险。需要注意的是，海上风险并不包括海上的一切风险，但又不仅仅局限于海上航行过程中发生的风险。

海上风险主要包括海上发生的自然灾害和意外事故。

1. 自然灾害

自然灾害（Natural Calamity）是指不以人们意志为转移的自然界破坏力量所引起的灾害。在海上运输保险业务中，它并不是指所有由于自然界破坏力量所造成的自然灾害，它仅指恶劣气候、雷电、洪水、海啸、火山爆发、地震等人力不可抗拒的力量所造成的灾害。

2. 意外事故

意外事故（Fortuitous Accidents）是指由于偶然的、意外的原因所造成的事故。它也并不专指航运途中发生的所有意外事故，主要是指运输工具搁浅、触礁、沉没、与流冰或其他物体碰撞、互撞、失火、爆炸等（根据中国现行的《海洋运输货物保险条款》）。

在上述自然灾害和意外事故中，有些风险比如洪水、地震、火山爆发等并不是真正发生在海上，而是发生在内陆、内河、内湖或海轮与驳船连接之处，但是对于海上运输货物保险来说，这些风险是随附海上运输所发生的风险，且危害往往很大，因此在长期实践中，逐渐地把它们列入了海上货物运输保险的承保范围。

（二）外来风险

外来风险（Extraneous Risks）是指海上风险以外的各种风险，分为一般外来风险和特殊外来风险。

1. 一般外来风险

它是指由于偷窃、破损破碎、渗漏、短量、受潮受热、串味、锈损、钩损、淡水雨淋等一般外来原因引起的风险。

2. 特殊外来风险

它主要是指由于军事、政治、国家政策和行政法令等原因引起的风险，如战争风险、罢工风险、进口国有关当局没收货物的风险等。

二、损失

海上损失（简称损失）是指被保险货物在海洋运输中由于发生海上风险所造成的损坏或灭失，又称为海损（Average）。

按照货物损失的程度，海损可分为全部损失与部分损失；按货物损失的性质，海损又可分为共同海损和单独海损，二者在保险业务中均属于部分损失的范畴。

（一）全部损失

全部损失（Total Loss，TL）简称全损，是指整批被保险货物的全部灭失或者视同全部灭失。全部损失按损失情况的不同又有实际全损和推定全损之分。

（1）实际全损。实际全损（Actual Total Loss）是指被保险货物全部灭失，或受到严重损坏完全失去原有的形体、效用，或者不能再归被保险人所有。构成被保险货物的实际全损主要有以下几种情况：第一，被保险货物的实体完全灭失。例如，大火烧掉船舶或货物，船舶遭遇飓风沉没等。第二，被保险货物丧失属性，即指被保险货物遭受到严重损害，属性已被彻底改变，并已丧失原有的形体、用途和商业或使用价值。例如，货物在运输途中发生了化学变化从而使得货物属性改变。第三，被保险人无法挽回地丧失了被保险货物的所有权。在这种情况下，被保险货物仍实际存在，可能没有丝毫的损失，或者虽然有损失却没有丧失属性，但此时被保险人已不能有效占有它。例如，一根金条掉入了大海，虽然它没有遭受丝毫损失，但是被保险人想收回它几乎是不可能的。第四，载货船舶神秘失踪。按照惯例，载货船舶失踪达到一定时期仍杳无音信就被宣布为失踪船舶。船舶失踪被认为是由海上风险造成的实际全损。

（2）推定全损。推定全损（Constructive Total Loss）也称商业全损，是指被保险货物在海上运输过程中遭受损失后，可以预见实际损失已不可避免，或为避免实际全损所需的费用与继续运送货物到目的地的费用总和将超过保险价值（英国保险条款规定为“将超过到达目的地时的价值”）。

在这里，需要说明的是，当被保险货物构成推定全损时，被保险人有权选择恢复和修理被保险货物，按实际损失向保险人索赔部分损失。被保险人也有权选择索赔全部损失，但此时被保险人必须将被保险货物委付。

（二）部分损失

部分损失（Partial Loss）是指被保险货物的损失没有达到全部损失的程度。部分损失按照损失的性质可以分为共同海损和单独海损。

（1）共同海损。共同海损（General Average）是指载货运输的船舶在运输途中遭遇自然灾害、意外事故等，使船舶、货物或其他财产的共同安全受到威胁，为了解除共同危险，使航程继续完成，由船方有意识地、合理地采取救难措施，所直接造成的特殊牺牲或支付的特殊费用。特殊牺牲主要包括抛弃货物、为扑灭船上火灾而造成的船货损失、有意搁浅所致的损害、机器和锅炉的损害、作为燃料而使用的货物、在卸货的过程中造成的损害等。特殊费用包括救助报酬、搁浅船舶减载费用以及因此而受的损害、避难港费用、驶往和在避难港等地支付给船员的工资及其他开支、修理费用、垫付手续费和保险费等。

构成共同海损应具备以下条件：第一，必须确实遭遇危难，即导致共同海损的危险，必须是真实存在的或者不可避免的，而不是船长主观臆测的。第二，共同海损措施必须是为船、货共同安全而主动地、有意识地采取的合理措施，符合经济节约的原则。如果只是为了船舶或货物单方面的利益而造成的损失，则不能作为共同海损。第三，所做的牺牲必须是特殊性质的，支出的费用必须是额外的。第四，共同海损措施必须是最终有效的，即终于避免了船、货的全损，共同海损才能成立。

由于共同海损是为了解除船舶、货物或其他财产的共同风险而支出的，因而，共同海损通常是利害关系人（包括船方、货方、运费收入方）根据最后的获救价值按比例进行分摊。这称为共同海损分摊（General Average Contribution）。

（2）单独海损。单独海损（Particular Average）是指除共同海损以外的部分损失，是被保险货物在运输途中遭遇意外的、偶然的海上风险直接造成的船舶和货物的部分损失。单独海损仅由各受损方单独承担。

需要指出的是，现行的《协会货物保险条款》已不再使用“单独海损”这一术语，但在国际货物运输保险实际业务中，按一般惯例，“单独海损”仍被用来表示除共同海损以外的部分损失。

单独海损与共同海损的主要区别在于：第一，发生的原因不同。单独海损是由偶然的意外事件造成的；共同海损是为了解除船货共同危险而有意采取合理措施造成的。第二，损失的承担方不同。单独海损由受损方单独承担；共同海损则应由各受益方按照最后获救价值的比例共同分摊。

例如：某货轮从大连港驶往日本，在航行过程中船舶货舱起火，火势蔓延到机舱，船长为了解除船、货的共同危险，下令往舱内灌水，火很快被扑灭。但此时主机受损，无法继续完成航行，于是船长雇用拖轮将船拖回大连港修理，修好后重新驶往日本。这次造成的损失共有：（1）500 箱货被火烧毁；（2）300 箱货被水浇湿；（3）主机和部分甲板被烧坏；（4）拖轮费用；（5）额外增加的燃料费用。在这个例子中，共同海损包括：（2）、（4）和（5）。因为，货物被水浇湿是船长为了解除船、货的共同危险下令灌水灭火引起的损失，拖轮费用和额外燃料费用也是船长在起火的情况下有意地、合理地采取措施所支付的特殊费用。单独海损包括：（1）和（3）。因为，这两种损失都是由于意外的火灾直接导致的损失。

三、费用

被保险货物遭遇保险责任范围内的风险，除了造成上述损失外，也会产生费用支出。费用主要包括施救费用和救助费用。

所谓施救费用（Sue and Labor Charges）是指被保险货物在遭受承保责任范围内的自然灾害和意外事故时，被保险人或其代理人、雇员或保险单受让人，为了避免或减少损失，采取各种抢救、保护措施而产生的合理费用。施救费用属于自救费用支出。施救费用的赔偿金额受到保险金额的限制，一般最多不能超过保险金额。

所谓救助费用（Salvage Charges）是指被保险货物在遭受承保责任范围内的自然灾害和意外事故时，保险人和被保险人以外的无契约关系的第三方采取了有效的救助措施之后，由被救方向其支付的报酬。一般而言，救助行为必须是有实际效果的，保险人才能赔偿救助费用。

例如：一艘驶往墨尔本的货船甲，在航行过程中突然遭遇风暴，有 100 箱货物掉入海里，在这种危急的情况下，船员立即展开施救，但是最终还是未能救回所有货物。这时，另外一艘货船乙经过，乙船船员立即帮忙打捞货物，并救回所有货物。在这个例子中，发生的费用有两种，其中甲船船员打捞货物发生的费用为施救费用，乙船船员帮忙打捞货物发生的费用为救助费用。

第二节 中国海洋运输货物保险险别和条款

在货物的国际运输中，由于货物性质不同，船舶行驶航线以及停靠港口不同等原因，货物可能遭遇的风险也不大相同。在这种情况下，保险人为了适应投保人对保险的不同要求，按承保风险范围的不同划分了不同的险别。

中国为适应对外经济贸易业务发展的需要，由中国人民保险公司根据中国海运货物保险业务的实际情况，并参照国际保险市场的习惯做法，制定了适用于不同运输方式的《中国保险条款》（China Insurance Clause，CIC）。在《中国保险条款》中，以《海洋运输货物保险条款》使用最普遍，其主要内容有：承保的责任范围、除外责任、责任起讫、被保险人的义务和索赔期限。

一、承保的责任范围

保险人承保责任范围的大小，主要取决于不同的保险险别。根据《海洋运输货物保险条款》，中国的保险险别分为基本险和附加险。

（一）基本险

基本险（Basic Coverage）也称为主险，是可以单独承保的险别。基本险分为平安险、水渍险及一切险三种。

1. 平安险

平安险（Free From Particular Average，FPA）是中国的习惯叫法，其原意是"单独海损不赔"。平安险承保的责任范围如下：（1）被保险货物在运输途中由于恶劣气候、雷电、海啸、地震、洪水自然灾害造成整批货物的全部损失或推定全损。如果被保险货物用驳船运往或运离海轮时，每一驳船所装的货物可视作一个整批。（2）由于运输工具遭受搁浅、触礁、沉没、互撞、与流冰或其他物体碰撞以及失火、爆炸意外事故造成货物的全部或部分损失。（3）在运输工具已经发生搁浅、触礁、沉没、焚毁意外事故的情况下，货物在此前后又在海上遭受恶劣气候、雷电、海啸等自然灾害所造成的部分损失。（4）在装卸或转运时由于一件或数件整件货物落海造成的全部或部分损失。（5）被保险人对遭受承保责任内危险的货物采取抢救、防止或减少货损的措施而支付的合理费用，但以不超过该批被救货物的保险金额为限。（6）运输工具遭遇海难后，在避难港由于卸货所引起的损失以及在中途港、避难港由于卸货、存仓以及运送货物所产生的特别费用。（7）共同海损的牺牲、分摊和救助费用。（8）运输契约订有"船舶互撞责任"条款，根据该条款规定应由货方偿还船方的损失。

平安险是保险人承保责任范围最小的一种基本险。实际上，平安险并不是对所有的单独海损都不赔偿，而是仅仅对由于自然灾害造成的单独海损不赔，对于因搁浅、触礁、沉没、焚毁等意外事故造成的单独海损负责赔偿。换句话说，在投保平安险的情况下，保险人对自然灾害造成的全部损失和意外事故造成的全部和部分损失均予以赔偿，同时，对于海上意外事故发生前后，由于自然灾害造成的部分损失也负责赔偿。

2. 水渍险

水渍险（With Particular Average，WA 或 WPA）的原意是"负单独海损责任"。水渍险的承保责任除包括上述平安险承保的各项责任外，还承保被保险货物在运输途中由于恶劣气候、雷电、海啸、地震、洪水自然灾害所造成的部分损失。

实际上，水渍险也并不是仅仅负责单独海损，其承保责任既包括由海上风险造成的全部损失，也包括由海上风险造成的部分损失。在投保水渍险时，保险人对自然灾害和意外事故造成的全部和部分损失均负责赔偿。

3. 一切险

一切险（All Risks，AR）承保的责任范围除包括上述平安险和水渍险的各项责任外，还承保被保险货物在运输途中由于一般外来原因所造成的全部或部分损失。

（二）附加险

附加险（Additional Coverage）是基本险的补充，不能单独投保，只能在投保基本险的基础上加保。附加险主要承保由外来原因所造成的损失，可以分为一般附加险、特殊附加险和其他附加险。

一般附加险（General Additional Risk）是指承保由一般外来风险造成的损失。一般附加险属于一切险的范围，投保了一切险，就不必再加保任何一般附加险。

一般附加险有如下11种险别：（1）偷窃、提货不着险（Theft，Pilferage and Non－delivery Risk，T. P. N. D.），承保货物由于偷窃行为所致的损失和整件提货不着等损失。（2）淡水雨淋险（Fresh Water and/or Rain Damage Risk，F. W. R. D.），承保货物由于直接遭受雨淋或淡水以及雪溶水浸淋所致的损失。（3）渗漏险（Risk of Leakage），承保流质或半流质货物由于容器损坏而引起的渗漏损失，或用液体储藏的货物因液体渗漏而引起的货物腐败等损失。（4）短量险（Risk of Shortage），承保货物因外包装破裂或散装货物发生数量损失和实际重量短缺的损失，但不包括正常运输途中的自然损耗。（5）混杂、玷污险（Risk of Intermixture and Contamination），承保货物因在运输过程中混进杂质或被玷污所致的损失。（6）碰损、破碎险（Risk of Clash and Breakage），承保金属、木质等货物因震动、碰撞、受压所造成的碰损和对易碎性货物在运输途中由于装卸野蛮、运输工具的颠震所造成的破碎损失。（7）串味险（Risk of Odour），承保被保险的食品、中药材、化妆品等因受其他带异味货物的影响而引起的串味损失。（8）受潮受热险（Damage Caused by Sweating and Heating），承保由于气温突然变化或船上通风设备失灵致使船舱内水汽凝结从而货物受潮或受热的损失。（9）钩损险（Hook Damage），承保货物在装卸或搬运过程中使用手钩、吊钩等将包装钩坏所造成的损失。（10）包装破裂险（Loss for Damage Caused by Breakage of Packing），承保因运输或装卸不慎、包装破裂所造成的损失，以及为继续运输安全的需要对包装进行修补或调换所支付的费用。（11）锈损险（Risk of Rust），承保金属或金属制品在运输过程中因生锈所造成的损失。

（三）特殊附加险

特殊附加险（Special Additional Risk）是指承保由于特殊外来风险所造成的全部或部分损失，包括战争险和罢工险。（1）战争险（War Risk）是特殊附加险的主要险别之一，是保险人承保战争或类似战争行为导致的货物损失的特殊附加险。战争险的承保责任范围包括：1）直接由于战争、类似战争行为、敌对行为、武装冲突或海盗行为等所造成运输货物的损失。2）由于上述原因所引起的捕获、拘留、扣留、禁制、扣押等所造成的运输货物的损失。3）各种常规武器（水雷、炸弹等）所造成的运输货物的损失。（2）罢工险（Strikes Risk）是保险人承保被保险货物因罢工等人为活动造成损失的特殊附加险。罢工险的承保责任范围包括：1）罢工者、被迫停工工人或参加工潮暴动、民众斗争的人员的行动所造成的直接损失，恐怖主义者或出于政治目的而采取行动的人所造成的直接损失。2）任何人的恶意行动所造成的直接损失。3）因上述行动或行为引起的共同海损的牺牲、分摊和救助费用。

其他附加险是除一般附加险和特殊附加险外，在中国人民保险公司的附加险中，还有如下6种其他附加险险别：（1）进口关税险（Import Duty Risk），承保被保险货物遭受保险责任范围内的损失，但仍需在目的港按完好货物价值缴纳进口关税而造成相应货损部分的进口关税损失。（2）舱面险（On Deck Risk），承保装载于舱面（船舶甲板上）的货物被抛弃或海浪冲击落水所致的损失。(3) 交货不到险（Failure to Deliver），承保自被保险货物装上船时开始，无论由于何种原因，在6个月内不能运到原定目的地交货的风险。(4) 黄曲霉素险（Aflatoxin Risk），承保被保险货物（主要是花生、谷物等易产生黄曲霉素的货物）所含黄曲霉素超过进口国限制标准，而被拒绝进口、没收或强制改变用途所造成的损失。(5) 拒收险（Rejection Risk），承保被保险货物出于各种原因，在进口港被进口国有关当局拒绝进口或没收所造成的损失。(6) 出口货物到中国香港（包括九龙在内）或中国澳门存仓火险责任扩展条款（Fire Risk Extension Clause For Storage of Cargo at Destination HongKong, Including Kowloon , or Macao，简称 F. R. E. C. ），承保被保险货物自内地运抵中国香港（包括九龙）或中国澳门，卸离运输工具后，直接存放于保险单载明的过户银行所指定的仓库期间发生火灾所遭受的损失。该附加险的保险期限，自被保险货物运入过户银行指定的仓库之时起，至过户银行解除货物权益之时，或者运输责任终止时起满30天时止。

二、除外责任

除外责任是指保险人不负责赔偿的损失和费用。

（一）基本险的除外责任

中国海洋运输货物保险条款对基本险规定了如下除外责任：(1) 被保险人的故意行为或过失所造成的损失。(2) 属于发货人责任所引起的损失。(3) 在保险责任开始前，被保险货物已存在的品质不良或数量短差所造成的损失。(4) 被保险货物的自然损耗、本质缺陷、特性以及市价跌落、运输延迟所引起的损失或费用。(5) 战争险和罢工险条款规定的责任和除外责任。

（二）战争险除外责任

中国海洋运输货物战争险条款规定的除外责任有：(1) 由于敌对行为使用原子或热核制造的武器所致的被保险货物的损失和费用。(2) 由于执政者、当权者或其他武装集团的扣押、拘留引起的承保航程的丧失和挫折所导致的损失。

（三）罢工险除外责任

罢工险是以罢工引起的间接损失列为除外责任，即在罢工期间由于劳动力短缺或不能履行正常职责所致的保险货物的损失，包括因此而引起的动力或燃料缺乏使冷藏机停止工作所致的冷藏货物的损失。

三、承保责任的起讫

（一）基本险的承保责任起讫

基本险的承保责任起讫采用的是国际保险业惯用的“仓至仓”（Warehouse to Warehouse，W/W）条款，即保险责任自被保险货物运离保险单所载明的起运地仓库或储存处所开始运输时生效，包括正常运输过程中的海上、陆上、内河和驳船运输在内，直至该项货物到达保险单所载明目的地收货人的最后仓库或储存处所或被保险人用作分配、分派或非正常运输的其他储存处所为止。如未抵达上述仓库或储存处所，则以被保险货物在最后卸载港全部卸离海轮后满60天为止。如在上述60天内被保险货物需转运到非保险单所载明的目的地时，则以该项货物开始转运时终止。

（二）战争险的承保责任起讫

战争险的责任起讫不采用“仓至仓”条款，而采用“水面”条款，以“水面危险”为限，即保险人的承保责任自货物装上保险单所载明的起运港的海轮或驳船开始生效，到卸离保险单所载明的目的港的海轮或驳船为止。如果货物不卸离海轮或驳船，则保险责任延长至货物到达目的港当日午夜起算满 15 天为止；如果中途转船，不论货物在当地卸货与否，保险责任以海轮到达该港可卸货地点的当日午夜起算满 15 天为止，只有在此期限内装上续运海轮，保险责任才继续有效。

（三）罢工险的承保责任起讫

罢工险的承保责任起讫与基本险相同，采用“仓至仓”条款。

四、被保险人义务

被保险人应按照以下规定的应尽义务办理有关事项。（1）当被保险货物运抵保险单所载明的目的港（地）以后，被保险人应及时提货，当发现被保险货物遭受任何损失，应及时向保险单上所载明的检验、理赔代理人申请检验，如发现被保险货物整件短少或有明显残损痕迹应即向承运人、受托人或有关当局（海关、港务当局等）索取货损货差证明。如果货损货差是由于承运人、受托人或其他有关方面的责任所造成，并应以书面方式向他们提出索赔，必要时还须取得延长时效的认证。如未履行上述规定义务，保险人对有关损失不负赔偿责任。（2）对遭受承保责任内危险的货物，被保险人和保险人都可迅速采取合理的抢救措施，防止或减少货物的损失，被保险人采取此项措施，不应视为放弃委付的表示，保险人采取此项措施，也不得视为接受委付的表示。对由于被保险人未履行上述义务造成的扩大的损失，保险人不负赔偿责任。（3）如遇航程变更或发现保险单所载明的货物、船名或航程有遗漏或错误时，被保险人应在获悉后立即通知保险人并在必要时加交保险费，保险才继续有效。（4）在向保险人索赔时，必须提供下列单证：保险单正本、提单、发票、装箱单、磅码单、货损货差证明、检验报告及索赔清单。如涉及第三者责任，还须提供向责任方追偿的有关函电及其他必要单证或文件。（5）在获悉有关运输契约中“船舶互撞责任”条款的实际责任后，应及时通知保险人。

五、赔偿处理

保险人收到被保险人的赔偿请求后，应当及时就是否属于保险责任做出核定，并将核定结果通知被保险人。情形复杂的，保险人在收到被保险人的赔偿请求并提供理赔所需资料后三十日内未能核定保险责任的，保险人与被保险人根据实际情形商议合理期间，保险人在商定的期间内做出核定结果并通知被保险人。对属于保险责任的，在与被保险人达成有关赔偿金额的协议后十日内，履行赔偿义务。

第三节 英国伦敦保险协会海运货物保险险别和条款

在世界海运保险业中，英国是一个历史悠久且业务十分发达的国家，长期以来，其制定的各种保险规章制度对世界各国有着广泛的影响。目前，世界上很多国家的海运货物保险业务均直接采用英国伦敦保险协会制定的《协会货物条款》（Institute Cargo Clauses,

ICC)，或者在制定本国保险条款时以 ICC 条款为蓝本。

《协会货物条款》最早制定于 1912 年，为了适应不同时期法律、判例、商业、航运等方面的变化和发展，需要经常进行补充和修订，目前使用的是 2009 年 1 月 1 日推出的 ICC 新条款（ICC 1/1/09）。新条款扩展了保险责任起讫，对保险人援引免责条款做出了一定的限制，对条款中易产生争议的用词做出了更加明确的规定。条款中的文字、结构等也更加简洁、严密，便于阅读和理解。

伦敦保险协会的海运货物保险条款主要包括：（1）协会货物（A）条款（Institute Cargo Clause A，简称 ICC（A））；（2）协会货物（B）条款（Institute Cargo Clause B，简称 ICC（B））；（3）协会货物（C）条款（Institute Cargo Clause C，简称 ICC（C））；（4）协会战争险条款（货物）（Institute War Clause - Cargo）；（5）协会罢工险条款（货物）（Institute Strikes Clause - Cargo）；（6）恶意损害险条款（Malicious Damage Clause）；（7）偷窃、提货不着险条款（Institute Theft，Pilferage and Non - delivery Clause）。前五个保险险别的条款结构统一，可以单独投保，后两种为附加险，不能单独投保。

一、ICC 中的主要险别及其责任范围和除外责任

（一）协会货物（A）条款

1. 承保风险

ICC（A）条款承保风险（Risks Covered）包括三部分：第 1 条风险条款、第 2 条共同海损条款和第 3 条船舶互撞责任条款。

（1）风险条款。ICC（A）条款采取一切险减除外责任的方式规定保险人的风险条款，因此，ICC（A）条款承保货物损失的一切风险，但第 4、5、6、7 条规定的除外责任除外。

（2）共同海损条款。ICC（A）条款承保根据运输合同以及（或）准据法和惯例所理算或确定的共同海损和救助费用。

（3）船舶互撞责任条款。ICC（A）条款承保根据运输合同中有关船舶互有责任碰撞条款的规定，由被保险人就承保风险应承担的责任。

2. 除外责任

ICC（A）的除外责任（Exclusions）主要涉及第 4、5、6、7 条的内容。

（1）第 4 条的内容。ICC（A）在任何情况不承保下列事项：1）归因于被保险人之恶意行为所引起的损失、损害或费用。2）保险标的物的正常漏损、重量或容量的自然损耗或自然磨损。3）由于保险标的物之包装或准备不足或不当造成无法抵抗运输途中通常发生的事故而产生的损失、损害或费用（本条款所指的包装包括集装箱，但该包装或准备需完成于本保险责任开始前或由被保险人或其受雇人完成）。4）由于保险标的物之内在缺陷或特性所致之损失、损害或费用。5）直接由于迟延所致的损失、损害或费用，即使迟延由承保危险所致也是如此（但上述第 2 条共同海损应赔偿的费用不在此限）。6）因船舶所有人、经理人、承租人或营运人破产或不履行债务所引起的损失、损害或费用。7）因使用任何原子或核子裂变和（或）聚变或其他类似反应或放射性力量或物质的武器或设备直接或间接引起的损失、损害或费用。

（2）第 5 条的内容。1）本保险在任何情况下均不承保下列事项所引起的损失、损害

或费用：① 被保险人在保险标的物装船时已经知道船舶或驳船不适航、不适运。上述不适航、不适运，以被保险人或其受雇人于保险标的物装船时已知情为限。若保险合同已经善意转让给另一方，即另一方已经购买或同意购买保险标的且受合同约束，该条款不适用。② 在本保险合同生效前，装载已经开始或已经完成，或被保险人或其受雇人在装载时已经知道船舶、驳船、运输工具或集装箱不适合保险标的物之安全运输。2）保险人放弃运送保险标的物至目的地的船舶违反适航和适货的任何默示保证。

（3）第6条内容。本保险无论如何，不承保下列事项所引起的损失、损害或费用：1）战争、内战、革命、叛乱、暴乱或由此引起的内乱，或来自交战方或针对交战方的任何敌对行为。2）捕获、扣押、逮捕、管制或扣留（海盗除外）以及上述原因造成的结果或任何企图、威胁。3）遗弃的水雷、鱼雷、炸弹或其他战争武器。

（4）第7条内容。本保险在任何情况下，不承保下列事项所致的损失、损害或费用：1）由于罢工者、被迫停工工人或参与工潮、暴动或民众骚扰者所引起的。2）因罢工、停工、工潮、暴动或民众骚扰所引起的。3）由于任何恐怖主义行为，或与恐怖主义行为相联系，任何组织通过暴力直接实施的旨在推翻或影响法律上承认的或非法律上承认的政府的行为引起的。4）任何人因政治、宗教信仰目的而实施的行为引起的。

（二）协会货物（B）条款

1. 承保风险

ICC（B）条款承保风险也包括三部分：第1条风险条款、第2条共同海损条款和第3条船舶互撞责任条款。其中，第2条和第3条的规定在措辞上与ICC（A）完全相同，所以这里重点介绍第1条。ICC（B）承保的责任范围要小于ICC（A）条款，采用“列明风险”的方法，即开宗明义地把保险人所承保的风险一一列出。

ICC（B）条款承保的风险是：（1）保险标的物的损失或损害可合理归因于下列原因者：1）火灾或爆炸；2）船舶或驳船搁浅、触礁、沉没或倾覆；3）陆上运输工具的倾覆或出轨；4）船舶、驳船或运输工具同水以外的外界物体碰撞或接触；5）在避难港卸货；6）地震、火山爆发、雷电。（2）保险标的物的损失或损害由于下列原因造成者：1）共同海损牺牲；2）抛货或浪击落海；3）海水、湖水或河水进入船舶、驳船、船舱、运输工具、集装箱或储存处所。（3）货物在装卸时落海或跌落造成整件货物的全损。

2. 除外责任

ICC（B）条款的除外责任与ICC（A）条款基本相同，但有下列两项区别：（1）ICC（A）条款对“由任何人的不法行为故意损坏或故意破坏保险标的物或其他部分”负赔偿责任；但ICC（B）险对此不负赔偿责任，若被保险人想获得此方面的保障，必须投保恶意损害险。（2）ICC（A）险把海盗行为列入风险范围，而ICC（B）险对海盗行为不负赔偿责任。

（三）协会货物（C）条款

1. 承保风险

ICC（C）条款承保的风险比ICC（A）、（B）险要小得多，其承保风险也采用“列明风险”的方式。它不承保自然灾害造成的损失。

其具体承保的风险有：（1）保险标的物的损失或损害可合理归因于下列原因者：1）火灾或爆炸；2）船舶或驳船搁浅、触礁、沉没或倾覆；3）陆上运输工具的倾覆或出轨；

4）船舶、驳船或运输工具同水以外的外界物体碰撞或接触；5）在避难港卸货。（2）保险标的物的损失或损害由于下列原因造成者：1）共同海损牺牲；2）投弃（或抛货）。

2. 除外责任

ICC（C）条款的除外责任与ICC（B）条款完全相同。

二、ICC主要险别的保险期限

协会货物（A）、（B）、（C）险保险期限的规定，主要反映在第8条“运输条款”、第9条“运输契约终止条款”以及第10条“航程变更条款”中。

（一）运输条款（Transit Clause）

从保险责任的起点来看，ICC（A）、（B）、（C）险自保险标的为了开始运输而立即搬运至运输车辆或其他运输工具的目的，开始进入仓库或储存处所（保险合同载明的地点）时开始生效。从保险责任的终点来看，ICC新条款强调保险责任在“完成卸货（on completion of unloading）”后终止，而1981年1月1日生效的条款强调保险责任在“交付（on delivery of）”后终止。很显然，新条款扩展了终点，对被保险人更有利。另外，新条款增加了一个终点，即“被保险人或其受雇人在正常运输过程之外，选择任何运输车辆或其他运输工具或集装箱储存货物”，这是限制被保险人或其受雇人在非正常运输过程中的临时仓储问题。

（二）运输终止条款

运输终止条款（Termination of Contract of Carriage Clause），如果由于被保险人无法控制的情况，运输合同在非保险单载明的目的地或港或地点终止，或由于其他原因货物在未运送至上述运输条款规定的地点完成卸货以前航程即告终止。但是，在被保险人迅速通知保险人，并在保险有效期内提出续保要求，且在必要时加缴保险费的情况下，保险继续有效，直至：（1）货物在该港口或地点出售并交付，或在无其他特别的约定情况下，以被保险货物到达该港口或地点届满60天，二者以首先发生的一项为准。（2）如在上述60天期限以内（或在约定的任何扩展期限内）货物运往保险单所载目的地或其他目的地，则至第8条运输条款所规定的期限为止。

（三）航程变更条款

航程变更条款（Change of Voyage Clause），在保险责任开始后，如果被保险人要求变更保险单所载明的目的地，应立即通知被保险人，并另行商定保险费率和保险条件。在此费率和条件达成一致前，出现保险事故，只有在保险费率和保险条件符合合理的市场行情情况下，本保险才继续有效。

第四节　国际货物运输保险业务程序

在国际货物买卖中，无论是进口或出口货物，都需要办理保险。具体由哪一方负责办理国际货物运输保险，应根据买卖双方商订的价格条件来确定。例如，若按FOB条件和CFR条件成交，国际货物运输保险应由买方办理；若按CIF或CIP条件成交，国际货物运输保险就应由卖方办理。办理国际贸易运输保险的一般程序如下。

一、选择保险险别

保险险别（Coverage）不同，保险人承保的责任范围也不同，保险费率也不相同。因此，在办理国际货物运输保险业务时，选择恰当的保险险别非常重要。在选择保险险别的时候，一般应考虑以下一些因素。

（一）被保险货物的性质和特点

不同性质和特点的被保险货物在运输途中可能会遭遇不同的风险，从而遭受不同的损失。因此，应根据被保险货物的性质和特点选择恰当的保险险别。例如，玻璃易碎，应保一切险；而钢材则不必保一切险；粮食类易受潮、受热，则可在投保水渍险的基础上加保受潮、受热险。

（二）载货船舶的航线和停靠港口

载货船舶的航线和停靠港口不同，对被保险货物产生的影响便不同，选择的保险险别也应有所不同。例如，若途径的国家或地区战乱，政局不稳，货物可能被偷窃、没收等，此时应加保战争险；若途经热带地区，货物则可能受潮受热。此外，各港口条件不同，装卸能力和安全程度也有差异，因此对货物也会产生不同的影响。

二、确定保险金额

保险金额（Insured Amount）是被保险人向保险人申报的被保险货物的价额，也是在被保险货物发生保险责任范围内的损失时，保险人承担的最高赔偿金额，还是保险人计收保险费的基础。一般来说，保险金额以货物的发票价值为基础。

（一）以 CIF 或 CIP 价格成交的货物

各国保险法和国际贸易惯例一般都规定国际货物运输保险的保险金额在 CIF 价格或 CIP 价格基础上适当加成，加成率一般是 10%，也可以与被保险人约定不同的加成率，但一般不超过 30%。保险金额的计算公式为：

$$保险金额 = CIF 价格（或 CIP 价格）\times（1 + 投保加成率）$$

（二）以 CFR 或 CPT 价格成交的货物

以 CFR 或 CPT 价格成交的货物，需要先将 CFR 价格或 CPT 价格换算成 CIF 价格或 CIP 价格，再加成计算保险金额。保险金额的计算公式为：

$$保险金额 = CFR 价格(或 CPT 价格)/[1-(1+投保加成率)\times 保险费率]\times(1+投保加成率)$$

三、填写投保单、支付保险费

投保单（Insurance Slip）是被保险人向保险人提出投保的书面申请，一旦经保险人接受，保险即开始生效。投保单的主要内容包括被保险人的姓名、被保险货物的品名、运输标志、数量及包装、保险金额、船名或运输工具名称、开航日期及起讫地点、提单或运单号码、投保险别、投保日期、赔付地点及签章等。

保险费（Premium）是保险合同生效的前提条件，是被保险人获得损失赔偿权的对价。保险费是按投保险别的保险费率计算的。保险费率通常是根据不同的险别、不同的商品、不同的运输方式、不同的目的地，并参照国际上的费率水平而制订的。目前，中国人民保险公司出口货物保险费率分为“一般货物费率”和“指明货物费率”两种。前者适用于所有货物，后者仅仅针对特别列明的货物（如某些易碎、易损商品）。而进口货物保险费率也分为两种，分别为“特约费率”和“进口货物保险费率”，前者是优惠费率，主要适用于预约保险合同；后者可以进一步细分为“一般货物费率”和“指明货物加费费率”，使用情况与前述相同。保险费的计算公式为：

保险费 = 保险金额 × 保险费率

四、取得保险单据

保险单据（Insurance Documents）既是保险人与被保险人之间订立的保险合同证明以及保险人对被保险人的承保证明，也是双方权利和义务的契约。在被保货物遭受保险责任范围内的损失时，保险单据是被保险人索赔的主要依据，也是保险公司理赔的主要根据。常见的保险单据包括以下几种。

（一）保险单

保险单（Insurance Policy）俗称大保单，是一种正式的保险合同，是使用最广的保险单据。保险单上除载明被保险人的名称、被保险货物的名称、数量或重量、唛头、运输工具、承保险别、保险金额、保险费、理赔地点、出单日期等项目外，还在保险单的背面列有保险人的责任范围、除外责任、责任起讫以及保险人与被保险人各自的权利、义务等方面的详细条款，它是最完整的保险单据。保险单可由被保险人背书后转让。

（二）保险凭证

保险凭证（Insurance Certificate）俗称小保单，它仅有保险单的正面条款，但没有保险单反面的保险条款，是一种简化的保险合同，但与保险单具有同等效力。

（三）联合保险凭证

联合保险凭证（Combined Insurance Certificate）俗称承保证明，是中国保险公司特别使用的一种更为简化的保险单据，由保险公司在出口公司提交的商业发票上加注保险编号、承保险别、保险金额等，并加盖保险公司印章即可，其他内容均以发票内容为准，这种单据不能转让。

（四）预约保单

预约保单（Open Policy）是一种长期性的货物保险合同，是经常有相同类型货物需要陆续分批装运时所采用的一种保险单据。预约保单上载明被保险货物的范围、险别、保险费率、每批运输货物的最高保险金额以及保险费的结付、赔款处理等项目，凡属于此保单范围内的进出口货物，一经起运，即自动按保险单所列条件承保。但被保险人在获悉每批保险货物起运时，应立即将货物装船详细情况包括货物名称、数量、保险金额、运输工具种类和名称、航程起讫地点、开船日期等情况通知保险公司。

（五）批单

保险单签发后，若被保险人需要对保险单的内容进行变更或修改，可根据保险公司的规定，以书面形式提出申请。若保险公司同意，则另出一种凭证，注明更改或补充的内容，即批单（Endorsement）。批单必须粘贴在保险单上，并加盖骑缝章。

五、提出索赔手续

当被保险货物发生保险责任范围内的损失时，被保险人可以在规定时效内向保险人提出索赔。保险索赔时，通常应提供的证据有：保险单或保险凭证正本；提单副本；商业发票和磅码单、装箱单；检验报告；残损、货差证明；向承运人等第三者责任方请求赔偿的函电或其证明文件；必要时还需提供海事报告；索赔损失清单，主要列明索赔的金额及其计算依据，以及有关费用项目和用途等。根据国际保险业的惯例，保险索赔或诉讼的时效为自货物在最后卸货地卸离运输工具时起算，最多不超过两年。索赔应当在保险有效期内提出并办理，否则保险人可以不予办理。

第五节　合同中的保险条款

保险条款是国际货物买卖合同中不可缺少的内容，买卖双方应在合同中明确规定由谁办理保险，保险费由谁承担，按什么保险条款投保，投保什么险别，保险金额如何确定、对保险有无特殊要求等内容，从而可以明确各自的责任，避免纠纷。以下是一些常见的保险条款。

一、关于保险金额和险别的条款

保险金额和险别的条款可以规定为“由卖方按发票金额××%投保××险（如水渍险）”（Insurance：to be effected/covered by the sellers for××% of total invoice value against ××risk（W. P. A.））。

二、关于保险期限的条款

保险期限的条款可以规定为“由卖方按发票金额××% 投保××险，包括目的港60天期限”（Insurance：to be effected/covered by the sellers for ××% of total invoice value against ×× risk including 60 days at the port of destination）。

三、签订出口合同

在签订出口合同时，（1）如果按FOB、FCA或CFR、CPT条件成交，保险条款可以规定为“保险由买方办理”（Insurance：to be effected/covered by the buyers）。如果买方委托卖方代办，可以订为“由买方委托卖方按发票金额××%代为投保××险，保险费由买方负担。”（Insurance：to be effected/covered by the sellers on behalf of the buyers for ××% of total invoice value against ×× risk，premium to be for the buyers account）。（2）如果按CIF或CIP条件成交，还应规定适用条款。例如：“由卖方按发票金额××%投保××险，以××××年×月×日中国人民保险公司海运货物保险条款为准”（Insurance：to be effected/covered by the sellers on behalf of the buyers for ××% of total invoice value against ×× risk，as per and subject to Ocean Marine Cargo Clauses of the People's Insurance Company of China，dated ××/××/××.）

【案例分析】

在中国海洋运输货物保险条款中，保险人明确规定了除外责任，其中包括：（1）被保险人的故意行为或过失所造成的损失。(2) 属于发货人责任所引起的损失。(3) 在保险责任开始前，被保险货物已存在的品质不良或数量短差所造成的损失。(4) 被保险货物的自然损耗、本质缺陷、特性以及市价跌落、运输延迟所引起的损失或费用。(5) 战争险和罢工险条款规定的责任和除外责任。在引例中，食用糖受损是由于货轮航行速度慢，加上沿途停靠码头的次数和时间太多并最终导致运输延迟带来的，属于保险公司的除外责任，因此，保险公司可以拒绝赔偿。

【课后习题】

一、重点概念

实际全损；推定全损；共同海损；单独海损；施救费用；救助费用；平安险；水渍险；一切险；仓至仓条款；批单

二、不定项选择题

1. 在海上保险业务中，构成被保险货物“实际全损”的情况有（　　）。
   A. 保险标的物完全灭失
   B. 保险标的物丧失已无法挽回
   C. 保险标的物发生变质，失去原有使用价值
   D. 船舶失踪达到一定时期
   E. 收回保险标的物所有权花费的费用将超过收回后的标的物价值
2. 在海运保险业务中，构成共同海损的条件是（　　）。
   A. 共同海损的危险必须是实际存在的
   B. 消除船货共同危险而采取的措施是有意合理的
   C. 必须属于非常性质的损失
   D. 费用支出是额外的
   E. 必须是承保风险直接导致的船、货损失
3. 当前，在进出口业务实践中所应用的海上保险单据有（　　）。
   A. 保险单　B. 保险凭证　C. 联合凭证
   D. 保险通知书　E. 批单
4. CIC 基本保险包括（　　）。
   A. 水渍险　B. 战争险　C. 平安险
   D. 一切险　E. 罢工险

5 出口茶叶，为防止运输中串味，办理投保时，合理的保险应投保（　　）。
   A. 串味险　B. 水渍险加串味险　C. 平安险加串味险
   D. 一切险加串味险　E. 一切险

三、判断题（判断下列各题是否正确，正确的在题后的括号内打“√”，错误的打“×”。）

1. 我国进口一批货物，投保一切险，货物在海运途中部分被火焚。经查，一切险中 11 种附加险并无火险。对此损失保险公司不承担责任。（　　）

2. 如果被保险货物运达保险单所载明的目的地，收货人提货后即将货物转运，则保险公司的保险责任在转运到达目的地仓库时中止。（ ）

3. 出口一批货物，投保水渍险，途中遇到暴雨，使该批货物遭受一定损失，因此保险公司应负责赔偿这批损失。（ ）

4. 玻璃为易碎商品，出口投保险别应为破碎险加战争险。（ ）

5. 船舶航行中遇暴风雨并搁浅，为使船舶起浮，将舱面上整批钢板抛入海中，该批钢板属于部分损失。（ ）

四、简答题

1. 海上风险主要包括什么？
2. 构成实际全损主要有哪几种情形？
3. 构成共同海损需要具备哪些条件？
4. 共同海损与单独海损的区别是什么？
5. 在中国海洋运输货物保险条款中，基本险的除外责任包括什么？
6. 在中国海洋运输货物保险条款中，基本险和战争险的承保责任起讫是什么？
7. 英国伦敦保险协会海运货物保险条款的保险险别与中国海洋运输货物保险条款中的保险险别有什么区别与联系？
8. 办理国际货物运输保险业务的一般程序是什么？

五、案例分析题

1. 中国某公司向纽约的国外买方出口一批货物，装于某某号货轮上。同一货轮上还有日本和韩国的货物，三家货物的价值分别为：60 万元、75 万元和 80 万元。船在航行途中触礁，船身底部发现一处裂口，涌入大量海水，致使舱内部分货物遭水浸泡。船长命令将船驶向浅滩进行修补，而后为了起浮又将部分笨重货物抛入海中，请问：在这些损失中，哪些属于共同海损，哪些又是单独海损？

2. 有一份 CIF 合同，卖方甲投保了一切险，自法国内陆仓库起，直到美国纽约的买方仓库为止。合同中规定，投保金额是“按发票金额总值加成百分之十”。卖方在货物装船后，已凭提单、保险单、发票、品质检验证书等单证向买方银行收取了货款。后来，货物在运到纽约港前遇险而全部损失。当买方凭保险单要求赔偿加成百分之十这一部分，遭到卖方保险公司的拒绝。问买方有无权利要求保险公司赔偿加成 10% 的这部分金额？为什么？

六、计算题

1. 中国某公司以每箱 60 美元 CIF 利物浦出口某商品共 10000 箱，货物出口前，由我公司向中国人民保险公司投保了水渍险、串味险及淡水雨淋险，其保险费率分别为 0.7%、0.3% 和 0.2%，按发票金额 110% 投保。试计算该批货物的投保金额和保险费各是多少？

2. 深圳某公司对某商出口茶叶 200 箱（每箱净重 30 千克），价格条款 CIF 伦敦每箱 50 英镑，向中国人民保险公司投保 FPA 平安险，以 CIF 价格加成 10% 作为投保金额，保险费率为 0.6%。问保险金额及保险费是多少？

第八章　国际货款结算

怎样结合不同的结算方式，既少付开证押金，又保证收汇安全？

【案例】 甲国的A公司出口机电设备给乙国的B公司。由于货款金额大，B公司在申请开证时，银行要求其支付较高的押金。B公司的流动资金比较紧张，觉得支付该数量的押金比较困难。B公司转而与A公司商量采用托收的结算方法，但A公司基于收汇安全的考虑，认为全额托收不可接受。请分析在这种情况下，可以怎样结合不同的结算方式，既可以使B公司少付押金，又可以保证A公司的收汇安全？作为B公司的开证行，应该在信用证中怎样注明？在出口合同中，又应怎样反映？

本章将介绍国际贸易结算中主要票据的概念、特点、流程及分类，以及主要国际贸易货款结算方式的概念与方法。通过本章的学习，要求学生掌握汇付、托收的定义和流程；信用证的定义、流程、分类和国际惯例；银行保函与备用信用证的定义、支付程序及对比；福费廷、国际保理业务与信用保险的定义、特点及流程；并在掌握这些基本支付方式的基础上，能够将多种支付方式结合使用。

第一节　国际结算中的支付工具

国际结算工具是指为实现国际间债权债务清偿所使用的工具，主要包括货币和票据。国际贸易结算主要是非现金结算，要结清国际间的债权债务必须使用一定的支付工具（Payment of Instrument）。票据就是一种能起到货币的支付和结算功能的有效的支付工具。

票据，从广义上，泛指代表一定权利关系的书面凭证，例如汇票、本票、支票、提单、仓单、保单、记账凭证等；甚至还有的把日常生活中使用的一些书面凭证，如乘车、乘船的票证等，也称之为票据。从狭义上，仅指依照法定的格式，签发和流通的汇票、本票和支票三种票据。根据国际上票据立法的惯例，中国的票据法所规范的对象，仅为狭义的票据，即汇票、本票和支票三种票据。它们的共同特点是，在票据规定的期限内，持票人或收款人可向出票人或指定付款人无条件地支取确定金额的货币；它们都属于反映一定债权债务关系的、可流通的、代表一定数量货币请求权的有价证券。票据可以通过交付（Delivery）及背书（Endorsement）连续转让，使其得以广泛流通，既节省了现金使用，又扩大了流通手段。和货币一样，票据可以在流通中实现票据和对价（商品或劳务）的对流，其结算功能主要体现在流通手段、支付手段和信用手段。

国际结算中使用的是狭义的票据，即汇票、本票和支票。

一、汇票

（一）汇票的含义及主要当事人

汇票（Draft）是由出票人签发的，要求付款人在见票时或在一定期限内，向收款人或持票人无条件支付一定款项的票据。汇票是国际结算中使用最广泛的一种信用工具。从以上定义可知，汇票是一种无条件支付的委托，有三个主要当事人：出票人、付款人和收款人。

出票人是开立汇票的人，在进出口业务中，一般是出口商或银行。出票人对收款人及正当持票人承担票据在提示付款或承兑时必须付款或者承兑的保证责任。

付款人（Payer）又称受票人，即接受支付命令付款的人。在进出口业务中，通常是进口商或其指定的银行。在托收支付方式下，付款人一般为买方或债务人；在信用证支付方式下，一般为开证行（进口商开立信用证）或其指定的银行。

受款人又称收款人，即受领汇票所规定金额的人。在进出口业务中，通常是出口商或其指定的银行。进出口业务中，一般是填写出票人提交单据的银行。

（二）汇票的基本内容及样例

汇票的必要科目，虽然各国票据法规定不一，但一般应包括以下内容：（1）应载明“汇票”字样。例如“Bill of Exchange”或“Draft”。（2）无条件支付命令。（3）确定的金额。中国《票据法》规定，票据金额应以中文大写和数码同时记载，且二者必须一致，如若不一致则票据无效。英文也同样要大小写一致。例如：Exchange for US $ 827，000.00，同时要标注 UNITED STATES DOLLARS EIGHT HUNDRED AND TWENTY SEVEN THOUSAND ONLY。（4）付款期限。（5）付款地点。（6）付款人名称。（7）收款人名称。（8）出票日期。一般用于决定汇票的有效期、付款的到期日和利息的起算日。（9）出票地点。（10）出票人签字。

BILL OF EXCHANGE

No. ________（汇票编号）

Drawn under（出票依据）________ L/C No ________ Dated ________

Payable with interest at ________%（付款利息）

Exchange for（汇票金额）________ Beijing，China（出票时间地点）________

At（见票）________ sight of this First of Exchange（Second of Exchange being unpaid）

Pay to the order of（收款人）________

The sum of（大写金额）________

To：（付款人）________

________（出票人）

（Signature，签章）

（三）汇票的分类

（1）按出票人不同可分为银行汇票和商业汇票。

银行汇票（Banker's Draft）是银行签发的汇票，出票人和付款人均为银行的汇票。

商业汇票（Trade Bill）是企业法人、公司、商号或者个人签发的汇票，付款人为其他商号、个人或者银行。在国际贸易实务中，出口商向国外进口商收取货款时签发的汇票即属商业汇票。

（2）按付款时间的不同可分为即期汇票和远期汇票。

即期汇票（Sight Bill）是指持票人向付款人提示后对方立即付款，又称见票即付汇票。

远期汇票（Time Bill）是在出票一定期限后或特定日期付款。在远期汇票中，记载一定的日期为到期日，于到期日付款的，为定期汇票，例如条款写明"At fixed date"；记载于出票日后一定期间付款的，为计期汇票，例如条款写明"At ××days after date"；记载于见票后一定期间付款的，为注期汇票，例如条款写明"At××days after sight"；将票面金额划为几份，并分别指定到期日的，为分期付款汇票。

（3）按有无附属单据可分为光票汇票和跟单汇票。

光票（Clean Bill）汇票是指不附带货运单据的汇票。银行汇票多为光票汇票，在国际贸易中一般用于从属费用、货款尾数、佣金等的结算。

跟单汇票（Documentary Bill）是需要附带提单、仓单、保险单、装箱单、商业发票等单据，才能进行付款的汇票。商业汇票多为跟单汇票，在国际贸易中经常使用。

（4）按承兑人不同可分为商业承兑汇票和银行承兑汇票。

商业承兑汇票（Commercial Acceptance Bill）是以银行以外的任何商号或个人为承兑人的远期汇票，付款人是企业或个人。

银行承兑汇票（Banker's Acceptance Bill）是指由银行承兑的远期汇票，付款人是银行。

另外，还可按流通地域分为国内汇票和国际汇票；按使用货币的不同可分为本国货币汇票和外国货币汇票等。

（四）汇票的使用及流转

汇票是一种要式文件，不仅其格式要符合法定要求，汇票使用流程中的每一种行为都必须符合票据法的规范汇票的使用，主要包括出票、提示、承兑和付款。如需转让，通常应经过背书行为；如汇票遭拒付，持票人可向前手行使追索权。

1. 出票

出票（Issue）是指出票人签发汇票，将法定内容载于汇票之上，并交付给收款人的行为。出票后，汇票的各方当事人都必须依法履行各自的权利和义务。汇票经背书转让后，如遇汇票遭到拒付，出票人应接受持票人的追索，清偿汇票金额、利息和有关费用。

出票时有三种方式规定收款人：(1) 限制性抬头，这种汇票通常会标注"pay A Co. Ltd. only"（仅付A公司）或"pay A Co. Ltd. , not negotiable"（仅付A公司，不得流通）。这种汇票不得流通转让，只限A公司收取货款。(2) 指示性抬头（To order)，汇票常标有"pay A Co. Ltd. or Order"（付给A公司或其指定人）或者"pay to the order of A Co. Ltd. "。这种汇票，除A公司可以收取票款外，也可以经过背书转让给第三者。(3) 持票人或者来人抬头常标注有"pay to bearer"（付给来人）或者"pay to A Co. Ltd. or bearer"（付给A公司或来人）。

2. 提示

提示（Presentation）是持票人将汇票提交付款人要求承兑或付款的行为，是持票人要求取得票据权利的必要程序。

3. 承兑

承兑（Acceptance）是指持票人向付款人提示远期汇票时，付款人在汇票上签名，承诺于汇票到期时付款的行为。具体做法是付款人在汇票正面写明“承兑（Accepted）”字样，注明承兑日期，于签章后交还持票人。付款人一旦对汇票作承兑，即成为承兑人以主债务人的地位承担汇票到期时付款的法律责任。

4. 付款

付款（Payment）是指付款人在汇票到期日，向提示汇票的合法持票人足额付款。持票人将汇票注销后交给付款人作为收款证明，汇票所代表的债务债权关系即告终止。

5. 背书

背书（Endorsement）汇票是可流通转让的证券。根据中国《票据法》规定，除非出票人在汇票上记载“不得转让”外，汇票的收款人可以以记名背书的方式转让汇票权利，即在汇票背面签上自己的名字，并记载被背书人的名称，然后把汇票交给被背书人即受让人，受让人成为持票人，是票据的债权人。受让人有权以背书方式再行转让汇票的权利。在汇票经过不止一次转让时，背书必须连续，即被背书人和背书人名字前后一致。对受让人来说，所有以前的背书人和出票人都是他的前手背书人，所有他转让以后的受让人都是他的“后手”，前手对后手承担汇票得到承兑和付款的责任。在金融市场上，最常见的背书转让为汇票的贴现，即远期汇票经承兑后，尚未到期，持票人背书后，交给银行或贴现公司，将提前获得流动性，获得的金额为票面金额扣减按贴现率结算的贴息后的余款。

6. 拒付和追索

持票人向付款人提示时遭到付款人拒绝付款或拒绝承兑，均称拒付（Dishonor）。另外，付款人逃匿、死亡或宣告破产，以致持票人无法实现收取款项的情况，也称拒付。出现拒付时，持票人有追索权，即有权向其前手（背书人、出票人）要求偿付汇票金额、利息和其他费用的权利。在追索（Recourse）前必须按规定做成拒绝证书和发出拒付通知。这是持票人行使追索权的法律依据。

二、本票

（一）本票的含义及必备项目

本票（Promissory Note）是指由出票人签发的，承诺自己在见票时无条件支付确定的金额给收款人或持票人的票据。

本票必备项目包括：（1）标明“本票字样”；（2）无条件支付承诺；（3）出票人签字；（4）出票日期和地点；（5）确定的金额；（6）收款人或其指定人姓名。未载明上述内容之一的，本票无效。

（二）本票的分类

1. 一般本票

一般本票也称商业本票，出票人为企业或个人，因此面临信用保证不高的问题，流通受限。票据可以是即期本票，也可是远期本票。

2. 银行本票

银行本票的出票人是银行，只能是即期本票，且不记名，其流动性和现钞无异。在国际贸易中结算使用的本票大多是银行本票。中国《票据法》规定所指的本票是指银行本票，不包括商业本票，更不包括个人本票。

（三）本票的使用

1. 商品交易中的远期付款

可先由买主签发一张以约定付款日为到期日的本票，交给卖方，卖方可凭本票如期收到货款，如果急需资金，他可将本票贴现或转售他人。

2. 用作金钱的借贷凭证

由借款人签发本票交给贷款人收执。

3. 企业向外筹集资金

企业向外筹集资金时，可以发行商业本票，通过金融机构予以保证后，销售于证券市场获取资金，并于本票到期日还本付息。

4. 客户提取存款

客户提取存款时，银行本应付给现金，如果现金不够，可发给存款银行开立的即期本票交给客户，以代替支付现钞。

三、支票

（一）支票的含义及必备项目

中国《票据法》第82条规定支票（Check）是出票人签发，委托办理支票存款业务的银行或者其他金融机构在见票时无条件支付确定的金额给收款人或持票人的票据。具体说就是在银行的存款人（出票人）对银行签发的，要求银行见票时立即付款的票据。

支票必备项目包括：（1）标明“支票”字样；（2）无条件支付命令；（3）出票日期；（4）出票人签章；（5）付款银行名称及地址（未载明付款地点者，付款银行所在地视为付款地点）；（6）确定的付款金额。未载明上述内容之一的，本票无效。出票地点不是必须填写项，未载明出票地点者，出票人名字旁的地点视为出票地。

（二）支票的分类

1. 记名支票与不记名支票

前者是在支票的收款人一栏，写明收款人姓名，取款时须由收款人签章，方可支取。而后者，支票上不记载收款人姓名，只写“付款人”，取款时持票人无须在支票背后签章，即可支取。

2. 现金支票与转账支票

支票上印有“现金”或“转账”字样的支票。印有“现金”字样的支票只能支取现金；而印有“转账”字样的支票只能用于转账，不能用于提取现金。

3. 划线支票

划线支票是在支票正面划两道平行线的支票，表示只能委托银行代收票款入账，而支票的持票人不能提取现金。

4. 保付支票

保付支票是为了避免出票人开出空头支票，支票的收款人或持票人可要求付款银行在支票上加盖“保付”戳记，保证在支票提示时一定能得到付款行的付款。支票一经保付，付款责任即由银行承担。出票人、背书人都可免于追索。

5. 银行支票

银行支票是由银行签发，并由银行付款的支票，也是银行即期汇票。银行代顾客办理票汇汇款时，可以开立银行支票。

6. 旅行支票

旅行支票是银行或旅行社为旅游者发行的一种固定金额的支付工具，是旅游者从出票机构用现金购买的一种支付手段。

（三）支票的使用

（1）在国际结算中，进口商签发支票，委托银行从其存款账户中支付一定金额给出口方。（2）支票提示付款期为十天（从签发支票的当日起，到期日遇节假日顺延），过期支票银行可以拒付。（3）支票签发的日期、大小写金额和收款人名称不得更改，其他内容有误，可以划线更正，并加盖预留银行印鉴之一证明。（4）支票发生遗失，可以向付款银行申请挂失；挂失前已经支付，银行不予受理。

四、汇票、本票、支票的比较

（一）票据特征相同

汇票、本票、支票均为设权有价证券；均为格式证券；均为文字证券；都可流通转让；均为无因证券。

（二）票据功能相同

汇票、本票、支票均可解决两地之间现金支付在空间和时间上的障碍，实现汇兑功能和信用功能；票据可在市场上转让，成为一种流通、支付工具，减少现金的使用实现其支付功能。

（三）汇票与本票、支票的区别

（1）本票是约定本人付款，因而是支付承诺；汇票是委托他人付款的证券，因而是支付命令，且付款人可以是个人、企业，也可以是银行；支票是委托支付证券，但付款人只限于银行或其他法定金融机构。（2）汇票和支票有三个基本当事人，即出票人、付款人、收款人；而本票只有出票人（付款人和出票人为同一个人）和收款人两个基本当事人。（3）本票由于出票人和付款人是同一人，因而无需承兑；而汇票中的远期汇票需要承兑；支票是即期付款，见票即付，因而不需要承兑。（4）支票和本票的主债务人是出票人，自负付款责任，而汇票承兑后的主债务人是承兑人。（5）支票、本票持有人只对出票人有追索权，而汇票持有人在票据的有效期内，对出票人、背书人、承兑人都有追索权。（6）票据的份数不同。汇票有副本，一般是一式两分或多份（银行汇票除外，仅一份），而本票、支票则没有副本，一式一份。

第二节　汇付与托收

国际货款结算除了与支付工具有关外，还与利用何种信用，采用何种支付方式，以及何时付款有关。较常见的结算方式有汇付、托收和信用证三种，其中汇付和托收方式属于商业信用，而信用证方式属于银行信用。

一、汇付

（一）汇付的含义及当事人

汇付（Remittance）又称汇款，指付款人主动通过银行或其他途径将款项汇交收款人，即银行（汇出行）应付款人要求，以一定方式将款项通过国外联行或代理行（汇入行），交付收款人的结算方式，是国际货款结算中最简单的方式。

汇付所涉及的当事人包括汇款人（Remitter）即付款人，在国际贸易结算中通常是进口人、买卖合同的买方或其他经贸往来中的债务人；收款人（Payee）通常是出口人、买卖合同中的卖方或其他经贸往来中的债权人；汇出行（Remitting Bank）是接受汇款人的委托或申请，汇出款项的银行，通常是进口人所在地的银行；汇入行（Receiving Bank），又称解付行（Paying Bank）是接受汇出行的委托解付款项的银行，通常是汇出行在收款人所在地的代理行。

（二）汇付的种类及业务流程

按照使用的支付工具的不同，汇付可分为电汇、信汇和票汇三种方式。

1. 电汇（Telegraphic Transfer，T/T）

电汇是汇出行应汇款人的申请，拍发加押电报、电传或电讯等给汇入行（常为汇出行在收款人所在地的分行或代理行），指示其解付一定金额给收款人的一种汇款方式，见图8－1。

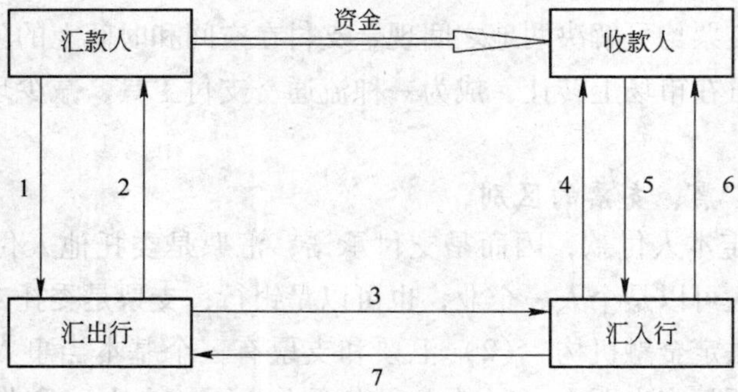

图8－1 电汇业务流程图

1—汇款人填写电汇申请、交款付费；2—汇款人取得电汇回执；3—汇出行通过加押电报、电传或者SWIFT向汇入行发出汇款委托；4—汇入行核对密押后，向收款人发出电汇通知书；5—收款人接到通知后在收据联上盖章，交汇入行，凭收据收款；6—汇入行解付汇款给收款人；7—汇入行将付讫借记通知书寄给汇出行，通知它汇款解付完毕

电汇方式的优点在于速度快，收款人可以迅速收到货款。随着现代通信技术的发展，银行与银行之间使用电传直接通信，快速准确。但签订电汇纯属商业信用的合同时，必须要对客户有十分可靠的了解，以降低出现电汇诈骗而遭受损失的几率。电汇是目前使用较多的一种汇款方式，但其费用较高。

2. 信汇

信汇（Mail Transfer，M/T）是汇出行应汇款人的申请，用航空信函的形式寄给汇入行，指示汇入行解付一定金额的款项给收款人的汇款方式。信汇的优点是费用较低廉，但收款人收到汇款的时间较迟。信汇的业务流程与电汇的业务流程非常相似，只是采用的汇款方式不同而已，故省略流程图。

3. 票汇

票汇（Banker's Demand Draft, D/D）是指汇出行应汇款人的申请，代汇款人开立以其分行或代理行为解付行的银行即期汇票，支付一定金额给收款人的汇款方式，见图 8-2。

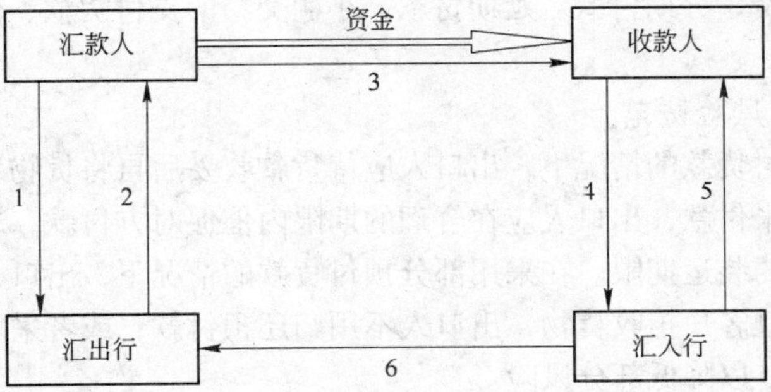

图 8-2 票汇业务流程图

1—汇款人填写票汇申请、交款付费；2—汇出行作为出票人，开立汇入行为付款人的银行即期汇票交汇款人；3—汇款人向收款人寄交汇票；4—收款人向汇入行提示汇票要求其付款（汇票也可转让）；5—汇入行核对签字后，向持票人付款；6—汇入行将付讫借记通知书寄给汇出行，通知它汇款解付完毕

综合以上三种汇付业务的流程，不难看出汇款所使用的票据的传递方向与资金的流向是一致的，因此，此种支付方式属于顺汇法。

票汇与电汇、信汇的不同之处在于，票汇的汇入行无须通知收款人取款，而由收款人持汇票登门取款，这种汇票除有限制流通的规定外，经收款人背书，可以转让流通，而电汇、信汇的收款人则不能将收款权转让。

现今汇付多以电汇为主，优点在于手续简便、速度快。因买方和卖方常处于不同国家，距离较远，货物运输耗时长，而汇付的速度却很快，所以在实际操作当中很难做到传统意义上的"一手交钱，一手交货"。因而把汇付分为两种情况：预付货款与货到付款。

在预付货款的情况下，买方在货物尚未生产或者交付就把货款汇给卖方，卖方既掌握货权又提前收到货款，对卖方最有利。但买方就承担了很大风险，不法分子可以通过签订虚假合同，轻松地骗取预付款，因此，在国际贸易中出口商偏好预付货款的方式。合同中的汇付条款举例：买方应不迟于 2005 年 8 月 5 日将 50% 的货款用电汇预付给卖方。（The Buyer shall pay 50% of the sale proceeds in advance by T/T to reach the Seller not later than Aug. 5th 2005.）

在货到付款的情况下，卖方先把货物发给买方，在未来某时期，买方才把货款支付给卖方。对于卖方来说，在没有收到货款的情况下，完全失去了对货物的控制权，并且占用了大量资金，对卖方极为不利，因此，在国际贸易中进口商偏好货到货款的方式。合同中的汇付条款举例：卖方应于 2006 年 10 月 10 日前将全部货物运抵目的港，在货到后 15 天内，买方将全部货款用电汇汇付给卖方。（The Seller shall transport the complete goods to the port of destination before Oct. 10th 2006, the Buyer shall pay 100% of the sale proceeds by T/T to reach the Seller in 15 days after the arrival of the goods.)

（三）使用汇付方式应注意的问题

1. 对象的选择

选择信用较好的交易对象，并且掌握好适当的成交金额。汇付在现实中并不是一种常用的结算方式，仅限于对一些长期合作且资信比较好的企业使用，金额也不宜过高，适宜于支付定金、样品费、分期付款、延期付款、小额交易的支付货款、待付货款的尾数和佣金的支付等。

2. 预付货款的风险防范

在采用全部预付货款的情况下，出口人应待货款收妥后再将货物装运出去。如装运期限已近，进口人仍未付款，出口人应在合理的期限内催促对方付款，超出装运期限未收款的则要求修改合同的装运期限。在采用部分预付货款的情况下，出口人则要掌握进口人预付货款的比例，一旦客户拒收货物，出口人不用归还预付款；或者采取汇付与托收、信用证结合使用的方法，以降低部分风险。

3. 货到付款的风险防范

出口商可采用福费廷或保理等方式来转嫁风险，并且还可获得无追索权的出口贸易融资以减轻资金负担。另外，还可以与银行保函配合使用，要求进口商开具银行保函。如果进口商到期拒付，由银行保函的开证银行承担付款责任，从而降低出口商收汇的风险。

二、托收

（一）托收的含义及当事人

1. 托收的含义

托收（Collection）是指委托人向银行提交凭以收款的金融票据或者商业单据或两者兼有，委托银行（托收行）向付款人收取货款（或款项）的一种结算方式。该银行通过处理相关单据获得付款/承兑，或凭付款/承兑交出单据，或凭其他条件交出单据。金融单据指汇票、本票、支票或其他用于取得货款的类似凭证；商业单据是指发票、运输单据、物权单据或其他类似单据，或除金融单据以外的其他单据。

2. 托收当事人

（1）委托人。委托人（Principal）指委托银行办理托收业务的人，通常是出口方、出票人及托运人。

（2）托收行。托收行（Remitting Bank）指接受委托人的委托，办理托收业务的银行，通常是出口地银行。

（3）代收行。代收行（Collecting Bank）指接受托收行的委托，向付款人收取款项的银行，通常是进口地银行。

（4）付款人。付款人（Payer/Drawee）指被要求对汇票或相关单据支付款项的人，通常是进口商。

以上是托收业务的四个主要当事人，此外还存在提示行，即表示向汇票付款人做提示的银行。通常情况下提示行与代收行是同一家银行，有时提示行与代收行是分离的两家银行。出口人可能会面临付款人拒收货物、拒绝付款的情况，因此在需要时可以由委托人指定一个在付款地的代理人，在出现这种情况时能够代表委托人接受单据并处理货物，例如代为照料货物进仓、转售、运回或改变交单条件等。

（二）托收的种类及业务流程

根据托收时是否向银行提交货运单据，托收分为光票托收和跟单托收两种。

1. 光票托收

光票托收（Clean Collection）时如果汇票不附任何货运单据，而只附有“非货运单据”（发票、垫付清单等），称为光票托收。这种结算方式多用于贸易的从属费用、货款尾数、佣金、样品费的结算和非贸易结算等。

2. 跟单托收

跟单托收（Documentary Collection）有两种情形：附有商业单据的金融单据的托收和不附有金融单据的商业单据的托收。在国际贸易中所讲的托收多指前一种。

跟单托收根据交单条件的不同，可分为付款交单和承兑交单两种。

（1）付款交单。付款交单（Documents against Payment，简称 D/P）是指代收行必须在进口人付清货款后方能将单据交予进口人的方式。这种托收方式对出口人取得货款提供了一定程度的保证。付款交单跟单托收根据付款时间的不同可分为即期付款交单和远期付款交单。

即期付款交单（D/P at sight）：出口人开具即期汇票交付银行代收货款，进口人见票后须立即支付货款并换取单据。合同中托收条款举例：买方应凭卖方开具的以买方为付款人的即期跟单汇票于见票后立即付款，付款后交单。（Upon first presentation the buyer shall pay against documentary draft drawn by the seller at sight. The shipping documents are to be the delivered against payment only.）。即期付款交单的流程如图 8 - 3 所示。

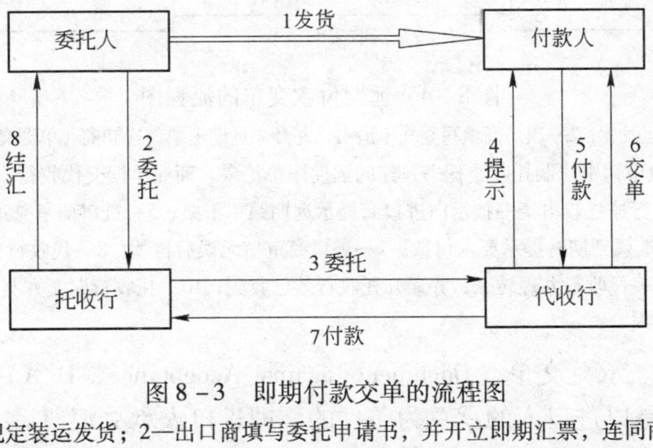

图 8 - 3　即期付款交单的流程图

1—出口商按合同规定装运发货；2—出口商填写委托申请书，并开立即期汇票，连同商业单据交托收行；3—托收行根据托收申请书缮制托收委托书，连同汇票、商业单据交代收行，并委托其代收货款；4—代收行按照托收指示向进口商提示汇票和单据；5—进口商审核无误后付款；6—代收行交单；7—代收行办理转账并通知托收行款项已收妥；8—托收行向收款人交款

远期付款交单（D/P at…days after sight）：出口人开具远期汇票进行托收，进口人要先在汇票上承兑，并于汇票到期日付清货款才能向代收行领取货运单据。合同中托收条款举例：买方应对卖方开具的以买方为付款人的见票后××天付款，跟单汇票于提示时即予

承兑，并于汇票到期日付款，付款后交单。（The buyer shall duly accept the documentary draft drawn by the seller at × ×days sight upon first presentation and make payment on its maturity. The shipping documents are to be delivered against payment only.）。

如果汇票规定的付款日期与到货日期基本一致，则买方付款即可提货。如果规定的付款日期比到货日期推迟许多，则买方可以请求代收行同意其在承兑汇票后出具信托收据，凭信托收据向代收行借取货运单据，以便先行提货。其中信托收据是指进口方借单时提供的一种担保文件，表示愿意以银行受托人身份代为提货、报关、存仓、保险、出售，同时承认货物所有权仍属银行。货物售出后所得货款应于汇票到期日时交银行，收回信托收据。如果代收行在借出货运单据后，发生汇票到期不能收到货款，则代收行应对出口方和托收行负全部责任；如果凭信托收据借单提货的做法是由出口方主动通过托收行授权办理的，则由出口方承担一切责任，而与银行无关，这种情况的合同条款经常为：见票后× ×天付款交单，以信托收据换取单据。（D/P at × ×days after sight to issue trust receipt in exchange for documents, D/P. T/R）。远期付款交单的流程如图 8 -4 所示。

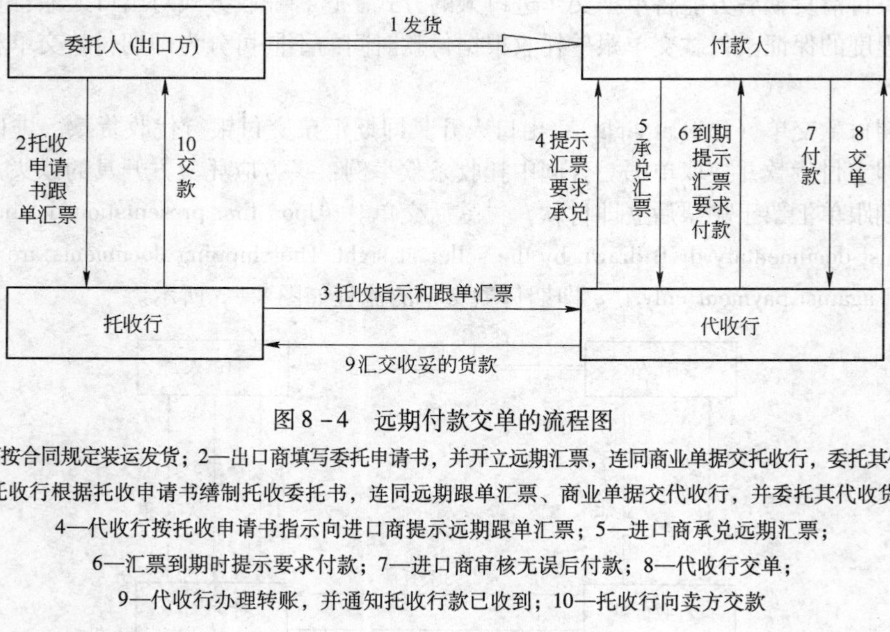

图 8 -4 远期付款交单的流程图

1—出口商按合同规定装运发货；2—出口商填写委托申请书，并开立远期汇票，连同商业单据交托收行，委托其代收货款；
3—托收行根据托收申请书缮制托收委托书，连同远期跟单汇票、商业单据交代收行，并委托其代收货款；
4—代收行按托收申请书指示向进口商提示远期跟单汇票；5—进口商承兑远期汇票；
6—汇票到期时提示要求付款；7—进口商审核无误后付款；8—代收行交单；
9—代收行办理转账，并通知托收行款已收到；10—托收行向卖方交款

（2）承兑交单。承兑交单（Documents against Acceptance, D/A）指在使用远期汇票收款时，交单条件是以进口人的承兑为条件的，即进口人承兑汇票后，即可向银行取得货运单据先行提货，待汇票到期日再付款。这种托收方式只适用于远期汇票的托收，与付款交单相比，承兑人交单为进口人提供了资金融通上的方便，但出口人的风险增加了。合同中托收条款举例：买方应对卖方开具的以买方为付款人的见票后× ×天付款，跟单汇票于提示时即予承兑，并于汇票到期日付款，承兑后交单。（The buyer shall duly accept the documentary draft drawn by the seller at × ×days sight upon first presentation and make payment on its maturity. The shipping documents are to be delivered against acceptance.）。承兑交单的流程如图 8 -5 所示。

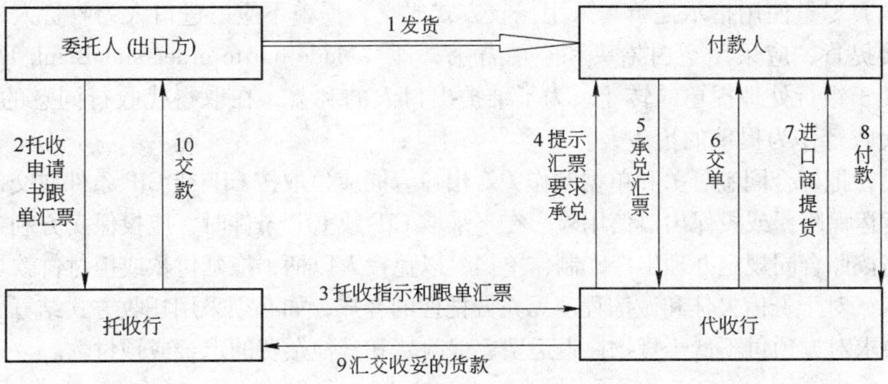

图 8－5　承兑交单的流程图

1—出口商按合同规定装运发货；2—出口商填写委托申请书，并开立汇票，连同商业单据交托收行，委托其代收货款；3—托收行根据托收申请书缮制托收委托书，连同跟单汇票、商业单据交代收行，并委托其代收货款；4—代收行按托收申请书指示向进口商提示跟单汇票；5—进口商承兑汇票；6—代收行交单；7—到期提示汇票要求付款；8—进口商到期付款；9—代收行办理转账，并通知托收行款已收到；10—托收行向卖方交款

托收的不同种类简示见图 8－6。

- 种类
  - 光票托收
  - 跟单托收
    - 付款交单（D/P）
      - 即期付款交单（代收行立即向付款人提示，要求付款）
      - 远期付款交单（代收行向付款人提示承兑→承兑后，代收行收回汇票→到期日提示付款，待付款后再交单）
    - 承兑交单（D/A）：代收行或提示行向付款人提示汇票和单据提示承兑→承兑后即交出单据→到期日提示付款

图 8－6　托收的不同种类

综合以上不同托收类型的流程图，不难得出托收所使用的票据的传递方向与资金的流向是相反的，因此属于逆汇法。

（三）使用托收方式应注意的问题

第一，认真调查和考察进口人的资信情况、经营能力和经营作风，掌握有关商品的市场信息并在此基础上妥善控制授信额度、近年成交金额与交货进度，合理控制好成交金额，金额不宜过大。

第二，代收行一般不能由进口人指定，如果有必要，应事先征得托收行同意，以防进口人指定的代收行不可靠，或往来渠道不畅，造成托收行拒绝托收申请的被动局面，也可能由于代收行信用不佳或产生意外而致使货款落空。应尽量选择那些熟知国际惯例、信誉较好的银行为代收行。

第三，托收业务中，银行不承担付款责任，如果买方不付款赎单，卖方可能钱货两空，风险很大。了解进口国的商业惯例，以免由于当地习惯做法影响安全迅速收汇。例如有些国家一直将 D/P 远期付款交单作 D/A 远期承兑交单处理，详细了解进口国当地惯例才能减少额外的风险。

第四，用远期付款交单方式要慎重。

第五，贸易管制和外汇管制较严的国家，在使用托收方式时特别慎重，以免货到目的地后，由于不准进口或收不到外汇而造成损失。

第六，尽量使用指示提单。采用托收方式成交，提单不应以进口人为收货人，以免进口商直接提货，应采用空白抬头和空白背书，即“Made out to order and Blank Endorsed”提单，便于银行处理提单的转让。为了维护出口人的利益，在取得代收行同意的条件下，也可以代收行作为提单的抬头人。

第七，把好合同签署关和单据制作关。出口合同应争取按 CIF 或 CIP 条件成交，由出口人办理货运保险，或投保出口信用险。在不采取 CIF 或 CIP 条件时，应投保卖方利益险。此外应严格按照合同规定办理出口，制作单据，以免授人以柄，拖延付款或拒付付款。

第八，对于资信欠佳和诚信程度无充分把握的客户，如必须采用托收方式结算出口货款的，可要求对方预付不低于货物往返运费、保险费和其他杂费的定金或预付款。

第三节 信 用 证

信用证是重要的国际贸易结算方式，它集结算和融资功能于一体，通过银行信用弥补商业信用的不足，为国际贸易提供服务。

一、信用证概述

（一）跟单信用证统一惯例

自从 19 世纪末开始使用信用证以来，随着国际贸易的发展，跟单信用证已逐渐成为国际贸易结算中一种通行的支付方式。但是，由于国际上对跟单信用证有关当事人的权利、责任以及信用证所用条款和术语的定义等缺乏统一的解释和公认的准则，各国银行根据各自的习惯和利益自行其是。因此，信用证的各有关当事人之间的争议和纠纷经常发生。特别是当市场不景气的时候，进口人和开证行往往对信用证规定不符而提出异议，拖延甚至拒绝付款，以致引起司法诉讼。在这种情况下，国际商会为了减少因解释或操作方法的不同而引起的争端，于 1929 年制订了《商业跟单信用证统一规则》（Uniform Regulations for Commercial Documentary Credits），对跟单信用证的定义、有关名词和术语以及信用证业务的有关各方的权利和义务做了统一的解释，并建议各国银行采用。但由于这个规则只反映了个别国家银行的观点，只被极少数国家的银行采用。为此，国际商会于 1931 年组织专门小组着手进行修改，于 1933 年作为第 82 号出版物颁布了第一个跟单信用证的惯例，定名为《商业跟单信用证统一惯例》（Uniform Customs and Practice for Commercial Documentary Credits）。其后，随着国际贸易的发展，新的运输技术和运输方式的出现和广泛运用以及在使用《商业跟单信用证统一惯例》过程中暴露的问题，国际商会又对其做过多次修改，颁布过多种版本。首次修订本颁布于 1951 年，编为 151 号出版物。自 1962 年颁布的第 2 次修订本第 222 号出版物起，改称为《跟单信用证统一惯例》（Uniform Customs and Practice for Commercial Documentary Credits，简称 UCP）。后又于 1974 年和 1983 年分别以第 290 号和第 400 号两个出版物颁布第 3 个和第 4 个修订本。

此后，随着国际运输工具和运输方式的发展，通信工具的电子化、网络化和电子计算机的广泛使用，国际贸易、金融、保险、单据处理和结算工作也发生了许多变化，致使在跟单信用证下提交的单据，因单证不符或明显的缺陷而遭拒付的事件频繁发生，不但严重削弱了信用证的效用，而且使有关各方在经济上蒙受了损失，信用证业务中的诉讼案件也有所增加。有鉴于此，国际商会根据各国银行委员会的要求，成立专门的工作组着手对

UCP 400 号出版物进行修改研究。经过大约四年时间，先后提出过多份草案，在征求各国银行委员会的意见，并经过许多国家的法律界、贸易界的反复讨论，在国际商会银行委员会举行多次讨论会的基础上，最后在 1993 年 4 月完成了新版本的定稿批准手续，并于 1993 年 5 月正式公布。新版本定名为《跟单信用证统一惯例（1993 年修订本）》（国际商会第 500 号出版物），该惯例的英文全称是 Uniform Customs and Practice for Commercial Documentary Credits，1993 Revision ICC Publication No. 500（简称 UCP 500），于 1994 年 1 月 1 日起正式实施。UCP 500 是较大的一次有关信用证惯例的修改，它与 UCP 400 相比，简化了有关规定，文字更加严谨，强调了信用证的独立性，增强了信用证作为银行信用的完整性和可靠性，并使之与银行的实际做法更趋一致，促进了结算业务的标准化与统一化，使国际贸易和金融活动更加便利和现代化。

UCP 500 不是完美的，随着贸易实践的发展，其不足之处诸如：随着国际贸易和信息电子技术的发展，与信用证业务相关的运输、保险、质检、物流等方面的做法也出现了显著的变化，UCP 500 在条款设置及措词方面也存在一定不足；由于包括银行和进出口商在内的当事人存在对 UCP 的错误理解及应用，大约有 70% 的信用证项下的单据在首次交单时由于不符而遭拒付，这就严重影响了信用证作为一种主要的付款工具的地位，而事实上成为了一种拒付的工具，等等

有鉴于此，在 UCP500 实施的 10 多年期间，国际商会先后制订并公布了很多新的与信用证业务有关的规则或文件，例如：4 份 Position Paper，以澄清业界对 UCP 500 中关于信用证的修改、议付、非单据性条件以及运输单据条款的误解。URR 525 以解决银行间的偿付十分频繁且数额巨大的问题，而 UCP 500 第 19 条的规定又过于简单所带来的问题。ISP98，这是因为尽管 UCP 500 第 1 条规定该惯例可以适用于备用信用证，但由于备用信用证本身交易的复杂性，且随着备用信用证业务量的增加，造成实务界迫切需要一套更具体的标准实务规则。因此，ISP98 的制定目的就是为了满足这一需求。

考虑到上述诸多变化，许多银行界人士和信用证专家纷纷向国际商会提出应该对 UCP 500 进行一次全面修订，以适应新形势的发展。国际商会于 2006 年 4 月 27 日发布对 1993 年《UCP 500》进行修订，称为 2007 年版本《UCP 600》，并于 2007 年 7 月 1 日 执行。《UCP 600》一定程度上简化了业务手续，加强了对受益人的保护。

（二）信用证含义及特征或性质

信用证（Letter of Credit，L/C）是指由银行（开证行）依照（申请人）的要求和指示或自己主动，在符合信用证条款的条件下，凭规定单据向第三者（受益人）或其指定人进行付款的书面文件。信用证是一种银行开立的有条件的承诺付款的书面文件，这里的条件是指受益人必须提交符合信用证规定的各种单据。

（1）信用证开证行负有第一性的付款责任。信用证开证行负有第一性的付款责任（Primary Liabilities for Payment），《UCP 600》第 7 条规定：

A 倘若规定的单据被提交至被指定银行或开证行并构成相符提示，开证行必须按下述信用证所适用的情形予以兑付：i 由开证行即期付款、延期付款或者承兑；ii 由被指定银行即期付款而该被指定银行未予付款；iii 由被指定银行延期付款而该被指定银行未承担其延期付款承诺，或者虽已承担延期付款承诺但到期未予付款；iv 由被指定银行承兑而该被指定银行未予承兑以其为付款人的汇票，或者虽已承兑以其为付款人的汇票但到期未予付

款；v 由被指定银行议付而该被指定银行未予议付。

B 自信用证开立之时起，开证行即不可撤销地受到兑付责任的约束。

C 开证行保证向对于相符提示已经予以兑付或者议付并将单据寄往开证行的被指定银行进行偿付。无论被指定银行是否于到期日前已经对相符提示予以预付或者购买，对于承兑或延期付款信用证项下相符提示的金额的偿付于到期日进行。开证行偿付被指定银行的承诺独立于开证行对于受益人的承诺。

由此可见，信用证支付方式是一种银行信用，尽管信用证是开证行依据进口商的申请和指示开出的，但开证行是以自己的信用作为付款的保证，并承担第一付款责任，受益人可凭规定的单据直接向开证行要求付款，而无须要求开证申请人付款。

（2）信用证是独立于合同以外的一项自足文件。信用证是独立于合同以外的一项自足文件（Self - sufficient Instrument），《UCP 600》第 4 条规定：

A 就性质而言，信用证与可能作为其依据的销售合同或其他合同，是相互独立的交易，即使信用证中提及该合同，银行亦与该合同完全无关，且不受其约束。因此，一家银行作出兑付、议付或履行信用证项下其他义务的承诺，并不受申请人与开证行之间或与受益人之间在已有关系下产生的索偿或抗辩的制约。

受益人在任何情况下，不得利用银行之间或申请人与开证行之间的契约关系。

B 开证行应劝阻申请人将基础合同、形式发票或其他类似文件的副本作为信用证整体组成部分的做法。

由此可见，虽然信用证的开立是以买卖合同为依据的，但它一经开出，就成为独立于买卖合同之外的另一契约，不受买卖合同的约束，开证行和其他参与信用证业务的银行只按信用证的规定办事。开证行只对信用证负责，只凭完全符合信用证条款的单据据以付款，而且一经付款，开证行就丧失了对受益人的追索权。

（3）信用证业务是一种单据业务。信用证业务是一种单据业务（Pure Documentary Transaction），《UCP 600》第 5 条规定：银行处理的是单据，而不是单据所涉及的货物、服务或其他行为。所以，信用证业务是一种纯粹的单据业务。银行虽有义务合理小心地审核一切单据，但这种审核，只是用以确定单据表面上是否符合信用证条款为原则，开证银行只根据表面上符合信用证条款的单据付款。所以在信用证条件下，实行所谓“严格符合的原则”。“严格符合的原则”不仅要做到“单、证一致”，即受益人提交的单据在表面上与信用证规定的条款一致；还要做到“单、单一致”，即受益人提交的各种单据之间表面上一致，而不管货物是否与单证一致。

（三）信用证的当事人

1. 开证申请人

开证申请人（Applicant）又称开证人（Opener）是指向开证行提出申请，要求开立信用证的人，一般为进口商。其权力和责任包括：与开证行接洽并提交需要的资料；及时承兑或付款；不得向开证行索回已付的款项或做出的承兑。

2. 开证行

开证行（Opening Bank；Issuing Bank）是指接受开证申请人的委托和指示开立信用证的银行，一般为进口商所在地银行。其权力和责任包括：有权向开证申请人收取手续费和开证保证金；收到单据后不得擅自处理；负第一性付款责任；在偿付行已向议付行付款但开证行发现单证不一致时有权向议付行索回被追偿的款项；免责条款：对单据有效性的免责、对电文传递的免责、对不可抗力的免责。

3. 受益人

受益人（Beneficiary）是信用证利益的享受者或信用证权利的使用者，即有权开出跟单汇票向开证行或其指定的付款行收取货款的人，一般是指出口商。其权利和责任包括：接受或不接受信用证的权利；装运出单的责任；取得货款的权利；在特殊情况下将货物转卖他人的权利。

4. 通知行

通知行（Advising Bank）是指接受开证行的委托，将信用证或信用证修改书通知受益人的银行。它指鉴别信用证的表面真实性，不承担其他义务，一般是出口商所在地的银行。其权利和责任包括：有权决定是否接受开证行关于通知信用证或修改的委托，如选择不通知信用证，必须不延迟地将其决定告知开证行；告知义务；有权收取通知费或因通知而产生的其他的费用。

5. 议付行

议付行（Negotiating Bank）又称押汇银行或贴现银行，是根据开证行的收取买入或贴现受益人开立和提交的符合信用证规定的汇票或单据的银行。受益人与议付行直接是票据转让关系。议付行一般是受益人所在地的通知行或往来银行。其权利和责任包括：审单并垫付款项，并向信用证规定的偿付行索回已垫出的款项；有权拒付；如遇开证行不付款时，可向受益人进行追索。这是议付行与付款行的本质区别。

6. 偿付行

偿付行（Reimbursing Bank）是接受开证行的委托和要求，为开证行偿还议付行索要款项的银行，又称清算银行。偿付行只付款不审单，故其偿付并非为开证行最终的付款。当开证行在见单后发现单证不符时，可直接向寄单的议付行、代付行追回已付讫的款项。其权利和责任包括：选择权；有追索权；收取偿付费用的权利。

7. 付款行

付款行（Paying Bank）是被开证行指定的、担任信用证项下付款人或充当汇票付款人的银行。开证行一般兼为付款行，但付款行也可以是开证行委托的另一家银行。其权利和责任：选择权；无需审单时，有追索权；审单后付款，无追索权。

8. 保兑行

保兑行（Confirming Bank）是接受开证行的委托和要求，对开证行开立的信用证予以保证兑付的银行。保兑行在加具保兑后，具有与开证行相同的责任和地位，即对受益人独立负责，承担必须付款或议付的责任。其权利和责任包括：选择权；付款责任；无追索权；不可撤销的责任；审单权。

9. 承兑行

承兑行（Accepting Bank）是对信用证项下受益人所签发的远期汇票予以承兑，经审单确认与信用证规定相符时，承诺在到期日付款的银行。承兑行可以是开证行本身，也可以是通知行或其他指定的银行。如果承兑行在承兑汇票后倒闭或丧失付款能力，则由开证行承担最终的付款责任。其权利和责任包括：选择权；审核单据以决定是否承兑的权利；承担到期付款的责任。

此外，还有转让行、受让人、重开行等当事人。

二、信用证的支付程序

信用证结算程序包括：在进出口双方订立基础合同，确定以信用证结算的基础之上，再经历以下几个过程：(1) 一般为进口商向当地银行缴纳保证金，申请开立信用证。(2) 开证行接受开证申请人的开证申请书后，必须按规定的内容先指定受益人开立信用证，并将信用证直接邮寄或用电信通知出口地的通知行。(3) 通知行收到信用证后，应立即核对开证行的签字或密押，核对无误后，除留存副本或复印件备查外，必须尽快将信用证转递至受益人。(4) 受益人取得信用证，主要应认真审核信用证中所列条款与买卖合同中所列条款是否相符，如需修改向开证行提交修改申请书，最后按修改后的信用证条款发运货物，开具汇票。(5) 如需投保，则投保后取得保单。(6) 将信用证所规定的全部单据连同汇票、信用证正本（如需修改还需连同修改通知书），在信用证规定的交单有效期内，递交信用证指定的议付行办理议付。(7) 议付行办理议付后，向开证行或其指定的银行（付款行或偿付行）寄单请求偿付。开证行或其指定的银行收到议付行寄来的汇票和单据后，经审核无误，应立即将票款偿付议付行。(8) 开证行将票款偿付议付行后，立即向开证申请人（进口商）提示单据，开证申请人审单无误后，办理付款手续。款项从进口商手中转至开证行手中，单据从开证行手中转至进口商手中。这个过程称为付款赎单。(9) 进口商凭单据（提单）向承运人提取货物。(10) 如有问题，则向保险人索赔。信用证的支付流程见图 8－7。

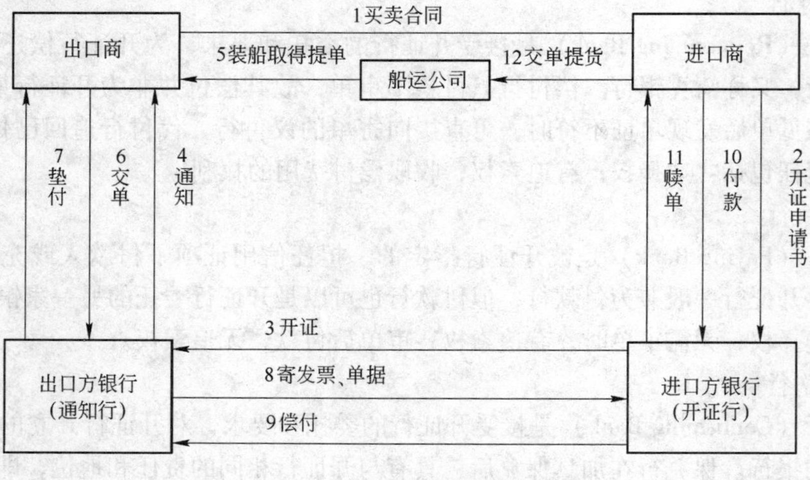

图 8－7 信用证的支付流程图

1—进出口商在贸易合同中（CFR），规定使用信用证方式支付；2—进口商向当地银行提出申请，填写开证申请书，依照合同填写各项规定和要求，并缴纳押金或提供其他保证，请银行（开证行）开证，买卖双方在贸易合同中规定使用跟单信用证支付；3—开证行根据申请书内容，向出口商（受益人）开出信用证，并寄交出口商所在地分行代理行（统称通知行）；4—通知行核对印鉴无误后，将信用证交与出口商；5—出口商审核信用证与合同相符后，按信用证规定装运货物，并获取提单；6—出口商将单据向指定银行（通知行）提交；7—该银行按照信用证审核单据。如单据符合信用证规定，银行将按信用证规定进行支付、承兑或议付；8—开证行以外的银行将单据寄送开证行；9—开证行审核单据无误后，以事先约定的形式，对已按照信用证付款、承兑或议付的银行偿付；10—进口商付款；11—开证行将单据交给进口商；12—进口商凭单取货

三、信用证的主要内容及开立形式

(一) 信用证的主要内容

1. 对信用证相关内容的说明

信用证的主要内容包括开证行名称（Issuing Bank）、开证日期（Date of Issue）、信用证号码（Credit Number）、信用证金额（Available Amount）、有效期（Expiry Date）及到期地点（Credit Available at…）、信用证种类（如不可撤销信用证、即期付款信用证、延期付款信用证、承兑信用证等形式）以及信用证的当事人，如开证申请人（Applicant）、开证行、通知行（Advising Bank）、受益人等。

2. 对货物的要求

信用证中应根据合同对商品规格、数量、单价、包装等进行描述。信用证中在 Description of goods 项下描述。

3. 对汇票的要求

信用证下如使用汇票，则要明确汇票的出票人、受票人、汇票金额及期限等内容。

4. 对运输的要求

信用证中应列明装运地、目的地、装运期限、是否可分批装运、是否可转运及装运期限等内容。信用证中在 transportation terms 项下描述，包括 partial shipment，transshipment，loading in charge，for transport to…，latest date of ship 这些条款。

5. 对单据的要求

信用证中应列明需要的单据，分别说明单据的名称、份数和具体要求。最为重要的单据有商业发票、运输单据、保险单据及其他有关单证（如需卖方提供产地证明、品质证书等）。信用证中在 Documents Required 项下描述。

此外，还包括其他事项，例如开证行对议付行的指示条款；限制由某银行议付、限制某国籍船只转运、装运船只不允许在某港口停靠或不允许采取某航线等特殊条款。

(二) 信用证的开立形式

1. 信开本

信开本（To open by airmail）是指开证银行采用印就的信函格式的信用证，开证后以航空邮寄送通知行。

2. 电开本

电开本（To open by cable、telex，SWIFT）是指开证银行加注密押后以电传、传真、SWIFT 等各种电信方法将信用证条款传达给通知行，请其转知受益人。随着国际电信事业的发展，信开方式已越来越多地被电开以及环球银行金融电信协会（by SWIFT message）的方式所替代。

四、信用证类型

UCP 600 中规定，信用证一经开出，即为不可撤销信用证，因此再没有可撤销与不可撤销信用证之分。根据信用证的性质、期限、流通方式等特点加以划分，常见的信用证形式有以下几种：

(1) 根据是否要求受益人提交单据分为跟单信用证和光票信用证。

1）跟单信用证。跟单信用证（Documentary Credit）是凭跟单汇票或仅凭单据付款的信用证。单据是指代表货物或证明货物已交运的运输单据，如提单、铁路运单、航空运单等。国际贸易中一般使用跟单信用证。

2）光票信用证。光票信用证（Clean Credit）是指凭不附单据的汇票付款的信用证，贸易项下极少使用。

（2）根据信用证有无其他银行保兑可分为保兑信用证和不保兑信用证。

1）保兑信用证。保兑信用证（confirmed L/C）是除了有开证银行确定的付款保证外，还有另一家银行（保兑行）保证对符合信用证条款规定的单据履行付款义务的信用证。保兑信用证上一般有如下文句：We hereby confirm the above mentioned Credit and undertake to honor the drafts drawn in compliance with the terms and conditions of the credit.（我们在此对上述信用证叙做保兑，并承诺对符合信用证条款的汇票付款。）保兑信用证的特点是有开证行和保兑行双重确定的付款承诺。

2）不保兑信用证。不保兑信用证（Unconfirmed L/C）是未经另一家银行加保的信用证。通知行在给受益人的信用证通知中一般会写上：This is merely an advice of credit issued by the above mentioned bank which conveys no engagement on the part of this bank.（这是上述银行所开信用证的通知，我行只通知而不加保证。）不保兑信用证的特点是只有开证行一重确定的付款责任。

（3）根据信用证付款方式，可分为即期付款信用证、承兑付款信用证、延期付款信用证和议付信用证。

即期付款信用证（Sight L/C）规定受益人开立即期汇票、或不需即期汇票仅凭单据即可向指定银行提示请求付款，指定银行需立即付款的信用证。付款行审单付款后无追索权。在实务操作中如属此类信用证，会在“即期付款”项前选中。

即 √by payment at sight by deferred payment at

by acceptance of drafts at by negotiation

承兑付款信用证（Acceptance Credit）是指使用远期汇票的跟单信用证。开证行对于受益人开立以开证行自己为付款人或以其他银行为付款人的远期汇票，在审单无误后，应承担承兑汇票并于到期日承担付款责任。承兑付款信用证常见的表述方法在41C域内注明“DRAFT AT：90 DAYS AFTER SIGHT FOR ACCEPTANCE”（要求开立见票后90天的远期承兑汇票）。具体做法是：受益人开出以开证行或指定银行为受票人的远期汇票，连同商业单据一起交到信用证指定银行；银行收到汇票和单据后，先验单，如单据符合信用证条款，则在汇票正面写上“承兑”字样并签章，然后将汇票交还受益人（出口商），收进单据。待信用证到期时，受益人再向银行提示汇票要求付款，这时银行才付款。银行付款后无追索权。

延期付款信用证（Deferred Payment Credit ）是指远期付款但不要汇票的信用证。在信用证内明确注明“by deferred payment”。延期付款信用证与承兑付款信用证类似，所不同的是受益人不需要出具汇票，只需将符合信用证规定的单据交到指定银行；指定银行在验单无误后收入单据，待信用证到期再行付款。延期付款信用证由于没有汇票，也就没有银行承兑，对于受益人来说明显的不利处在于无法像承兑付款信用证那样去贴现汇票，因此要解决资金周转困难就须找本地银行贷款，而贷款的利率比贴现的利率高，因而出口报价可能比承兑付款信用证要高；但优势是可以合理避免出具汇票缴纳的印花税，节约出口成本。同时，受益人应要求自己所在地的付款行对信用证加具保兑，以保证日后安全收汇。

议付信用证（Negotiable L/C）是指信用证规定由某一银行议付或任何银行都可议付的信用证。指定议付银行的信用证称为限制议付信用证，不指定议付行的议付信用证称为自由议付信用证（freely negotiation credit）。常见表述有“available with any bank in beneficiary country ry negotiation”（由受益人所在国任一银行议付）。

（4）根据信用证是否可转让分为可转让信用证和不可转让信用证。

1）可转让信用证。可转让信用证（Transferable L/C）是指开证申请人标明信用证类别是可转让信用证，经开证行同意并注明“可转让”（“transferable”）字样方可开出可转让信用证。信用证的受益人（第一受益人）可以要求信用证中特别授权的转让银行，将该信用证全部或部分转让给一个或数个受益人（第二受益人）使用的信用证。可转让信用证适用于中间贸易。中间商（作为卖方）与进口商签订买卖合同后，因手中并无货，得再去寻找供货商去买货，此时中间商作为买方，由供货人提供货物直接装运，为了保守商业秘密，中间商不愿进口商与实际的供货商相互联系，所以他不愿进口商直接开证给供货商。因此，中间商要求进口商给他开立可转让信用证，并在他收到信用证后，只要付出少量转让费即可转让给实际供货商，同时赚取转手买卖的利润。因此，中间商是第一受益人，真正的供货商是第二受益人。关于可转让信用证中开证行、转让行与第一受益人、第二受益人涉及的业务处理关系详细阅读《UCP 600》中相关规定。

2）不可转让信用证。不可转让信用证（Non-transferable L/C）是指不能将信用证权力转让给他人使用的信用证。凡信用证未注明“transferable”字样，均为不可转让信用证。

（5）其他形式的信用证。1）循环信用证。循环信用证（Revolving L/C）是指当受益人全部或部分使用完信用证的金额以后，其金额又恢复原金额再被受益人使用，直到达到规定次数或累计总金额为止。通常在进出口买卖双方订立长期合同，分批均匀交货，而且货物比较大宗单一的情况下，进口商为了节省开证手续和费用，即可开立循环信用证。循环信用证在内容上比其他信用证多了一个循环条款，以表明循环方法、次数和总金额。

按金额循环的信用证举例如下：①自动循环（automatic revolving）。每期用完一定金额后，不需等待开证行通知到达后，即可自动恢复到原金额。常见条款有：This credit shall be renewable automatically twice for a period of one month each for an amount of \$ 50000.00 for each period making a total of \$ 150000.00。②非自动循环（non-automatic revolving）。每期用完一定金额后，必须等待开证行通知到达后，才可自动恢复到原金额。常见条款有：This credit shall be renewable after each negotiation only upon receipt of Issuing Bank's advising that the credit may be renewable。③半自动循环（semi-automatic revolving）。每期用完一定金额后若干天内，开证行未提出停止循环使用的通知，自××天起即可自动恢复至原金额。常见条款有：Should the Negotiating Bank not be advised of stopping renewed within 7 days, the unused balance of this credit shall be increase to the original amount on the 8th day after each negotiation.

2）对开信用证。对开信用证（Reciprocal Credit）是以交易双方互为开证申请人和受益人、金额大致相等的信用证。对开信用证中，第一份信用证的开证申请人就是第二份信用证的受益人；反之，第二份信用证的开证申请人就是第一份信用证的受益人。第二份信用证也被称作回头证。第一份信用证的通知行一般就是第二份信用证的开证行。对开信用证广泛用于易货贸易、来料加工贸易、补偿贸易等。

先开的信用证通常有以下条款：This credit shall not be available unless and until the reciprocal credit is established by . . . Bank in favor of . . . for account of. . . 。

对开的信用证常有以下条款：This is a reciprocal credit against. . . Bank Credit No. . . . favoring. . . covering shipment of . . . 。

3）背对背信用证。背对背信用证（Back - to - Back Letter of Credit）主要用于中间商的贸易活动。连接实际供货商和进口商的中间商，作为原始证的受益人请求一家银行以原证为保证，另开一张以实际供货人为受益人的新证，这张新证就是背对背信用证，也称转开信用证。

背对背信用证的特点包括：原始信用证又称为主要信用证，而背对背信用证是第二信用证，两个信用证是独立的信用证，同时并存；背对信用证的开立并非原始信用证申请人和开证行的意旨，而是受益人的意旨；中间商作为原证的受益人称为第一受益人，新证的受益人是真正的供货商，称为第二受益人。第二受益人不能获得原证开证行的付款保证，只能得到背对背开证行的付款保证；开立背对背信用证的银行就是该证的开证行，一经开立，该行就要承担开证行责任。

五、信用证支付条款举例

（1）买方应通过为卖方所接受的银行于装运月份前××天开立并送达卖方。不可撤销即期信用证，有效至装运日后15天在中国议付。（The buyer shall open through a bank acceptable to the seller an Irrevocable Sight Letter of credit to reach the Seller × ×days before the month of shipment, valid for negotiation in China until the 15th days after the date of shipment.）

（2）买方应通过为卖方所接受的银行于装运月份前××天开立并送达卖方，不可撤销见票30天付款的信用证，有效至装运月份后第15天在上海议付。（将 Sight Letter of credit 改为 Letter of credit at 30 days' sight）

六、信用证实务操作的国际惯例及需注意的问题

信用证是国际贸易中使用最普遍的付款方式。2007年正式实施的《UCP 600》，成为国际上普遍接受和使用的统一惯例。条款第1~6条说明 UCP 600 的总则、定义和释义；第7~13条说明当事银行的义务和责任；第14~16条说明单据审核及其处理；第17~28条说明对各种单据的具体规定；第29~37条对其他杂项内容作出说明；第38条关于可转让信用证进行说明；第39条就款项让渡作出说明。

在实务操作中审证的注意事项同时也是选择信用证为支付方式时应注意的问题，具体包括：

（1）信用证以销售合同为基础，但一经开立则独立于销售合同。银行只受信用证的约束，只对信用证负责，只凭完全符合信用证条款的单据付款。信用证是纯单证业务，银行只管单据，不管货物。出口商提交的单据必须和信用证严格相符，否则银行可以拒付。

（2）信用证是否有有效期。信用证是必须有有效期的，信用证的有效期可以晚于装运期，但装运期却不能迟于有效期。如果信用证没有有效期，那么则以装运期来掌握信用证的有效期。

（3）信用证的付款时间是否与合同一致。避免在国外到期；不能“双到期”，即最迟装运日和到期日在同一天。

（4）装运条款是否可办到。到证时间与装运期不能太近。费用条款是否合理：受益人承担开证国以外的银行费用。

（5）信用证的金额币别、货物描述、价格是否与合同一致。商业发票中货物的描述，必须与信用证规定相符，其他单据则可以使用货物统称，但不得与信用证规定的货物描述有抵触。凡“约”、“大概”、“大约”或类似词语，用于信用证金额、数量和单价时，应解释为有关金额、数量或单价不超过10%的增减幅度。

（6）交单的期限是否合理。信用证除规定一个交单日期外，凡要求提交运输单据的信用证还须规定一个在装运日后按信用证规定必须交单的特定期限。如未规定该期限，银行将不接受迟于装运日期后21天提交的单据，但无论如何，提交单据不得迟于信用证的到期日。

（7）注意识别信用证中是否有软条款及应对方法。

1）出于诈骗目的的信用证软条款。这种情况往往是开证申请人要求受益人预付履约保证金、开证押金、佣金或质保金给买方指定代表或中介人。买方收到预付款项，即可利用信用证中规定的软条款逃避付款责任。

防范措施有：尽量要求开证申请人从资信良好的银行开证，并且在收到信用证后要认真审核，一旦发现这类软条款要立即要求开证申请人修改；调查开证申请人的资信状况，力图弄清其规定上述条款的真实意图。出口公司应注意对任何要求我方预付款项的合同提高警惕，尽量不要作出这样的规定，以免误中对方圈套。如果出口企业签订了此类合同，接受了预付款项条款，要采取相应的防范措施，如要求买方开立预付款备用信用证，用于担保买方对出口方预付金所应承担的责任和义务。

2）买方完全掌握信用证主动权的软条款。这种情况一般发生在开证申请人为中间商的时候。开证申请人一方面要控制货源；另一方面可能又无法及时联系好下家客户或害怕下家客户临时毁约，因此在信用证中规定了软条款以便自己灵活掌握。一旦市场对自己不利，即可利用信用证中的软条款免除在信用证项下的付款义务。①信用证暂不生效的规定。如 This credit is non－operative unless the name of carrying vessel has been approved by applicant and to be advised by L/C opening bank inform of an L/C amendment to beneficiary.（本证尚未生效，除非运输船名已被申请人认可并由开证行以修改书形式通知受益人。）按照正常情况，受益人收到的信用证应该是已生效的信用证，但是这类信用证暂不生效，待到货样经开证申请人确认后再通知生效，或待进口许可证签发后再通知生效，或由开证行签发通知后生效。这类软条款的本质是：信用证必须满足申请人提出的某些条件后才生效。这样，开证申请人完全掌握了信用证的主动权。②收到开证行批示方可装运的规定。开证申请人常针对货物装运规定此类软条款，常见的几种有：规定装运港、装运日期和目的港须由开证申请人通知或须其同意，并以修改书形式通知；规定船公司、船名须由开证申请人指定；规定受益人只有取得开证申请人指定验货人签发的装船通知后才能装船；规定受益人必须提供指定船公司出具的提单或货物必须装上指定船只。这类软条款使得开证申请人掌握了货物是否装船、何时装船的主动权，使受益人陷于两难境地，一方面不能不准备发货，另一方面又无法掌握发货日期，随时可能造成信用证逾期。

防范措施有：交易前必须对对方进行资信调查，选择可靠的交易伙伴，尤其在知道对方为中间商时，对其经济实力和履约能力更应着重了解。要注意在这种软条款信用证下，不要为买方定样生产。正常货物买方如果拒收，还可转售他人来减少损失；而定样生产的商品，一旦买方不愿意接受，货物只能白白堆在仓库里，损失惨重。要督促买方尽快使信用证生效或者及时发出装船通知，在信用证生效之前不要办理装运，要控制货物所有权以免遭受更大损失。

3）开证申请人为控制货物质量开立的软条款。信用证里列明规定开证申请人出具检验证明的软条款，是为了在货物质量和交货时间上限制卖方。如信用证中规定：two copies of inspection certificate issued by ×× international（HK）LTD and sighed by a representative attesting to quality，quantity and order specification（要求提供两份香港××国际公司代表签署的检验报告副本，证明产品的质量、数量和规定均符合订货要求。）一旦买方不想要这批货了，他的验货人可以故意挑剔说买方的货物不合格而拒签检验报告，或者买方索性根本就不派人来检验，使卖方无法备齐信用证要求的单据而遭受银行拒付。但在某些行业，如服装出口，买方验货合格才能装运已是行业公认的通常做法。对于这样的情况，卖方在接受验货条款时，需注意以下几点：①这种信用证项下的出口货物不但不能延期交货，而且还要适当提前至少一周左右的时间，以防验货的代表有其他事务缠身而耽搁了验货签字的时间。卖方一定要提前和验货代表约好确定的时间和地点，以便他事先做好行程安排，并且提前交货。一旦货物出现问题还有时间补救，不至于耽搁船期。②一定要争取装运前检验，对于要求目的港检验的条款应慎重接受。在装运港验货一旦有货物质量不符合要求可以迅速调换，而货到目的港后再出现质量问题卖方无法补救。③如果卖方的货物不是自己生产的而是从其他生产厂家采购时，要注意把货物运离生产厂家之后再让验货代表检验，以免失去客户。

第四节　银行保函与备用信用证

在国际贸易业务中，当买卖双方不便使用跟单信用证，而一方当事人担心对方不履行合同义务时，通常要求对方通过银行出具银行保证书或者备用信用证。银行保函和备用信用证都是银行开立的保证文件，均属于银行信用，它们不仅适用于一般的货物买卖，同时也适用于国际劳务承包、项目融资等有关的国际经济合作业务。

一、银行保函

（一）含义

银行保函（Banker's Letter of Guarantee，L/G），又称保证书，是指由银行或其他金融机构作为担保人向受益人开立的承担付款责任的一种担保凭证，一旦申请人未按其与受益人签订的合同的约定偿还债务或履行约定义务时，银行根据保函的规定承担绝对付款责任。银行保函是依据商务合同开出，但又不依附于商务合同，具有独立的法律效力；同时，银行信用作为保证，易于合同双方接受。

（二）银行保函的内容

银行保函的内容根据交易的不同而有所不同，但通常包括以下内容：（1）基本栏目。包括：保函的编号，开立日期，各当事人的名称、地址，有关交易或项目的名称，有关合同或标书的编号和订约或签发日期等。(2)责任条款，即开立保函的银行或其他金融机构在保函中承诺的责任条款，这是构成银行保函的主体。(3)保证金额，是开立保函的银行或其他金融机构所承担责任的最高金额，可以是一个具体的金额，也可以是合同有关金额的某个百分率。如果担保人可以按委托人履行合同的程度减免责任，则必须作出具体说明。(4)有效期，即最迟的索赔日期，或称到期日，它既可以是一个具体的日期，也可以是在某一行为或某一事件发生后的一个时期。例如：在交货后 3 个月、工程结束后 30 天到期等。(5)索偿条款，是指受益人在何种情况下可向开立保函的银行提出索赔。对此，国际上有两种不同的处理方法：一种是无条件的或称“见索赔偿”保函，是不可撤销的文件；另一种是有条件的保函。

“见索赔偿”保函索偿时，受益人只需提示书面请求和保函中所规定的单据，担保人付款的唯一依据是单据，而不能是某一事实。担保人与保函所可能依据的合约无关，也不受其约束。以上规定表明，担保人所承担的责任是第一性的、直接的付款责任。

(三) 银行保函的惯例

银行保函遵循的惯例是《见索即付保函统一规则 2010》(The Uniform Rules for Demand Guarantees ICC Publication No. 758. 2010 Edition)，国际商会第 758 号出版物，简称 URDG 758，是国际商会在 URDG 458 (Uniform Rules for Demand Guarantees, ICC Publication No. 458. 1992 Edition，国际商会第 458 号出版物)基础上，借鉴近年来保函及相关业务实践发展经验，引入全新的术语体系修订的，2009 年 12 月 3 日公布，已于 2010 年 7 月 1 日正式实施。

(四) 银行保函的当事人

1. 委托人

委托人 (Applicant) 即申请人是要求银行开立保证书的一方。

2. 受益人 (Beneficiary)

受益人是收到保证书并凭此向银行索偿的一方。

3. 担保人

担保人 (Guarantee) 即保证人是开立保函的银行或其他金融机构。

4. 通知行

通知行 (Advising Bank) 是根据担保人的要求将保函通知给受益人的银行，通常为受益人所在地银行。担保人一般与通知行是代理关系，但通知行不承担任何经济赔偿责任。

5. 保兑行

保兑行 (Confirming Bank) 是在担保人出具的保函上加以保证兑付的银行。保兑行只在担保人不履行担保义务时才向受益人赔付。

此外，还有转开行 (Reissuing Bank) 和反担保行 (Counter Guarantor) 等当事人。

(五) 银行保函的基本支付程序

银行保函的基本支付程序：(1)申请人与受益人签订货物买卖或工程项目合同，并约定由第三方出面担保；(2)申请人填写开立保函申请书并签章、提交保函的背景资料，包括合同、有关部门的批准文件、企业近期财务报表和其他有关证明文件等文件，请担保人出具担保；(3)由银行审核申请人资信情况、履约能力、项目可行性、保函条款及担保、质押或抵押情况后，开出保函；(4)申请人对受益人违约；(5)受益人向担保人提出索赔；（6）担保人查清违约事实后，兑现其担保承诺，赔付担保金额。

（六）银行保函的种类

银行保函在实际业务中使用的范围很广，不仅适用于货物的买卖，还广泛地适用于其他国际经济合作领域。例如，在国际工程承包、招标与投标中均有使用。银行保函按其用途可分为以下几种。

1. 履约保函

在一般货物进出口交易中，履约保函（Performance Guarantee）又可分为进口履约保函和出口履约保函。进口履约保函是指担保人应申请人（进口人）的申请开给受益人（出口人）的保证承诺。保函规定，如出口人按期交货后，进口人未按合同规定付款，则由担保人负责偿还。这种履约保函对出口人来说，是一种简便、及时和确定的保障。出口履约保函是指担保人应申请人（出口人）的申请开给受益人（进口人）的保证承诺。保函规定，如出口人未能按合同规定交货，担保人负责赔偿进口人的损失。这种履约保函对进口人有一定的保障。

2. 预付款保函

预付款保函（Repayment Guarantee）又称定金保函或还款保函，是指担保人应合同一方当事人的申请，向合同另一方当事人开立的保函。保函规定，如申请人不履行他与受益人订立合同的义务，不将受益人预付或支付的款项退还或还款给受益人，担保人向受益人退还或支付款项。

除上述两种保函外，还可根据其他功能和用途的不同，分为其他种类的保函，如投标保函、补偿贸易保函、来料加工保函、技术引进保函、维修保函、融资租赁保函、借款保函等。

二、备用信用证

（一）备用信用证含义及性质

备用信用证（Standby L/C）又称保证信用证，在《国际备用信用证惯例》（International Standby Practices，简称 ISP 98，为国际商会第 590 号出版物，并已于 1999 年 1 月 1 日起正式实施）中简称为备用证，是指不以清偿商品交易的价款为目的，而以贷款融资，或担保债务偿还为目的所开立的信用证。在备用信用证中，开证行保证在开证申请人未能履行其应履行的义务时，受益人只要凭备用信用证的规定向开证行开具汇票，并随附开证申请人未履行义务的声明或证明文件即可得到开证行偿付。备用信用证是不可撤销的、独立、跟单的及具有约束力的承诺。

备用信用证属于银行信用，开证行对受益人保证，在开证申请人未履行其义务时，即由开证行付款。因此，备用信用证对受益人来说是备用于开证申请人发生毁约时，取得补偿的一种方式。如果开证申请人按期履行合同的义务，受益人就无需要求开证行在备用信用证项下支付货款或赔款。这就是“备用”的由来。

（二）备用信用证当事人

1. 申请人

申请人（Applicant）指向银行提交申请书申请开立备用信用证的人。

2. 开证人（Opener）

接受申请人的委托，对受益人开立的按照备用信用证的规定承担某项义务的人。ISP

98 中规定开证人可以为自己开立备用证，即双名备用证。

3. 受益人

受益人（Beneficiary）指备用信用证上所指定的有权使用该证的人。

4. 保兑人

保兑人（Confirmer）指应开证人或受益人的请求在备用信用证上加批保证兑付备用信用证的银行。按照 ISP 98 的规定，备用证的保兑人必须有开证人指定。

（三）备用信用证的种类

备用信用证一般用在投标、技术贸易、补偿贸易的履约保证、预付货款和赊销等业务中，也用于带有融资性质的还款保证、履约保证金的担保业务。根据在基础交易中备用信用证的不同作用主要可分为以下 8 类：（1）履约保证备用信用证（Performance Standby L/C），用于担保履行责任而非担保付款，包括对申请人在基础交易中违约所造成的损失进行赔偿的保证。在履约备用证有效期内如发生申请人违反合同的情况，开证人将根据受益人提交的符合备用信用证的单据代申请人赔偿合同或保函规定的金额。（2）投标备用信用证（Tender Standby L/C），它用于担保申请人中标后执行合同义务和责任，若投标人未能履行合同，开证人必须按备用信用证的规定向受益人履行赔款义务。投标备用信用证的金额一般为投保报价的 1% ~5%（具体比例视招标文件规定而定）。（3）预付款保证备用信用证（Advance Payment Standby L/C），用于担保申请人对受益人的预付款所应承担的义务和责任。这种备用信用证通常用于国际工程承包项目中业主向承包人支付的合同总价 10% ~25% 的工程预付款，以及进出口贸易中进口商向出口商支付的预付款。（4）直接付款备用信用证（Direct Payment Standby L/C），用于担保到期付款，尤指到期没有任何违约时支付本金和利息。其已经突破了备用信用证备而不用的传统担保性质，主要用于担保企业发行债券或订立债务契约时的到期支付本息义务。（5）反担保备用信用证（Counter Standby L/C），又称对开备用信用证，它是指反担保备用信用证受益人所开立的另外的备用信用证或其他承诺。（6）融资保证备用信用证（Financial Standby L/C），保证付款义务的履行，包括对借款的偿还义务的任何证明性文件，广泛用于国际信贷融资安排。境外投资企业可通过此信用证获得东道国的信贷资金支持。目前外商投资企业用以抵押人民币贷款的备用信用证就属于融资保证备用信用证。（7）保险备用信用证（Insurance Standby L/C），支持申请人的保险或再保险义务。（8）商业备用信用证（Commercial Standby L/C），开证行应开证申请人的请求，对受益人开立的承诺某些义务的凭证。如在开证申请人未按时履约或未按时偿还货款的情况下，开证行负责偿还货款或承担有关责任。如开证申请人如期履行义务，则该信用证失效。

三、银行保函和备用信用证的异同

在国际贸易中，以银行信用为基础、以出口商为委托申请人、以进口商为受益人的备用信用证与银行保证函正被广泛大量地使用，两者在促进对外贸易、提高出口商偿付能力、保证进口商获取利益方面具有共同作用。

（一）银行保函和备用信用证的相同之处

银行保函和备用信用证的相同之处：（1）均是银行开立的书面保证，承诺对其提交的在表面上符合条款规定的书面索赔声明或其他单据予以付款；都是以银行信用代替或补充商业信用；基本当事人基本相同。(2) 目的相同。这两种方式都是国际担保的重要形式。在国际贸易中，交易当事人往往要求提供各种担保，以确保债务的履行，如招标交易的中的投标担保、履约担保、设备贸易的预付款还款担保等，这些担保都可通过银行保函或备用信用证的形式实现。(3) 性质相同。国际贸易中的银行保函大多是见索即付保函，它与备用信用证在性质上一样。担保银行和开证行的担保或付款责任都是第一性的；一经开立则独立于基础合同；是纯粹的单据交易，担保人或开证行对受益人的索赔要求是基于保函和备用信用证条款规定的单据，即凭单付款；两者都可以备而不用，不一定需要付款。

(二) 银行保函和备用信用证的不同之处

银行保函和备用信用证的不同之处：(1) 与基础合同的关系不同。保函在性质上有从属性保函和独立性保函之分。备用信用证作为信用证的一种形式，并无从属性与独立性之分，它具有信用证的"独立性、自足性、纯粹单据交易"的特点，开证行只根据信用证条款与条件来决定是否偿付，而与基础合约无关。(2) 两者的责任承担不同。备用信用证承担第一性的付款责任，在有效期内当开证申请人未履行约定的义务，受益人有权开具汇票(也可不开具汇票) 随附关于开证申请人不履约的书面声明或证件向开证行或议付行要求付款。而银行保函则具备第一性或第二性这两种付款责任，在不可撤销连带责任担保条件下，开证行承担的是第一性的付款责任，受益人有权凭自己或第三者签发的证明（或说明）委托人未履行约定义务的声明书或证明书或仅凭汇票向开证行索偿；在一般担保条件下，开证行承担的是第二性付款责任，开证行有权就委托人是否履约情况展开调查，在证实委托人确未履约后才予以偿付。(3) 两者适用的国际惯例不同。银行保函则适用国际商会制定的《合约保证统一规则》和《见索即付保函统一规则》，而备用信用证适用国际商会制定的《跟单信用证统一惯例》和《国际备用信用证统一惯例》，信用证各方当事人的权利、责任及术语、条款约定均受其约束。(4) 开立方式不同。《跟单信用证统一惯例》规定备用信用证的开立，开证行通过受益人当地的代理行（通知行）转告受益人，通知行需审核信用证的表面真实性。而《见索即付保函统一规则》对通知行没有作出规定，保函可以由担保行或委托人直接递交受益人。(5) 兑付方式不同。备用信用证可在即期付款、延期付款、承兑、议付这四种方式中规定一种作为兑付方式；而银行保函的兑现方式为付款。相应地，备用信用证可指定议付行、付款行等，受益人可在当地交单议付或取得付款；保函往往只有担保行，受益人应该向担保行索偿。(6) 融资作用不同。备用信用证适用于各种用途的融资：申请人可以其为担保取得信贷；受益人在备用信用证项下的汇票可以议付，以备用信用证作为抵押可取得打包贷款。另外，银行可以没有申请人而自行开立备用信用证，供受益人在需要时取得款项。而银行保函除了借款保函的目的是以银行信用帮助申请人取得借款外，不具有融资功能，而且不能在没有申请人的情况下由银行自行开立。

第五节　福　费　廷

福费廷产生于20 世纪40 年代中后期，由瑞士苏黎世银行协会首创。当时欧洲饱受战争蹂躏，物资短缺，而美国却因向盟国出售军火和军用物资大发战争财，国力强盛，一跃而为世界之首。为重建欧洲，各国大量采购物资，尤其是东欧国家需要向美国大量购买谷物，但又缺乏外汇而需要美国给予融资。因此，金融界负有盛名的瑞士信贷银行（Credit

Suisse）专门成立了苏黎世融资公司（ Franz AG Zurich），率先经营福费廷业务。虽然福费廷业务起源于消费性物资交易，但是人们发现这种融资方式更适合资本性货物贸易，由此福费廷业务开始推广。

一、定义

福费廷（Forfaiting），又称买断，是银行根据出口商（信用证受益人）或其他金融机构的要求，无追索权地买断经开证行或其他指定银行承兑的未到期汇票和承付的未到期债权，从而给出口商提供融资。该融资方式可用于出口后融资、出口前融资、结构性贸易融资和项目融资。

二、福费廷的基本当事人

福费廷的基本当事人为出口商、进口商、包买商、担保行（常为进口商所在地的银行）。大的福费廷业务可由几个包买商形成包买商辛迪加，共同从事大笔业务。

福费廷业务的债务工具中，汇票在出售给包买商的过程中，一定要背书注明“免受追索”，只有这样，才能达到出口商彻底转移风险的目的；本票（由进口商签发）不存在这个问题，因此，实务中常用本票。债权凭证必须由包买商接受的银行或其他机构无条件地、不可撤销地进行保付或提供独立的担保。担保行通常可采取出具保函或在票据上背书保证，即担保银行在已承兑的汇票或本票上加注“Per Aval”字样，并签上担保银行的名字，从而构成担保银行不可撤销的保付责任，后一种情况较为常用。

三、福费廷业务流程

福费廷业务流程见图8－8。

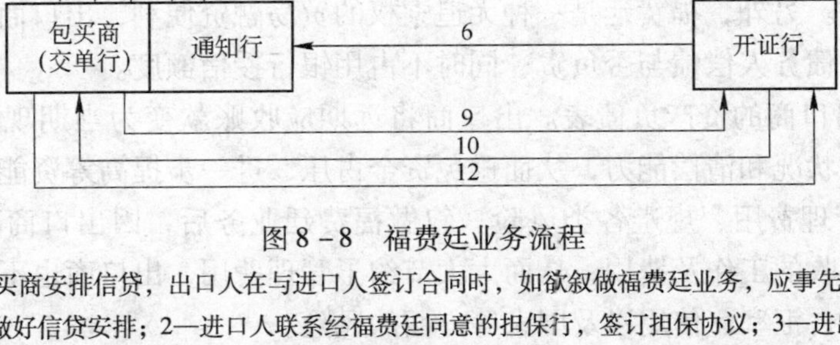

图8－8 福费廷业务流程

1—出口人联系包买商安排信贷，出口人在与进口人签订合同时，如欲叙做福费廷业务，应事先和在出口地的包买商取得联系，以便做好信贷安排；2—进口人联系经福费廷同意的担保行，签订担保协议；3—进出口双方签订交易合同，按中长期的信用证方式付款；4—出口人与包买商签订包买协议，规定有关权利和义务；5—进口人向一家包买商同意的进口地银行申请开立信用证；6—开证行开出信用证；7—出口地的通知行向出口人通知信用证；8—出口人按信用证条款发货、制单并向出口地的银行交单；9—出口地的银行（一般是交单行）向开证行寄单；10—开证行对出口人的远期汇票承兑并通知出口地的寄单行；11—包买商向出口人作无追索权的付款，买入出口人签发的经开证行承兑的汇票，出口人则必须放弃对所出售债权凭证的一切权益；12—包买商于付款到期日向开证行作付款请求，开证行付款

四、福费廷的特点及适用对象

（一）福费廷的特点

1. 高风险、高收益

福费廷业务是一项高风险、高收益的业务，对银行来说，可带来可观的收益，但风险也较大。因此，银行做这种业务时，关键是必须选择资信十分好的进口地银行。

2. 无追索权的中长期融资方式

出口商的一切风险、责任和费用在其向包买商提交符合约定条件的单据及相关凭证，获得票款后即消灭。但福费廷业务项下银行对出口商放弃追索权的前提条件是出口商所出售的债权是合法有效的。因此，银行通常在与出口商签订的福费廷业务协议中约定，如因法院止付令、冻结令等司法命令而使该行未能按期收到债务人或承兑/承付/保付银行的付款，或有证据表明出口商出售给该行的不是源于正当交易的有效票据或债权时，银行对出口商保留追索权。

（二）福费廷适用对象

由于福费廷业务主要提供中长期贸易融资，所以从期限上来讲，资本性物资的交易更适合福费廷业务。有进出口经营权并具备独立法人资格的企业在以下情况适合叙做福费廷交易：为改善财务报表，需将出口应收账款从资产负债表中彻底剔除；应收账款收回前遇到其他投资机会，且预期收益高于福费廷全部收费；应收账款收回前遇到资金周转困难，且不愿接受带追索权的融资形式或占用宝贵的银行授信额度。

五、福费廷业务对进出口双方的好处

（一）福费廷对出口商的好处

（1）增强出口商的市场竞争优势，增加贸易机会。出口商能以延期付款的条件促成与进口商的交易，避免因进口商资金紧缺无法开展贸易的局面产生。

（2）获得融资便利。出口商与进口商签订出口合同后，出口商将得到福费廷融资上的融资承诺。出口商发货，进口银行承兑，福费廷融资商即可将应收款项贴现给出口商。而在发货前，出口商可凭福费廷融资商的融资承诺，向其主办银行申请短期贷款，贴现后再偿还银行贷款。另外，福费廷是一种无追索权的贸易融资便利，出口商一旦取得融资款项，就不必再对债务人偿债与否负责；同时不占用银行授信额度。

（3）改善出口商的资产负债表。出口商将远期应收账款变为当期现金流入，有利于出口商改善财务状况和清偿能力，从而避免资金占压，进一步提高筹资能力。

（4）节约管理费用、规避各类风险。叙做福费廷业务后，因出口商不再承担资产管理和应收账款回收的工作及费用，从而大大节约了管理费用，出口商也不再承担远期收款可能产生的利率、汇率、信用以及国家等方面的风险。

（5）提前办理退税。办理福费廷业务后出口商可立即办理外汇核销及出口退税手续，进一步加速了现金流动。

（6）实现价格转移。可以提前了解包买商的报价并将相应的成本转移到价格中去，从而规避融资成本。福费廷合同一经签订，客户的业务成本即可锁定。

（二）福费廷对进口商的好处

（1）获得中长期贸易融资便利。出口商应同意向进口商提供期限为6个月至5年甚至更长期限的贸易融资；同意进口商以分期付款的方式支付货款，以满足福费廷业务需要，减轻进口商的现金支付压力。

（2）便于财务成本管理。将付款期限与预计销售收入相匹配，方便财务成本管理。

第六节　国际保理与出口信用保险

保理在中国的金融市场上还是一种新的业务，中国银行于1992年在国内率先推出国际保理业务。1993年，中国银行加入国际保理商联合会（Factors Chain International, FCI）。FCI是目前国际上最有影响力也是最大的国际保理业务组织。FCI现有140多家成员，遍布世界近50个国家和地区，大多数是世界著名大银行或其他金融机构的附属保理公司。1994年，FCI启用了保理电子数据交换系统，实现了成员间的电子数据交换，使各成员间的信息传递完全通过计算机网络进行，大大提高了业务处理速度。

出口信用保险（Export Credit Insurance）属于保险范围，但由于该险种与国际贸易收付密切相关，在此一并介绍。

一、国际保理

在出口业务中，出口商经常面临巨大的市场竞争压力，为了扩大市场会采用赊销结算方式，因此出口商不得不面对进口商的清偿能力风险，国际收账的困难以及资金周转的问题，而保理业务可较好地避免或减少收汇风险。

（一）含义

国际保付代理（International Factoring）简称国际保理，是指在国际贸易中出口方以赊销（O/A）、承兑交单（D/A）等信用方式向进口方销售货物时，由出口保理商和进口保理商共同提供的一项集资信调查、应收账款催收与管理、信用风险承担和贸易融资等于一体的综合性金融服务。因此，在中国台湾地区称为“国际应收账款管理服务”、“应收账款收买业务”或“账务代理”；在中国香港地区称为“出口销售保管服务”等。其中，对出口商特别重要的是提供资金融通服务，出口商可将进出口贸易产生的应收账款的债权转让给银行及相关的金融机构，提前获得发票金额一定比例的融资款，由银行或金融机构来承担进口商的信用风险。

（二）保理业务的当事人及业务流程

国际保理业务涉及的当事人包括出口商、进口商、出口保理商和进口保理商。进行此项业务时，需要担保收款的出口商必须先与出口地保理商联系，将准备达成的买卖合同内容和进口人的名称地址告知保理商，在得到其认可并与其签订保理协议后，方可在协议规定的额度内与进口人正式订立买卖合同。买卖合同订立后，出口人即可按照买卖合同规定发运货物，并向出口保理商提交发票、汇票、提单等有关单据，再由出口保理商通过在进口地的保理商向进口人收款。进口地保理商则应随时通过出口地保理商向出口人报告收款情况，并将收到的货款及时拨交出口人。如进口人不能按时付款或拒付，保理商应负责追偿和索赔，并负责按协议约定的时间向出口人支付。此项支付是无追索权的。保理业务所有往来均受国际保理联合会颁布的《国际保理管理规则》的约束。具体的业务流程如图8-9所示。

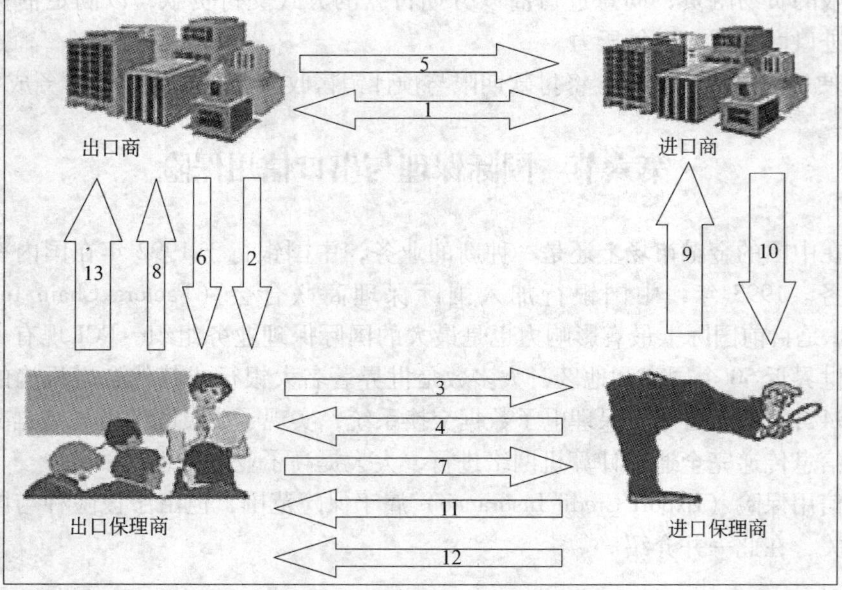

图8-9 保理业务流程图

1—出口方与进口方正式达成交易合同（付款期限一般在180天以内）；2—出口商向出口保理商申请办理出口保理业务，提供出口保理商要求的资料；3—出口保理商将资料整理后转送进口商所在国内的经选定的进口保理商；4—进口保理商对进口商的资信进行调查和评估，确定进口商的信用额度，并将调查结果及可提供信用额度的建议通知出口保理商；5—如果进口商同意购买出口商的商品或服务；出口商开始供货，并将附有转让条款的发票寄送进口商；6—出口商将发票副本交出口保理商；7—出口保理商通知进口保理商有关发票详情；8—如出口商有融资需求，出口保理商付给出口商不超过发票金额的80%的融资款；9—进口保理商于发票到期日前若干天开始向进口商催收；10—进口商于发票到期日向进口保理商付款；11—进口保理商将款项付给出口保理商；12—如果进口商在发票到期日90天后仍未付款，进口保理商做担保付款；13—出口保理商扣除融资本息（如有）及费用，将余额付出口商

（三）国际保理业务的优势

国际保理业务能为出口商和进口商带来各方面的收益，优点如下。

1. 简化手续

对出口商而言，免除了一般信用证的繁琐手续；对进口商而言，免开信用证，减少资金占用，而保理业务在批准信用额度后，购买手续简化，进货快捷。

2. 节约成本

对出口商而言，前期的资信调查工作由保理商来做，当应收账款到期时，银行会通过国外的合作的金融机构提醒进口商支付货款，可帮助出口商进行销售账户管理、完成繁杂的应收账款催收和对账工作，并为企业即时提供经营管理所需的有关应收账款信息并对买方付款情况进行分析，进而节省出口商因催款所需花费的各项成本，同时可避免出口商与进口商之间因催收货款而发生不愉快，影响后续的交易；对进口商而言，省却了开信用证和处理繁杂文件的费用。

3. 风险保障

对出口商而言，当进口商破产、倒闭或无力支付货款时，银行会在约定期限内代偿货款，帮助出口商承担信用交易风险，出口商可确保收汇安全，且资信调查为卖方的商业决策提供依据。对进口商而言，单纯凭借公司的信誉和良好的财务表现而获得卖方的信贷，无须抵押。

针对出口商的一些情况适宜办理国际保理服务，例如因部分海外进口商不能或不愿开出信用证，致使出口交易不能达成，限制了出口量的提高；部分现有进口商因出口商不愿提供信用付款方式而转往其他供应商；准备采用信用付款方式，但对海外进口商的财务信用存有疑虑；希望解除账务管理和应收账款追收烦恼的情况。

（四）国际保理业务的特点

国际保理业务的特点大致有以下几点：（1）坚持以客户资信作为掌握保理业务的依据。国外客户的资信条件和经营作风是决定一笔进出口贸易以及相关的保理业务成败的关键所在。保理机构对客户的资情调查必须认真细致，调研资料应当能真实反映客户的状况。（2）核实“买方信用额度”是减轻风险的科学依据。业务的规模应当同进口方的资信条件、支付条件相适应，保理商根据出口方提出的“信用额度申请书”，经过对进口方资信进行充分调研后，核实“买方信用额度”是保理业务顺利开展的基础，超过限度的业务将会被保理商有效制止。（3）为进口贸易提供综合性的金融服务。保理业务是一项集商业资信调查、应收账款管理、信用风险担保及贸易融资于一体的新兴综合性金融服务。采用保理对出口人来说作用明显，有助于出口方识别客户资信，可以放手成交，增加交易机会，且有助于加速资金周转。对于进口方而言，省去了开立信用证和处理繁杂文件的费用，在进口保理商的监督下，进口方为维护其信誉，降低了违约的可能。

（五）国际保理业务的种类

由于各个国家和地区的商业交易习惯及法律法规的不同，各国办理国际保理业务的内容以及做法也不同。根据保理业务的性质、服务内容、付款条件、融资状况等方面存在的差异，可以将保理业务进行以下分类。

1. 根据提供预付融资与否分类

根据保理商对出口商提供预付融资与否，分为融资保理（Financial Factoring）和到期保理（Maturity Factoring）。融资保理又称预支保理，是一种预支应收账款业务。当出口商将代表应收账款的票据交给保理商时，保理商立即以预付款方式向出口商提供不超过应收账款80%的融资，剩余20%的应收账款待保理商向债务人（进口商）收取全部货款后，再行清算，这是比较典型的保理方式。到期保理是指保理商在收到出口商提交的、代表应收账款的销售发票等单据时并不向出口商提供融资，而是在单据到期后，向出口商支付货款。

2. 根据保理商公开与否分类

根据保理商是否公开，也即销售货款是否直接付给保理商，分为公开型保理（Disclosed Factoring）和隐蔽型保理（Undisclosed Factoring）。公开型保理是指出口商必须以书面形式将保理商的参与通知进口商，并指示他们将货款直接付给保理商。国际保理业务多是公开型的。隐蔽型保理是指保理商的参与是对外保密的，进口商并不知晓，货款仍由进口商直接付给出口商。这种保理方式往往是出口商为了避免让他人得知自己因流动资金不足而转让应收账款，并不将保理商的参与通知给买方，货款到期时仍由出口商出面催收，再向保理商偿还预付款。至于融资与有关费用的清算，则在保理商与出口商之间直接进行。

3. 根据保理商是否保留追索权分类

根据保理商是否保留追索权，分为无追索权保理（Non－recourse Factoring）和有追索权保理（Recourse Factoring）。在无追索权保理中，保理商根据出口商提供的名单进行资信调查，并为每个客户核对相应的信用额度，在已核定的信用额度内为出口商提供坏账担保。出口商在有关信用额度内的销售，因为已得到保理商的核准，所以保理商对这部分应收账款的收购没有追索权。由于债务人资信问题所造成的呆账、坏账损失均由保理商承担。国际保理业务大多是这类无追索权保理。有追索权保理中，保理商不负责审核买方资信，不确定信用额度，不提供坏账担保，只提供包括贸易融资在内的其他服务。如果因债务人清偿能力不足而形成呆账、坏账，保理商有权向出口商追索。

4. 根据保理业务涉及的多少人不同分类

在实务中，意义最大的分类是根据保理业务涉及的当事人不同，把保理业务分为单保理商模式（Single Factor System）和双保理商模式（Two－factor System）。这种类型区分直接影响到保理业务的流程和当事人的权利义务。

单保理是指仅涉及一方保理商的保理方式。如在直接进口保理方式中，出口商与进口保理商进行业务往来；而在直接出口保理方式中，出口商与出口保理商进行业务往来。涉及买卖双方保理商的保理方式则称为双保理。国际保理业务中一般采用双保理方式，即出口商委托本国出口保理商，本国出口保理商再从进口国的保理商中选择进口保理商。进出口国两个保理商之间签订代理协议，整个业务过程中，进出口双方只需与各自的保理商进行往来。

在国际保理业务中，通常把保理商分为进口保理商和出口保理商。顾名思义，位于进口方所在地的保理商称为进口保理商；位于出口方所在地的保理商称为出口保理商。所谓的双保理商模式，就是涉及进出口双方保理商的保理业务模式。在这种模式下，出口商和出口保理商签订保理协议，将其在国外的应收账款转让给出口保理商，而由出口保理商与进口保理商签订代理协议，向进口保理商转让有关的应收账款，并且委托进口保理商直接与进口商联系收款，同时由进口保理商提供坏账担保、债款催收和销售额度核定等服务。

需要注意的是，如果出口保理商是国际保理商联合会的会员，则进口保理商也必须是该会会员。国际保理商协会颁布的《国际保理业务惯例规则》是规范国际保理业务的重要国际惯例，出口保理商和进口保理商之间签订的代理协议就是以这个规则为基础的。在双保理商模式下，无论是出口商还是进口商，都只需要与其本国的保理商进行联系即可，这样就避免了法律、商业习惯和语言等方面可能存在的差异，有利于降低成本、提高工作效率。目前，在欧洲和北美开展的国际保理业务中，大多数采用双保理商模式。只涉及一方保理商的国际保理商业务是单保理商模式，通常适用于进出口双方中有一方没有保理商的情况。单保理商模式又可以分为直接进口保理商形式（Direct Import Factor System）和间接出口保理商形式（Indirect Export Factor System）。直接进口保理商形式下，由出口商与进口保理商进行联系，这种形式多用于出口方的客户集中在某一个国家或地区的情况。在更为常见的间接出口保理商形式下，则由出口方与本国的出口保理商联系。总的来说，单保理商模式是国际贸易运用保理业务比较早期时的产物，现在主要适用于国内保理业务。随着国际保理业务的发展和保理商业务水平的提高，单保理商模式已逐渐为双保理商模式所取代。

（六）国际保理业务的品种

1. 出口保理

为出口商的出口赊销提供贸易融资、销售分户账管理、账款催收和坏账担保等服务。

2. 进口保理

为进口商利用赊销方式进口货物向出口商提供信用风险控制和坏账担保。

3. 国内保理

（1）应收账款买断。以买断客户的应收账款为基础，为客户提供包括贸易融资、销售分户账管理、应收账款的催收和信用风险控制及坏账担保等服务。

（2）应收账款收购及代收。以保留追索权的收购客户应收账款为基础，为客户提供贸易融资、销售分户账管理、应收账款的催收等三项服务。

（七）国际保理业务与福费廷业务的比较

保付代理业务与福费廷虽然都是由出口商向银行买断汇票或期票，银行不能对出口商行使追索权，但是，两者之间是有区别。表 8－1 列明了二者之间的异同。（1）保付代理业务一般多在中小企业之间进行。成交的多系一般进出口商品，交易金额不大，付款期限在 1 年以下；而福费廷业务，成交的商品为大型设备，交易金额大，付款期限长，并在较大的企业间进行。（2）保付代理业务不须进口商所在地的银行对汇票的支付进行保证或开立保函；而福费廷业务则必须履行该项手续。（3）保付代理业务，出口商不须事先与进口商协商；而福费廷业务则进出口双方必须事先协商，取得一致意见。（4）保付代理业务的内容比较综合，常附有资信调查、会计处理、代制单据等服务内容，而福费廷业务的内容则比较单一，只提供远期汇票兑现的资金融通业务。

表 8－1　国际保理业务与福费廷业务的比较

比较项目		福费廷	国际保理
相同点	性质	综合性结算方式	
	基本内容	风险担保、贸易融资	
	服务手段	应收账款购买	
不同点	购买对象	资本品出口应收账款	消费品出口应收账款
	融资比例	票面金额的 100%	发票金额的 80%
	银行担保	进口地银行担保	无
	融资性质	无追索权	无追索权或有追索权
	融资期限	6 个月以上 10 年以下	6 个月内
	其他服务	无	有
	基本方式	跟单托收或信用证 O/A 或 D/A 托收	
风险转移或控制方式		二级市场转让、辛迪加购买	核准信用额度

二、出口信用保险

出口信用保险（Export Credit Insurance）也称为出口信贷保险，是指信用机构对企业投保的出口货物、服务、技术和资本的出口应收账款提供安全保障机制。它以出口贸易中国外买方信用风险为保险标的，保险人承保国内出口商在经营出口业务中因进口商方面的商业风险或进口国方面的政治风险而遭受的损失。它是各国政府为提高本国产品的国际竞争力，推动本国的出口贸易，保障出口商的收汇安全和银行的信贷安全，促进经济发展，以国家财政为后盾，为企业在出口贸易、对外投资和对外工程承包等经济活动中提供风险保障的一项政策性支持措施，属于非营利性的保险业务，是政府对市场经济的一种间接调控手段和补充，是世界贸易组织（WTO）补贴和反补贴协议原则上允许的支持出口的政策手段。目前，全球贸易额的12%～15%是在出口信用保险的支持下实现的，有的国家的出口信用保险机构提供的各种出口信用保险保额甚至超过其本国当年出口总额的三分之一。

通过国家设立的出口信用保险机构——官方出口信用保险机构（Export Credit Agency，ECA）承保企业的收汇风险、补偿企业的收汇损失，可以保障企业经营的稳定性，使企业可以运用更加灵活的贸易手段参与国际竞争，不断开拓新客户、占领新市场。

（一）起源与发展

出口信用保险诞生于19世纪末的欧洲，最早在英国和德国等地萌芽。1919年，英国建立了出口信用制度，成立了第一家官方支持的出口信贷担保机构——英国出口信用担保局（British Export Credit Guarantee Agency，ECGD)。比利时、荷兰、挪威、西班牙、瑞典、美国、加拿大和法国分别于1921年、1925年、1929年、1933年、1934年、1944年和1946年相继建立了以政府为背景的出口信用保险和担保机构，专门从事对本国的出口和海外投资的政策支持。

为了统一各国出口信用保险业务规范，交流业务经验，共享风险信息，研究风险控制技术，总结和研讨业务发展方向，促进出口信用保险的健康发展，世界出口信用保险机构于1934年成立了名为《国际出口信用保险和海外投资保险人联盟》的国际性组织，由于首次会议在瑞士的伯尔尼召开，故该机构的简称为“伯尔尼协会”。伯尔尼协会对促进和维护世界贸易和投资的发展起着重要的作用。中国出口信用保险公司是伯尔尼协会的正式会员。

二战以后，世界各国政府普遍把扩大出口和资本输出作为本国经济发展的主要战略，而对作为支持出口和海外投资的出口信用保险也一直持官方支持的态度，将其作为国家政策性金融工具大力扶持。1950年，日本政府在通产省设立贸易保险课，经营出口信用保险业务。20世纪60年代以后，众多发展中国家纷纷建立自己的出口信用保险机构。

（二）承保对象与风险防范

1. 承保对象

出口信用保险承保的对象是出口企业的应收账款，承保的风险主要是人为原因造成的商业信用风险和政治风险。商业信用风险主要包括：买方因破产而无力支付债务、买方拖欠货款、买方因自身原因而拒绝收货及付款等。政治风险主要包括因买方所在国禁止或限制汇兑、实施进口管制、撤销进口许可证、发生战争、暴乱等，卖方、买方均无法控制的情况，导致买方无法支付货款。而以上这些风险，是无法预计、难以计算发生概率的，因此也是商业保险无法承受的。

国际贸易中商业性保险承保的对象一般是出口商品，承保的风险主要是因自然原因在运输、装卸过程中造成的对商品数量、质量的损害。有的商业保险也承保人为原因造成的风险，但也仅限于对商品本身的损害。而这些风险可以计算发生概率，根据概率制定保费以确保盈利。

2. 风险防范

出口企业为防范出口信用方面的风险，可向出口信用保险公司填写投保单、申请买方信用限额，并在出口信用保险公司批准后支付保费，保险责任即告成立。

企业按时申报适保范围内的全部出口，如发生保单所列的风险，企业可按规定向出口信用保险公司索赔。根据支付方式、信用期限和出口国别的不同，保费从 0.23% ~ 2.81% 不等，平均为 0.9%。买家拒付、拒收的，赔付比例为实际损失的 80%；其他的为 90%。保险公司在赔付后向买家追讨的受益，按上述比例再分配给投保企业。

投保出口信用保险可确保收汇的安全性，扩大企业国际结算方式的选择面（如 L/C 外还可采用 T/T、D/P、D/A 等），从而增加出口成交机会。同时，投保后可提高出口企业信用等级，有利于获得银行打包贷款、托收押汇、保理等金融支持，加快资金周转。

出口信用保险公司还可为企业提供客户信用调查、账款追讨等其他业务，如：（1）买方利用国际贸易进行欺诈，侵吞货款；（2）买方因自身财务问题而拖欠货款，甚至破产倒闭而无力偿还债务；（3）买方因市场问题，以各种理由中止合同、拒收货物，或拒付货款、要求降价等；同时，发生贸易纠纷时解决争议的成本也较高。一旦发生无法收汇的情况，会给企业带来较大损失。通过支付相对有限、固定的保险费，企业将不可预计的风险锁定为企业固定的税前财务成本支出，从而可以做到稳定经营。

（三）出口信用保险业务的特点及流程

1. 出口信用保险业务的特点

（1）单一的目的性。出口信用保险费率计算是根据进出口人的资信、规模和经营进出口贸易以往的业绩以及进口国的政治、经济、外汇收支等情况，并结合国际市场的经济发展趋势，进行综合分析后作出判断，因此，保险费率的确定具有相当的不稳定性。出口信用保险的目的就是将出口人的收汇风险转嫁到保险人身上，从而为出口人开拓海外市场提供坚强的后盾。所以，出口信用保险与一国的出口贸易密切相关，有其单一的目的性。

（2）政策性。出口信用保险的主要目的是配合国家的外交、外贸和产业发展政策。因此，中国的出口信用保险在承保政策上体现一定的倾斜性，如现阶段鼓励技术含量较高的产品出口，那么，出口信用保险也主要服务于这类产品。

（3）非全额赔付。在出口信用保险业务中，一般保险金额不是合同金额的 100%，而是 80% ~90%，其余部分归出口企业自己承担，以此来督促出口人发生损失后尽可能向债务人追讨欠款。

（4）全部投保原则。出口企业必须将所有以商业信用方式的出口按销售额全部投保，其目的是使保险公司分散风险，以保持其业务经营的稳定性。

（5）遵守保密的原则。根据保单规定，未经保险公司书面同意，投保人不得向除开户银行以外的任何人，包括买方及其代理人，泄露保险的存在及其细节。否则，保险人将承担各关系人的道德风险。

（6）投保人须申请买方信用限额。“买方信用限额”是保险公司批给每一买方的就某种付款方式的最高信用额度，该额度表示保险公司对该买家承担的最高责任限额。“买方信用限额”的作用贯穿整个保险过程，正确、及时地申请、使用增限额，对投保人有切身的利益关系。

2. 出口信用保险业务流程

出口信用保险业务流程如图 8－10 所示。

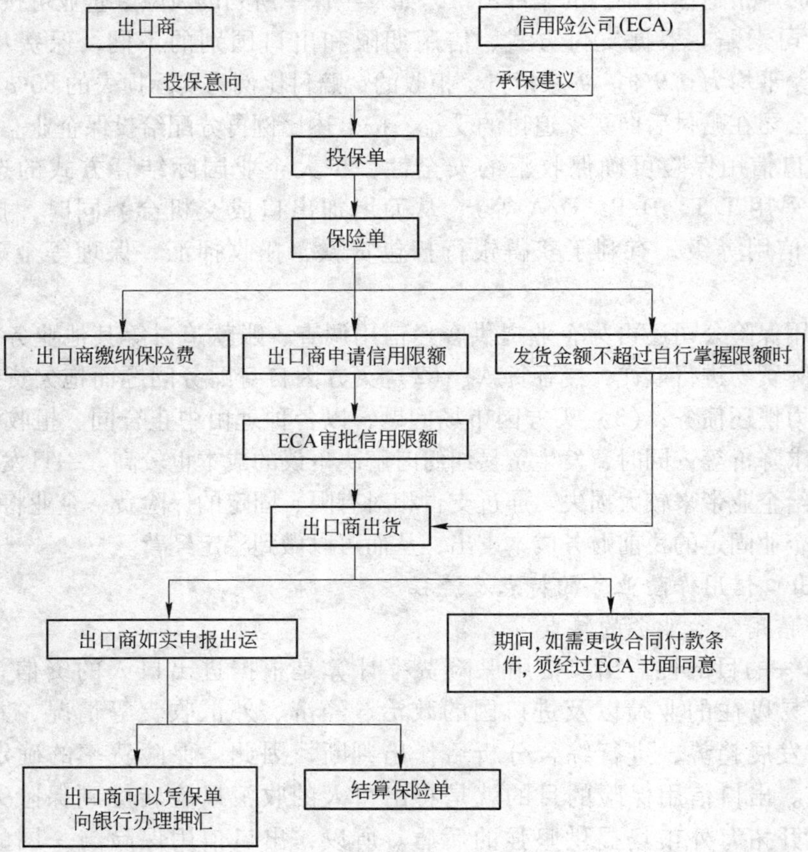

图 8－10　出口信用保险业务流程图

（四）中国出口信用保险

1. 中国出口信用保险的建立与发展

中国于 1988 年创办信用保险制度，由中国人民保险公司设立出口信用保险部，专门负责出口信用保险的推广和管理。1989 年，国家责成中国人民保险公司负责办理出口信用保险业务，当时是以短期业务为主。1992 年，人保公司开办了中长期业务。1994 年，政策性银行成立，中国进出口银行也有了办理出口信用保险业务的权力。出口信用保险业务开始由中国人民保险公司和中国进出口银行两家机构共同办理。2001 年，在中国加入 WTO 的大背景下，国务院批准成立专门的国家信用保险机构——中国出口信用保险公司（简称“中国信保”），由中国人民保险公司和中国进出口银行各自代办的信用保险业务合并而成。

中国出口信用保险公司（China Export & Credit Insurance Corporation，http：//www. sinosure. com. cn/sinosure/index. html）是由国家出资设立、支持中国对外经济贸易发展与合作、具有独立法人地位的国有政策性保险公司，于2001年12月18日成立，目前，已形成由总公司营业部、18个分公司、6个营业管理部、2个专项工作办公室和覆盖全国的服务网络，并在英国伦敦设有代表处，在迪拜有工作组。公司的经营宗旨是："通过为对外贸易和对外投资合作提供保险等服务，促进对外经济贸易发展，重点支持货物、技术和服务等出口，特别是高科技、附加值大的机电产品等资本性货物出口，促进经济增长、就业与国际收支平衡"。

当前中国规定出口信用保险必须采用"统保"的方式。所谓统保，就是说承保出口商所有的出口业务。出口企业在一定时期或一定区域市场上所有业务都要一次性办理出口信用保险。从承保人的角度来看，这一规定使承保面扩大，有利于分散风险。但从出口商的角度来看，对于风险不大的出口业务，如老客户或信用证结算方式的贸易则没有必要进行投保。统保方式不被出口商认同，这是中国出口信用保险发展缓慢、没有和对外贸易同步发展的主要原因之一。

中国的出口信用保险经过20多年的发展，承保金额大为增多。1999年当年的承保金额比1989年增长了213倍，年增长速度达到46.9%。即便如此，中国的出口信用保险仍然处于较低的水平，与外贸的大幅增长不相符合。在中国出口总额中，大概只有1.1%左右投保了出口信用险，还有相当于中国出口总额98%左右的出口贸易并没有办理出口信用保险。中国投保出口信用保险的企业仅占中国出口企业的3%左右，有的企业甚至不知道出口信用保险的存在。

经过这20多年的探索，出口信用保险有力地支持了大陆机电产品、成套设备等商品的出口，在保证企业安全收汇方面发挥了重要作用。截至2012年末，中国信保累计支持的国内外贸易和投资的规模约1万亿美元，为数万家出口企业提供了出口信用保险服务，为数百个中长期项目提供了保险支持，包括高科技出口项目、大型机电产品和成套设备出口项目、大型对外工程承包项目等，累计向企业支付赔款43.4亿美元。同时，中国信保还累计带动160余家银行为出口企业融资约1.5万亿元人民币。中国信保累计支持的国内外贸易和投资的规模约4880亿美元。

2. 中国信保的业务范围

（1）中长期出口信用保险业务。1）海外投资（租赁）保险业务；2）短期出口信用保险业务；3）来华投资保险业务；4）国内信用保险业务；5）与对外贸易、对外投资与合作相关的担保业务；6）与信用保险、投资保险、担保相关的再保险业务；7）保险资金运用业务；8）应收账款管理、商账追收和保理业务；9）信用风险咨询、评级业务，以及经国家批准的其他业务。中国信保还向市场推出了具有多重服务功能的电子商务平台——信保通，以及专门支持中小企业出口的"中小企业信用保险E计划"投保系统，使广大客户享受到更加快捷高效的网上服务。

（2）短期出口信用保险。短期出口信用保险，一般情况下保障信用期限在一年以内的出口收汇风险，适用于出口企业从事以信用证（L/C）、付款交单（D/P）、承兑交单（D/A）、赊销（OA），结算方式自中国出口或转口的贸易，以及银行在出口贸易项下受让的应收账款或未到期债权。

承保风险：1）商业风险。指买方破产或无力偿付债务；买方拖欠货款；买方拒绝接受货物；开证行破产、停业或被接管；单证相符、单单相符时开证行拖欠或在远期信用项下拒绝承兑。2）政治风险。指买方或开证行所在国家、地区禁止或限制买方或开证行向被保险人支付货款或信用证款项；禁止买方购买的货物进口或撤销已颁布发给买方的进口许可证；发生战争、内战或者暴动，导致买方无法履行合同或开证行不能履行信用证项下的付款义务；买方或开证行付款须经过第三国颁布延期付款令。

损失赔偿比例：1）政治风险所造成损失的最高赔偿比例为90%。2）破产、无力偿付债务、拖欠等其他商业风险所造成损失的最高赔偿比例为90%。3）买方拒收货物所造成损失的最高赔偿比例为80%。4）出口信用保险（福费廷）保险单下的最高参与比例可以达到100%。

（3）特定的出口信用保险。特定的出口信用保险是在特定情况下，承保特定合同项下的风险。承保的对象一般是复杂的、大型的项目，如大型的转口贸易、军用设备、出口成套设备（包括土建工程等）及其他保险公司认为风险较大需单独出立保单承保的项目。

（4）与出口相关的履约保证保险。与出口相关的履约保证保险简称保证保险，分为直接保证保险和间接保证保险。直接保证保险包括开立预付款保函、出具履约保证保险等；间接保证保险包括承保进口方不合理没收出口方银行保函。

3. 出口信用保险作用

（1）提高市场竞争能力，扩大贸易规模。投保出口信用保险使企业能够采纳灵活的结算方式，接受银行信用方式之外的商业信用方式（如D/P，D/A，OA等）。使企业给予其买家更低的交易成本，从而在竞争中最大程度抓住贸易机会，提高销售企业的竞争能力，扩大贸易规模。

（2）提升债权信用等级，获得融资便利。出口信用保险承保企业应收账款来自国外进口商的风险，从而变应收账款为安全性和流动性都比较高的资产，成为出口企业融资时对银行的一项有价值的“抵押品”，因此银行可以在有效控制风险的基础上降低企业融资门槛。

（3）建立风险防范机制，规避应收账款风险。借助专业的信用保险机构防范风险，可以获得单个企业无法实现的风险识别、判断能力，并获得改进内部风险管理流程的协助。另外，交易双方均无法控制的政治风险可以通过出口信用保险加以规避。

（4）通过损失补偿，确保经营安全。通过投保出口信用保险，信用保险机构将按合同规定在风险发生时对投保企业进行赔付，有效弥补企业财务损失，保障企业经营安全。同时，专业的信用保险机构能够通过其追偿能力实现企业无法实现的追偿效果。

（五）出口信用保险与保理服务之比较

本章内容介绍了保理业务和出口信用保险业务，这两种业务面临一个共同的问题是，出口方采用商业信用付款方式时如何能安全收汇。采取出口信用保险方式或采用保理业务方式，其目的均为出口方将出口收汇风险转嫁出去。但采用这两种方式中无论哪一种，都有其局限性，出口信用保险业务的政策性很强，不适合普通的货物贸易；保理业务则必须贸易方均为保理会员。二者相比较而言，出口信用保险业务一般要求出口商将其全部销售交易都予投保（无论哪种付款方式都要投保），而保理业务无此要求。一般来说，出口信用保险服务要比保理服务业务费用高。出口信用保险项下，进口商信用风险一般由保险公司和出口商共同承担，如果出现保单中规定的风险损失，保险公司一般只赔偿 80% ~ 90%，而且索赔手续繁琐、耗时。而保理业务中，保理公司承担全部信用风险。由此可见，出口保理业务与出口信用保险相比较，具有较大的优势，如表 8 – 2 所示。

表 8 – 2　保理业务与出口信用保险的比较优势

比较内容	出口保理	出口信用保险
最高信用保障（在所批准信用额度内）	100%	80% ~ 90%
赔偿期限	90 天	120 ~ 150 天
进口资信调查和评估	有	有
财务账目管理	有	无
账款催收追缴	有	无
以预支方式提供融资	有	无

【案例分析 1】采购商借助信用保险，实现从现金采购向信用采购的转变

背景：生产企业 A 原与上游供货商采用现金采购方式交易，占压大量资金，影响了技改资金投入。

措施：A 企业获得中国出口信用保险公司信用额度。A 企业说服上游供应商，变现金采购为信用采购。

上游供应商对 A 企业销售的风险得到保障，提高了在银行的信用等级，据此获得了银行贸易融资，资金如现金交易一样及时回收。

结果：A 企业减少了采购流程资金占压，拥有更充沛的资金从事生产经营。上游供应商销售风险有了保障，获得贸易融资。供需双方实现双赢，合作关系更为紧密。

【案例分析 2】生产企业借助信用保险，扩大销售

背景：生产企业 B 同下游采购商通过赊销的方式进行交易，因其产品质优价廉，采购商决定增加采购量，但生产资金不足，难以接单。

措施：B 企业利用中国出口信用保险公司提供高保障的国内贸易信用保险服务，获得了应收账款的风险保障，并因此获得了银行贸易融资，从而加速了 B 企业的资金周转，提高了 B 企业的生产能力。

结果：B 企业把握住了市场机会，扩大了产品销量，获得更多利润。

第七节　多种支付方式的结合使用

在国际贸易中，一笔交易，通常只选择一种结算方式。但由于不同的结算方式各有利弊，买卖双方所承担的风险和资金占用的时间各不相同，因此，为了取长补短，做到既能加快资金周转，又能确保收付外汇的安全，以利扩大贸易，在同一笔交易中选择两种或两种以上的结算方式结合起来使用是比较有效的做法。目前，常见的有以下几种。

一、信用证与汇付相结合

此方法是指部分货款采用信用证，余额货款采用汇付。例如买卖矿砂、煤炭等散装货

物，买卖合同规定90%货款以信用证方式付款，其余10%货物运抵目的港，经检验核实货物数量后，按实到数量确定余数金额以汇付方式支付。也有进口商以汇付方式支付预付定金部分，而其余货款以信用证方式结算。

二、信用证与托收相结合

此方法是指信用证与跟单托收的结合，即一笔交易的货款部分以信用证付款，其余部分以托收方式结算。实际运用时，托收必须是付款交单（D/P）方式，出口人要签发两张汇票，一张用信用证项下部分的货款凭光票支付；另一张须随附全部规定的单据，按跟单托收处理。这种做法对进口人来说，可减少开证金额，少付开证押金，少垫资金；对出口人来说，虽托收部分有一定风险，但有部分信用证的保证，且货运单据跟随托收汇票项下，开证行须待进口人付清全部汇款后才能放单，所以出口人的收汇安全较有保障。

三、信用证与银行保函相结合

此方法适用于成套设备或工程承包交易。除了支付货款外，还有预付定金或保证金的收取。一般货款可用信用证支付，预付定金或保证金可开立银行保函。如果是招标交易，则须投标保函、履约保函、退还预付定金保函与信用证相结合。

四、托收与银行保函相结合

采用托收方式时，为了使收取货款有保障，可以让进口商申请开立保证托收付款的保函；一旦进口商没有在收到单据后的规定时间内付款，出口商有权向开立保函的银行索取出口货款。

五、汇付、托收、信用证、保函或备用信用证多种结算方式结合

在国际贸易中，对于大型机械、成套设备、飞机与轮船等大型交通工具的交易，由于这种交易具有货物金额大、制造生产周期长、检验手段复杂、交货条件严格，以及产品质量保证期限长等特点，可以按工程进度和交货进度分若干期付清货款。此时，一般将汇付、托收、信用证、保函或备用信用证多种结算方式结合起来使用。

【案例分析】

开篇案例的情况可以采用信用证与托收相结合的方式，即部分信用证，部分收托的一种结算方式。进口商可开立交易总额若干成的不可撤销信用证。其余若干或用付款交单方式由出口人另开立汇票，通过银行向进口商收取。通常的做法是：信用证规定受益人（出口商）开立两张汇票，属于信用证部分货款，凭光票付款，全套货运单据，则附在托收部分汇票项目下，按即期或远期付款托收。在实践中，为防止开证银行未收妥全部货款前，即将货运单据交给进口商，要求信用证必须注明"在全部付清发票金额后方可交单"的条款，如下：Payment by irrevocable letter of credit to reach the sellers ×× days before the month of shipment stipulating that the remaining ××% against ××% of the invoice value available against clean draft while the draft on D/P sight basis; The full set of shipping documents shall accompany the collection draft and, shall only be released after full payment of the invoice value. If the buyers fail to pay the full invoice value, the shipping documents shall be held by the issuing bank at the seller's disposal. 在出口合同中，也应规定相应的支付条款，以明确进口商的责任。这种做法，对进口商来说，可减少开证金额，少付开证押金，少垫资金；对出口商来说，因有部分信用证的保证，且信用证规定货运单据跟随托收汇票，开证银行须待全部货款付清后，才能向进口商交单，所以收汇比较安全。

【课后习题】

一、重点概念

汇票；本票；支票；光票托收；跟单托收；承兑；福费廷；国际保理；银行保函；备用信用证

二、不定项选择题

1. 由出票人允诺于规定时间无条件地由他自己向收款人支付一定金额的票据是（　　）。
   A. 汇票　　B. 本票　　C. 支票　　D. 发票
2. 以下关于支票的理解中属于正确的是（　　）。
   A. 支票是一种无条件的书面支付承诺
   B. 支票的付款人可以是商号，或者是银行
   C. 支票可以是即期付款或远期付款
   D. 支票是以银行为付款人的即期汇票
3. 本票和汇票的区别主要是（　　）。
   A. 本票是书面支付承诺；汇票是书面支付命令
   B. 本票的付款人都是银行；汇票的付款人都是工商企业
   C. 本票都是即期的；汇票有即期和远期之分
   D. 本票的票面有两个当事人；而汇票有三个当事人
   E. 远期本票不须办理承兑；而远期汇票则要办理承兑
4. 托收方式下的D/P和D/A的主要区别是（　　）。
   A. D/P属于跟单托收；D/A属于光票托收
   B. D/P是付款后交单；D/A是承兑后交单
   C. D/P是即期付款；D/A是远期付款
   D. D/P是远期付款；D/A是即期付款
5. 汇票的付款期限的下述记载方式中，（　　）必须由付款人承兑后才能确定具体的付款日期。
   A. at sight　　B. at ×× days after sight
   C. at ×× days after date　　D. at ×× days after shipment
6. 买卖双方以D/P · T/R条件签订合同，货到目的港后，买方凭T/R向代收行借单提货，事后收不回货款，（　　）。

A. 代收行应负责向卖方偿付

B. 由卖方自行负担货款损失

C. 由卖方与代收行协商共同负担损失

D. 代收行应负责向买方偿付

7. 使用 L/C、D/P 和 D/A 三种支付方式结算货款，就卖方的收汇风险而言，从小到大依次排序为（ ）。

A. D/P、D/A 和 L/C　　B. D/A、D/P 和 L/C

C. L/C、D/P 和 D/A　　D. D/P、L/C 和 D/A

8. 以下属于信用证特点的是（ ）。

A. 信用证是由开证银行承担第一性付款责任的书面文件

B. 开证银行履行付款责任是有限度和条件的

C. 信用证是一种商业信用

D. 信用证是一项独立的，自足性的文件

9. 在信用证支付业务中，银行的责任是（ ）。

A. 只看单据，不管货物　　B. 既看单据，又看货物

C. 只管货物，不看单据　　D. 审核单据与货物是否相符

10. 在分批均匀交货的情况下，一般地说，最适于采用（ ）。

A. 背对背信用证　　B. 循环信用证

C. 可转让信用证　　D. 保兑信用证

11. 对于保兑信用证，承担第一性付款责任的是（ ）。

A. 通知行　B. 议付行　C. 开证行　D. 保兑行

12. 采用信用证与托收相结合的支付方式时，全套货运单据应（ ）。

A. 随附托收项下收款　　B. 随附信用证项下收款

C. 直接寄往进口商　　D. 留在卖方

13. 既属于结算方式又属于担保方式的保函类型是（ ）。

A. 投标保函　B. 履约保函　C. 预付款保函　D. 付款保函

14. 以下关于备用信用证正确的是（ ）。

A. 开立备用信用证的目的是由开证行向受益人承担第一性的付款责任

B. 若申请人未能履约，则由银行负责向受益人赔偿经济损失

C. 若申请人按合同规定履行了有关义务，受益人就无需向开证行递交违约声明

D. 备用信用证常常是备而不用的文件

三、判断题（判断下列各题是否正确，正确的在题后括号内打“√”，错误的打“×”。）

1. 票汇是汇付的一种方式，属于商业信用，故使用商业汇票。（ ）

2. L/C、D/P、D/A 三种支付方式中，买方最容易接受 D/A 方式，为有助于达成交易，扩大出口，所以我方应增加对 D/A 的使用。（ ）

3. UCP 600 规定信用证根据基础合同开立，因此信用证和合同应完全一致。（ ）

4. UCP 600 只要受益人在信用证的有效期内提交了符合信用证条件的单据，便可得到付款。（ ）

5. 托收是商业信用，信用证是银行信用。（　　）

6. 信用证是银行应进口商的申请，向出口商开出的保证付款凭证，因此，进口商应承担第一付款人的责任。（　　）

四、简答题

1. 汇票的使用有哪些程序，汇票有哪些种类？
2. 什么是汇付，汇付有哪些种类？
3. 试述 D/P 和 D/A 支付的业务流程。
4. 什么是信用证支付方式，它有哪些特点？
5. 使用信用证为支付方式时有哪些注意事项？
6. 试比较银行保函和备用信用证的区别。

五、案例分析

1. 开证申请人倒闭可以构成开证行拒绝付款的理由吗？

某出口公司收到一份国外开来的 L/C，出口公司按 L/C 规定将货物装出，但在尚未将单据送交当地银行议付之前，突然接到开证行通知，称开证申请人已经倒闭，因此开证行不再承担付款责任。开证申请人倒闭可以构成开证行拒绝付款的理由吗？如果不可以的话，那么开证行在付款后，很难从已倒闭的开证申请人那里得到全额付款，结果是银行产生信贷损失。对银行而言，开证业务产生的信贷损失与普通贷款的信贷损失完全一样吗？银行可以采取哪些做法来减少开证业务产生的信贷损失？

2. 如何选择支付方式，既有利于打开市场，又能减少收汇风险？

A 公司生产纺织品并出口到一些国家，最近该公司试图打开 B 国的市场。在 B 国，纺织品市场的竞争比较激烈。A 公司与正在商谈中的 C 进口公司是第一次交易。A 公司应该如何选择支付方式，既有利于打开市场，又能减少收汇风险？

3. 经营日用纺织品的英国 TEX UK 公司主要从中国进口有关商品。几年前，当该公司首次从中国进口商品时，采用的是信用证结算方式。随着进口量的增长，TEX UK 公司开始谋求至少 60 天的赊销付款方式。虽然他们与中国出口商已建立了良好的合作关系，但是中国供货商考虑到这种方式的收汇风险过大，感到十分棘手。中国供货商希望寻求一种合适的国际贸易结算融资方式，他们目前正在考虑的方式有包买票据和国际保理。请比较包买票据和国际保理的区别。在本案例中，你会建议中国供货商采用哪种方式？为什么？

第九章　商品检验、索赔、不可抗力和仲裁

【案例】 A公司委托B公司进口机器一台，合同规定索赔期限为货到目的港后60天。货到目的港卸船后，B公司立即将货物转给A公司，因A公司厂房尚未建好，机器无法安装试车。半年后厂房完工，机器安装完毕并进行试车，A公司发现机器不能正常运转。经过商检机构检验证明，该机器是旧货，于是A公司要求B公司对外索赔。但外商拒绝赔偿，A公司遭到巨大经济损失。请思考从中应吸取什么教训？

通过本章的学习，要求学生掌握国际货物交易中商品检验、不可抗力、索赔和理赔的含义和范围，以及检验条款、不可抗力条款、索赔条款的内容和订立条款时需注意的问题。最后要掌握仲裁协议的内容、作用、仲裁和争端解决程序等方面的实务知识。

第一节　商品检验

在国际贸易实践中，买卖双方要证实交货的商品在品质、数量和包装等方面是否符合合同的规定，就要进行商品检验。

一、商品检验的内容、意义及依据

商品检验（Commodity Inspection）是指在国际贸易中，由国家设置的检验管理机构或由经政府注册批准的第三方民间公证鉴定机构，按照合同、标准或国内外有关法律、法规、惯例，对进出口商品的品质、数量、重量、包装、安全卫生、检疫以及装运条件等进行的检验、鉴定，同时出具检验证书的行为。

（一）商品检验的内容

1. 品质、规格检验

品质检验是根据合同和有关检验标准规定或申请人的要求对商品所表现出来的各种特性，运用感官检验、化学检验、物理检验、微生物学检验等手段进行测试、鉴别，来判别该商品的质量是否符合合同中规定的商品质量条件。外观品质检验包括对商品外观尺寸、结构、款式、表面色彩等的检验；内在品质检验包括对商品的化学组成、性质和等级等技术指标的检验。

规格表示同类商品在量（如体积、容积、面积、粗细、宽度、厚度等）方面的差别，与商品品质优劣无关，如鞋类的大小、纤维的长度和粗细、玻璃的厚度和面积等规格，只表明商品之间在量上的差别，而不表示商品品质的优劣。根据各项品质特征指标可以分为若干个等级，如一级品、二级品、三级品等，这样每个规格都有各自的质量标准，例如，冻兔肉（带头）的特极品每只净重1500克以上，一级品每只净重1000克以上，中极品

600克以上，小极品400克以上。贸易合同中的品质条款中一般都包括了规格要求。

2. 数量、重量检验

它们是买卖双方成交商品的基本计量和计价单位，直接关系着双方的经济利益，也是对外贸易中最敏感而且容易引起争议的因素之一。它们包括了商品个数、件数、打数、长度、面积、体积、容积和重量等。在实务中，商品重量检验允许有一定的合理误差。

3. 商品包装检验

包装检验是根据外贸合同、相关标准和规定，对进出口商品的外包装和内包装及包装标志进行检验。包括包装标志的正确性和清晰度，包装防护措施的牢固度，包装体的完好程度，包装材料、容器结构、造型等对商品贮存、运输、销售的适宜性等。

4. 商品卫生检验

卫生检验主要针对食品类进出口商品，如肉类罐头、奶制品、禽蛋及蛋制品、水果等商品，检验进入本国的商品是否符合卫生条件，如商品中的有毒有害物质及微生物的检验，食品添加剂中砷、铅、镉的检验，茶叶中的农药残留量检验等，一般是一种强制性检验。

5. 商品安全性能检验

安全性能检验是根据国家规定和外贸合同、相关标准及法律要求，对进出口商品关于安全性能的相关项目进行检验，如易燃、易爆品的检验，电子电器类商品的漏电检验，绝缘性能检验等，一般是一种强制性检验。对检验不合标准的商品可以采取不准进出口、扣留货物、罚款和监督销毁等行动。

6. 商品残损检验

残损检验主要是对进口受损货物的残损部分予以鉴定，包括商品的残破、残缺、生锈、霉变、虫蛀、变质等情况，了解致残原因及对商品价值的影响，估定残损程度，出具证明，作为向有关方索赔的依据。

对于进出口商品的检验内容除上述内容外，还包括出口商品的装运技术条件检验、货载衡量、产地证明、价值证明以及其他业务的检验。中国加入WTO后，可直接参与对WTO成员国在制定新的技术法规、标准和合格评定程序征求意见的全过程。

（二）商品检验的意义及依据

商检工作是使国际贸易活动能够顺利进行的重要环节，是买卖双方的一项权利，可以保护自身的利益。对于买方来说，买方通过商检，可以确保货物的数量、质量等，保证得到与合同规定相符的货物；对于卖方来说，通过商检可保证销售的货物与合同相符，保持良好的信誉，从而避免在检验后发生意外风险的责任，可通过商检来验证货物受损的原因和责任的归属。对涉及国家安全、国民健康及动植物和环境安全的某些商品进行强制性检验检疫工作，也是国家利益和安全的保障。

中国进出口商品检验检疫的法律依据主要包括《中华人民共和国进出口商品检验法》、《中华人民共和国国境卫生检疫法》、《中华人民共和国进出境动植物检疫法》、《中华人民共和国食品卫生法》和其他行政法规及法规性文件，例如：《中华人民共和国进出口商品检验法实施条例》、《中华人民共和国国境卫生检疫法实施细则》和《中华人民共和国进出境动植物检疫法实施条例》等。在进出口业务中，检验的依据主要以买卖合同（包括信用证）中所规定的有关条款为准。在进口业务中，商品的检验依据主要有成交样品、标样合同、信用证、标准等；在出口业务中，商品的检验依据与进口业务中所列内容（如样品、合同、信用证、标准等）基本一致。

二、商品检验的时间和地点

国际上一般都承认买方在接受货物前，有权检验货物，但应在何时何地检验，各国法律并无统一规定。检验的时间和地点通常与合同中使用的贸易术语、商品的特性、使用的包装方式以及当事人所在国的法律、行政法规的规定等有密切的联系。

在国际贸易中合同关于检验时间和地点的规定，基本做法有以下三种。

（一）在出口国检验

产地检验：货物在离开产地（工厂、矿山等）之前，由出口方或其委托的检验人员或进口方的验收人员对货物进行检验和验收，并由相关检验机构出具检验证书，作为卖方所交货物的品质、数量等内容的最后依据。卖方只承担离开产地之前的责任，而在运输途中出现的品质、数量等方面的风险则由买方承担。

装运前或装运时检验，又称以离岸质量、重量（或数量）为准（Shipping Quality, Weight or quantity as final），即指出口货物在装运港（地）装运前或装运时，以合同规定的检验机构对货物进行检验后出具的质量、重量、数量和包装等检验证书作为最后依据。卖方只要取得了商检机构出具的各项检验证书，就意味着所交货物的品质、重量（或数量）与合同相符，买方无权提出任何异议。即使在货物运达目的港（或目的地）之后，买方复验发现问题，也无权拒收或提出索赔。

以上两种规定方法从根本上否定了买方的复验权，对买方极为不利。

（二）在进口国检验

在目的港（地）卸货后检验，又称以到岸质量、重量（或数量）为准（Landing Quality, Weight or quantity as final），即指在货物运达目的港（地）卸货后一段时间内，由合同规定的检验机构对货物进行检验，并以该机构出具的检验证书作为决定交付货物品质、重量（或数量）的最后依据。买方有权根据货物运抵目的港（地）时的检验结果，对属于卖方责任的品质、重量（或数量）等不符点，向卖方索赔。

在买方营业处所或最终用户所在地检验：对于一些因使用前不便拆开包装，或在目的港（地）不具备检验条件的货物，如密封包装货物、精密仪器等，可以将检验延伸到货物运抵买方营业处所或最终用户所在地后，由合同规定的检验机构对货物进行检验，并以该机构出具的检验证书作为决定交付货物品质、重量（或数量）的最后依据。

以上两种规定方法须卖方承担到货品质或数量的责任，对卖方不利。

（三）在出口国检验，在进口国复验

国际贸易实务中一般采用在出口国检验，进口国复验的规定。该规定是指以装运港（地）（出口国）出具的检验证书作为卖方办理议付结汇的凭证，货到目的港（地）（进口国）后以目的港（地）检验机构出具的品质检验证书作为商品品质的最后依据。买方可根据复验结果对属于卖方责任的部分向卖方提出索赔，但只能因货物的品质向卖方提出索赔，无权对货物的重量提出异议。这种方法也称为离岸重量、到岸品质（Shipping Weight and Landed Quality）。

具体在实务操作中应选取哪种方法，应视具体的商品交易性质而定。但“在出口国检验，在进口国复验”的做法对买卖双方都比较公平合理，既肯定了卖方的检验证书是有效的交接货物和办理结算的凭证，同时又肯定了买方在收到货物后有复验权，因而已为国际贸易中绝大多数当事人所接受，成为一条公认的原则。中国对外贸易中大多采用此做法。

三、检验机构

在国际贸易中，商品的检验工作一般都由专业检验机构负责办理。国际上的进出口商品检验机构主要有官方的、半官方或民间的商品检验机构（Inspection Institution）。

（一）官方检验机构

官方的检验机构是由国家或地方政府设置的，根据国家颁布的有关法令，对相关进出口商品特别是有关安全、卫生、环保等方面的商品执行强制检验和监督管理的检验机构。如美国粮谷检验署（FGES）、美国食品药物管理局（FDA）、美国食品安全检验局（FSIS）、美国商务部国家海洋大气管理局（NOAA）、美国国家标准局（NBS）、英国标准协会（BSI）等官方机构。

（二）商会、协会、同业工会或私人设立的半官方或民间检验机构

由商会、协会、同业工会或私人设立的半官方或民间商品检验机构，担负着国际贸易货物的检验和鉴定工作。目前在国际上比较有名望、有权威的民间商品检验机构有：瑞士日内瓦通用鉴定公司（SGS）、美国安全试听所（UL）和加拿大标准协会（CSA）等民间检验机构。

（三）中国的商检机构

1. 国家法定检验机构

中华人民共和国国家质量监督检验检疫总局（General Administration of Quality Supervision, Inspection and Quarantine of the People's Republic of China，简称 AQSIQ）是国务院主管全国质量、计量、出入境商品检验、出入境卫生检疫、出入境动植物检疫和认证认可、标准化等工作，并行使行政执法职能的直属机构。国家出入境检验检疫局是由原中国进出口商品检验局（CCIB）和原农业部动植物检疫局和原卫生部卫生检疫局合并组建而成。国家出入境检验检疫局负责出入境卫生检疫、动植物检疫及进出口商品检验法律、法规和政策规定的研究拟定、实施及监督工作；组织实施出入境检验检疫、鉴定和监督管理；组织实施出入境卫生检疫、传染病监测和卫生监督；组织实施出入境动植物检疫和监督管理；负责进出口食品卫生、质量的检验、监督和管理工作；组织实施进出口商品法定检验；组织管理进出口商品鉴定和外商投资财产鉴定；审查批准法定检验商品的免验和组织办理复验；组织对进出口食品及其生产单位的卫生注册登记及对外注册管理；管理出入境检验检疫标志、进口安全质量许可、出口质量许可并负责监督检查；管理和组织实施与进出口有关的质量认证认可工作；负责涉外检验检疫和鉴定机构（含中外合资、合作的检验、鉴定机构）的审核认可并依法进行监督；负责商品普惠制原产地证和一般原产地证的签证管理；负责管理出入境检验检疫业务的统计工作和国外疫情的收集、分析、整理、指导和咨询服务。

2. 中国进出口商品检验总公司及其各分公司

中国进出口商品检验总公司及其各分公司统称为商检公司（China National Import &

Export Commodity Inspection Corporation，CCIC），是国家商品检验局指定的实施进出口商品检验和鉴定业务的综合性检验实体，属民间商品检验机构。根据中国《商检法》，商检公司作为国家商检机构指定的检验机构，在依法指定的范围内从事检验鉴定业务。

3. 药品检验机构

卫生部指定的药品检验部门实施进出口药品检验。国家对进出口药品实行注册、法定检验制度。凡进出口的药品，必须具有卫生部核发的《进口药品注册证》。药品到达口岸后应立即向口岸药检所报验，药检所及时抽样、检验，并出具检验报告。

4. 其他检验机构

其他检验机构包括进出口计量器具的检定工作由国家计量部门检验检定；进出口锅炉及压力容器安全监督检验，由锅炉及压力容器安全监察机构办理；进口船舶，主要船用设备和材料，集装箱的船舶规范检验由船检局负责办理。进出口飞机及机载设备等的适航检验由民航部门的专门机构办理检验；上述特定商品的进出口，须取得有关部门签发的检验鉴定证明文件后，才准予进出口。

四、检验证书

检验证书（Inspection Certificate）不仅是检验机构对进出口商品进行检验、鉴定后签发的书面证明文件，在国际贸易中，还具有公证证明的作用，是买卖双方交接货物、结算货款、索赔理赔及仲裁诉讼举证的重要依据之一（出口时检验作为结算依据、进口时检验作为索赔依据），也是报关验放、通关征税、优惠减免和结算运费等的有效凭证，还是一国进行贸易统计、调整某些货物进出口政策的有效依据。

商检证书按其内容来分主要有下列几类：（1）原产地证明书（Certificate of Origin），包括一般产地证、限制禁运产地证、野生动物制品产地证和普惠制产地证等，其中普遍优惠制产地证书适用于进口中国产品并给予普遍优惠制待遇的国家。（2）品质检验证书（Inspection Certificate of Quality）是证明进出口商品的质量、规格、等级等实际情况是否符合贸易合同或有关规定的证明文件。（3）重量或数量检验证书（Inspection Certificate of Weight or Quantity）是证明进出口商品的重量或数量是否符合贸易合同规定的证明文件。（4）包装检验证书（Inspection Certificate of Packing）是证明进出口商品包装情况的证明文件。（5）兽医检验证书（Veterinary Inspection Certificate）是证明进出口动物产品经过检疫合格的证明文件，使用于冻畜肉、冻禽、禽畜肉、罐头、冻兔、皮张、毛类、绒类、猪鬃、肠衣等出口商品。有时还要加上卫生检验内容。（6）卫生检验证书（Sanitary Inspection Certificate）又称健康检验证书，是证明可供人类食用或使用的动物产品食品等经过卫生检验或检疫合格的证明文件，适用于肠衣、罐头、冻鱼、冻虾、食品、蛋品、乳制品、蜂蜜等。（7）消毒检验证书（Disinfectant Inspection Certificate）是用于证明出口动物产品经过消毒处理，符合卫生及安全要求的证书。（8）熏蒸检验证书（Inspection Certificate of Fumigation）是用于证明出口谷物、油籽、豆类、皮张等商品，以及包装用木材与植物性填充物等已经过熏蒸灭虫的证书，其内容主要证明使用的药物、熏蒸时间等情况。（9）温度检验证书（Certificate of Temperature）是证明出口冷冻商品温度的证书。测温结果一般列入品质检验证书中，若国外要求单独出证，也可以单独出具温度检验证书。（10）残损检验证书（Inspection Certificate on Damaged Cargo）是证明进出口商品残损情况的证明文件，主要内容为确定商品的受损情况及其对使用、销售的影响，估计损失程度，判断致损原因。它可以作为收货人向供货人或承运人或保险人等有关责任方索赔的有效证件。(11) 船舱检验证书 (Inspection Certificate on Tank/Hold) 是证明承运出口商品的船舱清洁、牢固、冷藏效能及其他装运条件是否符合保护承载商品的质量和数量完整与安全要求的证明文件。它可以作为承运人履行船租契约适载义务，对外贸易关系人进行货物交接和处理货损事故的依据。(12) 货载衡量检验证书 (Inspection Certificate on Cargo Weight & Measurement) 也称衡量检验证书，是证明进出口商品重量、体积吨位的证书。它是计算运费和制定配载计划的依据。(13) 价值证明书 (Certificate of Value) 主要用于证明发票所列商品的价值是否真实正确，是进口国管理外汇和征收关税的凭证。

五、买卖合同中的商品检验条款示例

国际贸易合同中的商品检验条款一般包括下列内容：有关检验权的规定、检验和复验的时间和地点、检验机构、检验内容和标准、检验证书等。其中检验时间和地点最为重要。

前面已详细讲解了检验条款的各项内容，下面分别介绍进出口合同检验条款的范例。

进口合同中的检验条款，常见的有如下订法："双方同意以制造厂（或××检验机构）出具的品质及数量或重量证明书作为有关信用证项下付款的单据之一。但是货物的品质及数量或重量检验应按下列规定办理：货到目的港××天内，经中国进出口商品检验局复验，如发现品质或数量或重量与本合同规定不符时，除属保险公司或船公司负责者外，买方可凭中国进出口商品检验局出具的检验证明书，向卖方提出退货或索赔。所有因退货或索赔引起的一些费用（包括检验费）及损失均由卖方负担。在此情况下，凡货物适于抽样者，买方可应卖方要求，将货物的样品寄交卖方。" (Inspection: It is mutually agreed that the certificate of quality and quantity or weight issued by the manufacture or ×× surveyor shall be part of the documents for payment under the relevant L/C. However, the inspection of quality and quantity or weight shall be made in accordance with the following: In case the quality or quantity or weight of the goods be found not in conformity with those stipulated in this contract after re-inspection by the China Import and Export Commodity Inspection Bureau within ×× days after arrival of the goods at the port of destination, the Buyer shall return the goods to or lodge claims against the Seller for compensation of losses upon the strength of Inspection Certificate issued by the said Bureau, with the exception of this claims for which the insurers or the carriers are liable. All expenses (including inspection fees) and losses arising from the return of the goods or claims should be borne by the Seller. In such case, the Buyer may, if so requested, send a sample of the goods in question to the Seller, provided that the sampling is feasible.)

出口合同检验条款一般订法如下："双方同意以装运港中国进出口商品检验局签发的品质和数（重）量检验证书作为信用证项下议付单据的一部分。买方有权对货物的品质或数（重）量进行复验。复验费由买方负担。如发现品质或数（重）量与合同不符买方有权向卖方索赔，但须提供经卖方同意的公证机构出具的检验报告，索赔期限为货到目的港××天内。" (Inspection: It is mutually agreed that the Inspection Certificate of quality and quantity or weight issued by the China Import and Export Commodity Inspection Bureau at the port of shipment shall be part of the documents to be presented for negotiation under the relevant L/C. The buyer shall have the right to re－inspect the quality and quantity (weight) of the cargo. The reinspection fee shall be borne by the Buyer. Should the quality and / or quantity (weight) be found not in conformity with that of the contract, the Buyer are entitled to lodge with the Seller a claim which should be supported by survey reports issued by a recognized surveyor approved by the Seller. The claim, if any, shall be lodged within ×× days after arrival of the cargo at the port of destination.)。

六、订立检验条款应注意的问题

（1）检验条款应与其他条款协调一致，防止相互矛盾。货物品质、数量（重量）、包装等项条款是实施货物检验的重要依据，订立这些条款时，要考虑检验的需要和合理可行性，切忌互相脱节，自相矛盾，尤其要把检验时间、地点的确定和贸易术语结合起来考虑：如 CIF 交货术语与“以到岸品质和重量由买方验货后付款”相矛盾；目的港/地交货术语不应以出口地检验为最终依据；还有合同的异议索赔条款的索赔期限应与买方复验期限协调。

（2）应在合同中明确确定检验内容。双方商量好每一批货物应检验哪些项目，并将其清楚明确地写到合同里，这是商检条款的核心内容之一，并且对于检验内容的表述要科学、合理和精确。

（3）应在合同中明确、具体地规定检验标准和方法，以便分清责任。检验标准种类有很多，如生产国标准、国际标准及双方协议标准等，依据的标准和方法不同，则检验结果往往有所差异，容易引起争议和纠纷。因此，最好明确检验方法，才能具体实施检验，并出具公正的检验结果。

（4）应在合同中明确规定检验的时间和地点。对于国际上广泛应用的国际贸易术语来说，关于商品的检验的时间和地点可以有不同的理解和解释，因此检验的时间和地点，一般应在合同中明确规定。如有复验，合同中要明确规定复验期限、地点和机构。复验期长短的规定，应结合商品特点和港口因素综合确定。若作为卖方，如遇买方对商品有质量异议，则要求其必须在合同约定的检验期间内提出书面异议；如没有提出异议，则视为出卖的产品数量和质量完全符合合同约定要求，这样就可避免买方因拖延检验时间而导致商品质量、数量（或重量）有所变化而提出的质量索赔的情形；若作为买方，则应尽量延长该期限；在签订进出口合同的检验条款时，要考虑到国内港口条件和内陆联运环节的具体情况及检验工作的实际情况，尽量把复验时间定得合理。复验地点一般是在货物到达的目的地。如果目的地不是港口，而是内地，则延展到内地。复验机构一般指定对自己友好、业务能力强的检验或公证机构。

第二节 索　赔

买卖双方在履行合同时，一方违约给另一方造成损失时，除不可抗力之外，受损方有权向违约方提出赔偿损失的要求。

一、违约、争议与索赔

违约（Breach of Contract）是指买卖双方之中任何一方违反合同义务的行为。

争议（Dispute）是指交易的一方认为另一方未能全部或部分履行合同规定的责任而引起的业务纠纷。

索赔（Claim）是指在国际货物买卖过程中，因一方违反合同规定，直接和间接地给另一方造成损失，受损方向违约方提出赔偿要求的行为。相对而言，违反合同的一方受理受损方提出的赔偿要求即为理赔（Settlement of Claims）。索赔与理赔是一个问题的两个方面，在受害方是索赔，在违约方则是理赔。

二、索赔的种类

根据引起争议的原因和索赔对象的不同，可将索赔划分为五类。

（一）买方向卖方提出的索赔

一般由下列原因引起：卖方延迟交货，导致货到后进入淡季，由市场跌价引起的损失；卖方未按合同规定的地点或方式交货；交货的品质规格与合同的规定不符，即卖方故意以低劣商品交货，或未经严格检查，而将不合格产品装运出去等情况；未按合同规定的数量（重量）交货，即卖方所付货物数量（重量）不足，是指卖方因工作疏忽或故意少装而造成的不足，而不包括在运输途中因为货物的自然损耗而发生的货物数量（重量）不足；因包装不良引起货物短失、破损；未按合同和信用证的规定提交合适的装运单据等。

（二）卖方向买方提出的索赔

一般由下列原因引起：买方没有按合同规定的时间和方式开立信用证或根本就不开立信用证；或不按合同规定的时间和地点接货；或无理拒收货物；或不按合同规定的期限付款赎单，或无理拒收单据；在FOB等术语下，买方未及时办理租船订舱等运输手续。上述两类也被称为贸易索赔。

（三）向承运人索赔

向承运人索赔也称为运输索赔，是指向承担运输责任的人或承担货物的轮船公司索赔，一般由下列原因引起：（1）交货数量小于提单数量。短卸即指应该卸到目的地的货物没有卸下来，致使买方无法提货造成经济损失。（2）误卸。误卸即指不应该卸到目的地的货物卸到该地，贻误买方的提货时间和市场机会。（3）买方收到货物后，提单是清洁提单，但货物或包装确有残损等缺陷。（4）由于承运人或其雇佣人员或其代理人的过失与疏忽引起的火灾造成的货物灭失、损害或延迟交付。（5）由于当事人采取的不适当的方法扑灭火灾造成的货物灭失、损害或延迟交；货物运输途中所受损失，根据提单或租船合同的有关条款应有承运人负责的部分。

根据国际贸易惯例及有关公约，承运人是由于自身的原因使货物在运输途中遭受损失，是有赔偿责任的，赔偿责任有最高限额，其责任范围以提单所注明的为限，超出最高限额的部分不负赔偿责任。提单所注明的规定一般是以海牙规则和其他有关规则、公约为依据的。在向承运人索赔时，托运人或收货人必须提交由港务机构签发的理货报告及船长或大副签署的短缺或残损证明。

（四）向保险公司索赔

向保险公司索赔也称为保险索赔。在货物运输过程中，如果所发生的风险和损失属于保险公司的承保责任范围以内的，均可向保险公司索赔。保险公司的承保责任，应以保险单所列明的保险险别为准。

（五）向其他责任者索赔

其他责任者的责任，情况则比较复杂。如货物卸船后，从码头搬入仓库时，因码头搬运工人的疏忽而使货物发生损坏的，则属码头装卸公司的责任；如搬入仓库后，由于仓库管理不当而使货物发生损坏的，即属于仓库管理部门的责任。

三、索赔条款及示例

国际货物合同中订立索赔条款一般订立方式有两种：一种是异议和索赔条款；另一种是罚金条款。在一般商品的买卖合同中，多数只签订异议和索赔条款，并同检验检疫条款合并在一起。在大宗商品和机械设备的合同中，除订立异议和索赔条款外，一般还另订立罚金条款。

（一）异议与索赔条款

异议与索赔条款（Discrepancy and Claim Clause）的内容，主要包括索赔依据、索赔期限、索赔方法和索赔金额等。

1. 索赔依据

索赔依据（Claim Foundation）是指在索赔条款中，一般都规定提出索赔应出具的证据和出证机构，如双方约定：货到目的港卸货后，若发现品质、数量或重量与合同规定不符，除应由保险公司或船公司负责外，买方于货到目的港卸货后××天内凭双方约定的某商检机构出具的检验证明向卖方提出索赔。索赔时必须按规定提供齐全有效的证据，若证据不全、不清，出证机构不符合要求，都可能遭到对方拒赔。因此，在规定索赔依据时，要与检验条款规定的内容一致。

2. 索赔期限

索赔期限（Period of Claim）是索赔方向违约方提出索赔要求的有效期限。索赔期限应在合同中订明，如逾期提出索赔，违约方可不予理赔。因此，索赔期限的长短应当规定合适。在规定索赔期限时，应考虑不同商品的特性和检验条件。对于有质量保证期限的商品合同中还应加订保证期，是指买方接受卖方货物后，在保存或使用中发现进口商品品质问题而向卖方提出索赔要求的时间期限。例如对某些食品、农产品等易变质商品，索赔期限应定得短一些；对于一般货物的索赔期限，通常限定为货到目的地后30天或45天；对于机器设备的索赔期限则应定得长一些，定为货物到目的地后60天或更长，一般不超过180天；但对有质量保证期的机械设备的索赔期，可定为一年或以上。总之，索赔期限的规定，除机器设备外一般不宜过长，免得使一方承担过重的责任。当然，索赔期限也不应定得过短，防止超过索赔期限而无法行使索赔权利，可以在合同中规定："如在有效期内，因检验手续或发证手续来不及办妥，可先电告对方延长索赔期若干天"。

此外，在规定索赔期限时，还应对索赔期限的起算时间一并作出具体规定，实物中对索赔期限的起算时间通常有下列几种方法：（1）货到目的港后××天起算；（2）货到目的港卸离海轮后××天起算；（3）货到买方营业处所或用户所在地后××天起算；（4）

货物检验后××天起算。

这里特别说明一点的是，对于分批交货的成套机械设备，如需全部设备到货后才能试车，则应按规定全部设备的索赔期限从最后一批货到目的港后起算。

3. 索赔方法和索赔金额

因违约原因复杂多样，且在签约时难以预料违约的情况和造成的损坏程度，因此一般对索赔方法（Methods of Claim）和索赔金额（Sum of Claim）不作具体规定。

4. 异议与索赔条款的范例

“买方对于装运货物的人行索赔，必须于货物到达提单及/或运输单据所订目的港之日起60天内提出，并须提供卖方同意的公证机构出具的检验报告。属于保险公司、轮船公司或其他有关运输机构责任范围内的索赔，卖方不予受理”。（Any claim by the Buyer regarding the goods shipped should be filed within 60 days after the arrival of the goods at the port of destination specified in the relative Bill of Lading and /or transport document and supported by a survey report issued by a surveyor approved by the Seller. Claims in respect of matters within responsibility of insurance company, shipping company/other transportation organization will not be considered or entertained by the Seller）。

（二）罚金条款或违约金条款

1. 罚金条款

罚金条款或违约金条款（Penalty Clause or Liquidated Damage Clause）包括赔偿损失的办法和金额等，主要内容是，一方如未履行合同所规定的义务时，应向对方支付一定数量的约定罚金，以补偿对方的损失。尤其在买卖大宗商品、机械设备的合同中，一般还签订罚金条款。

此条款一般适用于卖方延期交货或买方延期接运货物，拖延开立信用证，拖欠货款等场合。双方还根据延误时间长短预先约定补偿的金额，同时规定最高罚金额。这是一种带有惩罚性质的限制性条款，罚金数额通常与违约造成的实际损失大小无关，需要特别说明的一点是并不能因为违约方支付了罚金就解除其继续履行合同的义务，如果卖方根本不履行交货义务，仍要承担因此给买方造成的损失。

关于合同的罚金条款、各国的法律有不同的规定，如大陆法系国家的法律承认并予以保护；而英美法系国家的法律只承认损害赔偿，以违约金的补偿性为原则，而不承认对于带有惩罚性的罚金。中国合同法的规定，在确定违约金数额时，双方当事人应预先估计因违约可能发生的损害赔偿，确定一个合适的违约金比率。在此需要着重指出的是，在违约金的情况下，即使一方违约未给对方造成损失，违约方也应支付约定的违约金。为了体现公平合理原则，如一方违约给对方造成的损失大于约定的违约金，守约方可以请求法院或仲裁庭予以增加；反之，如约定的违约金过分高于实际造成的损失，当事人也可请求法院或仲裁庭予以适当减少。但如约定的违约金不是过分高于实际的损失，则不能请求减少，这样做，既体现了违约金的补偿性，也在一定程度上体现了它的惩罚性。

2. 罚金条款的范例

“如卖方不能按期交货，在卖方同意由付款行从议付货款中扣除罚金的条件下，买方可同意延长交货，但是因延期交货的罚金不得超过货物总金额的5%，罚金每7天收取0.5%，不足7天按7天计算。如卖方未按合同规定的装运期交货，延长10周时，买方有权撤销合同，并要求卖方支付上述延期交货罚金”。（Should the Seller fail to make delivery on time as stipulated in the contract, the Buyer shall agree to postpone the deliver on condition that the Seller agree to pay a penalty which shall be deducted by the paying bank from the payment under negotiation, or by the Buyer direct at the time of payment. The rate of penalty is charged at 0.5%, of the total value of the goods whose delivery has been delayed for every seven days, odd days less than seven days should be counted as seven days. But the total amount of penalty, however, shall not exceed 5% of the total value of the goods involved in the late delivery. In case the Seller fail to make delivery ten weeks later than the time of shipment stipulated in the contract, the Buyer shall have the right to cancel the contract and the Seller, in spite of the cancellation, shall still pay the aforesaid penalty to the Buyer without delay.）

四、索赔与理赔时应注意的问题

在签订国际贸易合同时，对于一般商品的买卖合同中，还将异议和索赔条款同检验检疫条款合并在一起。在订好以上两种索赔条款外，同时还应充分考虑融入仲裁条款，附带写明合同双方产生纠纷时申请仲裁的机构。

（1）明确索赔期限，包括索赔有效期和品质保证期。在前面索赔条款的制定时详细讲解了索赔期长短和索赔期开始计算的时间。根据国际贸易惯例，在常用的几种索赔期起算时间的确定方式中，对买方来说尽量选取对买方最有利的计算方式，以卸毕日期最为合理，起始日期最好订为“从买方收货后检验、验收、启用之日起计算”或“安装调试完毕之日起计算”。

（2）索赔方一定要在索赔期内提出必须具备的有效证据，相应地，理赔方应认真细致地审核购买方提出的单证和出证机构的合法性。

1）买方向卖方索赔时应提供的主要证件。买方向卖方索赔时应提供的主要证件有：①公证检验机构出具的检验鉴定证书，主要用于证明索赔的事项和内容等；②索赔单，写明损失项目名称、数量、索赔金额及计算方法；③外贸单证，例如，提单、商业发票、装箱单、在最后目的地卸货记录及磅码单等；④可能其他需要的证件。

2）买方向承运人提出索赔时应提供的证件。买方向承运人提出索赔时应提供的证件有：①公证检验机构出具的检验鉴定证书；②事故证明文件，即由船公司或港务管理机构出具的破损事故证明或短缺证明书等；③索赔单；④外贸单证，例如，保险单、提单、商业发票以及其他需要提供的单证。

3）买方向保险公司提出索赔时应提供的证件。买方向保险公司提出索赔时应提供的证件有：①公证检验机构出具的检验鉴定证书；②如果遇到海难事故，应该有由港务管理机构签发的海难证明书；③承运人签发的事故证明书；④索赔单；⑤保险单或保险凭证正本）⑥货损货差证明；⑦外贸单证，例如运输合同、发票、装箱单、重量单、提单、商业发票等。

（3）合理确定索赔/理赔的方案和金额。处理方案可以采取退货、换货、补货或修理、延期付款、延期交货、赔付部分货物或赔付一定的金额、对索赔货物给予价格折扣或按照残次货物百分比对全部货物降价等方式。关于索赔金额的问题，如果合同预先规定有约定的损害赔偿金额，则应按约定的金额赔偿；如预先未约定损害赔偿的金额，则应根据实际损失确定适当的赔偿金额。根据国际货物销售合同公约的规定，一方当事人违反合同应负责的损害赔偿金额，应与另一方当事人因违约方违反合同而遭受的损失额（包括利息、利润）相等。如卖方拒绝交货，赔偿金额一般按照合同价格和违约行为发生时的国际市场价格的差价计算；如卖方交货品质与合同不符产生的退货重换，则应包括所退还货物的运费、仓储费、装卸费、保险费及重新包装费等；如卖方委托买方修理时，要合理计算使用材料费和工本费。

第三节　不可抗力

合同鉴定后，若发生人力不可抗拒事件，致使合同不能履行或不能如期履行，可按合同中关于不可抗力条款的规定免除合同当事人的责任。

一、不可抗力概述

不可抗力（Force Majeure）又称人力不可抗拒，是指合同签订后，发生了合同当事人无法预见、无法避免、无法控制、无法克服的事件，以致合同当事人不能依约履行职责或不能如期履行职责。这些事件称为不可抗力。遭受不可抗力的一方可以免除其不履行或不按期履行（推迟履行）的责任，而另一方不得要求赔偿损失。

不可抗力主要包括两种情况：第一种主要指由自然力量引致的不可抗力，包括地震、火灾、水灾、旱灾、雪崩、飓风、雷电等自然灾害。第二种主要指由社会力量引致的不可抗力，包括战争、类似战争状况、政府管制或禁令、罢工、民众骚乱等意外事件。

二、合同中的不可抗力条款内容及示例

合同中的不可抗力条款是一项免责条款，即免除由于不可抗力事件而违约的一方的违约责任。在订立买卖合同时，一般都订有不可抗力条款，其内容包括：不可抗力事件的范围；不可抗力事件的法律后果；遭到不可抗力事故的一方向另一方提出事故报告和证明文件的期限和方式，以及出具不可抗力事件证明的机构。

（一）不可抗力事件的范围

在前文所讲的不可抗力事件中，一般来说，把自然现象及战争、严重的动乱看成不可抗力事件各国是一致的，而对上述事件以外的人为障碍，如政府干预、不颁发许可证、罢工、市场行情的剧烈波动，以及政府禁令、禁运及政府行为等归入不可抗力事件常引起争议。因此，当事人在签订合同时应具体约定不可抗力的范围，并且描述要明确、具体，防止一旦发生不可抗力事件产生不同解释而出现纠纷。

（二）不可抗力事件的法律后果

不可抗力所造成的是一种法律事实。发生不可抗力事件后，应按约定的处理原则和办法及时处理，使损失减少到最低限度。

不可抗力事件的法律后果有两种：如因不可抗力使合同无法履行，则应解除合同；如不可抗力只是暂时阻碍合同履行，则一般采取延期履行合同的方式。凡发生不可抗力事故，当事方已尽力采取补救措施但仍未能避免损失的情况下，可不负赔偿责任。

（三）不可抗力事件通知的期限和方式

中国法律规定，当不可抗力发生后，当事人一方因不能按规定履约要取得免责权利，必须及时通知另一方，并在合理时间内提供必要的证明文件，以减轻可能给对方造成的损失。按《联合国国际货物销售合同公约》，如果由于当事人一方未能及时通知对方，并由此给对方造成损害的，当事人一方应负赔偿责任。因此，为防止争议发生，不可抗力条款中应明确规定具体的通知和提交证明文件的期限和方式。一旦发生不可抗力事件，严格按照不可抗力条款中规定的通知和提交证明文件的期限和方式及时通知对方。

（四）出具不可抗力事件证明的机构

在中国，不可抗力的出证机构一般是由中国国际贸易促进委员会（中国国际商会）出具。如由对方提供时，则大多数是由当地的商会或登记注册的公证机构出具。另一方当事人收到不可抗力的通知及证明文件后，无论同意与否，都应及时回复。

综合以上不可抗力条款的主要内容，对不可抗力条款的规定方法有以下三种。

1. 概括式

概括式即在合同中只概括地规定不可抗力事件的含义，不具体订名哪些现象是不可抗力事件。如“由于不可抗力的原因，致使卖方不能全部或部分装运或延迟装运合同货物，卖方对于这种不能装运或延迟装运本合同货物可不负有违约责任。但应立即以电传或传真通知买方，并在××天内以航空挂号信向对方提供中国国际贸易促进委员会出具的证明书。”（If the shipment of the contracted goods is prevented or delayed in whole or in part due to force majeure, the Seller shall not be liable for non – shipment or late shipment of the goods of this contract. However, the Seller shall notify the Buyer by cable or telex and furnish the latter within ××days by registered airmail with a certificate issued by the China Council for the Promotion of International Trade attesting such event or events.）如果合同签订后，客观情况发生了变化，双方对其含义发生争执，则由受理案件的仲裁机关或法院根据合同的含义解释发生的客观情况是否构成为不可抗力。

2. 列举式

列举式即在合同中把属于不可抗力的事件一一罗列出来，凡是发生了所罗列的事件即构成不可抗力，凡合同中没有规定的事件均不能作为不可抗力事故的援引。如“若由于战争、地震、水灾、火灾、台风、雪灾的原因，致使卖方不能全部或部分装运或延迟装运合同货物，卖方对于这种不能装运或延迟装运本合同货物可不负有违约责任。但应立即以电传或传真通知买方，并在××天内以航空挂号信向对方提供中国国际贸易促进委员会出具的证明书。”（If the shipment of the contracted goods is prevented or delayed in whole or in part by reason of war, earthquake, flood, fire, storm heavy snow, the Seller shall not be liable for non – shipment or late shipment of the goods of this contract. However, the Seller shall notify the Buyer by cable or telex and furnish the latter within ××days by registered airmail with a certificate issued by the China Council for the Promotion of International Trade attesting such event or events.）。

3. 综合式

综合式是将概括式和列举式合并在一起，在合同中既概括不可抗力的具体含义，又列举属于不可抗力范围的事件。如“由于战争、地震、水灾、火灾、暴风雨、雪灾或其他不可抗力原因，致使卖方不能全部或部分装运或延迟装运合同货物，卖方可不负有违约责任。但卖方应立即以电传或传真通知买方，并在事件发生后××天内将事件发生地政府主管当局出具的事件证明书用航空挂号信邮寄交买方为证，并取得买方认可。在上述情况下，卖方仍有责任采取一切必要措施从速交货。如果事件持续超过××个星期，买方有权撤销合同”。(The Seller shall not be held responsible for failure or delay to perform all or any part of this contract due to war, earthquake, flood, fire, storm heavy snow or other cause of Force Majeure. However, the Seller shall advise the Buyer immediately of such occurrence, and within ××days thereafter, shall send by registered airmail to the Buyer for their acceptance a certificate issued by the Competent Government Authorities of the place where the accident occurs as evidence there of. Under such circumstance, the Seller, however, is still under the obligation to take all necessary measure to hasten the delivery of the goods. In case the accident lasts for more than ×× weeks, the Buyer shall have the right to cancel the contract.)

比较上述三种方法可知，概括式规定比较含混，对不可抗力事件范围的解释容易产生争议；列举式规定虽然明确肯定，不易产生争执，但由于不可抗力事件有时难以在合同条款中一一列明，一旦发生未列举的其他事件，就丧失了适用不可抗力的权力；综合式的规定方法弥补了前两种方式的不足，除了条款中列明的不可抗力事件外，如发生其他的意外事件，可由双方通过协商对事件进行认定，规定较灵活，可适应多变的情况，因此是最为常用的一种方式。

三、援引不可抗力条款和处理不可抗力事件应注意的事项

当不可抗力事件发生后，合同当事人在援引不可抗力条款和处理不可抗力事件时，应注意以下事项：(1) 发生事故的一方当事人应按约定期限和方式将事件情况通知对方，并且出具有效的证明文件作为发生事件的证据。同时，对方也应及时答复，如长期拖延不予处理，也要负违约责任。(2) 双方当事人要认真分析事件是否属于不可抗力条款约定的范围，如不属于合同规定的范围，一般不能按不可抗力事故处理。(3) 对于不可抗力事件的后果，双方应按约定的处理原则和办法进行协商处理。(4) 信用证项下，UCP 600 第 36 条规定，银行由于天灾、暴动、骚乱、叛乱、战争、恐怖主义行为或任何罢工、停工或其无法控制的任何其他原因导致的营业中断的后果，概不负责。

第四节　仲裁与 WTO 争端解决机制

买卖双方对履约过程中产生的争议，如难以和解，可采取仲裁方式解决，也可以提请世界贸易组织的争端解决机构加以解决。

一、仲裁

(一) 仲裁的含义及特点

仲裁 (Arbitration) 又称公断，是指自愿将争议提交双方所同意的第三者予以裁决 (Award)，以解决争议的一种方式。由于仲裁是依照法律所允许的仲裁程序裁定争端，因而仲裁具有法律约束力，当事人双方必须遵照执行。

当国际货物买卖过程中出现争议时，可以友好协商进行和解与调解，但和解与调解的结果没有强制作用；也可采取诉讼，诉讼的结果是强制性的；也可以采取仲裁来解决。仲裁可以自行约定仲裁事项、仲裁地点、机构、程序、适用的法律、裁决效力以及仲裁使用的语言等；仲裁比司法诉讼有较大的灵活性；仲裁解决争端比法院快，程序相对简单，费用也较低。因此，目前国际普遍采用仲裁来解决国际贸易中的争端。

（二）仲裁协议

1. 仲裁协议的概念

仲裁协议是指双方当事人在自愿、协商、平等互利的基础之上将他们之间已经发生或者可能发生的争议提交仲裁解决的书面文件，是申请仲裁的必备材料。根据中国仲裁法规定，仲裁协议必须采用书面形式，口头的仲裁协议无效。在实践中如果是以口头形式订立的仲裁协议，应及时转化为书面协议。例如，如果双方当事人通过电话谈妥了将他们之间的纠纷提交仲裁的事宜，一方当事人应当及时整理出电话记录，并要求对方予以确认，否则仲裁协议无效。

2. 仲裁协议的形式

仲裁协议有两种形式：一种是在争议发生之前订立的，它通常作为合同中的一项仲裁条款出现；另一种是在争议之后订立的，它是把已经发生的争议交付给仲裁机构仲裁解决的协议，这种仲裁协议是在合同中没有仲裁条款的情况下单独订立的，是独立于合同之外的协议。这两种形式的仲裁协议，其法律效力是相同的。

3. 仲裁协议的法律特征

仲裁协议的法律特征：（1）仲裁协议只能由具有利害关系的合同双方（或多方）当事人或其合格的代理人订立，且对双方（或多方）均有法律约束力。如发生争议，双方（或多方）当事人只能依仲裁协议进行仲裁而不得向法院起诉。（2）仲裁协议是当事人申请仲裁、排除法院管辖的法律依据。仲裁协议一经签订，就成为仲裁委员会受理合同争议的凭据，协议范围内所发生的争议必须以仲裁方式解决，任何一方当事人不得随意撤销已成立的仲裁协议而向法院起诉，法院也不应受理有仲裁协议的争议案件。如果一方当事人违反协议向法院起诉，对方可根据仲裁协议要求法院终止诉讼程序，把案件移交有关仲裁机构审理。（3）仲裁协议是使仲裁裁决具有强制执行力的法律依据。

4. 仲裁协议的内容

仲裁协议的内容可以是以仲裁条款的形式出现，后文会详细讲解仲裁条款的内容。仲裁协议也可以以合同中没有仲裁条款的形式出现，不论何种形式的仲裁协议，其基本内容应包括：请求仲裁的意思表示；仲裁事项；选定的仲裁委员会。

（三）仲裁条款

仲裁条款主要包括仲裁地点、仲裁机构、仲裁程序、仲裁裁决的效力以及仲裁费用的负担等有关方面的内容。

1. 仲裁地点

仲裁地点是说明决定在什么地方进行仲裁的问题。仲裁地点与仲裁适用的法律以及合同适用的实体法有密切关系，由于适用不同国家的法律，就可能对双方当事人的权力与义务作出不同的解释，得出不同的结果，因此仲裁地点是买卖双方在磋商仲裁时的一个重点。

中国进出口贸易合同中的仲裁地点，视贸易对象和情况的不同，一般采用三种规定方法之一：一是力争规定在中国仲裁；二是可以规定在被告所在国仲裁；三是规定在双方认同的第三国仲裁。

2. 仲裁机构

国际贸易仲裁机构主要有两种形式：一种是由当事人双方共同指定仲裁员组成临时仲裁庭进行仲裁；另一种是由双方当事人在仲裁协议中规定在常设的仲裁机构进行。至于当事人双方选用哪个国家（地区）的仲裁机构审理争议，应在合同中作出具体说明。常设的仲裁机构有国际性或区域性的仲裁组织，如国际商会的仲裁院；还有国家性的仲裁机构，如英国伦敦仲裁院、美国仲裁协会、日本国际商事仲裁协会和中国的国际经济贸易仲裁委员会等机构；还有附设在特定行业内的专业性仲裁机构，如伦敦油籽协会、伦敦谷物商业协会等。

3. 仲裁程序

仲裁程序是指双方当事人将所发生的争议根据仲裁协议的规定提交仲裁时应办理的各项手续和做法，包括提出仲裁申请、组织仲裁庭、审理案件以及做出裁决等。一般来说，仲裁条款规定在哪个仲裁机构仲裁，就按哪个仲裁机构制定的仲裁规则办理；但也有些国家允许双方当事人任意选择他们认为合适的仲裁程序规则。中国企业一般的做法是规定在哪个国家进行仲裁就采用哪个国家的仲裁程序规则。

4. 仲裁裁决的效力

仲裁裁决的效力主要是指由仲裁庭作出的裁决，对双方当事人是否具有约束力，是否为决定性的，能否向法院起诉要求变更裁决。

世界上大多数国家都承认仲裁条款具有排除司法管辖权的作用，即对于仲裁裁决书，当事人应依照其中所规定的时间自动履行，裁决书未规定期限的，应立即履行。一方当事人不履行的，对方当事人可以向法院申请执行。

中国《民事诉讼法》和《仲裁法》规定，对于中国涉外机构的仲裁裁决书，一方当事人不履行，对方当事人可以申请被申请人住所地或财产所在地的中级人民法院执行仲裁机构的裁决。当然，存在下列情况的：在无仲裁协议的情况下作出的、或以无效（过期）的仲裁协议为依据作出的裁决；仲裁庭的组成或仲裁程序与仲裁规则不符；仲裁院员的行为不当或越权所作出的裁决；以伪造证据为依据所作出的裁决；或裁决的事项是属于仲裁地法律规定不得提交仲裁处理的裁决等，经人民法院组戍合议庭审查核实后可裁定撤销或不予执行。如果被申请人或他的财产不在中国境内，应由当事人直接向有管辖权的外国法院申请承认和执行。外国仲裁机构做出的裁决在中国的承认和执行方面，中国应当根据中国缔结或者参加的国际公约，或按照互惠原则进行审查，认为不违反中国法律的基本准则或中国国家、社会利益的，应该承认其裁定效力，并且依照该法规定的程序予以执行。

很多国家原则上都不允许对仲裁裁决提起上诉，有些国家虽然允许当事人上诉，但法院一般只审查程序，即审查仲裁裁决在法律手续上是否完备，而不审查仲裁裁决在认定事实或运用法律方面是否正确。为了明确仲裁裁决的效力，避免引起上诉，双方当事人在订立仲裁条款时一般都明确规定：仲裁裁决是终局性裁决，对双方当事人都有约束力，任何一方不得向法院提起上诉。

5. 仲裁费用的负担

通常在仲裁条款中明确规定出仲裁费用由谁负担。一般规定由诉方承担，也有的规定为由仲裁庭酌情决定的。

本节已经详细介绍了仲裁条款的各要素，现在列举几个仲裁条款的范例：

【范例1】“凡因执行本合同发生的或与本合同有关的一切争议，双方应通过友好协商解决。如果不能协商解决，应将争议提交北京中国国际经济贸易仲裁委员会，根据该会的仲裁规则进行仲裁。仲裁裁决是终局的，对双方均有约束力。仲裁费用除仲裁庭另有裁决外，应由败诉方承担。”

“All disputes arising out of the performance of, or relating to this contract, shall be settled through friendly negotiation. In case no settlement can be reached through negotiation, the case shall be then submitted to the China International Economic and Trade Arbitration Commission, Beijing, China for arbitration in accordance with its Rules of Arbitration. The arbitral award is final and binding upon both parties. The arbitration fee shall be borne by the losing party unless otherwise awarded by the arbitration court.”

【范例2】“凡因执行本合同所引起的与本合同有关的任何争议，双方应通过友好协商解决。如果不能协商解决，则应提交仲裁解决。仲裁在被告人所在国进行。在中国，由北京中国国际经济贸易仲裁委员会根据该会仲裁规则进行仲裁。在××（被告人所在国），由××（由被告人所在国仲裁机构）根据其仲裁规则进行仲裁。仲裁裁决是终局的，对双方均有约束力。仲裁费用除仲裁庭另有裁决外，应由败诉方承担。”

“All disputes arising from the execution of, or in connection with this contract shall be settled amicably through friendly negotiation. In case no settlement can be reached through negotiation, the case shall be then submitted for arbitration. The location of arbitration shall be in the country of the domicile of the dependent. If in China, the arbitration shall be conducted by the China International Economic and Trade Arbitration Commission, Beijing in accordance with its Rules of Arbitration. If in ××, the arbitration shall be conducted by ×× in accordance with its arbitral rules. The arbitral award is final and binding upon both parties. The arbitration fee shall be borne by the losing party unless otherwise awarded by the arbitration court.”

【范例3】“凡因执行本合同所引起的与本合同有关的任何争议，双方应通过友好协商解决。如果不能协商解决，则应提交××（仲裁机构），根据其仲裁规则进行仲裁。仲裁裁决是终局的，对双方均有约束力。仲裁费用除仲裁庭另有裁决外，应由败诉方承担。”

“All disputes arising from the execution of, or in connection with this contract shall be settled amicably through friendly negotiation. In case no settlement can be reached through negotiation, the case shall be then submitted to ××（arbitral authority）for arbitration in accordance with its arbitral rules of procedure. The arbitral award is final and binding upon both parties. The arbitration fee shall be borne by the losing party unless otherwise awarded by the arbitration court.”

通过详细分析以上三个仲裁条款的范例可知，仲裁条款各要素中仲裁裁决的效力、仲裁费用的负担基本相同，不同的是仲裁地点和仲裁规则。范例一规定在中国进行仲裁，由北京中国国际经济贸易委员会仲裁委员会来裁决；范例二规定在被告国进行仲裁，依据被告国的仲裁机构的仲裁规则来裁决；范例三规定在第三国仲裁，依据第三国的仲裁规则来裁决。由此可见，范例一的仲裁条款是对我方最有利的。

二、WTO 争端解决机制

WTO 争端解决机制（The Solution Mechanism for Disputes in WTO）是一种贸易争端解决机制，也是 WTO 不可缺少的一部分，是多边贸易机制的支柱，在经济全球化发展中颇具特色。它具有统一性、效率性和强制性的特点。它具有自己的原则、机构和解决程序。

WTO 争端解决机制是在 GATT 争端解决机制的基础上产生和发展的，其中最重要的是乌拉圭回合（Uruguay Round）通过的《关于争端解决规则和程序的谅解协议》（Understanding on Rules and Procedures the Governing Settlement of Disputes，以下简称 DSU）。DSU 它是为 WTO 这个多边贸易体制提供保障和可预见性的中心环节，是 WTO 规则实际有效执行的根本保证。这套争端解决机制在国际司法体制中是相当独特的和成功的。"解决争端机构"（Dispute Settlement Body，以下简称 DSB ）在 WTO 职能中是与总理事会平行的、以司法为核心的机构。

（一）主要内容

WTO《关于争端解决规则和程序的谅解协议》运用司法管辖和外交磋商相结合的平衡体制。DSU 考虑到了 1947 年 GATT 充分磋商的做法，也考虑到了运用司法解决争端的重要性和必要性。DSU 鼓励各方通过外交途径的友好磋商解决争议。在适用司法手段解决争端时，也保证是在政治和外交的框架内进行。DSU 建立了争端解决机构（Dispute Settlement Body，以下简称 DSB）来负责监督争端解决机制的有效顺利运行，这是 WTO 的一个创新，可以说是争端解决机制的基石。DSB 由 135 个成员参加，实际上与总理事会是一套人马两块牌子，它受总秘书处的领导。DSB 的主席通常与总理事会的主席不是同一个人，DSB 的主席采用轮值制，由发达国家和发展中国家代表每年轮流担任。该机构负责 DSU 和各有关协议关于争端解决规定的执行，它有权设立专家组，通过专家小组的报告和上诉机构的报告，检查被裁决的国家用多长时间和何种方式执行裁决和建议，以及授权暂停适用协议下的减让和其他义务（即实施报复）。应争端一方的请求，DSB 可以成立专家组（Panel），对成员国的某一违法行为进行裁决，承担具体的任务，任务完成后即解散。专家组一般由 3 名或 5 名独立的人员组成。秘书处持有一份可担任专家组成员的名单，并负责任命专家组组成人员。专家组根据被授予的职权范围，在规定时间内，形成专家组报告，交 DSB 会议批准。DSB 建立了常设的上诉机构（Appellate Body），这是 WTO 争端解决机制的创新。常设上诉机构有 7 名成员，任期为 4 年，对某一案件由其中的 3 名进行审议。上诉机构有自己的工作人员，其秘书处在机构上不同于 WTO 秘书处。上诉机构的主要目的是保证判例的和谐性，负责处理争端各方对专家组报告的上诉，但上诉仅限于专家组报告中有关法律问题和专家组详述的法律解释。上诉机构可以维持、修改或撤销专家组的法律调查结果和结论，而且上诉机构的报告一经 DSB 通过，争端各方就必须无条件接受。

（二）基本原则和机构

1. 争端解决机制的基本原则

争端解决机制的基本原则是平等（Equitable）、迅速（Fast）、有效（Effective）、双方可接受（Mutually Acceptable）。这个原则是经全体 WTO 的成员同意，如果他们认为其他成员正在违反贸易规则，受到贸易侵害的成员将使用多边争端解决机制，而不是采取单边行动，这意味着所有 WTO 的成员将遵守议定的程序和尊重裁决，不管是受到贸易侵害的成员还是违反议定的成员。

2. 争端解决机制机构

争端解决机制机构是由“专家组（Panel）”组成的。专家组由 3 名（有时是 5 名）来自不同国家的专家组成，负责审查证据并决定谁是谁非。专家组报告提交给争端解决机构（Dispute Settlement Body，DSB），该机构在协商一致的情况下才能否决这一报告。每一个案件的专家组成员可以从一份常备的符合资格的候选人名单中选择，或从其他地方选择。他们以个人身份任职，不能接受任何政府的指示进行斡旋、调解或调停。

（三）主要特点

1. 统一性

在 DSU 执行之前，自 1947 年到 1994 年 12 月 31 日的 GATT 实践，有争端的各方依据 GATT 第 22、23 条的规定，也可以选择 1947 年以后陆续制定的 GATT 各具体协议中有关解决争议的特别规定和程序来解决争端，但他们之间缺乏衔接机制，无法协调。1995 年 1 月 1 日 DSU 得以执行以后，所有的经济贸易争端都纳入到 DSU 的规则之中解决，诞生了统一的争端解决机制。而且，在 DSU 中明确规定，争端解决机制与其他协议的规定有冲突时，按照具体协议的规定，即采取特殊优先的原则。例如：在补贴问题，一个国家被裁决违背 WTO 的有关规则，按照 DSU 规定，可给予被裁决方相应合理的限期来执行裁决。但根据《补贴和反补贴措施协议》，若某成员实施了红色的补贴措施，必须立即改正。这时应优先适用《补贴和反补贴措施协议》，被裁决方必须无任何缓冲余地立即执行裁决，停止其红色补贴措施的实施。

2. 效率性

决策程序的改变可以说是 GATT 与 WTO 争端解决体制的最重要的区别。根据 GATT 的决策规则，重要的决定要经过协商一致作出。而在 WTO 框架内，则采取“反向一致”或称“倒协商一致”的做法，只要不是各方一致反对，则有关决策就可获得通过，这样仅有一方或几方就不能阻止争端解决程序的进行，除非各方经协商一致作出否决的决定。比如，如果一争端方请求设立专家组，且有关请求已列入争端解决机构会议的议题，那么争端解决机构就必须最晚在下一次的会议上设立专家组，除非“争端解决机构经协商一致决定不设立专家组（unless the DSB decides by consensus not to establish a panel）”。但这种否决的协商一致一般不会形成，因为提出设立专家组请求的国家不太可能改变自己的初衷。专家组的报告和上诉机构的报告在争端解决机构会议上要获得通过等决策程序也是采取这种方式。另外，如果争端各方对专家组成员组成不能达成一致，则由总干事来作出决定。这些规定有效地排除了 GATT 规则中存在的阻止多边争端解决进程的可能性，使争端解决更加迅速、有效。

3. 强制性

WTO 争端解决机制规定了解决争端的办法，使用最多的就是要求违反协议的一方撤销那些不符合《WTO 协议》的措施。如果不能撤销，一般可采取提供补偿作为替代办法。如果违反协议一方也拒绝提供补偿，那么只有实施报复了，也就是受损害的国家得到争端解决机构的授权后，可以针对违反协议的成员暂停实施贸易减让或履行义务。这样就增强了该机制的有效性、约束力和威慑力。

（四）基本程序

1. 磋商

这一阶段最长的时间为60天。发生贸易争端后，在采取措施之前，争端各方面都必须进行磋商，以寻求自行解决贸易摩擦的办法。如果双方磋商失败，他们也可以要求WTO总干事进行调解。

2. 专家组

如果磋商失败，起诉方可以要求任命专家组。在贸易争端双方提交仲裁申请后，专家组在6个月内作出裁决。被起诉方可以对专家组的成立提出异议，但这种异议的提出只有一次机会。在争端解决机构召开第二次会议后，对专家组的任命异议就不能再提出和阻止。除非各方协商一致，向贸易争端解决机构提出反对意见，要求更换专家组。

专家组的报告通常应在6个月内提交争端各方，在紧急案件中，包括那些与易腐货物有关的案件，期限缩短3个月。

3. 上诉

任何一方就专家组做出的裁决均可提出上诉，上诉必须根据有关法律的问题及与上诉有关的事由提起上诉，上诉不审理现有的证据或审查新的证据。

上诉案由常设上诉机构中的3名成员组成审理合议庭。上诉可以确认、修改或推翻专家组的法律调查结果和结论。一般情况下，上诉不应超过60天，因特殊原因可以延长到90天。

争端解决机构必须在30天内接受或否决上诉报告，而否决决定必须是协商一致才能做出。

4. 裁决的执行

裁决以后，败诉方应立即纠正，如果不按裁决执行，将做出补偿或者承担对它的处罚。在处理案件上，贸易争端解决机构负责裁决的实施。任何未决案件都将留在争端解决机构的日程上，直到问题得到解决。

在贸易争端解决机制下的WTO争端解决分为不同的阶段，WTO争端解决的特点是所有的阶段、争端各方均可以进行调解和磋商，以便“庭外”调解解决争端。在争端解决过程中，WTO总干事均可以进行斡旋、调解或调停。

（五）介入制度

在WTO争端解决机制中，有一个非常有特色的“第三方”制度。

WTO《关于争端解决规则和程序的谅解协议》第10条第2款对“第三方”作出了简单的定义，即“对专家组审议的事项有实质利益（Substantial Interest），且已将其利益通知DSB的成员”，据此定义，要成为第三方需具备以下条件：（1）必须是WTO成员；（2）对争议事件具有实质利益；（3）该争议已进入专家组程序；（4）该成员方已将其对争议事项有实质利益的意思通知了DSB。

第三方在争端解决中有特殊地位，它既不同于申诉方（Complainant），也不同于被申诉方（Respondent），它的权利义务有其特殊性，主要规定在DSU的第10条的第2、3、4款和第17条的第4款。根据这些条款，WTO争端解决机制中的第三方拥有以下权利：向专家组提出书面陈述的权利，该书面陈述应当分发各争端当事方，并在专家组报告中有所体现；有收到争端各当事方在专家组第一次会议上提交的书面意见的权利；如果某第三方认为专家组已在审议的某项措施，使其根据有关协议所拥有的权益受损或丧失（Nullified or Impaired），则有权依据谅解书求助于正常的争端解决程序；有向上诉机构提出书面意见的权利，并由该机构给予机会以听取意见。在 DSU 附录 3 “工作程序” 的第 6 段也有相应的规定：“所有已通知 DSB 其在该争端解决中有重大利益的第三方都应接到书面邀请，在第一次实质性会议期间另行安排的一次会议上陈述其观点。所有此类第三方在此整个会议期间均应出席。”

除了在 DSU 中有对第三方权利的规定之外，在 WTO 的《争端解决机构上诉委员会上诉案件审理工作程序》（简称《上诉工作程序》）中也有涉及第三方的权利规定。比如因为公平的原因，第三方有要求上诉庭作出修改工作时间的权利，有收到每一份文件的权利等。比较特殊的是，在上诉程序中又出现了一类与“第三方”有相似之处又不完全相同的参与者——“第三当事方（Third Participant）”。值得注意的是，“第三方”和“第三当事方”，这两者是既有联系，又有区别的。

第三方无权对专家组的决定提出上诉，这是由 DSU 第 17 条第 4 款明文规定的：“只有发生争端的各当事方，而非第三方，可以对专家组的报告提起上诉”，这是第三方与争端当事方的重要区别，然而这并不意味着第三方参与争端解决的过程就到此结束了，第三方如果认为有必要，仍然可以继续参与上诉程序。DSU 第 17 条第 4 款第二句规定：“按照第 10 条第 2 款向 DSB 通报其在事件中具有重大利益的第三方，可以向上诉机构提出书面意见，并由该机构给予机会听取其意见”。从这一规定，我们可以得出这样的结论，虽然第三方不能对专家组的报告提出上诉，但是在争端当事方提起上诉的情况下，第三方仍然可以通过向上诉机构提出书面意见的方式参与上诉程序。

一旦第三方以主动的方式参与了上诉程序，那么“第三方”就成为了“第三当事方（Third Participant）”，即“第三当事方”是依据《争端解决机构上诉委员会上诉案件审理工作程序》的第 24 条提交了书面材料的第三方，该条规定“在提交上诉通知后 25 天内，任何第三方可以提交书面材料，表明其作为第三当事方参与上诉的意图，书面材料应包括支持其要求的法律观点”，第三当事方的相关权利主要规定在《争端解决机构上诉委员会上诉案件审理工作程序》的第 27 条第 3 款：“根据规则第 24 条提交材料的任何第三当事方可以出席口头听证，提出口头辩论或陈述”。

【案例分析】

通过阅读开篇案例，并进行思考分析，应吸取的主要教训有：（1）进口方应及时对进口货物进行检验、鉴定，对货物与合同不符应在索赔期内提出。（2）机械设备的进口，索赔期限应合理，不能太短，以保证进口方能对设备进行充分的检验。（3）此类合同应明确质量保证期。（4）要加强企业管理及企业间的协调工作，使进口的货物能得到及时、充分的检验、鉴定。

【课后习题】

一、重点概念

商品检验；检验证书；离岸品质与离岸重量；到岸品质与到岸重量；不可抗力条款；索赔；仲裁；仲裁协议；WTO 争端解决机制

二、不定项选择题

1. 发生（　　），违约方可援引不可抗力条款要求免责。

A. 战争　　B. 世界市场价格上涨
C. 货币贬值　　D. 生产制作过程中的过失

2. 国际货物检验时间与地点有多种规定办法，其中照顾买卖双方利益，比较公平合理的规定办法是（　　）。

A. 在出口国产地检验　　B. 在装运地检验
C. 在目的地检验　　D. 在装运地检验，货到目的地后复验

3. 我公司按 CIF 条件出口货物一批共 1000 箱，允许卖方有 5% 的溢短装，我实际装 1000 箱，提单也载明 1000 箱，货到目的港后，买方来电反映仅收到 948 箱，并已取得船公司签发的短量证明，向我索赔。我方正确答复是（　　）。

A. 同意补装 52 箱　　B. 同意退 2 箱货款
C. 请与船公司或保险公司联系

4. 在中国的进出口合同中，关于仲裁地点的规定，我们应力争（　　）。

A. 在中国仲裁　　B. 在被告国仲裁
C. 在双方同意的第三国仲裁　　D. 在对买方有利的国家仲裁

5. 我与德商签订一笔进口机器零件的合同。合同签订以后，德商的两间工厂都投入了生产。再生产过程中，两间工厂之一由于意外事故导致火灾，完全丧失了生产能力，德商（　　）。

A. 因遇不可抗力事故，可要求解除合同
B. 因遇不可抗力事故，可要求延期履行合同
C. 因遇不可抗力事故，可要求延期履行合同，但我方有索赔的权力
D. 不属于不可抗力事故，我方应要求德商按期履行合同

6. 解决争端的方式有（　　）。

A. 调解　　B. 仲裁　　C. 诉讼　　D. 以上均不是

7. 下列有关仲裁协议的作用的表述中正确的是（　　）。

A. 约束当事人以仲裁方式解决争议，不能向法院起诉
B. 排除了当事人以协商和调节的方式解决争议的问题
C. 排除了法院对有关争议的管辖权
D. 使仲裁机构取得对有关争议案件的管辖权

8. 在国际贸易中，一方当事人违约，并构成根本违反合同，受到损害的一方依法解除合同后（　　）。

A. 无权再提出损害赔偿要求　　B. 有权再提出损害赔偿要求

C. 是否有权再提出损害赔偿要求，要视损失的金额大小而定

9. 仲裁裁决的效力是（　　）。

A. 终局的，对争议双方具有约束力

B. 非终局的，对争议双方不具有约束力

C. 有时是终局的，有时是非终局的

D. 一般还需要法院最后判定

三、判断题（判断下列各题是否正确，正确的在题后的括号内打"√"，错误的打"×"。）

1. 商检证书有多种作用，它是作为仲裁机构受理案件的依据之一。（　　）

2. 若买卖双方规定装运前或装运时在装运港检验，以离岸质量、重量为准，则货物运抵目的港后，买方再对货物进行复验时，即使发现问题，也无权再表示拒收或提出异议和索赔。（　　）

3. 《公约》规定，买方对收到的货物可以进行检验，也可以不进行检验，假如买方没有利用合理的机会对货物进行检验，就是放弃了检验权，但是他还有机会对货物提出拒收。（　　）

4. 某公司的进口设备到货后，发现与合同规定不符，但卖方及时、自费对设备进行了修理，使设备达到了原定标准，在此情况下，买方就不能提出任何损害赔偿要求。（　　）

5. 在国际贸易中，如果交易双方愿将履约中的争议提交仲裁解决，必须在买卖合同中订立仲裁条款，否则仲裁机构不予受理。（　　）

6. 根据中国现行做法，对外订立仲裁条款时应争取在中国仲裁，如对方不同意，也可接受在被告国仲裁。（　　）

7. 中国从日本进口在当地通常可以买到的某化妆品，在交货前，该商生产产品的工厂因爆炸被毁，该商要求援引不可抗力免责条款解除交货责任。对此，我方应予同意。（　　）

8. 属于不可抗力事件范围有火灾、战争、能源危机引起的石油价格暴涨、政府禁令等。（　　）

四、简答题

1. 商品检验证书的作用主要是什么？
2. 合同中商品检验条款包括哪些内容？
3. 为什么要在合同中订立不可抗力条款？
4. 合同中的不可抗力条款包括哪些内容？
5. 援引不可抗力条款应注意什么问题？
6. 索赔条款的主要内容有哪些？
7. 在合同中规定具体索赔期限的方法有哪些？
8. 在国际贸易中，产生争议的原因有哪些？
9. 简述仲裁条款的主要内容。

五、案例分析

1. 中国某公司与新加坡一家公司以 CIF 新加坡的条件出口一批土产品，订约时中国公司已知道该批货物要转销美国。但货到新加坡后，立即转运美国，其后新加坡的买主凭美国商检机构签发的在美国检验的证明书，向我提出索赔。请问，中国公司应如何对待美国的检验证书？为什么？

2. 某国公司以 CIF 鹿特丹出口食品 1000 箱，即期信用证付款，货物装运后，凭已装船清洁提单和已投保一切险及战争险的保险单，向银行收妥货款，货到目的港后经进口人复验发现下列情况：（1）该批货物共有 10 个批号，抽查 20 箱，发现其中 2 个批号涉及 200 箱内含沙门氏细菌超过进口国的标准；（2）收货人只实收 998 箱，短少 2 箱；（3）有 15 箱货物外表情况良好，但箱内货物共短少 60 公斤。试分析以上情况，进口人应分别向谁索赔，并说明理由是什么？

3. 中国从阿根廷进口普通豆饼 2 万吨，交货期为 8 月底，拟转售欧洲。然而，4 月份阿商原定的收购地点发生百年未见的洪水，收购计划落空。阿商要求按不可抗力免除交货责任，问中方怎么办？

第十章　进出口贸易的准备工作

【案例】 1994年中国W进出口公司急于扩展海外业务，在没有做充分的买方资信调查的情况下，与加拿大J进出口公司签订价值90万加元、D/P方式付款的货物出口合同。我W公司按照合同约定的条件发货后，迟迟收不到货款，后经查得知J公司根本没有付款赎单，而是在船代方以保函放货，J公司经理提货后转卖他人并携款潜逃菲律宾。由于加菲两国没有司法协议，致使诈骗者逍遥法外。

在进出口贸易中，交易对象都是国外商人，而国际市场情况又是错综复杂和变化多端的。因此，在正式交易前，要做好对国际市场的调查研究等工作，才能做到知己知彼，掌握主动。再对客户进行深入的资信调查，并熟知各国的贸易文化，为进出口业务的磋商工作做好准备。通过本章的学习，要求学生掌握国际市场调研的途径、出口经营方案的制定；理解客户资信调查的意义与方式，了解进口交易前的准备工作、各国的贸易文化。

第一节　出口交易前的准备

在出口洽谈交易之前，为了正确贯彻国家外贸政策，完成企业出口任务，提高交易的成功率，外贸企业应认真做好交易前的各项准备工作。这些工作包括：对国际市场的调查研究；制定生产（收购）和出口计划；制定商品经营方案（价格方案）；组织货源、对外建立业务联系、广告宣传等工作。

一、对国际市场的调研

国际市场调研是指外贸企业所进行的以有关国际客户（顾客）的信息为中心的调查研究活动。该活动要解决的问题有：现有客户由哪些人或组织构成？潜在市场顾客由哪些人或组织构成？这些客户需要购买哪些产品或服务？为什么购买？何时何地以及如何购买？等等。国际市场调研的具体内容包括以下几个方面。

（一）国际市场调研

国际市场调研的内容很广，大致包括：国别（地区）调研；商品市场调研；商品销售调研。

通过国别（地区）调研，主要是为了达到贯彻国别政策，选择适宜的市场，创造有利条件，发展贸易关系。具体有：（1）一般概况调研，包括人口、面积、气候、函电文字、通用语言、电器电压、度量衡制等。（2）政治情况调研，包括政治制度、对外政策、与中国的关系等；（3）经济情况调研，包括主要物产资源、工农业生产、财政金融、就业状况、收入状况等；（4）对外贸易情况调研，包括主要进出口商品贸易额、进出口贸易的主要国别地区、国际支付能力、主要贸易港口、对外贸易和外汇管制政策、海关税率和商检措施、民法和商法以及与中国进行贸易的情况等。(5) 运输条件调研，包括港口及其设备、港口惯例、对外航线等。

通过商品市场调研，摸清适销市场，使中国的商品销售在有利的条件下进行。具体有：(1) 市场适销商品调研，包括品种、规格、用料、颜色、包装、商标使用等。(2) 市场竞争情况调研，包括市场容量、供货主要来源、主要生产者、主要竞争者、主要消费对象等。(3) 市场消费特点调研，包括消费水平、质量要求、消费习惯、销售季节、产品销售周期、商品供求价格变动规律等。

通过商品销售调研，学会做生意的技巧，运用有效的推销手段，扩大商品出口。具体有：(1) 产品销售渠道的调研，包括各大类商品的主要销售渠道，各个销售渠道的特点和地位及它们之间的相互关系，哪些销售渠道最合适，推销网点如何合理分布，经销代理户如何选择使用，销售渠道是由谁控制等。(2) 广告宣传的调研，包括商品在某个国家和地区最好的宣传媒介是什么，结合商品特点、消费习惯、顾客心理，国外广告宣传中有哪些好的方式和方法 (3) 选择计价货币的调研，包括选择什么货币计价较为有利，怎样制定价格策略，怎样使用佣金和折扣及奖励办法，采用何种支付方式，即期还是远期等。(4) 售前售后服务的调研，包括如何设立国外服务中心，怎样进行设备安装、技术培训、维修服务、零配件供应，售前售后服务有哪些形式（委托、派驻、合营），利弊如何等。(5) 制定产品发展规划的调研，包括哪些市场要开拓、哪些市场要挤进、哪些市场要维持、哪些产品已为市场所淘汰、哪些产品趋向淘汰、哪些产品有发展前途，新产品如何试销。

收集国际市场行情资料的途径有：(1) 利用国外通讯社和报刊图书资料，了解掌握国际市场行情。(2) 利用国外的推销网和客户渠道，通过各项业务活动收集和积累有关国际市场行情的资料。(3) 利用国内外综合的和各种专业的交易会，有目的地开展调查研究。(4) 通过出口推销、考察小组，结合业务需要进行实地调查，收集当地市场以及其他有关国际市场行情方面的资料。(5) 利用参加各种国际性交易会的机会，有针对性地收集有关动态资料，进行调查研究。(6) 与国际经济组织，国外商业情报机构、研究机构、咨询公司、数据库建立经常联系，获得有关资料。(7) 通过驻外商务机构和企业收集有关资料。(8) 与国内企业和科技单位发展多种形式的联系，获得有关的资料。(9) 利用互联网站获得信息。

信息收集和运用时应注意的问题：(1) 信息的时间性。对信息要分清是已过时的信息，还是对将来起作用的信息，还是有现实意义的信息。三种信息都重要，要把三者联系起来，加以综合利用。(2) 信息的准确性。含糊其辞、模棱两可、似是而非的信息会影响判断，会使决策失误，因此在其未得到落实之前绝对不能采用。(3) 信息的全面性。有些信息是只言片语，有些信息从某一个侧面看问题，还有的信息残缺不全，对这些信息必须使之系统起来，务求全面完整以观全貌。(4) 信息的区域性。有的信息地区性很强，在一地适用，在另一地不一定也适用。(5) 信息的代表性。要分清普遍性与偶然性，不能把偶然性的信息当作普遍性信息来使用。

(二) 国际客户的调研和选择

在进行国际客户调研时应注意国际客户的类型及调研内容。

国际客户的类型按其经营业务的特点可以划分为：（1）综合性大企业。这种企业大多数是某个市场经营某些大宗商品进出口业务的垄断商。其业务范围很大，在防止受其垄断销售的情况下，可与这种企业保持一定的买卖关系。（2）进出口商，即专门从事进出口业务，自买自卖的商人。这些进出口商和当地批发商和实销户有一定的关系，和国外出口商或厂商也有一定的关系。其业务以某几项专业传统商品为主，也兼营其他商品。进出口商是我们出口业务中的主要往来对象之一。（3）零售商，主要是指自己进口的大百货公司、超级市场和连锁商店，购物中心。它们的销售额很大，占市场零售量的比重也很大。在发达的国家里，它们是我们出口业务中需要沟通的重要渠道之一。（4）经纪商，即从事进出口业务的代客买卖或从中撮合收取佣金的中间商。一般来说，他们经营能力薄弱，社会地位低，新商品初进入市场，可通过他们促成交易，商品量逐渐增大后，经纪商也就无能力包揽了。（5）制造商，主要是指自己进口一些原料用于生产的厂商。他们是我们初级产品出口的实际用户。（6）批发商。他们不是我们出口业务的主要对象。但在某些情况下，利用他们打开销路还是可取的。

对国际客户的调研内容具体有：（1）政治态度，包括客户的政治背景和对中国的政治态度。（2）社会地位，包括客户在社会、政治、经济组织中的头衔和地位。（3）经营能力，包括企业历史、企业规模（推销人员、办公设施、仓库、销售网点）、经营技能和经验、业务往来关系户等。（4）资信情况，包括注册资金大小、经营额大小、资产负债情况、客户品德、经营作风、经营范围、企业性质等。（5）客户与我贸易往来情况。

二、制定商品经营方案（价格方案）

外贸企业在做好国际市场的调查研究之后，就应该及时根据国家的外贸方针政策和本企业的经营意图对企业生产的出口产品在一定的时期内的业务作出全面的安排。这些安排通常包括以下内容：国内货源情况、国外市场与目标市场情况、历史经营情况、计划安排和实现计划的措施。

（一）国内货源情况

外贸企业为了及时交货，必须对自己的国内货源进行组织。一个成熟的外贸企业应该有自己固定的并有良好往来关系的国内货源供应商，这样企业一方面可以在供货成本上取得比自己竞争对手更好的优势，另一方面还可以为企业进一步对货源的生产及运储等活动监控打下良好的基础。在出口贸易竞争日益激烈的国际贸易市场上，企业与自己国内货源供应商的良好关系与对货源实效的监管，无疑会增加外贸企业的实力与出口竞争优势。

（二）历史经营情况

外贸企业自身的历史背景与经营情况都可以作为企业在出口竞争中的宣传亮点，同时也是企业对自己过去失误的出口贸易活动反省的对照物。而这些情况的取得都与企业日常的细致的企业活动情况记录是分不开的。

（三）目标市场营销计划安排和实现营销计划的措施

外贸企业应该及时在出口实务活动发生前进行市场计划的安排，也就是说企业应该及时制定目标市场的营销活动组合方案，同时还应该在实际活动中及时实施该计划（方案）。

三、商标注册和广告宣传

（一）商标注册

商标一经注册，注册人即取得对该商标的专用权，受国家法律保护。为维护我出口商品的声誉，谨防假冒，对有条件或应注册的商品，应抓紧办理国内外商标注册工作，尤其对国家规定必须使用注册商标的商品，必须申请注册，否则不得在市场销售。使用注册商标应当标明“注册商标”字样，也可以在内销商品的商标上加注标识，在外销商品上加R标识。

（二）商品广告

出口商品广告大致可分为四种：第一种，倡导广告。在产品生命周期中的引入期，一般使用此类广告，其目的在于向市场介绍某一类新产品，或向新市场介绍某一类产品。它的主要任务是使潜在的买主知晓这一类产品，引起强烈的购买欲望，从而打开国际市场。第二种，竞争广告。在产品的成长期和成熟期使用此类广告。这时应重点宣传产品的使用效果，使人增加真实感和亲切感，从而扩大销售市场。第三种，提示广告。在产品进入成熟期甚至衰退期时，企业要使其产品名称经常出现在大众面前，起到提示购买的作用。上述三类广告是以产品的不同生命周期划分的，因此，它们是循序渐进的系列广告。这对于增加出口商品的竞争力大有益处。第四种，公司声誉广告。它不宣传某一具体产品，而是集中宣传一家公司甚至一个行业，提高其声誉。这类广告的目的，是为了增加公司种种产品的销售，改善公司在消费者心目中的形象。

四、外贸谈判

对外贸易谈判是指国际有关各方当事人对某项贸易活动有待解决的重大问题进行的会谈。贸易谈判是一场“不流血”的“金钱之战”。因此，对外贸易谈判的双方都希望能最大限度地满足自己的需求，所以谈判前一定要明确自己的目的，从技术、商务、法律等方面事先要做好充分的准备，争取在谈判中取得有利的地位。准备得愈充分，就愈能在谈判中取得主动。

第二节　进口交易前的准备

在进口贸易前，必须做好准备工作。一方面，必须进行调查研究，如对所欲订购的商品的调研、对产品的国际市场价格的调研、对国际市场供应情况的调研，以及对客户资信情况的调研。另一方面，进口商品有许多必要的手续需要办理，如进口商品的审批、进口许可证的申领等。

一、调查研究

为了保质、保量地得到进口采购的商品，正确分析进口商品的经济效益，做好进口货物的成本核算，在进行进口交易前，必须对国内外市场进行调查，弄清主要生产国和主要生产厂的供应情况、商品的价格趋势及供应商的资信情况。

（一）商品价格趋势

不同商品，价格走势不同。工业品价格大多比较稳定，但受原材料价格影响。国内外商务报刊对这方面的报道不是很多，一般可以通过我驻外机构或向外商直接询价进行了解。机械设备价格较少波动，但不同的生产厂商、不同的技术规格和牌号，价格往往相差很大，有关这方面的信息，国内外商务报刊、杂志常有刊载，可以先进行查阅、分析、比较，再通过我驻外商务机构、咨询公司、行业协会进行了解，也可以邀请几家外商来中国进行技术交流和直接洽谈，进行技术比较和价格比较。农产品的价格受主要生产国播种面积和气候变化的影响，一般可以从报纸杂志中了解到市场情况，还应根据农作物的生长情况对远期交易的价格进行预测。原材料市场变化快、投机性强，国际市场价格经常变化，有的一天可以涨落几次，这类商品的价格在国内外一般报刊上都有报道，在订货前要对价格进行预测。

（二）供应商的资信

在进口业务中，供应商的主要责任是提供品质、数量、包装符合买卖合同规定的货物，并按合同规定的时间、地点和方式交付货物，进口人则应按合同规定的货币、时间和方式支付货款和收取货物。由于中国大多数进口合同规定以信用证方式付款，而信用证按其性质与凭以开立信用证的买卖合同属不同的业务，银行与买卖合同完全无关并不受其约束。银行按进口人的要求和指示，开出信用证后，就承担独立的付款责任，成了第一付款人。在信用证业务中，有关各方所处理的是单据，而不是与单据有关的货物，供应商只要向银行提交表面上符合信用证条款的单据，银行就必须履行付款责任，且银行对于任何单据的格式、完整性、准确性、真实性、伪造或法律效力，概不负责，对发货人、承运人、保险人的诚信或资信情况，也不负责。如果供应商信誉不好，向银行提交表面上符合信用证的单据而交次货、劣货、假货，或提交假单据而根本没有交货，也能从银行得到货款，这样，进口人就会蒙受极大损失。因此，在进口业务中，对供应商的资本情况、经营作风、能力和范围、商业信誉及商号的性质、结构等调查是极为重要的。

对供应商的资信等情况调查，可以通过银行、我驻外商务机构、商会、行业协会及咨询机构等进行。

二、进口成本核算

企业进口货物，不论在国内销售，或自身使用、加工，都必须核算进口成本，以便进行经济效益的分析，做到进口合理化并最大限度地降低进口成本，节约外汇支出，或在一定的外汇数量下，增加实际进口量，从而提高企业的经济效益。

进口成本即供应商报价加各项进口费用，也就是进口合同价加各项进口费用。其公式表示如下：

货物进口价格 = 进口合同价格 + 进口费用

进口合同价格在进口合同成立之前是一种估价，是买卖双方通过磋商可以取得一致意见的合同价格，有时也是进口人争取以此为基础达成交易的价格。进口费用包括很多内容，就每一笔具体的进口业务而言，由于成交条件的不同，进口人所承担的费用是不同的。

进口商品的作价，应以平等互利的原则为基础，以国际市场价格水平为依据，结合企业的经营意图，制定进口商品的适当价格。所谓国际市场价格，是指某种水平在国际市场上具有代表性的成交价格水平。国际市场价格通常受商品所固有的价值的影响，同时也受该市场其他经营者要价的平均水平、交易总量、总供应、总需求和市场份额等的影响，不以人们的主观意志为转移。所以在制定进口商品的价格时，不能把国内市场价格与国际市场价格混为一谈，而应根据实际情况，慎重作价。

三、进口货物许可证的申领

中国对有些进口商品，采用凭进口许可证进口的办法。凡国家限制进口的商品，除国家另有规定者外，都必须事先申领进口许可证，经由国家批准经营该项进口业务的企业办理进口。海关凭进口货物许可证查验放行。

四、进口用汇

根据中国人民银行《关于进一步改革外汇管理体制的公告》规定，从1994年4月1日起，实行银行结汇、售汇制。取消外汇留成和上缴。实行售汇制后，企业用汇的条件宽松了。一般贸易用汇，只要有进口合同和境外金融机构的支付通知，就可以到外汇指定银行购汇；对实行配额、许可证和登记制的贸易进口，只要持相应的进口合同和凭证就可购汇；对于非贸易项下的经营性支付，凭支付协议或合同和境外机构的支付通知办理购汇。

五、委托代理进口

用货单位进口商品，如果本单位没有进口经营权或进口商品超出其经营范围的，必须委托有经营权的外贸企业代理进口。用货单位必须提交进口许可证，正式批准进口的书面文件等，这些文件与国家规定一致，即可与外贸代理公司签订代理进口合同。

第三节　客户资信调查

资信调查是现代化企业经营管理中一项十分重要的内容，又是一项基础性工作。通过资信调查工作，能了解投资对象（包括投资环境）或合作伙伴的事实真相，借以判断其信用的优劣，并作为决定授信或合作与否的重要参考依据。

一、客户资信调查的意义

卖方在审慎选择客户的同时，须对客户进行深入的资信调查，这是对客户进行把关的第一步。在国际贸易中，贸易双方发生索赔纠纷、履约发生阻碍或收回货款方面发生阻碍，而使一方遭受风险及损失，都同不了解贸易对方的资信情况有直接关系。进行资信调查（Credit Investigation）有助于选定信用良好的顾客，了解对方的信用程度，在D/P、D/A及寄售条件的交易中，可以测定给予赊账的限额与现存契约限额，以便安全收回货款。即使在与对方缔结了交易关系后，也应定期作资信调查，以便经常了解对方的资信情况。

二、客户资信调查的方式

（一）国内往来银行

通过国内往来银行，向对方的往来银行调查。了解有关企业的基本背景、信用状况、付款能力、不良记录等信息，监控管理目标客户，识别高风险的客户，寻找潜在的利润来源。申请办理资信调查业务时须向银行提交申请书，注明被调查单位名称、地址、电话和传真等，对海外客户的调查必须提供英文名称和地址。

（二）对方的往来银行

直接向对方的往来银行调查。将简洁的文稿和调查对象的资料寄给对方的往来银行。

（三）资信机构

通过国内和国外的资信机构调查。国外有名的资信机构，不仅组织庞大，效率高，而且调查报告详细且准确。其调查报告均以密码编类各类等级，这种等级的划分以估计财力与综合信用评价分为 High、Good、Fair、Limited 四个等级。

（四）商会、驻外机构和亲朋好友

通过国外商会、中国驻外商务机构和国外的亲朋好友进行调查。

（五）对方来函

由对方来函自己判断调查。

（六）对方直接提供资信资料

要求对方直接提供资信资料。

三、客户资信调查的对象与内容

（一）贸易对象

凡是同该贸易业务有关的从事商业行为的对方，称为贸易对象。贸易对象包括：

（1）国外卖方（包括出口商和制造商）。在进口业务中，很容易出现下述几种不利的情况：货物的品质规格与合同不符；货物的品质粗劣或品质不良；不正常的拖延装船；遇到价格上涨趋势，故意不履行契约等。所以，对国外供应商的资信调查对于进口业务来讲十分重要。

（2）国外买方。在出口业务中，国外买方即使使用开立信用证的支付方式，也有很多信用风险。当该项产品价格下跌时，买方不向开证行提交开证申请，即“不开立信用证”，这种情况，就属典型的买方违约。有些国外买方，商业道德和信用恶劣，故意开立与合同不符，但对他自己有利的信用证，这就会给卖方带来一定的损失。

（二）客户资信调查的内容

1. 贸易对象的组织情况

它包括公司、商号企业的组织性质、创建历史、主要领导人员、分支机构等。要弄清英文名称及公司是有限的还是无限的。可以从政府公司注册机构、劳工部、税务局、银行、信用评估机构拿到相关资料，这些资料的取得通常是需要交费的，且只能是有资格的机构才能获得资料。这些资料主要包括公司注册时间、地点、法人代表、股东名单、公司资金往来、贷款和债务余额、交税及退税额、经营范围等。而资信调查公司在取得这些资料后，还可以分析该公司在行业内的竞争地位、主要对手、债务风险评估等。

2. 贸易对象的道德

贸易往来对象诚实可靠是交易成功的基础。如果遇到不可靠的贸易对象，就难免出现货物的品质不良、开立与合同不符的信用证、延交货物等情况。

3. 贸易对象的经验

一个具有国际贸易经验的贸易对象至关重要。

4. 贸易对象的资信情况

所调查对方的资信情况包括企业的资金和信用两方面。资金指的是企业的注册资金、实收资金、公积金、其他财产及资产债务的情况等。信用是指企业的经营作风、履约守信等。这些情况对客户要求做经销、代理、独家包销、寄售等业务时是十分重要的。银行调查是调查贸易对象的资信的最常见的一种方法，在中国一般是委托中国银行，由中国银行根据具体要求，通过国外的分支机构或其他往来银行在当地进行调查。

5. 贸易对象的经营范围

调查对方的经营范围也是较重要的，同时还要调查经营的性质，如代理商、零售商、批发商、实际用户等。

6. 贸易对象的经营能力

了解该企业每年的经营金额、销售渠道、贸易关系、经营做法等。

7. 贸易对象的往来银行名称

了解对方往来银行的名称、地址同样重要。

四、客户资信调查函电

【英文范例】

Dear Sirs,

You are kindly requested to provide us with the information on credit and business operation of A Company. The company address is D. Please firmly believed that all the materials you supply to us will be kept absolutely secret, for which you will not take any responsibilities.

Best Regards.

Yours truly

【中文范例】

尊敬的先生们：

惠请将有关A公司的资信情况、商业经营情况告诉我们。该公司地址是D。请相信我们对此资料绝对保密，你们不承担任何责任。

敬上

第四节　熟知各国的贸易文化

中国与世界各国的贸易关系日益紧密，商务谈判的重要性日益显现。中西文化差异对两国商务谈判造成很大影响，中国商务谈判人员对此极为关注。中西方文化的不同才会有外交礼节的差异和误解。

一、各国的贸易文化差异

在国际贸易中，由于各国贸易商和消费者的民族特性、宗教信仰、风俗习惯都有较大的差别，甚至对颜色、数字、图案都有不同的忌讳和偏好，这就需要外贸工作人员在国际业务交往时，考虑到各国的贸易文化差异。这些差异具体表现在语言、价值观念、姿势手势、法律、宗教、政治、教育程度、技术水平等方面。

（一）一般的贸易文化差异

1. 关于语言

同国外客户联系，最好能用他们的语言。例如，写信给荷兰人，用荷兰文；写信给沙特人，用阿拉伯文；写信给西班牙人、墨西哥人或阿根廷人，用西班牙文；写信给英国人，用英文。当你卖东西时，你用买者的语言，如你不懂买者语言，而必须用英语进行交际时，你则须注意英语的用法，你和美国人说，在他方便的时候（at his convenience）会面；而对英国人、澳大利亚人或其他用英语的人则不宜用方便（convenience）这个词，因为 convenience 的意思是“厕所”。

2. 关于举止行为

不同的文化背景对同样的业务语言和举止行为有不同的反应，因而外贸工作人员必须在沟通差异上作出努力。例如，对一个法国商人来说，权力和尊严往往是主要的，而金钱则是次要的。在日本，以貌取人可能是错误的。因此，必须意识到举止行为不同之处。一位美国外贸专家曾讲到，美国一位出口业务经理有一次要同时写信给三位外国经销商解释提价的原因，在写信给德国经销商时，他的信很快进入正题。在写给黎巴嫩经销商的信中，他就不那么直截了当，而是首先作了较为详细的解释。而在写给秘鲁经销商的信中，他则用了一页篇幅客套一番，从第二页才开始解释提价的原因。

3. 关于风俗习惯

非语言信号和语言一样重要，也同样麻烦。当地传统的风俗习惯，当地人们是习以为常的，然而却可能使外国人处于尴尬的境地。在美国，男人与男人之间站着交谈时的距离一般为 18～20 英寸，男人与女人交谈时的距离一般为 22～24 英寸。但在拉丁美洲和法国，交谈时的距离保持在 13 英寸是很正常的。交谈时的距离不合适，会令人感到很不舒服。

4. 关于握手

在印度尼西亚，异性握手是司空见惯的，但严禁伸出左手来给或取某件东西；弯手指召唤人，被视为极不礼貌的行为。在尼日利亚，用左手握杯喝酒意味着同性恋。在沙特，紧捏一下沙特阿拉伯官员的手臂被视为污辱，坐时交叉大腿就触犯了主人，原因是他们让主人看见了他们的鞋底，坐时翻起鞋底被人看见是粗鲁无礼的行为。美国人撰写业务信件时，避免使用陈词滥调和呆板格言。但伊朗人却不同，喜欢用一些谚语格言，因为他们认为在值得骄傲的波斯文化中，一句谚语或格言，具有永恒的智慧，可能是一种起决定作用的最好说服方法。

5. 关于赠送客户礼品

在印度，首先要考虑礼品的颜色。某些绿色的色调具有宗派的含义，会触犯收礼人。在西非，礼品是受欢迎的，但不能“成双成对”。在德国，任何促销的礼品都会受到怀疑，卖方只能赠送买方一点小礼品。

6. 关于文书上的日期

如用数字表达，也会带来问题。美国表示 2007 年 3 月 11 日的写法一般是 3/11/07，而英国的写法则是11/3/07。另外，“billion”这个词，美语的意思是“十亿”，而英语的意思是“万亿”。因此，英国人说“two billion”，美国人就要说“two trillion”；美国人说“two billion”，英国人就要说“two thousand million”。

7. 关于称呼

在写信时，应把称呼尊称用得正确得当。如写信给英国人John Peter Billings-Blake，称呼只需用“Mr. J. P. Billings-Blake”，尊称用“Dear Mr. Billings-Blake”。但写信给西班牙人Juan Ruiz-Gomez，称呼就须用“Senor Ruiz-Gomez”，尊称用“Dear Senor Ruiz”。在阿拉伯，有些人名字里有“Bey”这个词，并非是名字，而是一种头衔尊称，因此，Gamal Kaldun Bey，尊称应该是“Dear Mr. Kaldun”，而不是“Dear Mr. Bey”。法国律师的头衔用“Maitre”，放在姓名前面，美国医生的头衔用“Dr.”，而不是用“Mr.”。因此，如果称呼用“Maitre Pierre Duprey”，尊称就须用“Dear Maitre Duprey”。一般的法国人称呼用“M. Jean Valjean”，尊称只需用“Monsieur”。“Madame”和“Ma-demoiselle”的缩写语分别为“Mme”和“Mlle”，没有标点，法语中没有“Ms.”这个称呼。

触犯这些文化习俗的后果是严重的，可能失去生意和败坏公司形象，有时甚至更糟。据说美国一家缝纫机公司有一次在苏丹，采用了一种他们最喜爱的推销形式示范课。但是在这个穆斯林国家，妇女是不许随便离开家庭和进修提高的。而这家公司的一位代表对此全然不知，鼓励妇女参加他们的缝纫班学习，结果锒铛入狱。

（二）语言差别

世界上有三千多种不同的语言，加上各种各样的方言，全世界至少有一万种不同的语言和方言。如果没有了解对方语言习惯，就可能遇到许多业务上的困难。

美国的汽车公司，由于缺乏其他国家的语言知识而遇到不少困难。雪佛莱的“Nova”牌汽车，在讲西班牙语的国家不受欢迎的原因，据说就是其名字“Nova”类似西班牙语中的“nova”，意思是“不走”。福特公司把它的“Comet”牌汽车在墨西哥市场上称为“Caliente”。不幸的是在墨西哥的俚语中，这个词的意思是“妓女”，因而“Caliente”的销售情况也就不佳。

一个词在某个国家适用，而在另一个国家并不适用。例如礼品（gift）这个词，一家美国贸易杂志社想在德国推销礼品，用了英语“gift”这个词作为广告标题，但不幸的是，在德国，“gift”的意思是“有毒物”，因而这家杂志社自然无法成功地进行推销。再如，一家外国航空公司在澳大利亚给公司取了一个很不合适的名字“EMU”，这个词在澳洲是一种不会飞的鸟的名字。又如，“Esso”这个词，在日语里的意思是“抛锚的汽车”，把它作为销售汽油和石油制品公司的名称在日本显然是不合适的。

（三）非语言方面的差异

众所周知，贸易一方的非语言示意，如面部表情、身体动作、姿势手势等都直接影响到贸易另一方对内容的理解和接受。在国际贸易中，非语言示意的含义就如同各国语言一样，差异很大。从表10-1中可以看出，这些国家非语言表示的问候可以是点头、鞠躬、握手、拥抱或眉毛一竖，具体情况则要根据各国不同的文化习俗决定。

表 10－1 各国不同的文化习俗

国 家	非语言表示的问候方式
美国	热情、紧紧、使劲地握手
日本	鞠躬，弯腰程度和时间与对方相同
澳大利亚	男士之间热情握手（男女之间也可握手，但必须是女方先伸出手来）
法国	握手（但美国式的使劲握手被视作无礼）
阿根廷	轻微点头，同时进行握手（如分别较长，女士可互相亲吻脸颊，而男士则可互相拥抱）
比利时	人人都握手，只是轻轻一握
智利	握手，并在右脸颊上吻一下
斐济	微笑，并把眉毛一竖（握手也可以）
希腊	拥抱，并在双颊上吻一下或握手
印度	双手手掌在嘴巴下合拢，拇指贴胸，并轻微点头
葡萄牙	人人都热情紧紧握手
沙特阿拉伯	握手（往往男士之间还会伸出左手至对方的右肩，然后亲吻左右脸颊）
泰国	把双手放在胸前作祈祷姿势，然后稍稍鞠躬

不了解各国非语言方面的文化差异，就会导致贸易往来的困难。例如在德国，一个外国人如用食指表示“一”，则可能被理解为“二”，因为德国人表示“一”的方法是用拇指，而用食指才表示“二”。此外，在德国，微笑主要用于非常亲密的朋友或亲属之间。德国人比美国人要含蓄内向得多。美国人喜欢经常大笑和见人就笑，但这种习惯往往使许多德国人感到不知所措。这种不适当的非语言举止当然会影响同时进行的语言交际。

在日本，无论男女，如一只脚在另一只腿的膝盖上，会被认为是无礼或庸俗的。他们喜欢的坐法是把两只脚放在地上，膝盖适当靠近。当然，两腿交叉也是可以的，但必须把一个膝盖放在另一个膝盖上，或把一只脚踝放在另一只脚踝上。

在韩国，男士之间可以在公共场合手握着手，但在公共场合触碰异性则会引起反感。在黎巴嫩，点头是表示“同意”，但表示“不同意”的方法却是把头一抬，或把眉毛一竖。在法国，交谈时同对方保持目光接触是合适的，但在许多亚洲国家，保持有限的目光接触，而把目光不时转向他方则更为妥当。

（四）其他文化差异

除语言和非语言方面的差异外，还有其他许多更为重要的根深蒂固影响国际贸易交往的文化差异。这些差异存在于人们的价值观念、宗教信仰、政治体系和社会秩序中。而首先使人意识到的，就是人们在思维和感觉上的文化差异。因此，了解这些其他文化差异对成功地进行国际贸易是至关重要的。

例如，美国人一般是友好、外向、竞争意识强又不拘礼节，因而美国人在交往时，往往采用直接性方式。但这在亚洲及某些欧洲国家中就不受欢迎，因为这些国家的人在处理人际关系时往往较为含蓄，不那么直截了当。对多数日本人来说，在建立重要的贸易关系前，首先要建立起人与人之间的信任和友谊关系。而一般美国人，虽然愿做生意，但并不重视同客户的私人友谊。因此，要成功地与美国人和日本人做生意，就必须了解他们不同的文化特点，采取不同的方法。

注意时差问题。你不可能在别人不办公的时候打电话去谈生意。世界各国的工作日也不同。在美国，工作日是星期一至星期五，星期六和星期日休息。在韩国，工作日是星期一至星期六，甚至星期日也工作。与此截然不同，沙特阿拉伯及有的穆斯林国家的工作日是星期六至星期三，星期四和星期五休息，星期五是穆斯林的休息和祈祷日。

二、与不同国家客户进行业务交往的注意事项

（一）与美国商人进行业务交往

美国商人在书面交际时，一般爱用直接写作法，并注意礼貌。他们通常很友好、随便，喜欢直接称呼你的名字。握起手来也十分有力。他们往往谈吐幽默，笑容满面。

美国商人一般来说时间观念很强，效率也很高，但有时显得耐心不够。他们一般只注重生意，而少讲究个人情谊，也不太关心地位和权力。他们很重视谈话时的目光接触，认为这是一种力量和诚实的象征。美国人在同别人谈话时，彼此需要保持一定的距离，至少在二到三英尺之间，同时在公开场合也较少相互触碰。

在同美国人做生意时，每次业务约会都必须准时。一旦订好约会，就要力争守约，千万不可失约。除非特殊情况，不要取消或更改约会时间；万一必须取消或更改，则应尽可能地提前通知对方，并提出一个合乎情理的理由。因为美国商人认为“一寸光阴一寸金，寸金难买寸光阴”。

（二）与日本商人进行业务交往

要同日本商人更好地进行交往，必须首先了解日本的文化特征。日本人一般都较谦虚，尊重上司，忠于企业，善于思考，重视成就。他们把个人关系看得十分重要。任何直接涉及他们私生活的问题都会使他们感到十分不满。他们认为最大的灾难就是“失面子”，“失面子”不仅会给他们自己带来耻辱，而且还会给他们家庭带来耻辱。

当我们了解了日本的这些文化特征后，我们在同日本商人进行交际时，就应注意谦和谨慎。在同日本商人见面打招呼时，要先鞠躬，后握手；这一点是很重要的。如日本人未准时赴约，则不足为奇。因为有些日本人并不像我们或美国人那样，把准时看得十分重要。由于一般日本人的地位等级观念较强，因此在会面时互相交换名片有利于了解双方的地位身份。

在会谈中，应避免直接矛盾交锋。日本人做生意喜欢用间接方式。有时为不冒犯你，他们似乎同意了你的条件，其实不然，千万不要把这种出于礼貌的行为误认为对方已真正同意了。只有书写下来，才能真正算数。同时，他们可能会花费会谈的大部分时间来了解你的身份和讨论一些贸易安排的细节问题。因此，“忍耐”是个必须时刻记住的口号。如通过谈判双方已建立信任，那生意就成功在望。另外，在谈判中不要感到自己必须“得分”，日本人喜欢共享谈判的成果。总之，礼貌和谦恭是同日本人成功地进行交际的两大法宝。

（三）与德国商人进行业务交往

德国的文化特征是相当独特的。与美国商人相比，德国商人一般更为严肃、含蓄和拘谨。德国人一般好奇爱问，愿意倾听一些论据充足的新观点和新建议，喜欢进行一些逻辑推理的热烈讨论。德国人一般较保守，他们重纪律，重秩序，重礼节。

在做生意时，他们似乎慢条斯理，却很坚定，且有耐心。德国人做生意的态度严肃，

他们可能只在好友和亲人间举行庆祝活动时，才会露出笑容。他们也很准时，认为迟到而浪费别人时间是不礼貌的。德国人在处理各种关系和交际时很直截了当，有些美国人会认为他们太直率或太开门见山，而他们自己则认为他们的行为很诚实。德国人对大多数事情有自己的主见，并愿坦率地发表这些主见。他们意志坚定，一旦制定了目标，就会坚韧不拔地去实现这些目标。

同德国商人进行交际时，一般应谨慎、严肃、一丝不苟，忌带个人感情色彩。见面时，要用头衔和姓称呼；问候时，要同所有在场的人紧紧握手，避免问“How are you ?”、“What do you do?”之类的问题，因为这些都被认为是个人隐私。随着时间的推移，德国人与你较为熟悉之后，你便可同他们建立一种轻松、愉快、友好的个人关系。如你想提出一项业务新建议，你须做好回答各种问题的准备，因为德国人需要有建立在充分研究或逻辑推理基础上的证据。你可先把建议提交给德方的总经理（或总裁），然后由这位总经理（或总裁）把建议转给其他德方人员，或在这项建议上加以批注。这样既可使其他德方人员更加相信你的建议的可靠性，又可减少你对建议进行解释说明的时间。

在与德国人进行交际时，可采用和美国人交际的同样方法，即开门见山。但在业务会谈时要防止幽默谈吐，以免分散思想；同时要防止一些恭维赞美，以免有轻浮和不诚之嫌。总之，要认真踏实，思想集中，目标明确。会谈要准时开始，按时结束。会谈结束时要同在场的人一一握手道别。

（四）与墨西哥商人进行业务交往

墨西哥文化同别国文化差别很大。墨西哥人热情、友好、谦和，问候时采用握手，谈话时距离对方很近，几乎要碰到对方的衣服。墨西哥人并不像有些国家人那样，把时间看得十分重要。但他们却把人际关系看得极为重要，因此，对于约会，墨西哥人有时可能迟到，这并不意味着不尊重对方。墨西哥人在信件上一般都很间接，有时他们把良好关系看得比事实真相还要重要。在会谈时，他们可能作出某一承诺，但事后似乎并不信守这一承诺，他们的意图并非欺骗，而是待之以礼，并力求使会谈变得轻松愉快一些。

在墨西哥，生意的成交与否可能取决于个人的利益如何和交情如何。为使个人得到实惠，有些外国公司不得不赠送金钱或礼品给一些关键人物。这种做法，在墨西哥是视为正当的，因为他们提供的服务是合法的。

墨西哥人主要是通过友谊和个人关系，而不是通过晋升和工作上的表扬来获取自尊。他们不一定忠于雇主和职责，但却忠于喜爱的顶头上司。由于他们通过朋友的尊重来获取自尊，因此，他们往往非常信任朋友。

有些外国商人在同墨西哥人做生意时，感到失望，原因就在于不了解他们之间的文化差异，不了解建立个人关系和情谊的重要性。在同墨西哥商人进行交际时，要以一般的社交会晤开始，准备对方站得或坐得很近，甚至在谈话时你要准备对方十分谦和、礼貌和尊敬。要建立必要的友好关系，你必须入乡随俗效法对方。同墨西哥商人的谈判，可能开始很晚，结束也很晚。既然墨西哥人并不一定信守先前的承诺，因而必须要有耐心，才能如愿以偿，做成生意。

（五）与阿拉伯商人进行业务交往

阿拉伯人认为最失礼的行为是一开始就谈生意。在业务会谈时，即使是最忙的公司经理，也要花些时间用于客套寒暄，吃些点心。因此，无论多忙，你必须领受对方的这番殷勤好客。

在同阿拉伯人谈生意时，经常会发现一些陌生人，不打招呼进来，同对方低声细语，然后又不打招呼离开。如碰到这种情况，千万不可流露受到打扰的不快情绪，应当作若无其事一样。在同他们做生意时，总有一种若明若暗的感觉。这对那些不熟悉阿拉伯习惯的商人来说，一开始可能会感到迷惑不解。同阿拉伯人做生意，应该准备和提出大量问题，须有忍耐精神。也许需要等上两三天才能见到高级官员，原因是他们太忙，因而必须要有足够的耐心。

个人关系非常重要，这是同阿拉伯人做生意的关键。应该首先了解谁是这笔生意的决策人员，并与其建立友好关系，然后做大量的准备工作，向对方提供这笔交易的细节，回答对方提出的各种技术问题。要熟悉穆斯林的风俗习惯及他们的节假日，避免在他们的斋戒日期间进行访问。有的阿拉伯国家实行六天工作制，即从星期六到星期四。这同许多非阿拉伯国家的工作制明显不同。因此，在安排会谈时一定要牢记这一点。同时，要牢记穆斯林的禁忌。阿拉伯人说“是”，意思可能是“也许”，他们说“也许”，意思可能是“不”。因此，你很少听到阿拉伯人直接说“不”，因为他们认为这是不礼貌的。同时，他们也不愿意只用一种表达手法。如表示“不”，他们可说“inshallah”，意思是“如蒙天佑”。反之，“是”也不一定真正表示“同意”。另外，一个微笑或一个微微点头，貌似同意，其实不然，你的主人仅是表示礼貌而已，因为他们认为同客人意见相左是很失礼的。

（六）与其他国际商人进行业务交往

要成功地同其他国际商人进行交往，必须灵活运用本章所谈的各项指导原则。总之，在交际前，必须充分准备，估计各种可能情况；并在看准时机时，当机立断，以免错失良机。当然，有时情况复杂，必须稳重从事，不可鲁莽轻率。总之，只有“知己知彼”，才能“百战百胜”。

在学习各国的文化差异性，以及与不同国家客户进行业务交往的注意事项之后，我们再回忆价格术语。

【案例分析】

本案例说明进出口交易前对交易对手资信调查的重要意义。中国北方 W 进出口公司在不了解加拿大 J 进出口公司资信的情况下，贸然与对方签订合同，致使加拿大进出口公司在船代方以保函放货。实际上是在诈骗，所以在与对方进行贸易时一定要了解对方的资信状况。

【课后习题】

一、重点概念

国际市场调研；资信调查；贸易对象

二、简答题

1. 如何通过国际市场调研寻找客户？

2. 在进行国际贸易前，为什么要进行国际市场调研，国际市场调研包括哪些内容？
3. 如何对交易客户进行资信调查，在调查时，应重点考察哪些方面？
4. 谈谈文化与贸易的关系。
5. 你如何理解贸易谈判中的礼仪？
6. 进出口交易开始前的准备工作包括哪些内容？

三、案例分析题

2001 年 10 月 3 日，深圳家具行业协会组团前往中东迪拜参加 2001 年 10 月 5～10 日举办的“第九届中东国际家具及家居装饰展览会”。深圳家具参展面积达 600 平方米。参展企业共 12 家，分别是：深圳市真荣实业有限公司、深圳新南天实业有限公司、深圳富都家具有限公司、深圳大富豪实业有限公司、深圳市腾坤实业发展有限公司、深圳艺峰家具制造厂、深圳长江家具有限公司、深圳大豪家具实业有限公司、新东南家具有限公司等。

由于迪拜地处欧、亚、非大陆交界处，具有得天独厚的地理位置，其市场的影响力和辐射力极广，从中东辐射到东欧、非洲和亚洲各地。因此，在迪拜家具展上也汇集了来自世界各国和各地区的家具厂商，参展者为了争取更多的国际市场份额，竞争极为激烈。

本次展会的特点：一是参展国家多，有近 30 个国家参展，其中大部分由国家统一组团参展，阵容、气势比较大，展厅也统一规划设计装修；二是参展产品档次高，与往年比较，有明显的突破，说明各国家具厂商重视中东家具展；三是亚洲展团比以往多，如中国、泰国、马来西亚、印尼、中国台湾、菲律宾、新加坡等都组团参展，体现了亚洲国家和地区对中东家具市场的格外关注。四是各国采购商比较多，现场洽谈气氛活跃。五是规模大，8 个展馆合计近 60000 平方米的展览面积，展馆硬、软件设施优良。

本次展会深圳家具企业参展面积达 600 平方米。但大部分分散在不同展馆内，由于没有统一的组织装修，没有形成规模效应（12 家参展企业分散在 5 个展馆内）。只有“真荣”、“新南天”、“富都”三家会员企业自发组成“中国深圳馆”，以红底白字中英文作为标识，为深圳家具在中东市场打出名号。深圳家具与其他参展国家的家具相比体现出明显的价格优势和设计优势，而且以成套的办公、卧房为主，与中东客商的需求十分吻合，许多展品在参展中即被订购。深圳家具在此次展全上获得大量订单。

问题：试从国际营销角度谈谈参加该展览会的意义、该展览会的性质以及参展前后应注意的问题。

第十一章　合同的磋商与签订

【案例】 某出口公司2月5日上午10点以航空信向英国A商人发出如下实盘：报不可撤销实盘，亚麻油500公吨，水分及杂质最高0.25%，旧铁桶装，每公吨USD50净重CIF伦敦，5月装运，不可撤销即期信用证付款，25日前复到我地有效。2月5日。该出口公司发出实盘后，发现价格计算有严重失误，立即于当天下午3点发出航空快信，宣布我2月5日亚麻油撤回无效。

英国A商人于14日接到实盘，见其价格有利可图，立即于当天回复给出口公司，称："你5日发盘我完全接受，请寄合同，2月14日。"

英国A商人于15日才接到出口公司的撤回通知，即通知该出口公司："你5日发盘我已于14日发出接受，你撤回的通知在15日才到达，晚于我接受之日，而且你发盘系不可撤销的实盘，所以，你撤回通知应告无效。我即开出信用证。

该出口公司认为合同不成立。因5日发出实盘后，当天即发出撤回通知，所以撤回通知应与实盘同时到达，按国际惯例，即使是不可撤销实盘，其发盘与撤回通知同时发出应给予撤回。问买卖双方有无合同？

本章将介绍贸易双方的接洽、协商和签署合同等环节。通过本章的学习，应熟练掌握贸易洽商的基本程序；掌握发盘的含义、要件、有效期、撤回与撤销、终止；掌握接受的含义、要件、生效的时间、撤回与修改；了解合同成立的有效条件；了解合同的形式和内容。

第一节　合同的磋商

在国际贸易中，贸易磋商又称业务谈判（Business Negotiation），是指交易双方就买卖商品有关条件进行协商的过程，通过面谈，或通过信函、传真或电子数据交换等方式，就交易的各项条件进行的国际商务谈判。因此，磋商的结果直接影响着双方的经济利益，须慎重对待。交易磋商的程序依次有四个环节：询盘、发盘、还盘、接受。其中，发盘和接受是构成进出口有效合同的基本环节。

一、交易磋商的形式和内容

交易磋商主要有口头磋商和函电磋商两种形式。前者包括在各种交易会上贸易双方的当面磋商，出国访问时的当面磋商和平时通过打电话进行的磋商等；后者包括写信、发电报、传真（Fax），发电子邮件（E－mail），以及EDI电子数据交换等。由于国际贸易双方的距离较远，因此，当面磋商的机会比较少，大多数情况下是函电磋商。

交易磋商的内容是各种合同条款，如商品的品名和规格（Commodity & Specifications）、数量（Quantity）、包装条款（Packing）、价格（Price）、支付（Payment）、运输（Shipment）、保险（Insurance）、商检、不可抗力（Force Majeure）、仲裁（Arbitration）条款等。一份国际贸易合同究竟应包含哪些条款，并没有统一的规定，要看交易的商品性质和交易的背景而定。

在国际贸易合同中，有一些条款是各种合同大致相同的。这些条款被称为“一般交易条件”（General Terms and Conditions）。对这些各种合同都大致相似的条件，进出口商往往在自己公司的格式合同中事先印就，通常印在格式合同的下方或背面。如果买方或卖方对这些印就的条款有不同意见，可以在会签合同时提出修改。

二、交易磋商的过程

交易磋商的过程实际上是一个谈判的过程，它由询盘、发盘、还盘、接受四个环节组成，各个环节都有不同的作用和法律特点。

（一）询盘

询盘（Enquiry）指交易的一方向对方询问有关的交易条件。在这些条件中，价格常常是主要的，因此，询盘也称“询价”。“询盘”既可以由买方发出，也可由卖方发出。买方发出的询盘英文称为“Invitation to Make a Bid”，卖方发出的询盘英文称为“Invitation to Make an Offer”。在贸易实践中，以买方首先询盘的情况比较多。

询盘对询盘人无法律约束力，即买方询盘不一定要买，卖方询盘也不一定要卖。但为了树立良好的声誉，应避免只询盘不买或不卖的情况。

（二）发盘

发盘（Offer）指交易一方愿意按自己开列的条件与对方签约的表示，又称“发价”、“报价”，法律上称“要约”。发盘既可以由卖方发出，也可以由买方发出。卖方的发盘英文中为“Selling Offer”，买方的发盘英文为“Buying Offer”或“Bid”（递盘）。在贸易实践中，以卖方首先发盘的较多。

发盘对发盘人有法律约束力，即一旦发盘就不能反悔；如果发盘被对方接受，合同即宣告成立，买卖双方都必须受合同的约束。因此，在发盘前发盘人要仔细考虑发盘的内容，以免发盘后陷入被动。

（三）还盘

发盘很少是一次性被对方接受的，对方总要提出一些修改意见，还盘（Counter offer）就是对发盘的修改意见的表示，又称为“还价”。

还盘是对原发盘的一种拒绝。还盘一旦做出，原发盘即告失效，发盘人不再受原发盘约束。另外，还盘又是从受盘人角度作出的一项新的发盘，还盘一旦被接受，合同也宣告成立。所以，还盘的英文为“Counter Offer”。

（四）接受

接受（Acceptance）指交易的一方愿意按照对方的发盘（或还盘）与对成交的表示，在法律上称“承诺”。接受必须表示出来，缄默不等于接受。接受可以用“Accept”、“Agree”、“Confirm”等词语表示，也可以不用词语而用行为表示。例如，收到对方的发盘后，可以直接开信用证表示接受。

接受一旦做出，合同即告成立，买卖双方都不能反悔。

【案例1】 下面是我轻工业品进出口公司1997年与约旦阿萨德贸易公司洽谈蜜蜂牌缝纫机TS-3型的往来电报，指出其中的询盘、发盘、还盘、接受，并说明理由。

5月2日来电："有兴趣蜜蜂牌缝纫机TS-3型3 000架请报即装价"。

5月4日去电："蜜蜂牌缝纫机TS-3型3 000架木箱装每架54美元CIF C2亚喀巴6月30日前装即期信用证限5月7日复到此地"。

5月6日来电："你4日电歉难接受竞争者类似规格报47美元请速复"。

5月7日去电："我4日电重新发盘限10日我方时间复到"。

5月9日来电："你7日电接受如47美元CIFC，D/P即期请确认"。

5月10日去电："你9日电最低52美元即期信用证限12日复到"。

5月11日来电："你10日电接受再订购300架同样条件即复"。

5月12日去电："你11日电确认请速开证"。

5月14日来电："你12日电信用证由约旦邮政信箱第123号阿萨德公司开。"

以上四个环节是从一般的角度来说的。在贸易实践中，交易的磋商不一定这样按部就班地进行。例如，卖方可以在没有收到买方询盘的情况下直接向买方发盘，买方也可以不还盘而直接接受卖方的发盘。

三、发盘的法律规则

交易磋商虽然有四个环节，但其中与合同成立关系密切的是发盘与接受两个环节(还盘也可以看成一种发盘)。因此与交易磋商有关的法律规则主要是关于发盘与接受的法律规则。在说明这些规则时我们将主要引用《联合国国际货物销售合同公约》(简称《公约》)的规定。因为，目前世界各国在货物贸易的磋商方面，主要是遵循《公约》的规定。

本节我们先说明发盘的规则，下一节再介绍接受的规则。《公约》有关发盘的法律规定包括"发盘的构成条件"、"发盘的有效期"、"发盘的撤回和撤销" 和"发盘的终止"几个部分。

(一) 发盘的构成条件

1. 有特定的对象

《公约》规定，发盘必须"向一个或一个以上特定的人提出"，"非向一个或一个以上特定的人提出的建议，仅应视为邀请做出发价，除非提出建议的人明确地表示相反的意向。"(《公约》第14条2款)

2. 有肯定的签约意向

有肯定的签约意向即"表明发价人在得到接受时承受约束的意旨"(《公约》第14条1款)。当然这样的意思不一定要用文字说出来，但必须可以从发盘的内容、语气、有效期等方面看出来。

3. 内容完整确定

"完整"指必须包括主要的交易条件。按《公约》规定，只要包含货物的名称、数量和价格或确定数量、价格的方法即算内容完整。但根据中国和大多数国家的习惯，一项发盘要包含"货物、数量、包装、价格、交货和支付"六项条件才算完整。

"确定"指各项交易条件明白具体，没有模棱两可的词语，如"indication price"（参考价格）、"shipment is about Sep."、"by estimate we can supply"等。

4. 传达到受盘人

无论是口头发盘还是书面发盘没有传达到受盘人都是无效的发盘。《公约》第15条第1款规定："发价于送达被发价人时生效。"

在中国贸易实践中，常使用"实盘"和"虚盘"两个名词。"实盘"（Firm Offer）即法律上的所说的"发盘"（Offer）；"虚盘"指缺少某些必要条件或对某些条件有保留的发盘，它不能算做发盘，只能被看成是一种"要约邀请"（Invitation for Offer）。

（二）发盘的有效期

发盘有效期指发盘可供受盘人接受的期限，也是发盘人受其发盘约束的期限。《公约》有关有效期的法律规则如下：（1）如果发盘规定了有效期，则发盘只能在有效期内接受，"逾期接受"在一般的情况下无效（参见本章"逾期接受"一节）。（2）如果发盘没有规定有效期，按《公约》规定，发盘只在合理的时间内有效。至于什么是合理的时间，要根据商品的特性、市场行情、行业习惯、转达方式等因素具体分析（参见《公约》第18条第2款）。但在实践中最好要规定有效期，这样对买卖双方都有好处。（3）口头发盘必须当时接受，否则无效。《公约》第18条第2款规定，"对口头发价必须立即接受，但情况有别者不在此限。"口头发盘包括电话发盘。

【案例2】 我某公司应荷兰某商号的要求报玉米实盘，有效期长达28天。结果在此期间国际市场玉米价格由于美国冻灾猛涨。问对我方有何影响。

【分析】 如果买方接受发盘，我方只能按原价格与它成交。由此，要受到价格损失。

【案例3】 中国一公司曾在海湾战争前向科威特某公司发过一个实盘，未规定有效期。当时对方未作答复。但到海湾战争结束后，对方来函表示接受我方2年前的发盘。问我方是否可以拒绝，为什么。

【分析】 可以拒绝。按《公约》规定，未规定有效期的发盘，在合理的时间内有效。本案发盘已经过去2年，显然不合理了。

【案例4】 在广交会上，一法国商人某日上午走访中国某外贸公司的摊位，洽购某商品。我方口头发盘后，当时对方未置可否，当天下午法国商人再次来访，表示接受我方上午的发盘。我方获知该商品的国际市场价格有上涨的趋势，于是将价格上调。法国商人认为我方不能重新报价，因为上午他并未还盘。问法国商人的说法是否有道理。

【分析】 无道理。中国与法国均系《公约》的缔约国。按《公约》规定，对口头发盘只在当时有效。法国商人上午对我方发盘未表态，发盘即告失效。因此，我方可以重新发盘。

有效期的规定方式主要有两种：（1）规定一段时间，如"发盘限5日内回复"（offer valid five days）。（2）规定最迟接受期限，如"发盘限7日前回复"（offer subject reply seventh）。

（三）发盘的撤回和撤销

在《公约》中，"撤回"和"撤销"是两个不同的概念。"撤回"指发盘人将还没有被受盘人收到的发盘予以取消。"撤销"指发盘人将已经为受盘人收到，但还没有作出接受决定的发盘予以取消（图11-1）。

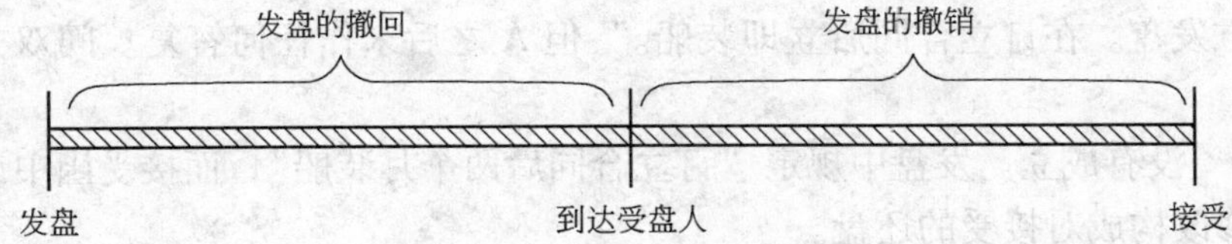

图 11－1 发盘的撤回和撤销的区别

对于发盘的撤回，《公约》和各国法律都认可。

对于发盘的撤销，各国的法律存在很大的分歧：英美法体系认为，发盘在被接受前的任何时候都可以撤销，除非受盘人已付出某种对价或者是签字蜡封的发盘；大陆法体系认为，在发盘有效期内发盘人不得撤销发盘，如果撤销则要赔偿。

为了协调两大法系，《公约》对“撤销”的规则做了折中。

首先，为了照顾英美法系，《公约》规定发盘可以撤销，只要撤销的通知在被发盘人发出接受通知之前送达被发价人。(《公约》第 16 条第 1 款)。其次，为了照顾大陆法系，《公约》又规定发盘在两种情况下不能撤销：“(a) 发价写明接受发价的期限或以其他方式表示发价是不可撤销的；或 (b) 被发价人有理由信赖该项发价是不可撤销的，而且被发价人已本着对该项发价的信赖行事。”(《公约》第 16 条第 2 款)。

(四) 发盘的终止

发盘的终止又称“发盘的失效”。发盘在下列情况下失效：(1) 发盘的有效期已过。(2) 发盘被受盘人拒绝或还盘。“一项发价，即使是不可撤销的，于拒绝通知送达发价人时终止。”(《公约》第 17 条)。(3) 发盘被发盘人有效地撤销。(4) 出现了某种特定的情况，适用有关法律规定而失效。

【案例5】 甲公司拟进口一批货物，请乙公司发盘。6 月 1 日乙公司发盘，对该货物报价每件 5 美元，限 6 月 30 日前答复。对此，甲公司还盘每件 4 美元，并要求乙公司 6 月 20 日前答复。至 6 月 20 日乙公司一直未答复。由于该货物价格看涨，甲公司 6 月 20 日去电乙公司，表示可接受 6 月 1 日的发盘。问该接受是否有效？

【分析】 甲公司的接受无效。因为它对乙公司 6 月 1 日的发盘已经还过盘，原发盘已经失效，不能再接受。

四、接受的法律规则

《公约》有关接受的法律规则包括“接受的构成条件，接受生效的时间，逾期接受，有附加条件的接受，接受的撤回”几项内容。

(一) 接受的构成条件

按照《公约》的规定接受必须具备以下条件：

(1) 必须由受盘人做出接受。必须由受盘人作出，受盘人以外的人作出的接受无效。

(2) 接受的内容必须与发盘一致。接受必须与发盘的内容一致，不一致一般就构成还盘。

【案例6】 A 向 B 发盘，“供应50 台拖拉机、100 匹马力，CIF 香港每台$3500，订立合同后两个月装船，不可撤销即期信用证付款。请电复。”B 收到发盘后，立即电复说：“我接受你方发盘。在订立合同后立即装船。”但 A 之后未作任何答复。问双方合同是否成立？

【分析】 没有成立。发盘中规定“订立合同后两个月装船”，而接受函中说“立即装船”。这一修改构成对接受的还盘。

（3）必须表示出来。接受必须表示出来，可以用“声明”或“行为”表示。“缄默或不行动本身不等于接受”（《公约》第 18 条第 1 款）。

（4）必须在发盘的有效期内到达受盘人。超过了有效期的接受是“逾期接受”，在一般情况下，“逾期接受”无效（参见下面“逾期接受”一节）。

（二）接受生效的时间

关于接受生效的时间，英美法系采用“投邮生效的原则”（mail box rule），大陆法系采用“到达生效的原则”（receive of the little of acceptance rule）。《公约》和中国的《合同法》都采用到达生效的原则。

【案例 7】 中国某进出口公司 5 月 10 日向美国一贸易公司发盘成品衣 100 万美元。5 月 16 日美方回电要求降价至 95 万美元。我公司于 5 月 19 日回电表示同意其要求，美公司 5 月 20 日收到我方的回电。问双方的合同何时成立。

【分析】 中国和美国均是《公约》的缔约国。根据《公约》规定，接受通知于送达受盘人时生效，因此，该合同 5 月 20 日成立。

（三）逾期接受

逾期接受指超过发盘规定的有效期的接受，如果发盘未规定有效期，则是超过了合理的时间的接受。

1. 一般规则

在一般情况下逾期接受无效，除非发盘人确认其有效。《公约》第 21 条第 1 款：“逾期接受仍有接受的效力，如果发价人毫不迟延地用口头或书面将此种意见通知被发价人。”

2. 特殊的逾期接受

但对于传递过程中耽搁造成的逾期接受，《公约》规定仍视为有效的接受，除非发盘人立即回电表示它已失效。对于这种逾期接受，发盘人要特别小心，如果愿意按照原发盘达成合同，可以去函确认，也可以不去函确认；如果不愿意按照原发盘达成合同，则应该毫不迟延地通知对方他认为原发盘已经失效，如果置之不理，合同即告成立。

（四）有附加条件的接受

1. 一般规则

《公约》规定，在一般情况下，接受必须与发盘的内容一致，不一致构成还盘（参见《公约》第 19 条第 1 款）。

2. 特殊规则

但《公约》又规定，对一些有非实质性的修改或添加的接受，仍然视为有效的接受，除非发盘人立即以口头或书面的方式反对其间的差异，如果不立即反对，则合同即宣告成立（参见《公约》第 19 条第 2 款）。一般来说，要求多提供某种单证或增加单证的分数，对包装材料、方式或标志等有一些不大的改变，都可以看成非实质性的变更。

对这种有附加条件的接受发盘人要特别小心，如果愿意按变更后的条件达成合同，可以去电确认，也可以不去电确认；如果不愿意按变更后的条件达成合同，则应该立即去电表示反对，如果置之不理，合同即按变更后的接受成立。

【案例 8】 A 国商人向 B 国商人发盘，B 国商人复电表示接受，但接受中增加了提供产地证的要求，A 国商人没有表示反对。两周后 A 国商人收到 B 国商人开来的信用证，正准备按信用证规定发运货物，但接到商检机构通知说该商品非本国产品不能签发产地证。A 国商人于是去电 B 国商人请其修改信用证中要求提供产地证的条款，但 B 国商人不同意。A 国商人指出，他的发盘中没有提供产地证的内容，对对方提出的提供产地证的要求也从未表示过同意，因此没有提供产地证的义务；而 B 国商人却坚持 A 国商人有此义务。请根据《公约》（双方所在国均为《公约》的缔约国）的规定，对此案作出裁决。

【分析】 A 国商人有提供产地证的义务。按《公约》规定，B 国商人接受中要求提供产地证的添加是一种非实质性的添加或修改，该接受仍然有效，除非发盘人立即表示反对，否则合同即按照有非实质性添加或修改的接受成立。本案 A 国商人在收到 B 国商人有非实质性添加或修改的接受后并未提出异议，直到产地证开不出时才表示反对，这时合同早已成立。因此，A 国商人有提供产地证的义务。

（五）接受的撤回

按《公约》规定，"接受得予撤回，如果撤回通知于接受生效之前或同时送达发价人。"（《公约》第 22 条）。但与发盘不同，接受没有撤销的问题。因为接受一旦到达对方合同即同宣告成立，不像发盘那样，在到达与对方做出接受之间还有一段时间间隔。

第二节　合同的签订

经过交易磋商，一方发盘经另一方接受后，买卖双方就构成了合同关系。双方在交易磋商过程中的函件，就是合同的书面证明。根据国际有关规定和贸易习惯，买卖双方还要签订书面的正式合同或成交确认书。中国《合同法》对涉外经济合同也做出了具体规定。

一、合同成立的其他条件

国际贸易合同的成立除了买卖双方要达成意见一致，还需要一些其他的条件。但《公约》对这些条件没有涉及。这些条件主要有以下几种：

（1）当事人必须具备缔约能力，即当事人必须具备缔约资格。例如，具备民事行为能力，有外贸经营权等，各国法律的规定不尽相同。在判定当事人是否具有缔约能力时，要看依据的是哪一国法律。

（2）当事人的意思表示是真实的。用法律用语来说，就是"合意要真实"（Reality）。"合意不真实"的合同，各国的法律都认为无效。"合意不真实"主要有"错误"（Mistake）、"欺诈"（Fraud）、"胁迫"（Duress）三类情况。

（3）合同的标的和内容合法，包括符合法律规定，不违反"公共政策"（Public Policy）和"善良的社会风俗"等。例如：哥哥与妹妹约定，如果妹妹在圣诞节期间不回去看望哥哥所痛恨的父亲，哥哥即会付给妹妹 1000 法郎。如果妹妹按此约定未回去看望父亲，也不能要求法院强迫哥哥支付 1000 法郎，因为哥哥与妹妹之间的协议违反了基督教国家的善良风俗。

（4）符合法律规定的合同形式。有的国家的法律对某些合同有特别的形式要求，不符合这些要求的合同也不能成立。例如，中国1986年批准《公约》时，对《公约》关于合同形式的规定提出了保留，规定中国的当事人在签订对外贸易合同时必须采用书面形式。直到1999年中国新的《合同法》颁布后，才对国际货物买卖合同的形式不加限制。

【案例9】 1990年，我某外贸公司派遣贸易小组赴美购买设备，双方在纽约已就设备规格、单价、数量等主要条款达成口头协议。回京后，用户撤回进口委托，信用证也未开出。美方敦促中方履约，否则将在美起诉中方公司。试分析中方公司应如何处理此案？理由是什么？

【分析】 本案双方营业地为中国和美国，均为《联合国国际货物销售合同公约》的缔约国，因此该争议应适用《公约》。由于中国在核准该公约时，已对第11条提出了保留，即中国认为，国际货物买卖合同必须以书面方式订立。据此，美方仅以口头达成协议就要求中方履行是不成立的。中方没有履约义务。中方可向对方说明上述理由，并可在此基础上探求今后合作的可能性。

（5）有对价（Consideration）或约因（Cause）。对价是指其内涵是一方为换取另一方做某事的承诺而向另一方支付的金钱代价或得到该种承诺的承诺。对价，指当事人一方在获得某种利益时，必须给付对方相应的代价。约因，是指当事人签订合同所追求的直接目的。约因和对价的区别是卖家和买家的区别。这是英美法系和大陆法系的特别要求。近年来两大法系也在淡化这方面的要求。

二、合同的形式

目前，中国签订对外贸易合同不一定要有书面的形式了，但签订书面合同有许多好处：（1）便于合同的履行，书面合同将各种合同条款明确列出，买卖双方各执一份，有利于合同的履行；（2）有利于解决争议，在买卖双方发生争议的时候，有一份合同在手，处理起来也比较容易；（3）方便贸易各环节的操作。如投保、报关、外汇核销、出口退税、索赔等，有一份书面合同，办理起来也方便得多。

（一）书面合同的种类

书面合同的种类有合同（Contract）、协议（Agreement）、备忘录（Memorandum）、确认书（Conformation）、订单（Purchase Order，P/O）等，最常见的是“合同”、“确认书”和“订单”三种。

合同比较正式，内容也比较详细。大宗商品和机器设备的交易一般采用合同的形式。确认书和订单要简单一些。普通商品和小额交易一般采用确认书或订单的形式。

合同或确认书既可以由卖方拟定也可以由买方拟定。卖方拟定的称销售合同（Sales Contract，S/C）或销售确认书（Sales Confirmation，S/C）；买方拟定的称购货合同（Purchase Contract）或购货确认书（Purchase Confirmation）或订单（Purchase Order，P/O）。

（二）书面合同的形式

根据各国的合同法，合同的形式可分为两类，一是“要式合同”，指必须按照法定的形式和手续订立的合同，不符合这些要求，合同不能成立；二是“不要式合同”，指法律上不要求特定形式的合同。国际货物贸易合同都属“不要式合同”。

从结构上看，合同或销售确认书都可以分为“约首”、“主体”和“约尾”三个部分。“约首”主要包括合同的名称、编号、签订日期和地点、双方当事人的名称和地址等。“主体”部分列明各项交易条件和买卖双方的权利、义务。“约尾”部分包括合同的份数、附件、效力、使用的文字、合同生效的时间、会签指示、双方法人代表或其授权人的签名等内容。

三、书面合同的会签程序

国际贸易合同可以当面会签（Countersign），也可以是通过函电会签，但大多数是函电会签。函电会签的程序有出口商拟定合同寄进口商会签和进口商拟定合同寄出口商会签两种。

（1）出口商拟定合同寄进口商会签，即合同或销售确认书由出口商拟定，拟定后出口商在一式两份上自己签名的位置签署，然后寄给进口商审核。进口商审核后，如无不同的意见，则在两份合同上自己一方签名处签署，然后将其中的一份返还给出口商。这样，双方各执一份。进口商如有不同意见，必须在合同规定的时间内提出修改，否则被视为接受了合同。

（2）进口商拟定合同寄出口商会签，即合同或确认书或订单由进口商拟定，拟定后进口商在一式两份上的自己签名处签署，然后一式两份寄给出口商审核。出口商审核后，如无不同意见，则在两份上自己的签名处签署，然后将其中的一份返回给进口商。这样，双方当事人各执一份。出口商如有不同意见，必须在合同规定的时间内提出修改，否则被视为接受了合同。

以上是函电会签合同的正规程序，在实践中，也有的以传真件来代替正本的做法。但为了避免争议，最好还是签订正本书面合同。

例如：翻译合同中的会签指示条款，指出会签的程序。

The buyer is requested to sign and return one copy of this contract immediately after receipt of the same. Objection, if any, should be raised by the buyer within 3 working days, otherwise it is understood that the buyer has accepted the terms and conditions of this contract.

四、合同成立的时间

从法律的角度说，合同成立的时间是“接受”生效的时间，而不是签订书面合同的时间，除非买卖双方在合同中约定合同在签订书面合同的时候成立，否则，合同成立的时间应以“接受”生效的时间为准。

【案例分析】

买卖双方有合同。英国 A 商人于 15 日才接到出口公司的撤回通知，撤回通知晚于英国 A 商人接受之日。这一封进出口业务的磋商函电说明了在对外贸易中，贸易双方对交易条件的协商是非常细致的。

【课后习题】

一、重点概念

询盘；发盘；发盘的撤回；发盘的撤销；接受；对价

二、不定项选择题

1. 交易磋商的两个基本环节是（　　）。

A. 询盘 接受　　B. 发盘 签合同　　C. 接受 签合同　　D. 发盘 接受

2. 某发盘人在其订约建议中有“仅供参考”字样，则这一定约建议为（　　）。

A. 发盘　　B. 递盘

C. 邀请发盘　　D. 还盘

3. 根据《公约》规定，合同成立的时间是（　　）。

A. 接受生效的时间　　B. 交易双方签订书面合同的时间

C. 在合同获得国家批准时　　D. 在发盘送达受盘人时

4. 据《公约》规定，下列（　　）为一项发盘必须具备的基本要素。

A. 货名 品质 数量　　B. 货名 数量 价格

C. 货名 价格 支付方式　　D. 货名 品质 价格

5. 构成一项发盘应具备的条件是（　　）。

A. 向一个或一个以上的特定人发出　　B. 表明发盘人受该发盘的约束

C. 发盘的内容必须十分确定　　D. 发盘必须规定有效期

6. 《公约》规定，一项已生效的发盘不能撤销的条件是（　　）。

A. 发盘规定了有效期　　B. 发盘未规定有效期

C. 发盘中明确规定该发盘是不可撤销的　　D. 发盘中未表明是否撤销

E. 受盘人有理由相信该发盘是不可撤销，并采取了行动

7. 发盘效力终止的情况包括（　　）。

A. 过了发盘规定的有效时间或合理时间　　B. 被受盘人拒绝或还盘

C. 发盘人进行有效的撤销　　D. 发盘人破产

8. 构成一项有效接受必须具备的条件是（　　）。

A. 接受必须由合法的受盘人作出　　B. 接受必须是无条件的接受

C. 接受必须在发盘有效期内作出　　D. 接受的传递方式应符合发盘的要求

9. “你10日电我方接受，但支付条件由D/P改为L/C即期”该电文是（　　）。

A. 有效接受　　B. 还盘　　C. 对原发盘的拒绝

D. 对发盘表示有条件的接受　　E. 实质性变更发盘条件

10. 下列（　　）为有效接受。

A. 你17日电接受，但用L/C替代D/P

B. 你17日电接受，如能将装运期改为5月，我方可接受

C. 你17日电接受，但交货时须提供原产地证明

D. 受R公司委托，接受你方17日电条件

三、判断题（判断下列各题是否正确，正确的在题后的括号内打“√”，错误的打“×”。）

1. 询盘、发盘和接受是洽商交易不可缺少的步骤。（　）
2. 在交易磋商过程中，发盘是卖方作出的行为，接受是买方作出的行为。（　）
3. 询盘又称询价，即一方向交易的另一方询问价格。（　）
4. 在报刊上刊登的广告实际上是一项有效的发盘。（　）
5. 一项发盘表明是不可撤销的发盘，则意味着发盘人无权撤回该发盘。（　）
6. 《公约》规定，发盘生效的时间为发盘送达受盘人时。（　）
7. 发盘在其生效前是可以修改或撤回的。（　）
8. 《公约》规定，如果发盘中规定了有效期，则在该发盘生效后，发盘人还可以撤销该发盘。（　）
9. 如果发盘人在发盘中没有受约束的意思，则不构成发盘，而只是邀请对方发盘。（　）
10. 接受和发盘一样也是可以撤销的。（　）
11. 大陆法系规定向公众发出的商业广告不能作为发盘。（　）
12. 一项有效接受至少应包括有关规定的三个基本条件。（　）

四、简答题

1. 交易洽商通常有哪几个环节，为什么发盘和接受是其中不可缺少的基本环节？
2. 一项法律上有效的发盘，须具备哪些条件？
3. 何谓接受？简述构成有效接受必须具备的条件。
4. 何谓逾期接受，逾期接受的法律后果如何，《公约》对逾期接受有何规定？
5. 一项合同有效成立的基本条件是什么？
6. 书面合同主要有哪几种形式？

五、案例分析

1. 我某公司于7月15日向某客户电传发盘，并规定“限7月20日复到”。国外客户于7月18日复电至我方，要求将即期信用证改为远期45天信用证。我公司正在研究中，次日又接到对方当天发来的电传，表示无条件接受我方7月15日的发盘。试问，此时该笔交易是否达成？

2. 卖方甲在今年三月向贸易商乙发实盘，乙转至客户丙确认接受。寄回的确认书因投递原因于七月初才送达卖方，此时货价已猛涨几倍，双方发生纠纷。请分析：本契约是否有效？卖方能否要求加价？为什么？

3. A向B发盘，发盘中说“供应50台计算机，每台1500美元CIF香港，订立合同后2个月内装船，以不可撤销L/C付款，请复电”。B收到发盘后，立即复电：“我接受你的发盘，在订立合同后立即装船”。但A未作任何答复。问双方合同是否成立？

第十二章　进出口合同的履行

【案例】　我某公司与外商按 CIF 条件签订一笔大宗商品的出口合同，合同规定装运期为 8 月份，但未规定具体开证日期。外商拖延开证，我方见装运期快到，从 7 月底开始，连续多次电催外商开证。8 月 5 日，收到开证的简单通知，我方因怕耽误装运期，即按简电办理装运。8 月 28 日，外方开来信用证正本，正本上对有关单据作了与合同不符的规定。我方审证时未予注意，交银行议付时，银行也未发现，开证行即以单证不符为由，拒绝付款。

通过本章学习，要求学生掌握进出口合同履行的各环节的内容和做法以及与此有关的知识和技能；掌握进出口合同履行的基本程序和有关情况。难点内容：信用证的审核，制单结汇的做法，对结汇单据不符点的处理。

第一节　出口合同的履行

在履行出口合同过程中，工作环节较多，涉及面较广，手续也较繁杂。各进出口企业为圆满履行合同义务，必须十分注意加强同各有关单位的协作和配合，把各项工作做到精确细致，尽量避免工作脱节、延误装运期限以及影响安全、迅速收汇等事故的发生。同时，进出口企业应同各个部门之间相互协作，共同配合，切实加强出口合同的科学管理，以保证出口合同的顺利履行。

中国绝大多数出口合同都采用 CIF 或 CFR 贸易术语，并且一般都采用信用证付款方式，故在履行这类合同时，如图 12－1 所示，必须切实做好备货、催证、审证、改证、租船订舱、报验、报关、投保、装船和制单结汇等环节的工作，在这些环节中，以货（备货、报验）、证（催证、审证和改证）、船（租船订舱、办理货运手续）、款（制单结汇）四个环节的工作最为重要。另外，上述环节在出口合同履行中具有一定的普遍性和代表性，其他贸易术语或使用其他运输方式的出口合同，其所涉及的环节也同上述环节大体相近或相似。

以上述货、证、船、款作为参考顺序，将出口合同履行所涉及的各项业务环节分述如下。

一、备货、报验

（一）备货

备货工作是指卖方根据出口合同的规定，按质、按量地准备好应交的货物，并做好申请报验和领证工作。

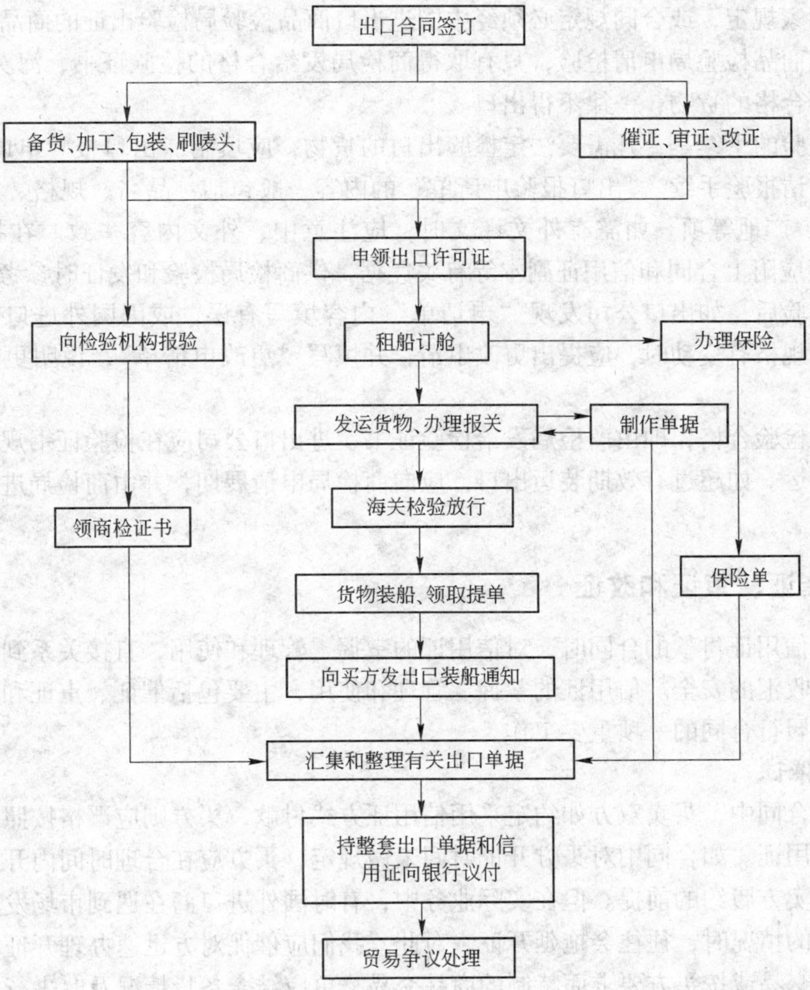

图 12－1　采用 CIF 贸易术语和 L/C 支付的出口合同履行程序

备货是进出口企业根据合同或信用证规定，向有关企业或部门采购和准备货物的过程。目前在中国有两种情况：一种是生产型企业；另一种是贸易型企业。

生产型企业备货是向生产加工或仓储部门下达联系单（在有些企业称其为加工通知单或信用证分析单等），要求该部门按联系单的要求，对应交的货物进行清点、加工整理、包装、刷制运输标志以及办理申报检验和领证等项工作。联系单是进出口企业内部各个部门进行备货、出运、制单结汇的共同依据。对于贸易型企业，如果该企业没有固定的生产加工部门，那么就要向国内有关生产企业联系货源，订立国内采购合同。无论是哪种类型的企业，备货应符合下列要求：（1）保证货物的品质、规格、花色等与合同和信用证规定相符；（2）货物的数量与合同和信用证的规定相符；（3）货物的包装方式、包装材料必须符合合同和信用证的规定及运输的要求；（4）应按照合同和信用证的规定刷制唛头；（5）备货的时间应与合同和信用证规定的装运期限，与船期紧密衔接，防止交货脱期，同时又要注意适当留有余地，以免造成延误。

（二）报验

凡属国家规定，或合同规定必须经中国进出口商品检验局检验出证的商品，在货物备齐后，应向商品检验局申请检验，只有取得商检局发给合格的检验证书，海关才准放行。凡经检验不合格的货物，一律不得出口。

申请报验的手续是，凡需要法定检验出口的货物，应填制“出口报验申请单”，向商检局办理申请报验手续。“出口报验申请单”的内容一般包括：品名、规格、数量（或重量）、包装、产地等项。如需有外文译文时，应注意中、外文内容一致。在提交“申请单”时，还应附上合同和信用证副本等有关凭据，供商检局检验和发证时参考。

申请报验后，如出口公司发现“申请单”内容填写有误，或因国外进口人修改信用证以致货物规格有变动时，应提出更改申请，并填写“更改申请单”，说明更改事项和更改原因。

货物经检验合格，即由商检局发给检验证书，进出口公司应在检验证书规定的有效期内将货物出运。如超过有效期装运出口，应向商检局申请展期，并由商检局进行复验合格后才能出口。

二、催证、审证和改证

在履行信用证付款的合同时，对信用证的掌握、管理和使用，直接关系到中国对外政策的贯彻和收汇的安全。信用证的掌握、管理和使用，主要包括催证、审证和改证等项内容，这也是履行合同的一项重要工作。

（一）催证

在出口合同中，买卖双方如约定采用信用证方式付款，买方则应严格按照合同的规定按时开立信用证。如合同中对买方开证时间未做规定，买方应在合理时间内开出，因买方按时开证是卖方履约的前提。但在实际业务中，有时国外进口商在遇到市场发生变化或资金发生短缺的情况时，往往会拖延开证。对此，我们应催促对方迅速办理开证手续。特别是大宗商品交易或按买方要求而特制的商品交易，更应结合备货情况及时进行催证。必要时，也可请我驻外机构或有关银行协助代为催证。

（二）审证

信用证是依据合同开立的，信用证内容应该是与合同条款一致的。但在实践中，由于种种因素，如工作的疏忽、电文传递的错误、贸易习惯的不同、市场行情的变化或进口商有意利用开证的主动权加列对其有利的条款等，往往会出现开立的信用证条款与合同规定不符。为确保收汇安全和合同顺利执行，防止导致经济上和政治上对我不应有的损失，我们应该在国家对外政策的指导下，对不同国家、不同地区以及不同银行的来证，依据合同进行认真的核对与审查。

在实际业务中，银行和进出口公司共同承担审证任务。其中，银行着重审核开证行的政治背景、资信能力、付款责任和索汇路线等方面的内容，进出口公司则着重审核信用证内容与买卖合同是否一致。对信用证审核的内容，一般应包括以下几个方面：

（1）从政策上审核。来证各项内容应符合中国方针政策，不得有歧视性内容，否则应根据不同情况向开证行交涉。

（2）开证银行资信的审查。为了保证安全收汇，对开证行所在国家的政治经济状况、开证行的资信、经营作风等必须进行审查。对于资信不佳的银行，应酌情采取适当措施。

(3) 对信用证的性质与开证行付款责任的审查。来证中不得标明“可撤销”字样，同时在证内载有开证行保证付款的文句。对有些国家的来证，虽然注明有“不可撤销”的字样，但在证内对开证行付款责任方面加列“限制性”条款或“保留”条件的条款，受益人对此必须特别注意。如来证注明“以领到进口许可证后通知时方能生效”，电报来证注明“另函详”等类似文句，应在接到上述生效通知书或信用证详细条款后方履行交货义务。

上述三点，也是银行审证的要点，进出口公司只作复核性审查。

(4) 对信用证金额与货币的审查。信用证金额应与合同金额相一致。如合同订有溢短装条款，信用证金额亦应包括溢短装部分的金额。信用证金额中单价与总值要填写正确，大、小写并用。来证所采用的货币应与合同规定相一致。

(5) 对商品的品质、规格、数量、包装等条款的审查。信用证中有关商品货名、规格、数量、包装、单价等项内容必须和合同规定相符，特别是要注意有无另外的特殊条款，应结合合同内容认真研究，做出能否接受或是否修改的决策。

(6) 对信用证规定的装运期、有效期和到期地点的审查。装运期必须与合同规定一致，如国外来证晚，无法按期装运，应及时电请国外买方延展装运期限。信用证有效期一般应与装运期有一定的合理间隔，以便在装运货物后有足够时间办理制单结汇工作。关于信用证的到期地点，通常要求规定在中国境内到期，如信用证将到期地点规定在国外，一般不宜轻易接受。

(7) 对单据的审查。对于来证中要求提供的单据种类和份数及填制方法等，要进行仔细审核，如发现有不正常规定，例如要求商业发票或产地证明须由国外第三者签证以及提单上的目的港后面加上指定码头等字样，都应慎重对待。

(8) 对其他特殊条款的审查。在审证时，除对上述内容进行仔细审核外，有时信用证内加列许多特殊条款（Special Condition），如指定船公司、指定船籍、船龄、船级等条款，或不准在某个港口转船等，一般不应轻易接受，但若对我无关紧要，且也可办到，则也可酌情灵活掌握。

（三）改证

对信用证进行了全面细致的审核以后，如果发现问题，应区别问题的性质，分别同银行、运输、保险、商检等有关部门研究，做出恰当妥善处理。凡是属于不符合中国对外贸易方针政策，影响合同执行和安全收汇的情况，我们必须要求国外客户通过开证行进行修改，并坚持在收到银行修改信用证通知书后才能对外发货，以免发生货物装出后而修改通知书未到的情况，造成我方工作上的被动和经济上的损失。

在办理改证工作中，凡需要修改的各项内容，应做到一次向国外客户提出，尽量避免由于我们考虑不周而多次提出修改要求。否则，不仅增加双方的手续和费用，而且对外造成不良影响。

《跟单信用证统一惯例》规定：未经开证行、保兑行（若已保兑）和受益人同意，不可撤销信用证既不能修改，也不能取消。因此，对不可撤销信用证中任何条款的修改，都必须在有关当事人全部同意后才能生效。该惯例还规定，信用证在修改时，“原证的条款（或先前接受过修改的信用证）在受益人向通知该修改的银行发出他接受修改之前，仍然对受益人有效”。“对同一修改通知中的修改内容不允许部分接受，因此，部分接受修改内容当属无效”。

此外，对来证不符合同规定的各种情况，还需要做出具体分析，不一定坚持要求对方办理改证手续。只要来证内容不违反政策原则并能保证我方安全迅速收汇，我们也可以灵活掌握。

总之，对国外来证的审核和修改，是保证顺利履行合同和安全迅速收汇的重要前提，我们必须给予足够的重视，认真作好审证工作。

三、办理货运、报关和投保

出口企业在备货的同时，还必须及时办理运输、报关和投保等手续。

（一）办理货运

现代信息技术正在迅速改变国际货物运输的运作方式。电子商务，特别是EDI电子数据交换技术用电子方式的信息传输正在代替纸质单据的传递，甚至在国外，运输公司已经利用卫星地面定位技术来自动跟踪货物的运输情况，并通过国际互联网络向客户提供货物的运输信息。新的信息通信技术的运用正在改变全球运输行业的做法，特别是运输服务出现更加细致的专业化分工。目前，现代企业运作方式更强调减少库存，为全球客户提供及时到位的运输。及时到位的运输要求更快速、更准确的操作。为了达到快速和准确的目的，就要求有专业化较强的货运服务机构，以及全球货物运输监控体系。

随着技术的进步，更具有实际意义的是，货主越来越少地与运输工具承运人，如船运公司直接打交道，而是由专业化较强的货运服务机构从中提供中介服务。就货运服务的公司而言，货运代理公司、储运公司、报关经纪行、卡车运输公司和其他的运输与物流管理公司都在试图调整自己的运输服务功能。这些具有不同行业特点的公司所提供的服务的界限也在逐渐模糊，这就为出口商办理货运提供了多种选择。

在国际上，出口企业在办理货物运输时，根据货运公司提供服务的不同类型划分，一般会与三种类型的货运服务机构打交道：国际储运公司、国际货运代理公司、国际货运联盟。

1. 国际储运公司

国际储运公司都有自己的仓储设施，最初国际储运公司的发展就是为了给等待装运的货物提供仓储服务。出口商通常都是将出口货物在装运前先用卡车或火车运送到离装运地点最近的国际储运公司的仓库中。多数情况是，出口货物在实际装运前要在储运公司的仓库中进行装运前的处理，如果是集装箱货物，负责货物拼箱（Less than Container Loads，LCL）和装箱。国际储运公司要负责货物的拼箱处理（Consolidation），然后负责将货物直接运到装运港码头或航空港进行实际装运。许多大的外贸公司都有自己的内部储运公司和仓储设施，负责上述工作。

由于受到现代物流管理潮流的影响，现在的国际储运公司，其业务已经不仅局限于提供仓储服务或货物的拼箱装箱和装运前的运输，它们也充当了国际货运代理人的角色，即在为进出口商提供仓储服务的同时也负责办理国际运输。一个典型的国际储运公司的集装箱运输的运作程序为：（1）出口商就一批货物与储运公司接洽，国际储运公司就出口商的整体运输情况向出口商提出建议。（2）运输条件达成后，储运公司负责向船公司或航空公司租船订舱，并根据装运期就装运前的拼箱和装箱时间作出安排。(3) 储运公司就货物及有关单据，如发票、装箱单等的准确性进行核对。(4) 储运公司负责制作有关运输单据，如载货清单 (Cargo Manifest)、运输代理行提单 (House B/L) 或主提单 (Master B/L) 等。(5) 储运公司进行货物的拼箱和装箱，将货物及运输标识打在外包装上。标识信息包括：运输代理行提单和主提单号、货物的启运地和目的地、货物的总箱数等。(6) 货物从仓库用卡车或火车等运输工具运到装运港，并安排货物装上运输工具。

2. 国际货运代理公司

国际货运代理公司的业务范围通常比国际储运公司的业务范围广阔，其主要的优势就是掌握国际上四通八达的运输网络，有的在世界各国的港口有许多代理机构。国际货运代理公司为货主服务，并从货主那里获得报酬。

国际货运代理公司有大有小，大的公司海陆空及多式联运货运代理业务齐全；小的公司则专办一项或几项业务。常见的货运代理公司的业务有：租船订舱、货物报关、转运及理货、仓储、集装箱拼箱及拆箱、国际多式联运、物流管理以及运输咨询等。

国际货运代理公司通常都在某个地区或国家具有综合性的运输优势，业务逐渐拓展到全球范围。下面就以一家综合性国际货运代理公司为例，说明货运代理公司的典型货运程序：(1) 出口商就一批货物与货运代理公司接洽，国际货运代理公司就出口商的整体运输情况向出口商提出建议，并报一个全程运输的综合价格。(2) 运输条件达成后，货运代理公司确定货物运输的航线，负责向船公司或航空公司租船订舱，并根据装运期就货物从仓库到装运港的运输仓储和装运作出总的安排。(3) 货运代理公司与装运前的仓储公司或陆运公司洽商货物入仓库到装运港这一段的运输，并就货物及有关单据，如发票、装箱单等的准确性进行核对。(4) 货运代理公司受出口商的委托办理货物通关手续。(5) 待货物在装运港装运完毕后，根据大副收据的最终结果制作运输代理行提单 (House B/L)，并与船公司或航空公司联系取得主提单 (Master B/L) 等。(6) 货运代理公司将运输代理行提单交付出口商，同时将船公司或航空公司的主提单寄交国外目的港的代理。(7) 出口商经银行结汇后，有关货运单据，包括运输代理行提单被转移到进口商手中。(8) 货物到达目的港后，货运代理公司的目的港代理通知进口商直接从港口提货，或者由货运代理公司的目的港代理作为收货人替进口商办理进口报关手续，再将货物运送到进口商的目的地。(9) 进口商向在目的港的货运代理公司的代理出示运输代理行提单，换取主提单或者其他的提货凭证。(10) 如果进口商未能在规定的时限内提货，由货运代理公司的目的港代理作为收货人在征求有关货主意见后将货物另行处置。

3. 国际运输联盟

国际运输联盟是指在国际上具有一定实力的大的货运公司，它们凭借在全世界各地的运输代理机构，与不同地区的各有优势的货运代理公司结成运输战略联盟 (Alliances)。通常它们的优势是为客户提供复杂、系统的大型工程项目的运输。

由于大型工程项目的运输周期长、货物规格复杂、运输航线不定，这通常要求运输公司具有较强的协调能力。国际运输联盟将许多国际货运代理公司和国际储运公司的优势结合起来，并利用现代信息技术手段，能够满足任何特殊运输的需要。

以上三种类型的运输公司服务的内容虽然有交叉，但各有优势和侧重。出口企业应根据货物和运输线路的情况，合理选择合适的货运服务机构。

（二）报关

报关是指进出口货物出运前向海关申报的手续。按照中国海关法规定：凡是进出国境的货物，必须经由设有海关的港口、车站、国际航空站进出，并由货物的发货人或其代理人向海关如实申报，交验规定的单据文件，请求办理查验放行手续。经过海关放行后，货物才可提取或者装运出口。

目前，中国的出口企业在办理报关时，可以自行办理报关手续，也可以通过专业的报关经纪行或国际货运代理公司来办理。

无论是自行报关，还是由报关行来办理，都必须填写出口货物报关单，必要时，还需提供出口合同副本、发票、装箱单或重量单、商品检验证书及其他有关证件，向海关申报出口。

（三）投保

如果需要卖方投保，例如按 CIF 价格成交的出口合同卖方需替买方办理保险，那么，卖方在装船前，须及时向保险公司办理投保手续，填制投保单。出口商品的投保手续，一般都是逐笔办理的。投保人投保时，应将货物名称、保额、运输路线、运输工具、开航日期、投保险别等一一列明。保险公司接受投保后，即签发保险单保险凭证。

从以上出口合同履行的环节可以看出，在出口合同履行过程中，货、证、船的衔接是一项极其细致而又复杂的工作。因此，进出口企业为做好出口合同的履行工作，必须加强对出口合同的科学管理，建立起能反映出口合同执行情况的进程管理制度，采取相应的合理措施，力求做到证、货、船三方的衔接和平衡。尽力避免交货期不准、拖延交货期或不交货等现象的发生。

四、制单结汇

制单结汇是履行出口合同的一项重要程序。

（一）制作单据

制单是指各种单证的缮制以及将经签署的单证和外来的单证进行汇总。所谓结汇单证是指国际贸易结算中，为解决货币收付问题所使用的各种单据及证明。对于结汇的单据，必须符合“正确、完整、及时、简明、整洁”的要求。货物装运后，无论采用何种结算方式，外贸出口公司应立即缮制和汇总各种单据。

如果是汇付的支付方式，卖方严格按照买卖合同条款对照审核各种单据内容，然后及时向买方传递发票、提单、保险单、装箱单、产地证等主要单据。这样做，一是向买方发装运通知；二是催促他支付货款。卖方一俟收到货款（已经入账的外汇，不是付款凭证），就直接将全套单据用特快专递寄给对方。

如果是信用证方式，卖方应严格按照信用证条款逐字、逐句逐标点符号地对照各种单据的内容，最好是一个人制单、另外一个人审单，审核两遍以上为佳。必须遵照 UPC 600 的规定，严格做到单单一致、单货一致、证货一致。制单就绪后向银行交单议付。

如果是托收方式，卖方按买卖合同条款对照审核各种单据内容无误后提交银行办理托收，同时尽快向买方发出装运通知。通常首先制作发票，因为发票是各项单据的中心单据。各项单据的数据、商品名称必须与发票一致。

常用的出口单据大致可分为 4 类：（1）金融单据，如汇票、支票、本票等；（2）商业单据，如商业发票、运输单据、保险单据、装箱单等；（3）公务证书，如产地证明书、检验证书、许可证等；（4）其他单证，常见的有寄单证明、邮局收据、有关运输方面的证明，如船籍或航程证明、船龄证明、船级证明等，受益人应向船公司或其代理索取。

（二）交单结汇

交单指出口人（信用证的受益人）在信用证到期前和交单期限内向指定银行提交符合信用证条款规定的单据。这些单据经银行确认无误后，根据信用证规定的付汇条件，由银行办理出口结汇。

议付银行在收到单据后应即按照信用证规定进行审核，并在收到单据次日起不超过5个银行工作日将审核结果通知受益人，如审核无误，应立即向信用证的开证行或被指定的其他付款银行寄单索偿，同时按照与出口人约定的方法进行结汇。

我国出口业务中的结汇是指银行将收到的外汇按当日人民币市场汇价的银行买入价购入，结算成人民币以支付给出口人。

在中国出口业务中，使用议付信用证比较多。对于这种信用证的出口结汇办法，主要有三种：收妥结汇、定期结汇和买单结汇。

收妥结汇，又称先收后结，是指议付行收到受益人提交的单据，经审核确认与信用证条款的规定相符后，将单据寄给国外付款行索汇，等付款行将外汇划给议付行后，议付行再按当日外汇牌价结算成人民币交付给受益人。

定期结汇是指议付行在收到受益人提交的单据经审核无误后，将单据寄给国外银行索偿，并自交单日起事先规定期限内将货款外汇结算成人民币贷记受益人账户或交付给受益人。

买单结汇，又称出口押汇或议付，是指议付行在审核单据后确认受益人所交单据符合信用证条款规定的情况下，按信用证的条款买入受益人的汇票和/或单据，按照票面金额扣除从议付日到估计收到票款之日的利息，将净数按议付日人民币市场汇价折算成人民币，付给信用证的受益人。

第二节　进口合同的履行

进口合同签订以后，交易双方都要坚持“重合同、守信用”的原则，及时履行合同规定的义务，即买方应及时开证，卖方应按合同规定履行交货义务。

在中国的进口业务中。一般按FOB价格条件成交的情况较多，如果是采用即期信用证支付方式成交，履行这类进口合同的一般程序如图12－2所示，包括：申领进口许可证、开立信用证、租船订舱、装运、办理保险、审单付款、接货报关、检验、拨交、索赔。这些环节的工作，是由进出口公司、运输部门、商检部门、银行、保险公司以及用货部门等各有关方面分工负责、紧密配合而共同完成的。

现将履行进口合同的主要环节分别介绍和说明如下。

一、开立信用证

进口合同签订后，按照合同规定填写开立信用证申请书（Application for Letter of Credit）向银行办理开证手续。该开证申请书是开证银行开立信用证的依据。进口商申请

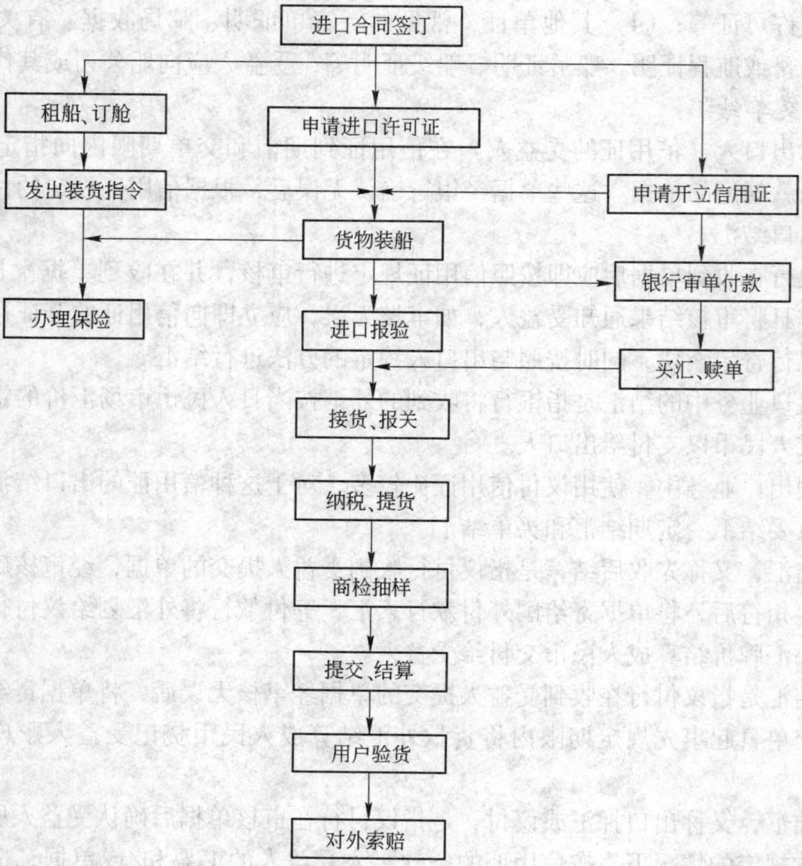

图 12-2 采用 FOB 贸易术语和 L/C 支付的进口合同履行程序

开立信用证，应向开证银行交付一定比率的押金（Margin）或抵押品，开证人还应按规定向开证银行支付开证手续费。

信用证的内容，应与合同条款一致，例如品质、规格、数量、价格、交货期、装货期、装运条件及装运单据等，应以合同为依据，并在信用证中一一作出规定。

信用证的开证时间，应按合同规定办理，如合同规定在卖方确定交货期后开证，买方应在接到卖方上述通知后开证；如合同规定在卖方领到出口许可证或支付履约保证金后开证，则买方应在收到卖方已领到许可证的通知，或银行通知保证金已照收后开证。

卖方收到信用证后，如提出修改信用证的请求，经买方同意后，即可向银行办理改证手续。最常见的修改内容有：展延装运期和信用证有效期、变更装运港口等。

二、派船接运货物

履行 FOB 交货条件下的进口合同，应由买方负责派船到对方口岸接运货物。卖方在交货前一定时间内，应将预计装运日期通知买方。买方接到上述通知后，应及时向货运代理公司办理租船订舱手续。在办妥租船订舱手续后，应按规定的期限将船名及船期及时通知对方，以便对方备货装船。同时，为了防止船货脱节和出现船等货物的情况，注意催促卖方按时装运。对数量大或重要物资的进口，如有必要，买方亦可请我国驻外机构就地督促外商履约，或派人员前往出口地点检验监督。

国外装船后，卖方应及时向买方发出装船通知，以便买方及时办理保险和做好接货等项工作。

三、投保货运险

FOB 或 CFR 交货条件下的进口合同，保险由买方办理。由进口商（或收货人）在向保险公司办理进口运输货物保险时，有两种做法：一种是逐笔投保方式，另一种是预约保险方式。

逐笔投保方式是收货人在接到国外出口商发来的装船通知后，直接向保险公司填写投保单，办理投保手续。保险公司出具保险单，投保人缴付保险费后，保险单随即生效。

预约保险方式是进口商或收货人同保险公司签订预约保险合同，其中对各种货物应投保的险别作了具体规定，故投保手续比较简单。按照预约保险合同的规定，所有预约保险合同项下的按 FOB 及 CFR 条件进口货物保险，都由该保险公司承保。因此，每批进口货物，在收到国外装船通知后，即直接将装船通知寄到保险公司或填制国际运输预约保险启运通知书，将船名、提单号、开船日期、商品名称、数量、装运港、目的港等项内容通知保险公司，即作为已办妥保险手续。保险公司则对该批货物负自动承保责任，一旦发生承保范围内的损失，由保险公司负责赔偿。

四、审单和付汇

根据《跟单信用证统一惯例》（UCP 600）的规定，开证行（保兑行或其他指定银行）收到国外寄来的单据后，对照信用证的规定进行审核，并仅基于单据本身确定其是否在表面上构成相符交单；当开证行确定交单相符时，必须承付。如果发现单据与信用证的规定不符，开证行（保兑行或其他指定银行）可以拒绝承付或议付，同时可以自行联系开证申请人放弃不符点。如果开证行或保兑行（如果有的话）或其他指定银行决定拒绝接受单据，则必须在收到单据次日起的 5 个银行工作日以内，必须给予交单人一份单独的拒付通知。该通知必须以电信方式发出，如不可能，则以其他快捷方式，在不迟于自交单之翌日起第 5 个银行工作日结束前发出。在通知发出后，可以在任何时候将单据退还交单人，并有权要求返还偿付的款项及利息。如果开证行（保兑行或其他指定银行）未能按照上述行事，则无权宣称交单不符。

单据日期可以早于信用证的开立日期，但不得晚于交单日期。

如果开证行认为单据与信用证的规定相符，在向外付款前也要交进口企业复审。按照中国的习惯，如果进口企业在 3 个工作日内没有提出异议，开证行即按信用证的规定履行付款义务。开证行的付款是没有追索权的，因此，进口企业对单据的审核也必须认真对待，决不能有疏忽之处。

如审核国外单据发现单、证不符时，应作出适当处理。处理办法很多，例如：停止对外付款；相符部分付款；不符部分拒付；货到检验合格后再付款；凭卖方或议付行出具担保付款；要求国外改正单据；在付款的同时，提出保留索赔权等。

五、报关、纳税

（一）进口报关

进口货物抵达后，进口方或委托货代机构办理进口货物报关手续。进口报关是指进口货物的收货人或其代理人按照国家海关法的有关规定，向海关交验有关证件，办理进口货物的申报手续的法律行为。进口货物的报关由进口货物的申报、查验、结关几个环节组成。

进口货物的收货人及其代理人应当自运载该项货物的运输工具申报进境之日起 14 天内向海关申报，最后一天为法定节假日的，顺延至节假日后的第一个工作日。超过 14 天未向海关申报的，由海关按日征收进口货物完税价格的 0.05% 的滞纳金。超过 3 个月未向海关申报的，其进口货物由海关依法变卖处理，所得价款在扣除运输、装卸、储存等费用和税款后，尚有余款的，自货物变卖之日起 1 年内，经收货人申请，符合条件的予以发还；否则上缴国库。

进口货物除特殊原因经海关总署批准外，都应当接受海关的查验。海关查验货物主要是海关在接受申报后，对进口货物进行实际的核对查验，以确定货物的物理性能或化学成分以及货物的数量、规格等是否与报关单证所列一致。

结关又称放行，是指进口货物在办完向海关申报、接受查验并缴纳关税后，由海关在货运单据上签字或盖章放行，收货人或其代理人持海关签章放行的货运单据提取进口货物。放行意味着办完了海关手续，未经海关放行的进口货物，任何单位和个人不得提货或发运。

（二）纳税

海关按照《中华人民共和国海关进口税则》的规定，对进口货物计征进口税。货物在进口环节由海关征收（包括代征）的税种有关税、产品税、增值税、工商统一税及地方附加税、盐税、进口调节税等。

六、验收和拨交货物

（一）验收货物

进口货物运达港口卸货时，港务局要进行卸货核对。如发现短缺，应及时填制“短卸报告”交由船方签认，并根据短缺情况向船方提出保留索赔权的书面声明。卸货时如发现残损，货物应存放于海关指定仓库，待保险公司会同商检机构检验后作出处理。对于法定检验的进口货物，必须向卸货地或到达地的商检机构报验，未经检验的货物不准投产、销售和使用。如进口货物经商检机构检验，发现有残损短缺，应凭商检机构出具的证书对外索赔。对于合同规定的卸货港检验的货物，或已发现残损短缺有异状的货物，或合同规定的索赔期即将届满的货物等，都需要在港口进行检验。

（二）办理拨交手续

在办完上述手续后，如订货或用货单位在卸货港所在地，则就近转交货物；如订货或用货单位不在卸货地区，则委托货运代理将货物转运内地并转交给订货或用货单位。关于进口关税和运往内地的费用，由货运代理向进出口公司结算后，进出口公司再向订货部门结算。

七、进口索赔

进口索赔是指货物自出口方到进口方的过程中，由于人为、天灾或其他各种原因，使进口方收到的货物不符合合同规定或货物有其他损害，进口方依责任归属，向有关方面提出赔偿要求，以弥补其所受的损失。根据造成损失原因的不同，进口索赔的对象主要有三个方面：即向卖方索赔、向承运人索赔、向保险公司索赔。

（1）由卖方赔偿。一般情况下，由于卖方原因所造成的货物损失大致有这样几种情况：1）货物的品质、规格等不符合合同规定；2）交货数量不足，重量短少；3）掺杂使假，以次充好，以旧顶新；4）包装不良或不符合合同要求造成货物残损；5）凭样品成交的商品，所交商品与样品不符；6）未按合同规定的交货期限交货或不交货。

进口方应视出口方的违约情况和因违约造成损失的大小，采取补救措施，同时提出损害赔偿条件。

（2）由承运人赔偿。有时索赔的起因在于承运人的疏忽或过失，有下列几种情况：1）因短卸或误卸造成货物短少；2）托运货物在运输途中遗失；3）托运货物由于承运人配载不当、积载不良或装卸作业粗疏造成货物损毁；4）船舶不适合航行条件，设备不良造成所装货物损毁。

发生上述情况时，进口方应毫不迟延地将损害事实用书面通知承运人，让承运人了解货物灭失或残损、短缺的状况，以便确定其赔偿责任。

（3）由保险公司赔偿。凡属于承运人的过失造成的货物残损、遗失，而承运人不予赔偿或赔偿金额不足抵补损失的，只要属于保险公司承保范围之内的，当事人可向保险公司提出索赔。

进口索赔应注意的问题：1）索赔依据。索赔时提交索赔清单和有关货运单据，如发票、提单（副本）、装箱单。在向卖方索赔时，应提交商检机构出具的检验证书；向承运人索赔时，应提交理货报告和货差证明；向保险公司索赔时，除上述各项证明外，还应附加保险公司出具的检验报告。2）索赔期限。向卖方索赔应在合同规定的索赔期限之内提出，如商检工作确有困难可能需要较长时间的，可在合同规定的索赔有效期内向对方要求延长索赔期限，或在合同规定索赔有效期内向对方提出保留索赔权。按《公约》规定，2 年是在合同未明确索赔期限情况下，最长的、不得超过的索赔期限。3）双方责任。买方在向有关责任方提出索赔时，应采取适当措施保持货物原状并妥善保管。按国际惯例，如买方不能按实际收到货物的原状归还货物，就丧失宣告合同无效或要求卖方交付替代货物的权利；按保险公司规定，被保险人必须按保险公司的要求，采取措施避免损失进一步扩大，否则不予理赔。

【案例分析】

进出口贸易中，买卖合同经双方认可成立生效后，有关当事人必须全面履行合同规定的责任、义务。合同规定的每一条款，采用的每一惯例，都有具体内容和要求。双方当事人应重合同、守信用。若违反合同约定，就会产生争议，给对方造成损失，致使合同难以正常履行。本例就是在履行出口合同中发生的致损案。由于买方延迟开证，而我方未能及早催证，更没有认真地、逐字逐句地加以审证，结果导致开证行拒付。可见，在进出口合同的履行中，有众多环节需要注意，以避免造成损失。

【课后习题】

一、重点概念

备货；审证；进口关税；报关

二、不定项选择题

1. 在中国的出口业务中，普遍使用（　　）作为主要的交易条件。

A. FOB + 信用证　　B. CRR + 托收　　C. CIF + 托收　　D. CIF + 信用证

2. 出口合同的履行中一般不包括（　　）环节。

A. 备货　　B. 开证、改证　　C. 报关、装船　　D. 制单、结汇

3. 出口合同中的“三平衡”是指（　　）的综合平衡。

A. 货证船　　B. 货证款　　C. 船证款　　D. 货证船款

4. 在出口业务中对信用证的审核单位是（　　）。

A. 银行　　B. 出口商　　C. 出口商和银行　　D. 保险公司

5. 出口商对信用证的审核不包括（　　）。

A. 受益人　　B. 信用证金额　　C. 索汇路线　　D. 运输单据

6. 国际货物买卖中，买方的基本义务是（　　）。

A. 提交合格货物　　B. 提交合格单据　　C. 办理运输　　D. 办理保险

E. 转移货物的所有权

7. 如信用证的修改通知书中包括多项修改内容，则卖方可（　　）。

A. 全部接受　　B. 部分接受　　C. 全部拒绝　　D. 部分拒绝

E. 部分接受或部分拒绝

8. 信用证主要单据包括（　　）。

A. 汇票、商业发票　　B. 商检证书　　C. 提单、保险单　　D. 装箱单

9. 开证行可以拒绝的理由为（　　）。

A. 单单不符　　B. 货与合同不符　　C. 信用证和合同不符

D. 单证不符

E. 开证人审核结果不符

10. 信用证的修改书应由（　　）传递给出口商。

A. 开证行　　B. 开证申请人　　C. 任何银行　　D. 原通知行

三、判断题（判断下列各题是否正确，正确的在题后的括号内打“√”，错误的打“×”。）

1. 在出口业务中，卖方履行合同的基本义务是向买方提交符合合同规定的货物。（　）

2. 在中国的出口业务中，普遍使用以 FOB 价格术语和以信用证作为支付方式。（　）

3. 出口合同的履行过程中货、证、款三个环节最为重要。 ( )

4. 出口备货环节包括准备好应交的货物和包装、刷唛头等工作。 ( )

5. 信用证有效期就是信用证的运行期。 ( )

6. 对于信用证的银行费用，中国的习惯做法是出口地的银行费用由出口方负担，进口地的银行费用由开证人负担。 ( )

7. 信用证受益人审证后如发现有不能接受之处，应直接要求开证行进行修改。 ( )

8. 如果信用证修改通知中将装运期和提单的内容进行了修改，那么出口方可以接受装运期部分的修改，而拒绝接受提单内容的修改。 ( )

9. 出口方或托运人可以凭收货单向船公司或其代理人换取正式提单。 ( )

10. 报关是指出口货物装船后向海关申报出口放行的手续。 ( )

四、简答题

1. 出口合同的履行涉及的主要环节有哪些?

2. 申请开立信用证的程序是什么?

3. 为什么说申请开立信用证时一般不能使用“参阅第××号合同”或“第××号合同项下货物”等条款，也不能将有关合同作为信用证附件?

4. 审核信用证的依据是什么?

5. 简述履行进口合同的一般程序。

6. 简述在进口索赔工作中应注意的问题。

7. 履行进口合同时，一般有哪几个主要环节?

五、案例分析

1. 中国某公司与国外某客商订立一份农产品的出口合同，合同规定以不可撤销即期信用证为付款方式。买方在合同规定的时间内将信用证开抵通知银行，并经通知银行转交我公司，我出口公司审核后发现，信用证上有关装运期的规定与双方协商的不一致，为争取时间，尽快将信用证修改完毕，以便办理货物的装运，我方立即电告开证银行修改信用证，并要求开证银行修改完信用证后，直接将信用证修改通知书寄交我方。问：(1) 我方的做法可能会产生什么后果?(2) 正确的信用证修改渠道是怎样的?

2. 某国一公司以 CIF 鹿特丹出口食品 1000 箱，即期信用证付款，货物装运后，出口商凭已装船清洁提单和已投保一切险及战争险的保险单，向银行收妥货款。货到目的港后，经进口商复验发现下列情况：

(1) 该批货物共有 10 个批号，抽查 20 箱，发现其中 2 个批号涉及 200 箱内含有沙门氏细菌超过合同标准。(2) 收货人实际收到 998 箱，缺少 2 箱。(3) 有 15 箱货物外表状况良好，但箱内货物共缺少 60 公斤。问：根据上述案情，进口商应分别向谁索赔?

第十三章　国际贸易实务模拟操作

本章在前述各章内容学习的基础上，以国际贸易交易的基本过程为主线，以模拟设定的具体进出口商品交易作为背景，从进出口贸易业务中的合同磋商与签订（建立交易关系、报价核算、还盘核算、签约核算等）和合同的履行（运输、保险、支付、单据议付等）等方面入手，通过一个具体的案例分析，为学生提供一个在仿真模拟实践中了解和掌握进出口交易程序和基本技能的有效途径。

第一节　与客户建立业务关系

一、撰写业务信函简述

建立业务联系是进出口交易的基础，草拟建立业务联系的信函是每个外贸业务人员必须掌握的操作技能。一般说来，建立业务联系的信函包括以下内容。

（一）开头部分

开头部分一般包括以下两个部分的内容：

（1）说明如何取得对方的资料。首次主动与对方进行交往，说明信息来源非常必要。作为进出口商，贸易信息来源的渠道很多，主要有银行（Banks）、商会（Chamber of Commerce）、工商行名录（Trade Directory）、广告（Advertisement）、商赞处（Commercial Counselor's Office）、商界朋友（Friends in Business Circle）、展览会（Trade Shows）、互联网（Internet）等，或通过自我介绍建立贸易业务往来。例如：

We learned from ××× that you are interested in ×××.

We have obtained your name and address from ×××.

（2）说明去函目的。通常去函都是以建立业务联系为目的的。例如：

We are writing to you to establish long international trade relations with you.

（二）介绍部分

为了引起对方的兴趣，必须让对方对本公司的基本情况和产品情况有大致了解，一般可以从以下几个方面进行介绍：

（1）公司基本情况介绍。主要是介绍本公司的性质、业务范围、宗旨以及某些相对优势。例如：We are a leading company with many years experience in ××× business.

We have our principle as "Clients needs come first".

（2）公司产品介绍。一般是对本公司经营产品的整体情况的介绍，也可以是对对方感兴趣的某类特定产品进行推荐性的介绍。产品介绍一般包括产品质量、价格水平、销路等，同时，为了使对方更详细地了解本公司产品，通常还附上产品目录、价目单或另邮样品等。例如：

Our products are enjoying popularity in Asian markets.

To give you a general idea of our products, we are enclosing our catalogue for your reference.

（三）结尾部分

通常结尾部分包括盼望对方尽快回音、下订单或告知意见并表示敬意等语句。例如：We are looking forward to your specific inquires.

二、买卖双方建立业务关系

（一）华东贸易公司致函中国香港 ABC 公司

华东贸易有限公司（Huadong Trade Co. Ltd.）成立于1999年，是经国家批准的具有进出口经营权的综合性贸易公司，其经营范围包括机电设备、金属材料、化工原料、铁矿石等进出口业务。在国内铁矿石需求旺盛的情况下，计划从印度进口铁矿石，经 Lee 贸易有限公司（Lee Trade Co. Ltd.）介绍，得知中国香港 ABC 贸易公司（Hongkong ABC Trade Co. Ltd.）经营印度矿，拟在平等互利、互通有无的基础上与 ABC 贸易公司建立业务关系。

Dear Sir or Madam,

We have obtained your name and address from Lee Trade Co. Ltd, a leading trader for Indian Ore Fines. We are writing to enquire whether you would be willing to establish business relations with us on the basis of equality, mutual benefit and exchanging what one has for what one needs. Our company, Huadong Trade Co. Ltd., approved by the state was established in 1999. It is a comprehensive trade company specializing in Mechanical and electrical equipment, metal materials, chemical materials, iron ore etc. The company is located in Nantong, Jiangsu Province. Particularly, we have been importers of ore products for many years. At present, we are interested in extending our range and would appreciate if we could have your specifications and quotations for Indian Ore Fines. If your prices are competitive, we would expect to place volume order with you. We are looking forward to your early reply.

Yours faithfully,

Tianqi

Chief Buyer

（二）ABC 公司给华东贸易有限公司回函

建立业务关系的邮件发出不久，华东贸易有限公司（Huadong Trade Co. Ltd.）便收到这封来信。

Dear Mr. Tianqi

Thank you for your e-mail of the 20th of this month. We shall be glad to enter into business relations with your company. In compliance with request, we are sending you, under separate cover, our specifications and price list covering our export range. Payment should be made by irrevocable and confirmed letter of credit.

Should you wish to place an order, please mail or fax us.

Yours sincerely,

Jone Smith
Chief Seller

第二节 报价与还价核算

在国际货物买卖中，价格是合同中的主要交易条件之一，也是发盘的主要内容之一，它是买卖双方都特别关心的问题。通过本实验要求学生熟悉进出口价格的表示方法及价格的构成，通过进出口报价、还价核算，从而掌握报价、还价的核算要点。价格核算是进出口业务的关键环节，它直接关系到交易磋商的成败和买卖双方的利益，因此，只有掌握进出口价格核算，才能保证所报价格的准确与合理。

一、出口报价核算

出口商品的价格有单价（Unit Price）和总值（Total Value）两种方法表示。单价是由计价货币、计价金额、计量单位和贸易术语四个部分组成，例如，USD 30000 Per Metric Ton CIF Tokyo。总值是单价与数量的乘积。出口商品的价格主要由成本、费用和利润三部分构成。

（一）成本

成本（Cost）是整个价格的核心。它是出口企业或外贸单位为出口其产品进行生产、加工或采购所产生的生产成本、加工成本或采购成本，通常称为含税成本。

（二）费用（Expenses，Charges）

出口价格中的费用主要有国内费用和国外费用两部分。其中国内费用主要包括：包装费、仓储费、国内运输费、认证费、港口费、商检报关费、捐税、购货利息、经营管理费、银行费用等；国外费用包括出口运费、出口保险费及佣金等。

（三）预期利润

预期利润以成交价格的某一百分比来计。

（四）出口报价核算要点

1. 成本核算

一般来说，我们掌握的成本是采购成本或含税成本，即包含增值税。很多国家为了降低出口商品的成本，增强其产品在国际市场上的竞争能力，往往对出口商品采取增值税全部或部分退还的做法。在实施出口退税制度的情况下，出口商品在核算价格时，就应该将含税的采购成本中的税收部分根据出口退税比率予以扣除，从而得出实际采购成本。但是也有对出口产品征税的，征收出口税的目的主要是：（1）增加财政收入。（2）限制重要的原材料大量输出，保证国内供应。（3）提高以使用该国原材料为主的国外加工产品的生产成本，削弱其竞争能力。（4）反对跨国公司在发展中国家低价收购初级产品。例如，印度为了减少铁矿石的出口而满足国内钢铁企业的需求，已自2011年12月30日起将铁矿石出口关税税率由20%提高至30%。

因此，对出口退税产品而言：

$$\text{实际采购成本} = \text{含税成本} - \text{退税收入}$$

$$\text{退税收入} = \text{含税成本} \times \text{出口退税率} / (1 + \text{增值税率})$$

由此得出实际采购成本的计算公式：

实际采购成本 = 含税成本 × [1 - 出口退税率/(1 + 增值税率)]

例如：某产品每单位的购货成本是 28 元人民币，其中包括 17% 的增值税，若该产品出口有 13% 的退税，那么该产品每单位的实际采购成本为：

实际采购成本 = 含税成本 × [1 - 出口退税率/(1 + 增值税率)]
= 28 × [1 - 13%/(1 + 17%)]
= 24.89 元人民币/单位

对出口征税产品而言：

中国海关进出口税则目前对涉及大约 47 个税号的商品规定征收出口关税。出口货物的关税税率为单一税则制，即只使用一种税率。目前，出口关税名义税率最高为 100%，最低为 10%。出口货物应当按照货物的发货人或者他们的代理人、申报人出口之日实施的税则税率征税。出口货物关税计算公式为：

出口关税 = 完税价格 × 出口税率

以海关审定的成交价格为基础的售予境外的离岸价格，扣除出口关税，即为出口货物完税价格。实际成交价格是一般贸易项下出口货物的买方为购买该货物向卖方实际支付或应当支付的价格。而征税是完税价 × 征税率，完税价 = FOB/(1 + 征税率)。例如：某产品每单位的购货成本是 28 元人民币，其中包括 17% 的增值税，若该产品出口有 20% 的出口税，那么该产品每单位的实际采购成本 = 含税成本 + 出口税。

出口税 = 完税价 × 征税率 = FOB/(1 + 征税率) × 征税率
= 含税成本/(1 + 征税率) × 征税率

实际采购成本 = 含税成本 × [1 + 征税率/(1 + 征税率)]
= 28 × [1 + 20%/(1 + 20%)]
= 32.67 元人民币/单位

2. 运费核算

班轮运输运费的计算又分为件杂货物与集装箱货物运费计算。一般来说，它们的计算可以用如下公式：

班轮运费 = 基本运费 + 附加运费 = 基本运费率 × 运费吨 × (1 + 各种附加费率)

集装箱运费 = 包箱费率 × 集装箱的数量

关于集装箱的数量计算，关键在于确定是整箱货还是拼箱货。若为拼箱货，应先算出所装箱的确切数量，再按件杂货的计算方法查表计算；若为整箱货，直接按表中给出的单箱运费计算即可；若部分装整箱，部分以拼箱方式运输，需混合这两种计算方式。关于集装箱数量通常是按照货物的总重量或体积除以集装箱的有效载货重量或有效容积取整得出。通常 20 英尺集装箱的有效载重量为 17.5 公吨，有效容积为 25 立方米；40 英尺集装箱的有效载重量为 24.5 公吨，有效容积为 55 立方米。

例如：某货物装纸箱，纸箱的尺码为 50 厘米 × 40 厘米 × 30 厘米，毛重为每箱 52 公斤，那么分别根据 20 英尺、40 英尺集装箱的重量和体积计算的装箱的最大数量是：按重量计算，每个 20 英尺集装箱可装最大数量为：

17.5/0.052 = 336.538 箱，取整为 336 箱。

每个 40 英尺集装箱可装最大数量为：

24.5/0.052 = 471.54 箱，取整为 471 箱。

按体积计算，每个20英尺集装箱可装最大数量为：

25/(0.5×0.4×0.3)=416.667箱，取整为416箱。

每个40英尺集装箱可装最大数量为：

55/(0.5×0.4×0.3)=916.667箱，取整为916箱。

该种货物20英尺集装箱最多可装336箱，40英尺集装箱最多可装471箱。所以，对于重货而言，用20英尺集装箱更为经济。

租船运输，又称租船，是海洋运输的一种方式，是指租船人向船东租赁船舶用于货物运输的一种方式。租船运输适用于大宗货物运输，有关航线和港口、运输货物的种类以及航行的时间等，都按照承租人的要求，由船舶所有人确认。租船人与出租人之间的权利义务以双方签订的租船合同确定。

租船运输运费：由于租船方式主要有定程租船和定期租船两种，期租船运费以租金费率来计算，其计算方法为租金是按船舶每30天每载重吨计算的或者按整船每天若干金额计算。例：船载重为25000吨，每30天的租率为8美元，则每日租金为25000×8/30=6666美元。程租船运费表现形式：(1) 运费率，即按所载货物的每单位重量或单位容积所表现的金额。例：35美元/吨。(2) 整船包价。按提供的船，定一笔整船运费。适用于轻泡货物。

3. 保险费核算

在出口交易中，在以CIF或CIP术语成交的情况下，出口报价中应包含保险费。保险费通常是按照货物的保险金额乘以保险费率计算。

用公式表示即：保险费=保险金额×保险费率

保险金额=CIF(CIP)货价×(1+保险加成率)

CFR(CPT)价格换算为CIF(CIP)价格的公式：

CIF(CIP)=CFR(CPT)/[1-(1+保险加成率)×保险费率]

FOB(FCA)价格换算为CIF(CIP)价格的公式：

CIF(CIP)=[FOB(FCA)+F]/[1-(1+保险加成率)×保险费率]

4. 佣金核算

在出口报价中，有时对方要求报价中包含佣金，这样在出口报价中要将佣金考虑进去。包含有佣金的价格为含佣价。

含佣价=净价/(1-佣金率)

六种主要贸易术语的换算如下：

(1) FOB (FCA) 价换算成其他价格。

CFR=FOB(FCA)+F

CFRC=[FOB(FCA)+F]/(1-佣金率)

CIF=[FOB(FCA)+F]/(1-保险费率×投保加成)

CIFC=[FOB(FCA)+F]/(1-佣金率-保险费率×投保加成)

(2) CFR (CPT) 价换算成其他价格。

FOB=CFR(CPT)-F

FOBC=[CFR(CPT)-F]/(1-佣金率)

CIF=CFR(CPT)/(1-保险费率×投保加成)

CIFC=CFR(CPT)/(1-佣金率-保险费率×投保加成)

(3) CIF (CIP) 价换算成其他价格。

FOB = CIF(CIP) × (1 - 保险费率 × 投保加成) - F

FOBC = [CIF(CIP) × (1 - 保险费率 × 投保加成) - F]/(1 - 佣金率)

CFR = CIF(CIP) × (1 - 保险费率 × 投保加成)

CFRC = [CIF(CIP) × (1 - 保险费率 × 投保加成)]/(1 - 佣金率)

5. 预期利润核算

利润是出口价格的三个组成部分之一，出口价格中包含利润的大小由出口企业自行决定。

利润的确定可以用某一固定的数额表示，也可以用利润率即百分比表示。用利润率表示时应当注意计算的基数，可以用某一成本作为计算利润的基数，也可以用销售价格作为计算利润的基数。

例如：出口某商品，生产成本为每单位 185 元，出口的各项费用为 13.5 元，如果公司的利润率为 10%，公司对外报 FOB 价，试分别按照生产成本、出口成本和出口价格为基数计算利润额。

按生产成本为基数计算的利润额为：185 × 10% = 18.5 元

按出口成本为基数计算的利润额为：(185 + 13.5) × 10% = 19.85 元

按 FOB 出口价格为基数计算的利润额为：(185 + 13.5)/(1 - 10%) - (185 + 13.5) = 22.06 元

6. FOB、CFR、CIF 三种价格的报价核算

FOB 报价 = (实际采购成本 + 各项国内费用之和)/(1 - 预期利润率)

CFR 报价 = (实际采购成本 + 各项国内费用之和 + 国外运费)/(1 - 预期利润率)

CIF 报价 = (实际采购成本 + 各项国内费用之和 + 国外运费)/[1 - 预期利润率 - (1 + 投保加成率) × 保险费率]

(五) 出口报价核算应用

由于部分铁矿石出口国采取贸易保护政策，导致了印度本国铁矿石市场供需出现偏紧局面，当局开始保障国内需求导向，采取限制政策，成本提升。因此出口商中国香港 ABC 贸易公司 (Hong Kong ABC Trade Co. Ltd.) 为华东贸易有限公司报价核算如下。

由于印度铁矿石出口征税 30% 的出口税，出口商 Hong Kong ABC Trade Co. Ltd. 从供货商处得知，Indian Iron Ore Fines Fe 60.00/60.00，所以实际采购成本 = 含税成本 × [1 + 征税率/(1 + 征税率)]

印度供货商的含税成本 60 美元/MT

Hong Kong ABC Trade Co. Ltd. 实际采购成本

= 60/[1 + 30%/(1 + 30%)]

= 73.85 美元/DMT

从印度的主要港口到中国的海运费 F = USD28/DMT

其他费用：成交价的 10%

预期利润：成交价的 10%

CFR 报价 = (实际采购成本 + 各项国内费用之和 + 国外运费)/(1 - 预期利润率)

CFR = (FOB + F + CFR × 10%)/(1 - 10%)

CFR =(USD73.85 + USD28)/(1 - 10% - 10%) = USD101.85/0.8 = USD122.22

USD122.2 PDMT CFR FO CQD Nantong, P. R. China, Based on 60.00% Fe in respect of Fines

二、进出口发盘函

发盘函既是一方提出订约的建议，又是日后订立合同的基础。进出口商可以直接向客户发盘，也可以在收到客户的询盘后发盘，前者要考虑发盘的准确性和吸引力，后者要注重针对性。

但无论如何，其内容必须明确无误，无含糊之词，其语气则需诚恳、委婉，并且有说服力，以赢得客户信任，最终取得订单。一般而言，发盘函由以下基本内容组成。

（一）致谢

对客户的询盘表示感谢，可顺便再介绍一下产品的优点。例如：

We are pleased to receive your e-mail of ×××.

（二）答复对方的询问

明确答复对方在来信中所询问的事项，准确阐明各项交易条件（品名规格、价格、数量、包装、付款方式、装运、保险等），以供对方参考。例如：

The price is USD100000 per set CIF Hong Kong.

Delivery is to be made within 45 days after receipt of order. Our usual terms of payment are by confirmed irrevocable L/C available by draft at sight.

（三）声明

声明此项发盘的有效期及其他约束条件和事项。例如：

This offer is valid for ten days.

（四）鼓励

鼓励对方尽早订货，并保证供货满意。例如：

As we have been receiving a rush of orders now, we would advise you to place your order as soon as possible.

（五）进出口发盘函应用

Jan. 21, 2012

From: Tianqi of Huadong Trade Co. Ltd.

To: Hong Kong ABC Trade Co. Ltd.

Attn: Jone Smith

Subject: Inquiry for 20,000 Mt 10% Indian Iron Ore Fines Fe 60.00/60.00 for NT

Dear Mr. Jone Smith

Recently we are buying Indian Iron Ore Fines which the terms and conditions are as follows:

20,000 Mt 10% Indian Iron Ore Fines Fe 60.00/60.00 for NT, packing in bulk, on CFR basis, prompt shipment, payment by L/C at sight.

Would you pleas let us have your favourable quotations of the above mentioned goods? Should you have any questions, please feel free to contact me.

Your early reply will be highly appreciated.

Looking forward doing business with you in the coming future.

Thanks best regards.

Yours faithfully,

Tianqi

第二天，华东贸易公司收到了中国香港 ABC 贸易公司的实盘如下：

Jan. 22, 2012

From: Jone Smith of Hong Kong ABC Trade Co. Ltd.

To: Huadong Trade Co. Ltd.

Attn: Tianqi

Subject: offer for 20, 000 Mt 10% Indian Iron Ore Fines Fe 60. 00/60. 00 for NT

Dear Mr. Tianqi,

Thank you for your e-mail of the 21th of this month, on behalf of Hongkong ABC Trade Co. Ltd. in Hong Kong, we are very pleased to offer you firm for your reply here before 17: 00 hours Beijing Time today, January 22, 2012, as follows:

– – Seller	: Hongkong ABC Trade Co. Ltd.
– – Buyer	: Huadong Trade Co. Ltd.
– – Commodity	: Iron Ore Fines
– – Origin	: India
– – Quantity	: 20, 000 Mt 10% more or less at Seller's option
– – Specification :	
Chemical Compositions:	
Fe	60. 00% Basis/60. 00% Min
Al2O3	4. 00% Max
SiO2 + Al2O3	10. 00% Max
P	0. 07% Max
S	0. 04% Max
Moisture	10. 00% Max
Physical Properties:	
Size: 0 to 10 mm	
Above 10 mm	10. 00% Max
Below 0. 15 mm	40. 00% Max
– – Packing	: In bulk
– – Laycan	: End January - First Half February, 2012
– – Load Port	: One or two main Port (s) in India
– – Discharge Port	: One safe berth (Port) Nantong, P. R. China
– – Discharge Terms	: C. Q. D. discharge on free out basis
– – Price	: USD122. 50 PDMT CFR FO CQD Nantong, P. R. China, Based on 60. 00% Fe in respect of Fines

– – Price Adjustment for Fe Content:

The base price shall be increased/decreased at a rate of USD1. 4333 per dry metric ton for each 1% Fe above/below 60. 00%, fraction pro rate.

– – Import Licenses:

Buyer shall be responsible for obtaining any import licenses and/ or quotas required at final destinations and failure to obtain such licenses and/ or quotas shall not constitute Force Majeure.

Buyer shall be responsible for arranging all necessary import documentations & import licenses and/ or quotas to be ready on/before vessel's arrival at discharge port.

– – Terms of Payment:

By 100% irrevocable and workable Letter of Credit payable at sight covering 95% of the shipment value as provisional and balance 5% of the shipment value as final. Buyer shall open, with a first class bank in China, the Letter of Credit to Seller on/before 27th January 2012.

L/C shall be payable against presentation of Certificate of Quality/Weight/Origin issued by Seller.

– – Premium/Penalty Terms:

As per Indian Supplier's standard Premium/Penalty Terms.

– – Determination of Quality/Quantity:

By CIQ certificates at port of discharge.

At the discharge port, Seller has the right to appoint independent survey for independent sampling. The Buyer shall advise CIQ to extent all co-operations to the independent survey in conducting independent sampling and sample preparation.

– – other terms and conditions as per Seller's sales contract made out in line with Indian Supplier's standard sales contract for year 2011/2012.

– – End—

Looking forward to your confirmation on our above offer well within the time.

Thank you in advance for your kind co-operation and support.

With best regards

For and on behalf of Hong Kong ABC Trade Co. Ltd.

Jone Smith

Chief Seller

三、进口价格核算

进口商品的价格构成及核算与出口商品价格构成及核算相似。以 FOB 条件核算进口价格。

（一）进口商品价格构成

1. 出口商报价

进口合同价格在进口合同成立之前是一种估价，是买卖双方通过磋商可以取得一致意见的合同价格，有时也是进口方争取以此为基础交易的价格。在合同成立后，就是合同写明的商品价格。要求出口商报 FOB 价格。

FOB 进口货物成本 = FOB 进口合同价 + 运费 + 保险费 + 进口国内费用 + 进口税费

CFR 进口货物成本 = CFR 进口合同价 + 保险费 + 进口国内总费用 + 进口税费

CIF 进口货物成本 = CIF 进口合同价 + 进口国内总费用 + 进口税费

2. 进口费用

国内费用包括的内容有：（1）卸货费、驳船费、码头建设费、码头仓租费等费用；（2）进口商品的检验费和其他公证费用；（3）银行费用，如开证费及其他手续费；（4）报关提货费；（5）国内运费、仓租费；（6）从开证付款至收回货款之间所发生的利息支出；（7）其他费用。

国外费用包括的内容有：（1）国外运费（自装运港至目的港的海上运输费用）；（2）国外保险费（海上货物运输保险）；（3）如果有中间商，还应包括支付给中间商的佣金。

3. 毛利润

毛利润是进口商的预期利润。

（二）进口价格核算

1. 进口总成本核算

进口总成本包括出口商报价与进口费用。

2. 运费与保险费用核算

保险金额的计算公式为：

保险金额 = FOB（或 FCA）价 ×（1 + 平均运费率 + 平均保险费率）

3. 进口关税的核算

进口关税的完税价格采用 CIF 价格。

进口货物采用 CFR 价格术语成交，应加保险费组成完税价格。其公式为：

完税价格 = CFR ÷（1 − 保险费率）

进口货物采用 FOB 价格术语成交，应加保险费和运费组成完税价格，其公式为：

完税价格 =（FOB 价 ＋ 运费）÷（1 − 保险费率）

应纳关税额 = 应纳税进口货物数量 × 完税后价格 × 适用关税税率

4. 应纳增值税与消费税核算

（1）应纳增值税计算。增值税属于价外税，其大小由组成应纳增值税价格与适用的增值税税率计算所得，即：

应纳增值税额 = 组成计税价格 × 适用税率 × 应税进口数量

（2）应纳消费税的计算。从国外进口应纳增值税与消费税的商品，海关要征收增值税与消费税。

从价定率消费税征收。中国消费税采用价内税，即计税价格组成中包括消费税税额。

单位货物应纳消费税税额 = 组成计税价格 × 适用消费税税率

组成计税价格 = 关税完税价格 ＋ 关税 ＋ 消费税

其中，关税完税价格即上述进口货物完税价格。故公式可整理为：

组成计税价格 =［关税完税价格 ×（1 + 适用关税税率）］÷（1 − 适用的消费税税率）

实行从量定额征收应税消费税，以海关核定的应税消费进口数量为计税依据，计算公式为：

应纳消费税额 = 应纳税进口数量 × 适用定额税率

5. 佣金与折扣核算（见出口核算部分）

6. 其他费用核算

进口费用包括：国内的运输保险费用、银行费用、仓储费、报关提货费等等。

（三）进口总成本核算

进口总成本 = FOB 合同价 + 运费 + 保险费 + 进口货物国内总费用 + 关税 + 消费税 + 增值税

= CFR 合同价 + 保险费 + 进口货物国内总费用 + 关税 + 消费税 + 增值税

= CIF 合同价 + 进口货物国内总费用 + 关税 + 消费税 + 增值税

（四）利润核算

利润 = 销售收入 - 采购成本 - 进口关税 - 各项费用

（五）进口经济效益分析

1. 进口商品盈亏率

进口商品盈亏率 =（进口商品国内销售收入（人民币）- 进口总成本（人民币））/进口总成本 ×100%

2. 进口美元赚赔额

进口美元赚赔额 = 进口商品盈亏率（人民币）/进口支付美元金额

（六）还价核算

根据成本、利润核算进行还价核算。

（七）成交核算

接受对方的发盘或还盘前，应对即将成立的进口合同进行核算。

（八）进口核算应用

CFR 进口货物成本 = CFR 进口合同价 + 保险费 + 进口国内总费用 + 进口税费

CFR 进口合同价：USD120.00 PDMT CFR FO CQD Nantong，P. R. China，Based on 60.00% Fe in respect of Fines

保险费 I = 110% × CFR/（1 - 保费率）× 保费率 = 122.50 × 110%/（1 - 1.5%）× 1.5% = USD2.05/ PDMT

国内总费用采用定额费率的方法确定为合同价格的 15%，即

122.50 × 6.3 × 15% = CNY115.8/ PDMT

其中：

码头包干费：CNY28/ PDMT

进口商品的检验费：CNY300/单

报关提货费：CNY300/单

银行费用：0.17%

国内运费：CNY 60/ PDMT

其他费用：1.5%

进口税率：0　　进口税：0

完税价格即 CIF 价 = CFR 合同价 + 保险费 = USD122.50 + USD2.05

= USD124.55/ PDMT

增值税率：17%　　增值税 = 组成计税价格 × 适用税率 × 应税进口数量

每单位应纳增值税额 = 组成计税价格 × 适用税率

= 124.55 × 6.3 × 17% = CNY133.4/PDMT

进口总成本 = CFR 合同价 + 保险费 + 进口货物国内总费用 + 增值税

= (122.50 + 2.05) × 6.3 + 113.4 + 130.7 = 1028.8

毛利润率：8%　　　　毛利润 = 122.5 × 8% × 6.3 = CNY61.7/PDMT

国内销售价格 = 进口总成本 + 毛利润 = 1028.8 + 61.7 = 1090.5

国内市场价格：CNY1075/PDMT

田琪收到中国香港 ABC 贸易公司的报价后，进行了进口价格核算后，做出了还盘，并把订购数量增加到25000 千吨，价格降2.5 美元每千吨。

Jan. 22, 2012

From: Tianqi of Huadong Trade Co. Ltd.

To: Hong Kong ABC Trade Co. Ltd.

Attn: Jone Smith

Subject: Counter-offer for 25, 000 Mt 10% Indian Iron Ore Fines Fe 60.00/60.00 for NT

Dear Mr. Jone Smith

We thank you for your letter of Jan. 22, 2012 offering us 20, 000 Mt 10% Indian Iron Ore Fines Fe 60.00/60.00 for NT at USD122.50 PDMT CFR FO CQD Nantong, P. R. China, Based on 60.00% Fe in respect of Fines.

In reply, we regret to say that your quotation is too high for us. Information indicates that the same goods of other origin have been sold at the level of USD120/mt on CFR basis. In view of our sincerity, we would like to increase our quantity from 20, 000 Mt to 25, 000 Mt 10% more or less at Seller's option. Should you be prepared to reduce your price to USD120/MT, we might come to terms.

We hope you will consider our counter-offer most favorably.

Should you have any questions, please feel free to contact me.

Your early reply will be highly appreciated.

Thanks best regards.

Yours faithfully,

Tianqi

约翰对还盘的各个条款进行了综合比较，又考虑到买方的资信情况、经营作风、能力和范围、商业信誉等因素，决定接受田琪的还价，重新报价如下：

Jan. 23, 2012

From: Jone Smith of Hong Kong ABC Trade Co. Ltd.

To: Huadong Trade Co. Ltd.

Attn: Tianqi

Subject: our new offer for 25, 000 Mt 10% Indian Iron Ore Fines Fe 60.00/60.00 for NT

Dear Mr. Tianqi,

Thank you for your e-mail dated Jan. 22th 2012.

After the second thought, to express our sincerity, we take pleasure in making you, subject to your acceptance reaching us not later than Jan. 24，2012，our rock-bottom price of USD120.00 PDMT CFR FO CQD Nantong，P. R. China，Based on 60.00% Fe in respect of Fines，on order of 25,000 Mt 10% more or less at Seller's option.

Other terms and conditions unchanged.

Should you have any questions，please feel free to contact me.

Looking forward to your reply soon.

With best regards

For and on behalf of Hong Kong ABC Trade Co. Ltd.

Jone Smith

Chief Seller

由于卖方按照买方的还盘重新报盘，且各项交易条件较为合理。所以应及时向对方表示接受，以免错过了发盘的有效期。

Jan. 24，2012

From：Tianqi of Huadong Trade Co. Ltd.

To：Hong Kong ABC Trade Co. Ltd.

Attn：Jone Smith

Subject：our acceptance for 25，000 Mt 10% Indian Iron Ore Fines Fe 60.00/60.00 for NT

Dear Mr. Jone Smith，

Thank you for your letter of Jan. 23，2012.

We would like to confirm your new offer.

We are glad that through our mutual effort we finally have reached the agreement.

Should you have any questions，please feel free to contact me.

Thanks best regards.

Yours faithfully，

Tianqi

第三节 进出口合同的条款

一、合同条款概述

在国际货物买卖中，一项发盘被有效接受后，交易即告达成，买卖双方合同关系成立。合同是买卖双方达成交易的协议书，它明确了买卖双方的权利和义务，对双方都具有法律约束力。从事进出口贸易的企业通常都有其固定的合同格式，出口交易达成以后，进口方或出口方应根据交易磋商的结果，将各项内容填入贸易合同中。

合同有正本和副本之分。在中国的对外贸易中，通常由我方缮制合同正本一式两份，经双方签字后，买卖双方各保存一份。合同副本毋须签字，亦无法律效力。在国际贸易中，书面合同的主要形式有合同和确认书两种。

出口合同的内容一般包括三部分，即约首、主体和尾部。约首包括合同的名称、编号、订约、日期、地点、双方当事人的名称、地址等；合同的主体包括商品名称、品质规格、数量、包装、单价、总价、交货、保险、支付方式、商检、索赔、仲裁和不可抗力等；合同的尾部包括合同的份数、使用的文字和效力以及双方的签字等。

二、进出口合同的基本条款

（一）品名及规格条款

它是商品说明的重要组成部分，也是交易双方在交接货物时对货物品质界定的主要依据。在进出口交易中表示商品品质的主要方法有用文字说明和用实物样品表示。合同中品质条款实例如下：

【例 1】 圣诞熊，货号 S235，20 厘米，带帽子和围巾，根据卖方于 2012 年 8 月 20 日寄送的样品。

S235 20cm Christmas bear with caps and scarf, as per the samples dispatched by the Seller on 20 Aug. 2012.

【例 2】 Sale by specifications（凭规格买卖）

素面缎

门幅（英寸）	长度（码）	重量（姆米）	成分
55	38/42	16.5	100%真丝

Plain Satin Silk.

Width（inch）	Length（yds）	Weight（momme）	Composition
55	38/42	16.5	100% Silk

【例 3】 Sale by grade（凭等级买卖）

对同类商品按照规格中若干指标的差异，分为各不相同的若干等级；不同等级有不同规格，且每一等级的规格是固定不变的。

The same kinds of commodities with different specifications may be classified into different grades. For example, Chinese tungsten（钨）is of 3 grades according to its chemical contents (Tab. 13－1).

表 13－1　稀有金属钨的等级

含量 / 等级	Trioxide（min）三氧化二砷	Tin（max）锡	Arsenic（max）砷	Sulphur（max）硫黄
Superior	70%	0.2%	0.2%	0.8%
1	65%	0.2%	0.2%	0.8%
2	65%	0.1%	0.2%	0.8%

订立品质条款时应注意的几个问题：（1）要明确是按实物样品还是凭文字说明的方式买卖，在实际业务中一般不宜采用既凭规格买卖又凭样品买卖的方式；（2）要注意品质条款的科学性和灵活性，不能订得过高、过低、过繁、过死。

（二）商品的数量条款

出口合同中的数量条款一般包括商品的数量、计量单位及/或数量机动幅度的规定。

在国际贸易实务中，根据商品的不同性质，通常使用的计量单位有重量、个数、长度、面积、体积和容积6种。重量的计算方法有按净重、毛重、公量和理论重量等。在签订合同时一般应明确规定买卖货物的具体数量作为买卖双方交接货物的数量依据。但在实际业务中某些商品由于其本身的特性或是受其他条件的限制，卖方的交货数量要做到与合同完全一致非常困难。为此，对一些难以严格计量的商品，通常在合同中规定溢短装条款或“约”量。常见的数量条款实例如下：

【例1】 中国大米10000公吨，5%上下由卖方决定

CHINESE RICE 10000 metric tons, 5% more or less at Seller's option

【例2】 中国花生1000公吨，以毛作净，卖方可溢短装5%，增减部分按合同价计算

CHINESE PEANUT, gross for net, 5% more or less at Seller's option at contract price

在订立数量条款时要注意以下几个问题：（1）按重量计算的商品应明确用哪种计重方法，即按毛重、净重或以毛作净等。在合同中未明确按毛重或净重计量时，按惯例应以净重计量。（2）使用“约”量必须注意其机动幅度及适合的情况。（3）在使用溢短装条款时，应注明溢短装部分的百分比、溢短装部分的选择权及溢短装部分的作价原则等。

（三）商品的包装条款

商品的包装条款一般包括包装的材料、包装的方式、包装的费用及包装的标志等内容。常见的包装条款实例如下：

【例1】 纸箱装，每箱净重12公斤，每个水果用纸包裹。

In cartons or crates of about 12kg net, each fruit wrapped with paper.

【例2】 国际标准茶叶纸箱装，10箱一托盘，10托盘一集装箱。

International standard tea cartons, 10 cartons on a pallet, 10 pallets in a FCL container.

【例3】 木箱装，每箱48听，每听312盎司。

In Wooden Cases of 48 tins ×312oz. Net each.

【例4】 用塑胶袋包装，25英磅装一袋，4袋装一密封的木箱，木箱用金属条加固。包装费用由卖方承担。

To be packed in polybags, 25 pounds in a bag, 4 bags in a sealed Wooden Case which is lined with metal. The cost of packing is for seller's account.

【例5】 每件货物上标志毛重、净重、编号、尺码、目的口岸、原产地，并刷制下列唛头：

89ZHPC-075

GUANG ZHOU

Each package shall be stenciled with gross and net weights, package number, measurement, port of destination, country of origin and the following Shipping Mark:

89ZHPC-075

GUANG ZHOU

运输标志式样举例如下：

标准运输标志

便于计算机在运输和单证流转方面的应用共四行，不采用几何图形，每项不超过17个字母

收货人代号……………………ABC

参考号…………………………12345

目的地…………………………NEW YORK

件号……………………………1/25

订立包装条款时应注意的几个问题：（1）出口包装要遵循外国对包装的有关规定和惯例。比如包装材料和衬垫物的选用。（2）努力实现运输包装标准化，使中国出口包装与国际包装标准逐步一致。如包装标准化：统一包装材料，统一结构形状，统一规格尺寸，统一包装容量，统一包装标志，统一包装方法，统一固定方法。（3）对包装方式、材料要作出明确的规定，必要时，对包装标志的内容和费用也要作出规定。文字使用正确，避免含糊不清，如：seaworthy packing（适合海运包装）、customary packing（习惯包装）。（4）尊重进口国文化习俗和宗教礼仪，避免包装上的忌讳文字或图案。（5）慎重考虑定牌中性包装问题。

（四）商品的价格条款

买卖合同中的价格条款由两部分组成：单价和总值。常见的价格条款实例如下：

【例1】 每公吨500港元CIFC5中国香港（或CIF中国香港包含5%的佣金）

HKD500PER M/T CIFC5 HONG KONG（or CIFHONG KONG including 5% commission）

【例2】 每纸箱800美元FOB南通，以毛作净

USD800 PER CARTON FOB NANTONG，GROSS FOR NET

【例3】 每件85美元成本加运保费至纽约港减1%的折扣

USD85 PER PC. CIF NEW YORK LESS 1% DISCOUNT

订立价格条款时应注意的几个问题：（1）单价条款由四个部分组成，即计价的数量单位、单位价格金额、计价货币和贸易术语等。四者缺一不可，且前后左右顺序不能随意颠倒。（2）单价与总值的金额要吻合，且币别保持一致。（3）如果数量允许增加，则合同中的总金额也应有相应的增减。

（五）货物装运条款

合同中的装运条款主要包括装运时间、起运港和目的港及分批装运、转运等。常见的装运条款实例如下：

【例1】 2012年10月25日或25日前装运

Shipment on or before/not later than /latest on Oct. 25th，2012

【例2】 收到信用证后30天内装运，相关的信用证必须最迟于××天开到卖方

Shipment within 30 days after receipt of L/C，the relevant L/C must reach the Sellers not latter than ××（date）

【例3】 2013年1/2月每月平均装运

装运港：上海/南京/南通

目的港：伦敦/汉堡/鹿特丹

Shipment during Jan. /Feb. 2013 in two equal monthly lots

Port of loading：Shanghai/Nanjing/Nantong

Port of destination：London/Hamburg/Rotterdam

【例4】 2012年7月间由上海运往纽约，允许分批，不允许转船

Shipment from Shanghai to NewYork during July 2012 with partial shipments allowed, Transshipment not permitted

订立装运条款时应注意的几个问题：（1）一般在合同中应明确规定具体的装运时间；（2）一般应选择费用低、装卸效率高的港口作为装运港或目的港；（3）注意分批装运、转运，尤其是特殊的分运、转运条款的规定。

（六）保险条款

合同中的保险条款因不同的贸易术语而异。

1. FOB、CFR 合同下

FOB、CFR 合同下保险条款可规定为：保险由买方办理。

Insurance to be covered by the Buyers.

2. CIF 合同下

CIF 合同下保险条款一般包括四个方面的内容，即由何方办理保险、投保金额、投保险别及以哪一保险条款为准。

3. 常见的保险条款实例

由卖方按发票金额的110%投保一切险加战争险，以1981 年1 月1 日中国人民保险公司海洋运输货物保险条款为准。

Insurance to be covered by the Sellers for 110% of the invoice value against All Risks and War Risks as per or subject to Ocean Marine Cargo Clause of the Peoples Insurance Company of China dated 01/01/1981.

订立保险条款时应注意的几个问题：（1）根据货物的性质和特点选择合适的险别。（2）根据货物包装方式的特点选择合适的险别。（3）根据不同的运输方式与运输工具选择不同投保险别。（4）根据运输路线和停靠港口的不同选择不同的保险险别。

（七）支付条款

出口合同中的支付条款，依据不同的付款方式或支付方式内容各异，分别举例如下。

1. 汇付方式

在采用汇付方式时，应在合同中明确规定汇付的时间、方式及金额等。

【例1】 买方应在2012 年9 月15 日前将100%的货款以电汇方式预付给卖方。

The Buyer shall pay 100% of the sales proeeds in advance by T/T to reach the Seller not later than Sep. 15th, 2012.

【例2】 买方应于收到卖方寄交的正本提单后立即将100%的货款用电汇付交卖方。

The Buyer should pay 100% of the contract value by T/T upon the receipt of the original Bills of Lading sent by the Seller.

2. 托收方式

在采用托收方式时，要具体说明使用即期付款交单、远期付款交单还是承兑交单。实例如下：

【例1】 即期付款交单

买方凭卖方开具的即期跟单汇票，于第一次见票时立即付款，付款后交单。

Upon first presentation the Buyer shall pay against documentary draft drawn by the Sellers at sight. The shipping documents are to be delivered against payment only.

【例2】 远期付款交单

买方对卖方出具的见票后××天付款的跟单汇票于第一次提示时予以承兑，并在汇票到期日付款，付款后交单。

The Buyer shall duly accept the documentary draft drawn by the Sellers ××days after sight upon first presentation and make the payment on its maturity. The shipping documents are to be delivered against payment only.

【例3】 承兑交单

买方应于第一次提示卖方开具的见票后××天付款的跟单汇票时予以承兑，并于汇票到期日付款，承兑后交单。

The Buyer shall duly accept the documentary draft drawn by the Sellers at ×× days' sight upon first presentation and make the payment on its maturity. The shipping documents are to be delivered against acceptance.

3. 信用证支付方式

在采用跟单信用证支付时，应在合同中就信用证支付条款的主要内容，包括开证时间、开证银行、信用证的种类、信用证金额、装运期、有效期、交单期及交单地点等做出明确规定。常见的支付条款实例如下：

【例1】 即期信用证支付条款

买方应通过卖方所接受的银行于装运月份前30天开出并送达卖方不可撤销的即期信用证，于装运日期后15天在中国议付有效。

The Buyer shall open through a bank acceptable to the Seller an Irrevocable Letter of Credit payable at sight to reach the Seller 30 days before the month of shipment, valid for negotiation in China until the 15th day after the date of shipment.

【例2】 远期信用证

买方应通过卖方可以接受的银行于装运月份前××天开出并送达卖方不可撤销的见票后45天付款的信用证，有效期至装运月份后15天在南通议付。

The Buyers shall open through a bank acceptable to the Sellers an Irrevocable Letter of Credit at 45days sight to reach the Sellers ××days before the Month of shipment. Valid for negotiation in Nantong until the 15th day after the month of shipment.

4. 托收与信用证相结合

这种支付方式是指部分货款用托收方式支付，部分货款用信用证方式支付。一般做法是来证规定，出口人出立两张汇票，信用证部分凭光票付款，全套货运单据附在托收部分汇票项下收取。但信用证内必须注明“在发票金额全部付清后方可交单”的条款。

【例】 买方应通过为卖方所接受的银行于装运月份前30天开出不可撤销的即期信用证，规定50%的发票金额采用即期光票支付，其余50%发票金额即期付款交单。100%的发票金额的全套装运单据随附托收项下，于买方付清发票的全部金额后交单。若买方不付清全部发票金额则货运单据须由开证行掌握，凭卖方指示处理。

The Buyers shall open through a bank acceptable to the Sellers an Irrevocable Sight Letter of Credit to reach the Sellers 30 days before the month of shipment, stating that 50% of the invoice value available against clean draft at sight while the remaining 50% on D/P at sight. The full set of the shipping documents of 100% of invoice value shall accompany by the collection item and shall only be released after full payment of the invoice value. If the Buyers fail to pay full invoice value, the shipping documents shall be held by the issuing bank at the Sellers disposal.

三、进口合同案例

买卖双方经过几天的函电往来和电话沟通，终于达成了交易，合同如下：

Contract　ABC20120124　　24th Jan. 2012

Buyer: Huadong Trade Co. Ltd.

Tel: 86-0513-85359365　　Fax: 86-0513-85351081

http://www.huadong-hometex.com

地址：中国江苏省南通市西寺路8号

Add.: West temple road 8, Nantong, Jiangsu province, China

Seller: Hong Kong ABC Trade Co. Ltd.

香港金钟道89号力宝中心第一座13楼1305室

Unit 1305 on 13th Floor of Tower One, Lippo Centre, No. 89 Queensway, Hong Kong

Tel: 00852-25388886　　Fax: 00852-25388880

This Contract is made by and between the Buyer and the Seller, whereby the Buyer agrees to buy and the Seller agrees to sell the undermentioned commodity for China on the terms and conditions stated below:

1. Name of Commodity　: Iron Ore Fines

Country of origin　: India

Port of Load　: One to two main Port (s), India

Destination　: One safe berth (port) Nantong, P. R. China

Discharge Terms　: C. Q. D. discharge on free out basis

2. Laycan and Quantity

Laycan　: End January - First Half February, 2012

Quantity　: 25, 000 Mt 10% more or less at Seller's option

3. Specification

(1) Chemical Compositions

Fe	60.00% Basis/60.00% min
Al2O3	4.00% max
SiO2 + Al2O3	10.00% max
P	0.07% max
S	0.04% max
Moisture	10.00% max

(2) Physical Properties

Size: 0 to 10 mm

Above 10 mm　10.00% max

Below 0. 15 mm　　　　　　　40. 00% max

4. Price

USD120. 00 PDMT CFR FO C. Q. D Nantong PORT, P. R. China, Based on 60. 00% Fe in respect of Fines.

(AS THE SALES IS CONCLUDED ON CFR DRY BASIS, MOISTURE, CONTENT SHALL NOT BE INCLUDED IN THE RELEVANT LETTER OF CREDIT)

5. Price Adjustment:

(1) FOR Fe Content

IN RESPECT OF THE SHIPMENT OF IRON ORE WHICH DOES NOT MEET THE FE SPECIFICATIONS SET FORTH IN CLAUSE 3. THE BASE PRICE REFERRED TO IN CLAUSE 4 SHALL BE ADJUSTED IN ACCORDANCE WITH FE CONTENT AS DETERMINED PURSUANT TO THE PROVISIONS OF CLAUSE 9 AS FOLLOWS:

THE BASE PRICE SHALL BE INCREASED/DECREASED AT A RATE OF USD1. 4333 PER DRY METRIC TON FOR EACH 1% FE ABOVE/BELOW 60. 00%, FRACTION PRO RATE.

(2) FOR OTHER ELEMENTS

IF THE SHIPMENT DOES NOT MEET ANY OF THE CHEMICAL SPECIFICATIONS OTHER THAN FE PROVIDED IN CLAUSE 3 AS FINALLY DETERMINED IN ACCORDANCE WITH THE PROVISIONS OF CLAUSE 9 THE BASE PRICE SHALL BE DECREASED AS FOLLOWS FRACTION PRORATE:

①FOR EXCESS PHOSPHORUS (P)

AT THE RATE OF FIVE (5) US CENTS PER DRY METRIC TONNE FOR EACH 0. 01% IN EXCESS OF 0. 07%.

②FOR EXCESS SULPHUR (S)

AT THE RATE OF FIVE (5) US CENTS PER DRY METRIC TONNE FOR EACH 0. 01% IN EXCESS OF 0. 04%.

③FOR EXCESS SILICA PLUS ALUMINA (SIO2 + AL2O3)

AT THE RATE OF FIVE (5) US CENTS PER DRY METRIC TONNE FOR EACH 1. 00% IN EXCESS OF 10. 00%.

④FOR EXCESS ALUMINA (AL2O3)

AT THE RATE OF FIVE (5) US CENTS PER DRY METRIC TONNE FOR EACH 1. 00% IN EXCESS OF 10. 00%.

(3) SIZE PENALTY

①USD0. 50 PER MT ON NATURAL BASE FRACTION PRORATE SHALL BE APPLIED TO THE QUANYIYIES OF FINES ABOVE 10MM IN EXCESS OF 10. 00%.

②USD0. 50 PER MT ON NATURAL BASE FRACTION PRORATE SHALL BE APPLIED TO THE QUANYIYIES OF FINES BELOW 0. 15MM IN EXCESS OF 40. 00%.

6. PAYMENT

BUYER SHALL OPEN, ON/BEFORE 27TH JANUARY 2012, WITH BANK OF CHINA OR ANY 1ST CLASS BANK IN CHINA OR HONG KONG WHICH IS ACCEPTABLE TO SELL-

ER AN IRREVOCABLE AND WORKABLE LETTER OF CREDIT PAYABLE AT SIGHT IN FAVOR OF SELLER FOR AN AMOUNT IN U. S. DOLLARS SUFFICIENT TO COVER PROVISIONAL AND FINAL PAYMENTS.

(1) PROVISIONAL PAYMENT

THE SAID Letter of Credit SHALL BE PAYABLE BY OPENING BANK AGAINST SELLER'S DRAFT PAYABLE AT SIGHT FOR THE AMOUNT OF 95% (NINETY-FIVE PERCENT) OF THE SHIPMENT VALUE ACCONPANIED BY THE DOCUMENTS AS STIPULATED IN CLAUSE 7 (1). THE WEIGHT CERTIFICATE ISSUED BY SELLER BY SURVEY OF SHIP'S DRAFT TOGETHER WITH THE CERTIFICATE OF ANALYSIS OF SAMPLE AND OF THE PERCENTAGE OF THE FREE MOISTURE LOSS AT 105 DEGREES CENTIGRADES ISSUED BY SELLER SHALL BE BASIS FOR SELLER'S PROVISIONAL INVOICE.

(2) FINAL PAYMENT

THE BALANCE 5% (FIVE PERCENT) OF THE SHIPMENT VALUE DUE TO THE SELLER AFTER PROVISIONAL PAYMENT SHALL BE MADE AGAINST PRESENTATION OF SELLER'S DRAFT PAYABLE AT SIGHT TOGETHER WITH THE FINAL INVOICE AND THE DOCUMENTS STATED IN CLAUSE 7 (Ⅱ) WITHIN THE VALIDITY OF L/C. THIS INVOICE IS TO BE BASED ON CIQ'S CERTIFICATES AS PROVIDED IN CLAUSE 8 AND CLAUSE 9 OR LOADPORT/S CERTIFICATES OF QUALITY AND WEIGHT IF CIQ CERTIFICATES NOT PROVIDED BY BUYER WITHIN 70 DAYS AFTER BILL OF LADING DATE. IF RESAMPLING ANALYSIS IS REQUIRED, PAYMENT ADJUSTMENT ARISING FOR THIS WILL BE MADE WHEN THE RESAMPLING'S CERTIFICATE IS AVAILABLE.

7. DOCUMENTS FOR PROVISIONAL PAYMENT

(1) DOCUMENTS FOR PROVISIONAL PAYMENT

SELLER SHALL PROVIDE BUYER THROUGH NEGOTIATING AND OPENING BANKS WITH THE FOLLOWING DOCUMENTS: ① COMPLETE SET OF "CLEAN ON BOARD" SHIPPED BILL OF LADING MADE OUT TO ORDER, BLANK ENDORSED MARKED "FREIGHT PREPAID" OR "FREIGHT PAYABLE AS PER CHARTER PARTY" NOTIFYING TO ORDER. ②PROVISIONAL INVOICE IN THREE (3) ORIGINALS, INDICATING THE CONTRACT NUMBER, L/C NUMBER, NAME OF CARRYING VESSEL. ③COPY OF TELEX/FAX ADVISING SHIPMENT ACCORDING TO CLAUSE 10 OF THIS CONTRACT. ④CERTIFICATE OF QUALITY ISSUED BY SELLER. ⑤CERTIFICATE OF WEIGHT ISSUED BY SELLER. ⑥CERTIFICATE OF ORIGIN ISSUED BY SELLER.

REMARKS : PHOTOCOPY OF CERTIFICATE OF QUALITY AND PHOTOCOPY OF CERTIFICATE OF WEIGHT ISSUED BY INDEPENDENT SUVERY TO BE SENT TO BUYER DIRECTLY OUTSIDE L/C, I. E. BY FAX FIRST AND THEN SENT BY AIR MAIL (DUPLICATE).

(2) DOCUMENTS FOR FINAL PAYMENT

①SELLER'S FINAL INVOICE OR BUYER'S DEBIT NOTE IN FIVE ORIGINALS. ②IN-

SPECTION CERTIFICATE OF QUALITY ISSUED BY CIQ AT DISCHARGING PORT IN ONE COPY. ③INSPECTION CERTIFICATE OF WEIGHT ISSUED BY CIQ AT DISCHARGING PORT IN ONE COPY. OR ④CERTIFICATE OF QUALITY AND WEIGHT ISSUED BY SELLER IN ONE COPY EACH CAN BE SUBMITTED AS SUBSTITUTE IF ABOVE MENTIONED DOCUMENTS (B + C) UNRECEIVED BY THE SELLER WITHIN 70 DAYS AFTER BILL OF LADING DATE.

8. WEIGHTING

AT THE LOADING PORT, SELLER AT SELLER'S EXPENSES TO DETERMINE THE WEIGHT OF SHIPMENT OF ORE BY DRAFT SURVEY. THE WEIGHT OF ORE AS ASCERTAINED AND CERTIFIED TOGETHER WITH SELLER'S ANALYSIS CERTIFICATE SHALL BE BASIS OF SELLER'S INVOICE.

BUYER SHALL, AT BUYER'S EXPENSE APPOINT THE ENTRY-EXIT INSPECTION AND QUARANTINE OF THE PEOPLE'S REPUBLIC OF CHINA (CIQ) FOR WEIGHING AT THE PORT OF DESTINATION. THE SELLER HAS THE RIGHT TO APPOINT AN INDEPENDENT SURVEYOR FOR CONDUCTING THE DRAFT SURVEY FOR DETERMINATION OF WEIGHT AS WELL AS DETERMINATION OF MOISTURE JOINTLY WITH CIQ AT THE PORT OF DESTINATION. BUYERS TO ENSURE THAT CIQ EXTENDS ALL CO-OPERATIONS TO THE INDEPENDENT SURVEYOR AT THE PORT OF DISCHARGE.

THE WEIGHT OF THE SHIPMENT AT THE DISCHARGE PORT IS TO BE ASCERTAINED BY DRAFT SURVEY. THE WEIGHT THUS DETERMINED BY CIQ SHALL BE FINAL AS TO WET QUANTITY IN RELEVANT SHIPMENT.

THE DRY QUANTITY SHALL BE DETERMINED BY DEDUCTING THE FREE MOISTURE REFERRED TO IN CLAUSE 9 FROM SUCH WET QUANTITY. SELLER MAY APPOINT CIQ AS THEIR REPRESENTATIVE FOR INSPECTION AT THE DISCHARGE PORT. IF THERE ARE DIFFERENCES OF DRY QUANTITY OVER 0.5%, THEN SELLER AND BUYER SHALL EQUALLY SHARE THE DIFFERENCE. IF NO DRAFT SURVEY IS PERFORMED AT THE DISCHARGE PORT. SELLER'S WEIGHT CERTIFICATE AT THE LOADING PORT WILL BE REGARDED AS FINAL.

9. SAMPLING AND ANALYSIS

(1) AT THE LOADING PORT, SELLER SHALL AT SELLER'S EXPENSES TO DETERMINE THE SPECIFICATIONS OF ORE CONTENT IN THE SHIPMENT AND SHALL PROVIDE A CERTIFICATE SHOWING DETAILS OF THE DETERMINATION AND ALSO THE PERCENTAGE OF FREE MOISTURE LOSS AT 105 DEGREES CENTIGRADE.

AT THE DISCHARGING PORT, THE BUYER SHALL ARRANGE FOR CIQ TO DRAW AND PREPARE A SAMPLE FROM THE TONNAGE DISCHARGED. THE SAMPLES SHALL BE DIVIDED INTO THREE PARTS, ONE FOR BUYER, THE SECOND FOR POSSIBLE NEED OF SELLER AND THIRD FOR POSSIBLE UMPIRE ANALYSIS WHICH SHALL BE SEALED AND KEPT WITH CIQ.

CIQ SHALL ANALYSIS THE SAMPLE FOR BUYER WITHIN 70 DAYS AFTER DATE OF

BILL OF LADING AND ISSUE AND PROMPTLY FORWARD TO SELLER BY AIR MAIL. A CERTIFICATE SHOWING THE PERCENTAGE OF CHEMICA CONTENT, THE PERCENTAGE OF FREE MOISTURE LOSS AT 105 DEGREES CENTIGRADE AND THE RELEVANT SCREE ANALYSIS. CIQ'S ANALYSIS SHALL BE FINAL EXCEPT AS OTHERWISE PROVIDED FOR IN PARAGRAPH B.

(2) IF THE DIFFERENCE IN PERCENTAGE OF FE, AL2O3, SIO2 OR PHYSICAL PROPERTIES CONTENT BETWEEN BUYER'S AND SELLER'S ANALYSIS MADE UNDER PARAGRAPH A OF THIS CLAUSE IS MORE THAN 0.5%, OR IF THE DIFFERENCE OF P OR S BETWEEN BUYER'S AND SELLER'S ANALYSIS MADE UNDER PARAGRAPH A OF THIS CLAUSE DIVIDED BY SELLER'S ANALYSIS AT LOADPORT IS MORE THAN 0.5%, SELLER AND BUYER EQUALLY SHARE THE DIFFERENCES OR IF THERE ARE BIG DIFFERENCE BETWEEN THE TWO SAID ANALYSIS, THEN SELLER AND BUYER MAY CONSULT TO SETTLE THE DIFFERENCES. IF AFTER CONSULTATION BETWEEN SELLER AND BUYER THE DIFFERENCE CANNOT BE RECONCILED. THEN SELLER SHALL HAVE THE RIGHT TO APPOINT INDEPENDENT SURVEY FOR RESAMPLING AT DIACHARGE PORT. THE INDEPENDENT SURVEY'S ANALYSIS SHALL BE ADOPTED AS FINAL FOR FINAL SETTLEMENT.

IF RESAMPLING IS REQUIRED AT DISCHARGE PORT. THE INDEPENDENT SURVEY SHALL BE APPOINTED BY THE SELLER AFTER SELLER AND BUYER MUTUALLY AGREE AND ACCEPT THE SAID INDEPENDENT SURVEYOR. BUYER SHALL CONFIRM THEIR ACCEPTANCE OF THE INDEPENDENT SURVEYOR WITHIN 3 DAYS AFTER SELLER'S PROPOSAL.

IF NO AGREEMENT IS REACHED AND/OR NO CONFIRMATION RECIVED ON THE INDEPENDENT SURVEYOR. SELLER CAN APPOINT THE INDEPENDENT SURVEYOR WITHOUT BUYER'S CONFIRMATION.

THE COST OF RESAMPLING ANALYSIS SHALL BE FOR THE ACCOUNT OF THE PARTY WHOSE OWN ANALYSIS DIFFERS FURTHER FROM THE RESAMPLING ANALYSIS AND IF THE RESULTS OF SUCH RESAMPLING ANALYSIS IS THE MEAN OF THE ANALYSIS OF BUYER AND THE ANALYSIS OF SELLER THEN SUCH COST SHALL BE EQUALLY BORNE BY BOTH PARTIES.

IN CASE THE CARGO IS NOT AVAILABLE FOR ANY REASONS FOR RE-SAMPLING THEN THE MEAN OF THE RESULTS AT LOADING PORT & CIQ WILL BE THE BASIS FOR SELLER'S FINAL INVOICE AND FINAL SETTLEMENT.

(3) IF NO DETERMINATION OF ANALYSIS IS EXERCISED AT THE PORT OF DISCHARGE, SELLER'S ANALYSIS CERTIFICATE AT LOADING PORT SHALL BE CONCLUSIVE AS TO SPECIFICATIONS OF THE ORE.

(4) THE WEIGHT, SAMPLING, CHEMICAL ANALYSIS, MOISTUR DETERMINATION AND SCREEN ANALYSIS PERFORMED AT THE DISCHARGING PORT BY CIQ SHALL BE FOR BUYER'S ACCOUNT. THE COST OF THE UMPIRE ANALYSIS SHALL BE FOR THE

ACCOUNT OF THE PARTY WHOSE OWN ANALYSIS DIFFERS FARTHER FROM THE UMPIRE ANALYSIS AND IF THE RESULTS OF SUCH UMPIRE ANALYSIS IS THE MEAN THE ANALYSIS OF BUYER AND THE ANALYSIS OF SELLER, THEN SUCH COST SHALL BE EQUALLY BORNE BY BOTH PARTIES.

(5) THE BUYER, IF FELT NECESSARY, WOULD DEPUTE THEIR REPRESENTATIVE OR NOMINATE AGENCY AT THEIR COST TO WITNESS OPERATIONS AT THE LOADING PORT.

(6) AT THE DISCHARGING PORT, SELLER HAS THE RIGHT TO APPOINT INDEPENDENT SURVEYOR FOR INDEPENDENT SAMPLING. THE BUYER SHALL ADVISE CIQ TO EXTEND ALL CO = OPERATION TO THE INDEPENDENT SURVEYOR IN CONDUCTING INDEPENDENT SAMPLING AND SAMPLE PREPARATION.

10. ADVICE OF SHIPMENT

SELLER SHALL ADVISE BUYER WITHIN 3 WORKING DAYS AFTER COMPLETION OF LOADING. BY CABLE/TELEX/FAX OF THE CONTRACT NUMBER, NAME OF COMMODITY, GROSS WEITHT, B/L DATE, NAME OF VESSEL AND APPROXIMATE INVOICE VALUE.

11. INSURANCE

TO BE COVERED BY BUYER FROM THE TIME ORE IS LOADED ON BOARD THE VESSEL.

12. FORCE MAJEURE

IF AT ANY TIME DURING THE EXISTENCE OF THIS CONTRACT EITHER PARTY IS UNABLE TO PERFORM WHOLE OR IN PART ANY OBLIGATION UNDER THIS CONTRACT. BECAUSE OF WAR, HOSTILITY, MILITARY OPERATION OF ANY CHARACTER, CIVIL COMMOTIONS, SABOTAGE, QUANTINE RESTRICTION, ACTS OF GOVERNMENT, FIRE, FLOODS, EXPLOSIONS, EPIDEMICS, STRIKES OR OTHER LABOUR TROUBLE, EMBAGOES AND TOTAL BREAK-DOWN OF THE STACKING/SHIP-LOADING SYSTEMS, THEN THE DATE OF FULFILLMENT OF ANY OBLIGATION SHALL BE POSTPONED DURING THE TIME WHEN SUCH CIRCUMSTANCES ARE OPERATIVE.

ANY WAIVER/EXTENSION OF TIME IN RESPECT OF THE DELIVERY OF ANY INSTALLMENT OR RATE OF GOODS SHALL NOT BE DEEMED TO BE WAIVER/EXTENSION OF TIME IN RESPECT OF THE REMAINING DELIVERIES. BOTH PARTIES SHALL USE ALL REASONABLE EFFORTS TO MINIMIZE THE CONSEQUENCES OF FORCE MAJEURE. WHERE FORCE MAJEURE EVENT REMAINS IN EFFECT FOR MORE THAN THREE (3) MONTHS, OR IF AT THE BEGINNING OF FORCE MAJEURE EVENT, IT IS CLEAR AND SUPPORTED BY CERTIFICATE ISSUED BY A CHAMBER OF COMMERCE OR ANY OTHER COMPETENT AUTHORITY CONNECTED WITH THE CAUSE THAT IT WILL LAST LONGER THAN THREE (3) MONTHS. EITHER PARTY MAY TERMINATE THIS AGREEMENT BY GIVING NOTICE TO THE OTHER TO CONFIRM SUCH TERMINATION. NEITHER PARTY SHALL BE LIABLE TO THE OTHER FOR ANY LOSS OR DAMAGE ATTRIBUTABLE TO SUCH TERMINATION, AND NERITHER PARTY SHALL BE DEEMED TO BE IN DEFAULT

AS RESULT.

13. IMPORT LICENSES

BUYER SHALL BE RESPONSIBLE FOR OBTAINING ANY IMPORT LICENSES AND/ OR QUOTAS REQUIRED AT FINAL DESTINATIONS AND FAILURE TO OBTAIN SUCH LICENSES AND/ OR QUOTAS SHALL NOT CONSTITUTE FORCE MAJEURE.

14. ARBITRATION

THIS CONTRACT SHALL BE GOVERNED BY AND CONSTRUED IN ACCORDANCE WITH ENGLISH LAW AND ANY DISPUTE ARISING OUT OF OR IN CONNECTION WITH THIS CONTRACT SHALL BE REFERRED TO ARBITRATION IN LONDON IN ACCORDANCE WITH THE ARBITRATION ACT 1996 OR ANY STATUTORY MODIFICATION OR RE-ENACTMENT THEREOF SAVE TO THE EXTENT NECESSARY TO GIVE EFFECT TO THE PROVISIONS OF THIS CLAUSE.

ANY ARBITRATION SHALL BE CONDUCTED IN ACCORDANCE WITH THE LONDON MARITIME ARBITRATORS ASSOCIATION (LMAA) TERMS CURRENT AT THE TIME WHEN THE ARBITRATION PROCEEDINGS ARE COMMENCED.

THE REFERENCE SHALL BE TO THREE ARBITRATORS. A PARTY WISHED TO REFER A DISPUTE TO ARBITRATION SHALL APPOINT ITS ARBITRATOR AND SEND NOTICE OF SUCH APPOINTMENT IN WRITING TO THE OTHER PARTY REQUIRING THE OTHER PARTY TO APPOINT ITS OWN ARBITRATOR WITHIN 14 CALENDAR DAYS OF THAT NOTICE AND STATING THAT IT WILL APPOINT ITS ARBITRATOR AS SOLE ARBITRATOR UNLESS THE OTHER PARTY TO APPOINTS ITS OWN ARBITRATOR AND GIVE NOTICE THAT IT HAS DONE SO WITHIN THE 14 DAYS SPECIFIED. IF THE OTHER PARTY DOES NOT APPOINT ITS OWN ARBITRATOR AND GIVE NOTICE THAT IT HAS DONE SO WITHIN THE 14 DAYS SPECIFIED. THE PARTY REFERRING A DISPUTE TO ARBITRATION MAY, WITHOUT THE REQUIREMENT OF ANY FURTHER PRIOR NOTICE TO THE OTHER PARTY, APPOINT ITS ARBITRATOR AS SOLE ARBITRATOR AND SHALL ADVISE THE OTHER PARTY ACCORDINGLY. THE AWARD OF A SOLE ARBITRATOR SHALL BE BINDING ON BOTH PARTIES AS IF HE HAD BEEN APPOINTED BY AGREEMENT.

NOTHING HEREIN SHALL PREVENT THE PARTIES AGREEING IN WRITING TO VARY THESE PROVISIONS TO PROVIDE FOR THE APPOINTMENT OF A SOLE ARBITRATOR.

IN CASE WHERE NEITHER THE CLAIM NOR ANY COUNTCLAIM EXCEEDS THE SUM OF US $ 50, 000 (OR SUCH OTHER SUM AS THE PARTIES MAY AGREE) THE ARBITRATION SHALL BE CONDUCTED IN ACCORDANCE WITH THE LMAA SMALL CLAIMS PROCEDURE CURRENT AT THE TIME THE ARBITRATION PROCEEDINGS ARE COMMENCED.

15. TITLE AND RISK

THE TITLE WITH RESPECT TO THE SHIPMENT SHALL PASS FROM THE SELLER TO THE BUYER WHEN SELLER RECEIVES REIMBURSMENT OF THE PROCEEDS FROM THE OPENING BANK THROUGH NEGOTIATION BANK AGAINST THE RELATIVE SHIPPING

DOCUMENTS AS SET FORTH IN CLAUSE 7 AFTER COMPLETION OF LOADING ON BOARD THE VESSEL AT LOADING PORT, WITH EFFECT RETROSPECTIVE TO THE TIME OF DELIVERY OF ORE.

ALL RISK OF LOSS, DAMAGE OR DESTRUCTION RESPECTING THE ORE DELIVERED SHALL PASS TO BUYER AT THE TIME OF DISCHARGE OF THE ORE FROM THE LOADING DEVICES INTO THE VESSEL.

16. LOSS OF CARGO

IN THE EVENT OF PARTIAL LOSS OF CARGO, THE BILL OF LADING WEIGHT AND THE ANALYSIS CARRIED BY BUYER ON THE CARGO DISCHARGED SHALL BE TREATED AS FINAL AND SHALL FORM THE BASIS OF FINAL INVOICING AND PAYMENT. IN THE EVENT OF TOTAL LOSS OF CARGO. THE ANALYSIS AND WEIGHT AS DETERMINED AT THE LOADING PORT SHALL BE TREATED AS FINAL AND SHALL BE USED FOR FINAL INVOICING AND PAYMENT.

17. AMENDMENT OF CONTRACT

ANY AMENDMENT OR MODIFICATION TO THIS CONTRACT SHALL BE MADE IN WRITING AND SUBJECT TO CONFIRMATION BY THE CONTRACT PARTIES.

18. NOTICES

ANY COMMUNICATIONS REFERRED TO IN THIS CONTRACT SHALL BE IN WRITING AND WILL BE SENT BY REGISTERED AIRMAIL AND/OR BY TELEX, CABLE, FAX, ON THE ADDRESS AS FOLLOWS:

Huadong Trade Co. Ltd.

Tel: 86-0513-85359365

Fax: 86-0513-85351081

http: //www. huadong-hometex. com

地址：中国江苏省南通市西寺路8号

Add. : West temple road 8, Nantong, Jiangsu Province, China

19. CONTRACT LANGUAGE

THIS CONTRACT IS MADE IN ENGLISH. IF TRANSLATIONS IN OTHER LANGUAGES EXIST, THE ENGLISH WORDING IS DECISIVE.

20. GOVERNING LAW

THIS CONTRACT SHALL BE GOVERNED AND INTERPRETED IN ACCORDANCE WITH ENGLISH LAW ON THE SUBJECT.

21. INCOTERMS

FOR ALL TERMS AND CONDITIONS NOT COVERED BY ABOVE, INCOTERMS 2000 AND ANY FURTHER ADDITIONS OR AMENDMENTS SHALL APPLY.

IN WITNESS WHEREOF THIS CONTRACT IS MADE IN DUPLICATE IN P. R. CHINA ON THIS 24TH JANUARY 2012, AND THE DULY AUTHORISED REPRESENTATIVES OF THE SELLER AND THE BUYER HAVING SIGNED ON THIS DAY.

RETAINED ONE COPY EACH.

第四节 信用证的开立、审核与修改

一、开证

如果进出口双方在洽谈交易时明确以信用证作为付款方式，在买卖合同签订之后，出口商可能要进行的工作是催促进口商按合同规定按时开出信用证，而进口商则应根据合同的规定和要求向其所在地的银行提出开立信用证的申请。

华东贸易公司向中国银行江苏分行申请开立证，填制开证申请书（Application for Irrevocable Documentary Credit）。开证申请书是银行开具信用证的依据，是开证申请人与开证银行之间的有关开立信用证的权利与义务的契约。

（一）信用证申请书的填制

1. 信用证的性质

申请书已列明“不可撤销跟单信用证”（Irrevocable Documentary Credit），不必重新填写。

2. 申请开证日期

填写申请开证日期（Date）。

3. 受益人

填写受益人（Beneficiary）即合同卖方——出口企业的全称、详细地址，注明联系电话、电传等号码。

4. 信用证号码

信用证号码（L/C No.）由银行编列。

5. 合同号码

填买卖双方签署的合同号码（Contract No.）。

6. 信用证的有效期和到期地点（Date and Place of Expiry）

一般有效期通常掌握在装运期后15天，到期地点一般在议付地。

7. 分批装运和装运

应根据合同规定在所选择项目前的方框中打“√”。

8. 装运条件

应根据合同规定填写装运地（港）和目的地（港）名称以及最迟装运日期。

9. 信用证金额

填写合同规定的总值，包括小写和大写两种情况并需注明币别。

10. 货物的描述

填写合同项下的货物，包括品名、规格、数量、包装、单价等，所有内容需与合同保持一致，尤其是相关的价格内容，不得有误。

11. 申请书的传递方式

申请书已列出几种传递方式，分别是：信开（by airmail）、简电通知（with brief advice by teletransmisson）、快递（by express delivery）、电传（by teletransmisson）等。申请人只需在选中的传递方式前面的方框中打“√”即可。

12. 贸易条件

应根据合同成交的贸易术语在相对应的贸易术语代码前的方框中打“√”，如果是其他条件，则应先在“Other terms”前的方框中打“√”，然后再在该项目的空白处打上有关的贸易术语。

13. 汇票条款

汇票条款主要包括兑现方式、付款期限、汇票金额和付款人等。

（1）兑现方式。申请书上已印有4种选择，如“即期付款”（by sight payment）、“承兑”（by acceptance）、“议付”（by negotiation）和“延期付款”（by deferred payment）等，可根据合同的付款方式确定选项，并在其前面的方框中打“√”。如果是延期付款信用证，还应在该选项“at”之后加注延期付款的具体条件，例如收到单据后若干天付款等。（2）汇票金额。根据合同规定填写。一般为发票金额的百分之多少，如“…for 95% of the invoice value…”。（3）付款期限。根据合同中的支付条款填写即期支付或远期支付。远期支付需填写具体的付款时间，例如：“…at 60 days after date of B/L”。（4）付款人。根据《UCP 600》的规定，信用证项下的付款人应填开证行或其指定的其他行。如，“DRAWN ON US”或“ON×××BANK”。

14. 所需的单据

信用证申请书一般印有可供选择的单据条款12条，其中第1条至第11条是具体的单据条款，而第12条为其他单据条款。具体单据条款应根据买卖合同的需要，在所选单据前的括号中打“√”，同时注明每份单据的份数及有关单据的内容等。有些单据本身又有一些选项可供选择，可在要选择项目前的括号中打“√”，如无括号，可以划掉非选项目。第12条的其他单据栏，可将本笔交易中所需的除上述11项单据外的其他单据的要求填列在此处。

15. 附加条款

信用证申请书中已印有7条附加条款，其中第1条至第6条是具体的条款要求，如需要可以在相应条款前括号内打“√”，上述没有包括而又需要列出的条款可以在第7条其他条款中列明。

16. 与开证申请人有关的事项

申请书下面还应填列有关部门申请人的开户银行、账户号码、执行人、联系电话、申请人签字盖章等内容。

（二）信用证申请书的填制案例

Huadong Trade Co. Ltd. 的田琪根据2012年1月24日与Hong Kong ABC Trade Co. Ltd. 签订的合同，按照合同规定，填写了信用证开证申请书，将该开证申请书随附合同等有关材料一起提交给中国银行江苏省分行，申请开立信用证。已填妥的开证申请书如下：

APPLICATION FOR IRREVOCABLE LETTER OF CREDIT

APPLICANT：

Huadong Trade Co. Ltd.

Add.：West temple road 8，Nantong，Jiangsu Province，China

Tel: 86 - 0513 - 85359365 Fax: 86 - 0513 - 85351081

http: //www. huadong - hometex. com

BENEFICIARY:

Hong Kong ABC Trade Co. Ltd.

Add. : Unit 1305 on 13th Floor of Tower One, Lippo Centre, No. 89 Queensway, Hong Kong

Tel: 00852 - 25388886 Fax: 00852 - 25388880

CONTRACT NO. : ABC20120201

LC ADVISING BANK : STANDARD CHARTERED BANK

(HONG KONG) LIMITED HONG KONG

SWIFT CODE: * * * * * * *

LC AMOUNT : USD3, 000, 000. 00 (+/ - 10%)

LC EXPIRY DATE : JULY 2, 2012 IN HONG KONG

LATEST SHIPMENT DATE : MARCH 2, 2012

DRAFT AT : AT SIGHT FOR 100% OF INVOICE VALUE

AVAILABLE WITH : ANY BANK IN HK FOR NEGOTIATION

SHIPMENT FROM : ONE OR TWO MAIN PORT (S), INDIA

FOR TRANSPORTATION TO : NANTONG P. R. CHINA

PARTIAL SHIPMENTS : ALLOWED

TRANSHIPMENT : NOT ALLOWED

DESCRIPTIONS OF GOODS:

COMMODITY : IRON ORE FINES

ORIGIN : INDIA

PACKING : IN BULK

QUANTITY : 25, 000 MT (+/ - 10%)

QUALITY :

CHEMICAL COMPOSITIONS

FE 60% BASIS / 60% MIN

AL2O3 4. 00% MAX

SIO2 + AL2O3 10. 00% MAX

P 0. 07% MAX

S 0. 04% MAX

MOISTURE 10% MAX

PHYSICAL PROPERTIES

SIZE : ABOVE 10MM 10% MAX

BELOW 0. 15MM 40% MAX

UNIT PRICE:

USD 120. 00 PER DRY METRIC TON CFR FO CQD NANTONS, P. R. CHINA BASED ON 60% FE IN RESPECT OF FINES.

PRICE ADJUSTMENT:

(1) FOR FE CONTENT

THE BASE PRICE SHALL BE INCREASED AT A RATE OF USD 1. 4333 PER DRY METRIC TON FOR RACH 1% FE ABOVE 60%, FR ACTION PRORATA.

THE BASE PRICE SHALL BE DECREASED AT A RATE OF USD 1. 4333 PER DRY METRIC TON FOR RACH 1% FE ABOVE 60%, FR ACTION PRORATA.

(2) FOR OTHER ELEMENTS

IF THE CONTENT OF THE FOLLOWING ELEMENTS EXCEED THE GUARANTEED MAXIMUM STATED IN L/C. THE BASE PRICE SHALL BE DECREASED AS FOLLOWS FRACTION PRORATA:

①FOR EXCESS PHOSPHORUS (P)

AT THE RATE OF FIVE (5) US CENTS PER DRY METRIC TON FOR EACH 0. 01% IN EXCESS OF 0. 07%.

②FOR EXCESS SULPHUR (S)

AT THE RATE OF FIVE (5) US CENTS PER DRY METRIC TON FOR EACH 0. 01% IN EXCESS OF 0. 04%.

③FOR EXCESS SILICA + ALUMINA (SIO2 + AL2O3)

AT THE RATE OF FIVE (5) US CENTS PER DRY METRIC TON FOR EACH 0. 01% IN EXCESS OF 10. 00%.

④FOR EXCESS ALUMINA (AL2O3)

AT THE RATE OF FIVE (5) US CENTS PER DRY METRIC TON FOR EACH 1. 00% IN EXCESS OF 4. 00%.

(3) FOR SIZE

①USD0. 50 PER MT ON NATURAL BASIS FRACTION PRORATE SHALL BE APPLIED TO THE QUANTITIES OF FINES ABOVE 10MM IN EXCESS OF 10%.

②USD0. 50 PER MT ON NATURAL BASIS FRACTION PRORATE SHALL BE APPLIED TO THE QUANTITIES OF FINES BELOW 0. 15MM IN EXCESS OF 40%.

PROVISIONAL PAYMENT:

PAYMENT OF 95% OF CER CARGO VALUE IS PAYABLE AT SIGHT AGAINST PRESENTATION OF FOLLOWING DOCUMENTS WITHIN 28 DAYS AFTER BILLS OF LADING DATE:

①SIGNED PROVISIONAL INVOICE IN FIVE COPIES FOR 95% OF CFR CARGO VALUE INDICATING THE CONTRACT NO, L/C NO AND NAME OF VESSEL.

②FULL SET OF ORIGINAL CLEAN BILLS OF LADING MADE OUT TO ORDER, BLANK ENDORSED, MARKED "FREIGHT PREPAID" OR "FREIGHT PREPAID" OR "FREIGHT PAYABLE AS CHARTER PARTY" AND NOTIFYING "TO ORDER".

③CERTIFICATION OF QUALITY ISSUED BY BENEFICIARY.

④CERTIFICATION OF WEIGHT ISSUED BY BENEFICIARY.

⑤CERTIFICATION OF ORIGIN ISSUED BY BENEFICIARY.

⑥BENEFICIARY'S CERTIFIED COPY OF FAX ADDRESSED TO APPLICANT WITHIN 3 WORKING DAYS AFTER B/L DATE ADVISING SHIPMENT DETAILS INCLUDING NAME OF VESSEL, NAME OF COMMODITY, SHIPPED QUANTITY, B/L DATE AND APPROXIMATE INVOICE VALUE.

(4) FINAL PAYMENT:

BALANCE OF CFR CARGO VALUE IS PAYABLE BY DRAFT AT SIGHT. AGAINST PRESENTATION OF THE FOLLOWING DOCUMENTS WITHIN THE L/C VALIDITY.

①FINAL INVOICE IN 5 ORIGINALS FOR BALANCE PAYMENT.

②PHOTOCOPY OF INSPECTION CERTIFICATE OF QUALITY ISSUED BY CIQ AT DISCHARGING PORT.

③PHOTOCOPY OF INSPECTION CERTIFICATE OF WEIGHT ISSUED BY CIQ AT DISCHARGING PORT.

④CERTIFICATE OF QUALITY AND WEIGHT ISSUED BY BENEFICIARY IN ONE COPY EACH CAN BE SUBMITTED AS SUBSTITUTE IF ABOVE MENTIONED DOCUMENTS (2 + 3) UNRECEIVED BY THE BENEFICIARY WITHIN 70 DAYS AFTER BILLS OF LADING DATE.

(5) SPECIAL CONDITIONS

①ALL BANKING CHARGES OUTSIDE ISSUING BANK ARE FOR BENEFICIARY'S ACCOUNT.

②10% MORE OR LESS IN QUANTITY AND L/C AMOUNT ACCEPTABLE.

③CHARTER PARTY BILLS OF LADING IS ACCEPTABLE.

④THIRD PARTY DOCUMENTS ACCEPTABLE.

⑤PERIOD FOR PRESENTATION OF DOCUMENTS:

FOR PROVISIONAL PAYMENT: WITHIN 28 DAYS AFTER BILLS OF LADING DATE.

FOR FINAL PAYMENT: WITHIN L/C VALIDITY.

⑥DOCUMENTS SHOWING CONTENTS INCONSISTENT WITH EACH OTHER ARE ACCEPTABLE.

⑦TYPING ERRORS AND OR MISSPELLINGS FOUND IN DOCUMENTS THAT DO NOT AFFECT THE MEANING OF A WORD OR THE SENTENCE, SHALL NOT BE REGARDED AS DISCREP ANCIES.

⑧MOISTURE CONTENT EXCEEDS THE GUARANTEED MAXIMUM STATED IN L/C IS ACCEPTABLE AND PENALTY/PRICE ADJUSTMENT IS NOT APPLICABLE.

⑨DOCUMENTS SHOWING THE RESULTS OF ALL ELEMENTS UNDER CHEMICAL COMPOSITIONS AND PHYSICAL PROPERTIES INCLUDING MOISTURE EXCEED THE MAXIMUM LIMITS OR LESS THAN THE MINIMUM LIMITS STATED IN L/C IS ACCEPTABLE, AND THE PENALTY/PRICE ADJUSTMENT IS APPLICABLE AS MENTIONED IN L/C.

⑩L/C AMOUNT UNDERDRAWN DUE TO PENALTY OR PRICE ADJUSTMENT OR INVOICE VALUE AFTER DEDUCTION OF MOISTURE IS BELOW L/C TOLERANCE AMOUNT IS ACCEPTABLE.

⑪SHIPMENT EFFECTED PRIOR TO LC ISSUING DATE ACCEPTABLE.

⑫B/L WEIGHT SHALL BE REGARDED AS L/C QUANTITY.

⑬FOR CIQ'S INSPECTION CERTIFICATE OF WEIGHT AND INSPECTION CERTIFICATE OF QUALITY:

a. ISSUED IN CHINESE WITH EHGLISH TRANSLATION ACCEPTABLE.

b. DATE/CONTENTS APPEARD IN THE CERTIFICATES INCONSISTENT WITH OTHER DOCUMENTS AND L/C ACCEPTABLE.

c. SHOWING CONSIGNEE AND/OR CONSIGNOR'S NAME DIFFER FROM L/C APPLICANT AND BENEFICIARY'S NAME AND/OR INVOICE NO. AND/OR CONTRACT NO. DIFFER FROM BENEFICIARY'S INVOICE ACCEPTABLE.

d. SHOWING PLACE OF ISSUE AND/OR PLACE OF ARRIVAL DIFFER FROM DISCHARGING PORT IS ACCEPTABLE.

e. SHOWING NAME OF DOCUMENT DIFFER FROM L/C IS ACCEPTABLE.

⑭B/L SHOWING PORT OF DISCHARGE AS "CHINA MAIN PORT (S)" AND INCONSISTENT WITH OTHER DOCUMENTS ARE ACCEPTABLE.

⑮ALL DOCUMENTS SHOWING ANY BANK STAMP IS ACCEPTABLE.

⑯IF THERE ARE MORE THAN ONE BILL OF LADING DATES, THE LATEST ONE SHALL BE CONSIDERED AS THE SHIPMENT DATE AND FROM WHICH THE PRESENTATION PERIOD SHALL START TO COUNT.

⑰B/L SHOWING QUANTITY UNIT "WMT" OR "MT" IS ACCEPTABLE.

二、信用证样本

Issue of a Documentary Credit

BKCHCNBJA08E SESSION: 000 ISN: 000000

BANK OF CHINA JIANGSU NO. 29 HONGWU ROAD NANJING CHINA

Destination Bank

STANDARD CHARTERED BANK

Type of Documentary Credit 40A	IRREVOCABLE
Letter of Credit Number 20	ABC20120201
Date of Issue 31G	120201
Date and Place of Expiry 31D	JULY 2, 2012 IN HONG KONG
Applicant Bank 51D	BANK OF CHINA JIANGSU BRANCH

Applicant 50

Huadong Trade Co. Ltd.

Add.: West temple road 8, Nantong, Jiangsu Province, China

Tel: 86 - 0513 - 85359365　　Fax: 86 - 0513 - 85351081

http: //www. huadong - hometex. com

Beneficiary 59

Hong Kong ABC Trade Co. Ltd.

Add.: Unit 1305 on 13th Floor of Tower One, Lippo Centre, No. 89 Queensway,

Hong Kong

Tel：00852－25388886　　Fax：00852－25388880

Currency Code, Amount 32B	USD3，000，000.00（+/-10%）
Available with... by... 41D	ANY BANK IN HK FOR NEGOTIATION
Drafts at 42C	AT SIGHT FOR 100% OF INVOICE VALUE
Drawee 42D	BANK OF CHINA JIANGSU BRANCH
Partial Shipments 43P	ALLOWED
Transhipment 43T	NOT ALLOWED

Shipping on Board/Dispatch/Packing in Charge at/ from

ONE OR TWO MAIN PORT（S），INDIA

Transportation to 44B	NANTONG P. R. CHINA
Latest Date of Shipment 44C	MARCH 2，2012

Description of Goods or Services：45A

DESCRIPTIONS OF GOODS：

COMMODITY	：IRON ORE FINES
ORIGIN	：INDIA
PACKING	：IN BULK
QUANTITY	：25，000 MT（+/-10%）
QUALITY	：
CHEMICAL COMPOSITIONS	
FE	60% BASIS / 60% MIN
AL2O3	4.00% MAX
SIO2 + AL2O3	10.00% MAX
P	0.07% MAX
S	0.04% MAX
MOISTURE	10% MAX
PHYSICAL PROPERTIES	
SIZE：ABOVE 10MM	10% MAX
BELOW 0.15MM	40% MAX

UNIT PRICE：

USD 120.00 PER DRY METRIC TON CFR FO CQD NANTONS，P. R. CHINA BASED ON 60% FE IN RESPECT OF FINES.

PRICE ADJUSTMENT：

（1）FOR FE CONTENT

THE BASE PRICE SHALL BE INCREASED AT A RATE OF USD 1.4333 PER DRY METRIC TON FOR RACH 1% FE ABOVE 60%，FR ACTION PRORATA.

THE BASE PRICE SHALL BE DECREASED AT A RATE OF USD 1.4333 PER DRY METRIC TON FOR RACH 1% FE ABOVE 60%，FR ACTION PRORATA.

（2）FOR OTHER ELEMENTS

IF THE CONTENT OF THE FOLLOWING ELEMENTS EXCEED THE GUARANTEED MAXIMUM STATED IN L/C, THE BASE PRICE SHALL BE DECREASED AS FOLLOWS FRACTION PRORATA:

①FOR EXCESS PHOSPHORUS (P)

AT THE RATE OF FIVE (5) US CENTS PER DRY METRIC TON FOR EACH 0.01% IN EXCESS OF 0.07%.

②FOR EXCESS SULPHUR (S)

AT THE RATE OF FIVE (5) US CENTS PER DRY METRIC TON FOR EACH 0.01% IN EXCESS OF 0.04%.

③FOR EXCESS SILICA + ALUMINA (SIO2 + AL2O3)

AT THE RATE OF FIVE (5) US CENTS PER DRY METRIC TON FOR EACH 0.01% IN EXCESS OF 10.00%.

④FOR EXCESS ALUMINA (AL2O3)

AT THE RATE OF FIVE (5) US CENTS PER DRY METRIC TON FOR EACH 1.00% IN EXCESS OF 4.00%.

(3) FOR SIZE

①USD0.50 PER MT ON NATURAL BASIS FRACTION PRORATE SHALL BE APPLIED TO THE QUANTITIES OF FINES ABOVE 10MM IN EXCESS OF 10%.

②USD0.50 PER MT ON NATURAL BASIS FRACTION PRORATE SHALL BE APPLIED TO THE QUANTITIES OF FINES BELOW 0.15MM IN EXCESS OF 40%.

PROVISIONAL PAYMENT:

PAYMENT OF 95% OF CER CARGO VALUE IS PAYABLE AT SIGHT AGAINST PRESENTATION OF FOLLOWING DOCUMENTS WITHIN 28 DAYS AFTER BILLS OF LADING DATE:

①SIGNED PROVISIONAL INVOICE IN FIVE COPIES FOR 95% OF CFR CARGO VALUE INDICATING THE CONTRACT NO. L/C NO AND NAME OF VESSEL.

②FULLL SET OF ORIGINAL CLEAN BILLS OF LADING MADE OUT TO ORDER, BLANK ENDORSED, MARKED "FREIGHT PREPAID" OR "FREIGHT PREPAID" OR "FREIGHT PAYABLE AS CHARTER PARTY" AND NOTIFYING "TO ORDER".

③CERTIFICATION OF QUALITY ISSUED BY BENEFICIARY.

④CERTIFICATION OF WEIGHT ISSUED BY BENEFICIARY.

⑤CERTIFICATION OF ORIGIN ISSUED BY BENEFICIARY.

⑥BENEFICIARY'S CERTIFIED COPY OF FAX ADDRESSED TO APPLICANT WITHIN 3 WORKING DAYS AFTER B/L DATE ADVISING SHIPMENT DETAILS INCLUDING NAME OF VESSEL, NAME OF COMMODITY, SHIPPED QUANTITY, B/L DATE AND APPROXIMATE INVOICE VALUE.

(4) FINAL PAYMENT:

BALANCE OF CFR CARGO VALUE IS PAYABLE BY DRAFT AT SIGHT. AGAINST PRESENTATION OF THE FOLLOWING DOCUMENTS WITHIN THE L/C VALIDITY.

①FINAL INVOICE IN 5 ORIGINALS FOR BALANCE PAYMENT.

②PHOTOCOPY OF INSPECTION CERTIFICATE OF QUALITY ISSUED BY CIQ AT DISCHARGING PORT.

③PHOTOCOPY OF INSPECTION CERTIFICATE OF WEIGHT ISSUED BY CIQ AT DISCHARGING PORT.

④CERTIFICATE OF QUALITY AND WEIGHT ISSUED BY BENEFICIARY IN ONE COPY EACH CAN BE SUBMITTED AS SUBSTITUTE IF ABOVE MENTIONED DOCUMENTS (2 +3) UNRECEIVED BY THE BENEFICIARY WITHIN 70 DAYS AFTER BILLS OF LADING DATE.

Documents Required: 46A

1. SIGNED PROVISIONAL INVOICE IN FIVE COPIES FOR 95% OF CFR CARGO VALUE INDICATING THE CONTRACT NO. L/C NO AND NAME OF VESSEL.

2. FULL SET OF ORIGINAL CLEAN BILLS OF LADING MADE OUT TO ORDER, BLANK ENDORSED, MARKED "FREIGHT PREPAID" OR "FREIGHT PREPAID" OR "FREIGHT PAYABLE AS CHARTER PARTY" AND NOTIFYING "TO ORDER".

3. CERTIFICATION OF QUALITY ISSUED BY BENEFICIARY.

4. CERTIFICATION OF WEIGHT ISSUED BY BENEFICIARY.

5. CERTIFICATION OF ORIGIN ISSUED BY BENEFICIARY.

6. BENEFICIARY'S CERTIFIED COPY OF FAX ADDRESSED TO APPLICANT WITHIN 3 WORKING DAYS AFTER B/L DATE ADVISING SHIPMENT DETAILS INCLUDING NAME OF VESSEL, NAME OF COMMODITY, SHIPPED QUANTITY, B/L DATE AND APPROXIMATE INVOICE VALUE.

ADDITIONAL INSTRUCTIONS: 47A

1. ALL BANKING CHARGES OUTSIDE ISSUING BANK ARE FOR BENEFICIARY'S ACCOUNT.

2. 10% MORE OR LESS IN QUANTITY AND L/C AMOUNT ACCEPTABLE.

3. CHARTER PARTY BILLS OF LADING IS ACCEPTABLE.

4. THIRD PARTY DOCUMENTS ACCEPTABLE.

5. PERIOD FOR PRESENTATION OF DOCUMENTS:

FOR PROVISIONAL PAYMENT: WITHIN 28 DAYS AFTER BILLS OF LADING DATE.

FOR FINAL PAYMENT: WITHIN L/C VALIDITY.

6. DOCUMENTS SHOWING CONTENTS INCONSISTENT WITH EACH OTHER ARE ACCEPTABLE.

7. TYPING ERRORS AND OR MISSPELLINGS FOUND IN DOCUMENTS THAT DO NOT AFFECT THE MEANING OF A WORD OR THE SENTENCE, SHALL NOT BE REGARDED AS DISCREP ANCIES.

8. MOISTURE CONTENT EXCEEDS THE GUARANTEED MAXIMUM STATED IN L/C IS ACCEPTABLE AND PENALTY/PRICE ADJUSTMENT IS NOT APPLICABLE.

9. DOCUMENTS SHOWING THE RESULTS OF ALL ELEMENTS UNDER CHEMICAL COMPOSITIONS AND PHYSICAL PROPERTIES INCLUDING MOISTURE EXCEED THE MAX-

IMUM LIMITS OR LESS THAN THE MINIMUM LIMITS STATED IN L/C IS ACCEPTABLE, AND THE PENALTY/PRICE ADJUSTMENT IS APPLICABLE AS MENTIONED IN L/C.

10. L/C AMOUNT UNDERDRAWN DUE TO PENALTY OR PRICE ADJUSTMENT OR INVOICE VALUE AFTER DEDUCTION OF MOISTURE IS BELOW L/C TOLERANCE AMOUNT IS ACCEPTABLE.

11. SHIPMENT EFFECTED PRIOR TO LC ISSUING DATE ACCEPTABLE.

12. B/L WEIGHT SHALL BE REGARDED AS L/C QUANTITY.

13. FOR CIQ'S INSPECTION CERTIFICATE OF WEIGHT AND INSPECTION CERTIFICATE OF QUALITY:

a. ISSUED IN CHINESE WITH EHGLISH TRANSLATION ACCEPTABLE.

b. DATE/CONTENTS APPEARD IN THE CERTIFICATES INCONSISTENT WITH OTHER DOCUMENTS AND L/C ACCEPTABLE.

c. SHOWING CONSIGNEE AND/OR CONSIGNOR'S NAME DIFFER FROM L/C APPLICANT AND BENEFICIARY'S NAME AND/OR INVOICE NO. AND/OR CONTRACT NO. DIFFER FROM BENEFICIARY'S INVOICE ACCEPTABLE.

d. SHOWING PLACE OF ISSUE AND/OR PLACE OF ARRIVAL DIFFER FROM DISCHARGING PORT IS ACCEPTABLE.

e. SHOWING NAME OF DOCUMENT DIFFER FROM L/C IS ACCEPTABLE.

14. B/L SHOWING PORT OF DISCHARGE AS "CHINA MAIN PORT (S)" AND INCONSISTENT WITH OTHER DOCUMENTS ARE ACCEPTABLE.

15. ALL DOCUMENTS SHOWING ANY BANK STAMP IS ACCEPTABLE.

16. IF THERE ARE MORE THAN ONE BILL OF LADING DATES, THE LATEST ONE SHALL BE CONSIDERED AS THE SHIPMENT DATE AND FROM WHICH THE PRESENTATION PERIOD SHALL START TO COUNT.

17. B/L SHOWING QUANTITY UNIT "WMT" OR "MT" IS ACCEPTABLE.

Charges 71B

ALL BANKING CHARGES OUTSIDE THE OPENNING BANK ARE FOR BENEFICIARY'S ACCOUNT.

Period for Presentation 48

FOR PROVISIONAL PAYMENT: WITHIN 28 DAYS AFTER BILLS OF LADING DATE.

FOR FINAL PAYMENT: WITHIN L/C VALIDITY.

Confirmation Instructions 49　　WITHOUT

Instructions to the Paying/Accepting/Negotiating Bank: 78

1. ALL DOCUMENTS TO BE FORWARDED IN ONE COVER, UNLESS OTHERWISE STATED ABOVE.

2. DISCREPANT DOCUMENT FEE OF USD 50.00 OR EQUAL CURRENCY WILL BE DEDUCTED FROM DRAWING IF DOCUMENTS WITH DISCREPANCIES ARE ACCEPTED.

"Advising Through" Bank 57A

STANDARD CHARTERED BANK (HONG KONG) LIMITED HONG KONG

三、信用证的审核

审证是审核所收到的信用证是否与合同规定一致。审证是信用证付款方式一个十分重要的环节，审证一般要审核以下内容。

（一）对信用证本身的审核

对信用证本身的审核包括：（1）信用证的页码是否齐全。（2）金额、币种是否与合同相符；大小写是否一致；溢短（more or less）是否适用金额。（3）是否按照合同规定的期限开出信用证。（4）装运期是否与合同规定的相符。（5）信用证有效期和到期地点是否符合合同规定。（6）信用证交单期一般在装船后10~15天。（7）信用证开证申请人和受益人的名称和地址是否有误。（8）通知行是否与受益人在同一地点。

（二）对信用证汇票条款的审核

对信用证汇票条款的审核包括：（1）付款人是否为信用证中的开证行或指定的付款行。（2）付款期限是否与合同中的付款期限相符。

（三）对信用证单据条款的审核

对信用证单据条款的审核内容有：（1）信用证项下要求受益人提交议付的单据通常包括商业发票、海运提单、保险单、装箱单、检验证书及其他证明文件。要注意单据由谁出具、信用证对单据是否有特殊要求、单据的规定是否与合同条款一致等。（2）信用证中有无影响收款的软条款。

（四）对信用证中货物描述的审核

对信用证中货物描述的审核：（1）信用证中商品的品名、规格、包装、数量、贸易术语是否与销售合同一致。就数量而言，对于大宗散装货物，除非信用证规定数量不得有增减，那么在支付金额不超过信用证的情况下，货物数量可以允许有5%的增减，但不适用于以包装单位或以个体为计算单位的货物。（2）唛头是否对应合同中的唛头。（3）详细资料参照所引用的合同是否与买卖双方签订的合同相符。

（五）对信用证装运条款的审核

（1）装运港与目的港是否与合同相符。若存在重名港问题，其后应加国别。（2）装运时间是否恰当，若到证时间与装运期太近，无法如期装运，就应及时与开证申请人联系修改。逾期装运的运输单据将构成单证不符，银行有权不付款。（3）货物是否允许转运，除非另有规定，货物是允许转运的。（4）货物是否允许分批出运，若信用证中没有明确规定，应理解为货物是允许分批装运的。如果信用证中明确规定每一批货物出运的确切时间，则应注意能否悉数办到，如无法做到，则应立即要求修改。

（六）对信用证其他条款的审核

（1）信开/电开信用证是否有银行保证付款的责任文句，如：Undertaking clause of opening bank。（2）信用证对费用的规定是否可接受。（3）信用证是否受《UCP 600》的约束。

四、信用证的修改

审证后发现问题，应一次向客户提出改正，不要多次提出，否则增加双方的手续和费用。对修改内容只能全部接受或拒绝，部分接受当属无效。

（一）改证函的书写

出口方在审核信用证后，如果发现有不符合合同或有不利于出口方安全收汇的条款，应及时联系进口商通过开证行对信用证进行修改。《UCP 600》第 10 条 c 款规定，在受益人告知通知修改的银行其接受修改之前，原信用证（或含有先前被接受的修改的信用证）的条款对受益人仍然有效，受益人应提供接受或拒绝修改的通知。如果受益人未能给予通知，当交单与信用证以及尚未表示接受的修改的要求一致时，即视为受益人已作出接受修改的通知，并且从此日起，该信用证被修改。《UC P600》第 10 条 e 款规定，对同一修改的内容不允许部分接受，部分接受将被视为拒绝修改的通知。

（二）信用证修改内容

对改证函的写法并无统一规定和要求，但一般应包括如下三个方面的内容。

1. 开头部分

开头部分主要是感谢对方开来的信用证并引出信用证的号码。如：

（1） We are very pleased to receive your L/CNo. 02SHGM356 issued by THE BANK OF TOKYO, LTD. NEW YORK AGENCY 100 BROADWAY NEWYORK, N. Y. 10005 DATED JUNE 15, 2011.

（2） Thank you for your L/C No. MQC0278 established by ALAHLI BANK OF KUWAIT deted 5 MAY 2012.

2. 主要修改内容

列明开证行开来的信用证中存在的不符点并说明如何修改。例如：

（1） However we are sorry to find it contains the following discrepancies.

（2） But the following points are indiscrepancy with the stipulation of our S/C No. 02CHES98.

（3） As to the description of the goods plsase insert the word…before….

（有关货物的描述，请在……前插入……）

（4） The…should be…not….

（5） The…should be…instead of….

（6） Please delete the clause….

（7） As there is no direct steamersailing to your port next month, please amend the relative L/C to read "transhipment allowed".

（8） Please extend the shipment date and the validity of the L/C to…and…respectively.

（请分别把装运期和信用证的有效期扩展到……和……）

3. 结束部分

感谢对方的合作，希望信用证修改书在××××年××月××日前开到。例如：

Thank you for your kind cooperation, please see to it that the L/C amendment reach us before×××（date）, failing which we shall not be able to effect punctual shipment.

第五节　进口许可证的申领

Huadong Trade Co. Ltd. 于2012年1月24日与Hong Kong ABC Trade Co. Ltd. 签订了购买印度矿合同，根据规定，华东贸易公司将申请进口许可证。

铁矿石、铝土砂、原油、成品油、天然气、氧化铝、化肥（氯化钾除外）、钢材等是实行自动进口许可管理的重要工业品，均须办理《中华人民共和国自动进口许可证》。

一、重要工业品自动进口许可证申领程序

《中华人民共和国自动进口许可证》申请表说明。

（一）办理条件

（1）具有外贸经营资格的企业；

（2）符合相关商品进口资质的外贸企业。

（二）申报材料

商务部、海关总署令2004年第26号《货物自动进口许可管理办法》第八条收货人申请自动进口许可证，应当提交以下材料：（1）收货人从事货物进出口的资格证书、备案登记文件或者外商投资企业批准证书（以上证书、文件仅限公历年度内初次申领者提交）；（2）自动进口许可证申请表；（3）货物进口合同；（4）属于委托代理进口的，应当提交委托代理进口协议（正本）；（5）对进口货物用途或者最终用户法律法规有特定规定的，应当提交进口货物用途或者最终用户符合国家规定的证明材料；（6）针对不同商品在《目录》中列明的应当提交的材料；（7）商务部规定的其他应当提交的材料。

（三）办理程序

商务部、海关总署令2004年第26号《货物自动进口许可管理办法》第九条收货人可以直接向发证机构书面申请《自动进口许可证》，也可以通过网上申请。

1. 书面申请

收货人可以到发证机构领取或者从相关网站下载《自动进口许可证申请表》（可复印）等有关材料，按要求如实填写，并采用送递、邮寄或者其他适当方式，与本办法规定的其他材料一并递交发证机构。

2. 网上申请

收货人应当先到发证机构申领用于企业身份认证的电子钥匙。申请时，登录相关网站，进入相关申领系统，按要求如实在线填写《自动进口许可证申请表》等资料。同时向发证机构提交本办法规定的有关材料。

3. 经办人提出拟办意见

经办人提出拟办意见，报处室领导审核。

4. 签发

签发《自动进口许可证》。

二、《中华人民共和国自动进口许可证》申请表的填写案例

（一）进口许可证申请表的填制要求

1. 进口商

进口商（Importer）指进口合同签订单位。进口商代码为《中华人民共和国进出口企

业资格证书》、《对外贸易经营者备案登记表》或《外商投资企业批推证书》中的13位企业代码。

接受赠送、无偿捐赠、援助进口的货物，该项为“赠送”，编码为“0000000000001”。

2. 进口用户

进口用户（Consingnee）指实际进口用贷单位。

3. 进口许可证号

进口许可证号（Automatic Import Licence No）是由发证机关编排。

4. 进口许可证有效截止日期

进口许可证有效截止日期（Automatic Import Licence Expiry Date）是按《货物进口许可证管理办法》确定的许可证有效期，由发证系统自动生成。

5. 贸易方式

贸易方式（Terms of Trade）是指该项进口货物的贸易性质，包括一般贸易、边境贸易、赠送等，只能填报一种。

6. 外汇来源

外汇来源（Terms of Foreign Exchange）常见的有：不支付外汇、现金、劳务、无偿援助、贷款、外资、银行购汇、赠送、索赔、国外调回。每份申请表限填一种外汇来源，如银行购汇、现金、外资等，只能填报一种。

7. 报关口岸

报关口岸（Place of Clearance）是指进口口岸，只能填报一个。进口许可证实行“一证一关”，按国家有关规定执行。

8. 出口国（地区）

出口国（地区）（Country/Region of Trading）是指签约国（地区）名称，只能填报一个。不能使用区域名。

9. 原产地国（地区）

原产地国（地区）（Country/Region of Origin）指商品进行实质性加工的国家（地区）。

10. 商品用途

商品用途（Use of Goods）：包括自用、生产用、内销、维修、样品，只能填报一种并应与批准文件一致。自用、生产用、内销、维修、样品、加工后返回、加工复出口、加工贸易内销，每份申请表限填一种商品用途。

11. 商品名称、商品编码

商品名称、商品编码（Description of Goods、Code of Goods）每份许可证只准填写同一种商品名称和编码（一律按外经贸部颁布的统一进口商品名称及编码填写）。商品名称由系统自动生成。只能填报一个商品编码并应与进口批准文件一致。

12. 规格、型号

规格、型号（Specification）只能填报同一商品编码下的4种不同规格型号，超过4种规格型号的，另行申请许可证。

13. 单位

单位（Unit）指计量单位。按商务部公布的年度《进口许可证管理货物目录》中的计量单位执行，由发证系统自动生成。如合同使用的计量单位与规定的计量单位不一致，应换算成规定的计量单位。无法换算的，应在备注栏注明。

14. 数量

数量（Quantity）指申请进口的商品数量，最大位数为9位阿拉伯数字，最小保留小数点后1位。如数量过大，可分证办理；如数量过小，可在备注栏内注明。计量单位为“批”的，此栏均为“1”。

（二）进口许可证申请表案例

重要工业品自动进口许可证申请表

1. 申请进口单位代码： **Huadong Trade Co. Ltd.**	2. 申请单位经办人： 电话： 邮政编码： 2012年1月27日（申请单位签章）
3. 进口用户代码： 用户名称： ×××钢铁集团	4. 进口商代码： 进口商名称：Hong Kong ABC Trade Co. Ltd.
5. 贸易方式：一般贸易	6. 外汇来源：银行购汇
7. 贸易国（地区）：1、代码：HK 名称：香港	2、代码： 名称：
8. 原产地国（地区）：1、代码：IN 名称：印度	2、代码： 名称：
9. 报关口岸：1、代码：2300 名称：南京	2、代码： 名称：
10. 有效截止日期：	11. 预计到港时间：2012年3月10日
12. 商品用途：自用	
13. 商品编码：1、2601119000 2、2601111000 3、2601112000	14. 商品名称：未烧结铁矿砂

15. 规格型号	16. 单位	17. 数量	18. 单价	19. 总值	20. 总值折美元
粉矿	千克	28，000，000	0.120	3，360，000	3，360，000
总计：25，000，000				3，360，000	3，360，000

21. 方式：1、（V）现货	2、（ ）长期合同
22. 颁证人姓名： 日期：2012年1月27日 电话：	23. 备注： 非一批一证

（三）进口许可证案例

中华人民共和国自动进口许可证

AUTOMATIC IMPORT LICENCE OF THE PEOPLE'S REPUBLIC OF CHINA

1. 进口商： Huadong Trade Co. Ltd.	3. 自动进口许可证申请表号：abc2012. 02. 12 自动进口许可证号：＊＊＊＊＊＊＊＊
2. 进口用户： ×××钢铁集团	4. 申请自动进口许可证有效截止日期： 2012 年 08 月 03 日
5. 贸易方式：一般贸易	8. 贸易国（地区）：香港
6. 外汇来源：银行购汇	9. 原产地国（地区）：印度
7. 报关口岸：南通海关	10. 商品用途：自用

11. 商品名称：	商品编码：	商品状态：
铁矿砂及其精矿，包括焙烧黄铁矿	2601111000　2601112000	

12. 规格、等级	13. 单位	14. 数量	15. 单价（币别）USD	16. 总值（币别）USD	17. 总值折美元
	千克	＊28000000. 0	＊1200	＊3360000	$3360000
18. 总计		＊28000000		＊3360000	$3360000

19. 备注： 非一批一证	20. 签证机构审批意见： 21. 发证日期：2012 年 02 月 03 日

第六节　租船订舱、报关、保险

一、租船订舱

在进出口贸易中，如以 CFR 或 CIF 价格条件成交，出口方必须按合同规定做好租船订舱工作，办理出口报关及/或投保等手续。除数量较大需要整船运输的货物要委托中国远洋运输公司或其他经营外贸运输的企业办理租船外，一般都委托货运代理公司代为洽订班轮或租订部分舱位运输。租船订舱是 CIF 合同中卖方的一项非常重要的义务，采用租船运输还是班轮运输要视具体情况而定。一般而言，除了部分初级产品如原油、矿石、粮食及部分特殊规格或者特殊要求的商品如大型设备、化学商品外，越来越多的国际贸易货物都采用集装箱运输的方式。

如果货物采用集装箱班轮运输，那么在备货及落实信用证的同时，就应该开始着手订舱，以便及时履行合同及信用证项下的交货和交单的义务。向班轮公司租订舱位（箱位），首先要了解各个班轮公司的船舶、船期、挂靠港及船舶箱位数等具体情况。目前经营中国国际集装箱海运班轮业务的著名航运公司主要有：中远（COSCO）、中外运（SINOTRAN）、海陆（SEALAND）、日本邮船（NYK）、东方海外（OOCL）、马士基（MAERSK）、韩进海运（HANJIN）、铁行渣华（P&O NEDLLOYD）等。这些班轮公司利用各种媒体和渠道定期发布本公司船舶、船期及运价信息，提供定船期、定船舶、定航线、定挂靠港的集装箱班轮运输服务。同时，一些航运中介机构，如上海航运交易所等也定期发布各种航运信息，以供托运人在订舱时参考。托运人查询船期表以选择合适的船舶、航次，然后向具体的船公司洽订舱位，参见表 13－2。

表 13－2 部分世界船运公司网址

船 公 司	网 址
丹麦马士基航运有限公司	http：//www. maerskline. com/appmanager/
中国台湾长荣海运股份有限公司	http：//www. evergreen－marine. com
荷兰铁行渣华有限公司（P&O Nedlloyd）	http：//www. ponl. com/
中国远洋运输（集团）总公司	http：//www. cosco. com. cn/cn/index. jsp
韩进海运有限公司	http：//www. hanjin. com/hanjin/CUP_ HOM_ 1001. do
地中海航运公司	http：//www. mscgva. ch/
大阪商船三井船舶公司	http：//www. molcn. com. cn/Home/Index. aspx
日本邮船公司	http：//www. nykline. com. cn/nyk_ cn/cnindex. html
远东轮船中国香港有限公司	http：//www. bvccs. com/company/7512/index. html
意大利邮船	http：//www. italiamarittima. it/Indexct. asp
高丽海运	http：//www. kmtc. co. kr
和黄集团	http：//www. hutchison－whampoa. com/
山东海丰国际货运	http：//www. sitc. com. cn/
宏海箱运	http：//www. rclgroup. com
Matson 航运	http：//www. matson. com/
华轮—威尔森	http：//www. 2wglobal. com/www/wep//
韩国现代商船公司	http：//www. hmm21. com/cms/company/chnn/index. jsp
以色列以星轮船公司	http：//www. zim. com/pages/default. aspx
中国台湾阳明海运股份有限公司	http：//www. yml. com. tw/
法国达飞轮船有限公司	http：//www. cma－cgm. com
东方海外货柜航运有限公司	http：//www. oocl. com/schi/
海皇东方航运	http：//www. nol. com. sg/
阿达尼船务	http：//www. dasco. com. cn/
大连威兰德船务有限公司	http：//www. winlandshipping. com/
日本川崎汽船公司	http：//www. kline. com/
美国总统轮船有限公司	http：//www. apl. com/
德国赫伯罗特公司	http：//www. hapag－lloyd. com/en/home. html
韩国朝阳商船有限公司	http：//www. choyang. com/
中国海运（集团）总公司	http：//www. cnshipping. com. cn/
南非邮船	http：//www. csavnorasia. com/index_ en. htm

续表 13-2

船　公　司	网　　址
北欧亚海运	http：//www. csavnorasia. com/index_ en. htm
俄罗斯远东海洋轮船运输公司	http：//www. fesco - china. cn/about - agency. aspx
墨西哥海运	http：//www. tmm. com. mx/
德国胜利航运	http：//www. dsr - senator. com/
中国对外贸易运输	http：//www. sinotransgroup. com/
大西洋箱运	http：//www. aclcargo. com/
澳新直航公司	http：//www. hapag - lloyd. com/en/home. html
加拿大海运公司	http：//www. global56. com/ship/show_ ship. ASP？ID = 128
智利航运公司	http：//www. ccni. cl/
克罗利海运公司	http：//www. crowley. com/
达贸国际轮船公司	http：//www. delmas. com/
远东航运公司	http：//www. fesco. ru/en/index. html
金洋航运公司	http：//www. gslltd. com. hk/
韩国现代商船	http：//www. hmm21. com/cms/company/chnn/index. jsp#
莱克斯航运	http：//www. hapag - lloyd. com/en/home. html
辽远海运	http：//www. lyshipping. com/
马来西亚航运	http：//www. misc. com. my/
中远船务	http：//www. cosco - shipyard. com/index. asp
全球 200 家班轮公司网址	http：//www. easipass. com/ytsc/ytsc_ wmcg_ blgs. htm

(一) 托运订舱

1. 托运订舱的一般程序

在采用集装箱班轮运输方式下，出口商应按下列程序办理运输及托运手续流程，如图 13-1 所示。

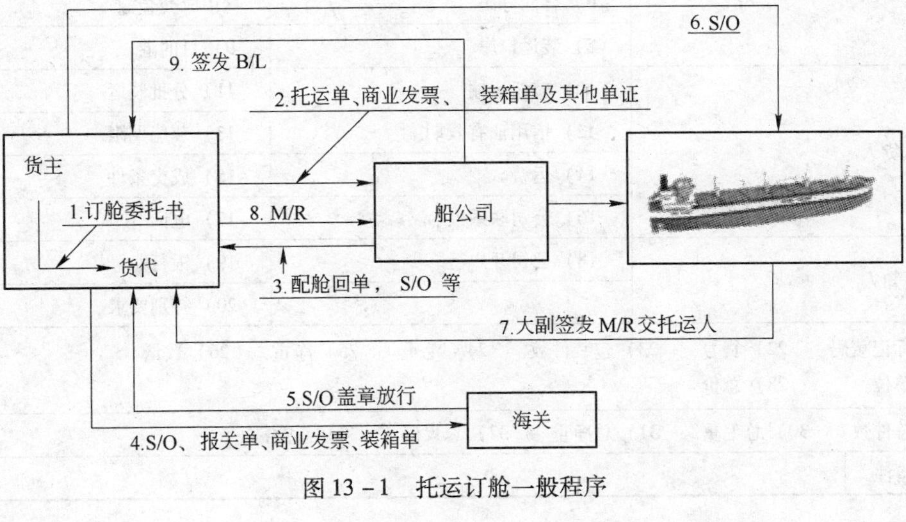

图 13-1　托运订舱一般程序

（1）出口企业在货、证齐备后，填制订舱委托书，随附 COMMERCIAL INVOICE、PACKING LIST 等其他必要单据，委托货代代为订舱。有时还委托其代理报关及货物储运等事宜。

（2）货代接受订舱委托后，缮制集装箱货物托运单，随同 COMMERCIAL INVOICE、PACKING LIST 等其他必要单证一同向船公司办理订舱。

（3）船公司根据具体情况，如接受订舱则在托运单的几联单据上编上与 B/L 号码一致的编号，填上船名、航次，并签署，即表示已确认托运人的订舱，同时把配舱回单、装货单（SHIPPING ORDER：S/O）等与托运人有关的单据退还给托运人。

（4）托运人持船公司签署的 S/O，填制出口货物报关单、COMMERCIAL INVOICE、PACKING LIST 等连同其他有关的出口单证向海关办理出口货物报关手续。

（5）海关根据有关规定对出口货物进行查验，如同意出口，则在 S/O 上盖放行章，并将 S/O 退还给托运人。

（6）托运人持海关盖章的由船公司签署的 S/O 要求船长装货。

（7）装货后，由船长的大副签署 M/R（Mate's Receipt，大副收据），交给托运人。

（8）托运人持 M/R，向船公司换取正本已装船提单。

（9）船公司凭 M/R，签发正本提单并交给托运人凭以结汇。

2. 集装箱班轮货运单证

在集装箱班轮运输中，需要编制各种有关的货运单证多达几十种，其中与托运人，即出口公司有关的主要有以下几种：

（1）订舱委托书（Shipping Note）。出口企业委托对外贸易运输公司或其他有权受理对外货运业务的货运代理公司（以下简称“货代”）向承运人或其他代理办理出口货物运输业务时需向其提供订舱委托书，委托其代为订舱。订舱委托书（表 13－3）是出口企业和货代

表 13－3　订舱委托书

<table>
<tr><td>公司编号</td><td>出口货物订舱委托书</td><td>日期</td></tr>
<tr><td rowspan="4">1）发货人</td><td colspan="2">4）信用证号码</td></tr>
<tr><td colspan="2">5）开证银行</td></tr>
<tr><td>6）合同号码</td><td>7）成交金额</td></tr>
<tr><td>8）装运口岸</td><td>9）目的港</td></tr>
<tr><td rowspan="4">2）收货人</td><td>10）转船运输</td><td>11）分批装运</td></tr>
<tr><td>12）信用证有效期</td><td>13）装船期限</td></tr>
<tr><td>14）运费</td><td>15）成交条件</td></tr>
<tr><td>16）公司联系人</td><td>17）电话/传真</td></tr>
<tr><td rowspan="2">3）通知人</td><td>18）公司开户行</td><td>19）银行账号</td></tr>
<tr><td></td><td>20）特别要求</td></tr>
<tr><td colspan="3">21）标记唛码　22）货号　23）包装件数　24）毛重　25）净重　26）数量
27）单位　28）总价</td></tr>
<tr><td colspan="3">29）总件数　30）总毛重　31）总净重　32）总尺码　33）总金额</td></tr>
<tr><td>34）备注</td><td colspan="2"></td></tr>
</table>

之间委托代理关系的证明文件，内容包括信用证对提单的要求，即委托人名称、收货人名称、货物明细、起运港、目的港、信用证规定的装运期限、信用证有效期、关于分批和转运的规定、对运输的要求等。除此之外，在托运人是出口公司时还必须向货代提供与本批货物有关的各项单证，如提货单（出仓单）、商业发票、装箱单、出口货物报关单、外汇核销单等。有些特定货物还需提供出口许可证、商检证书等，以供查验。船务公司如果接受委托，则在托运单上盖章，双方各持一份，这样，订舱手续即告完成，运输合同随即生效。

（2）托运单。货代接受出口企业委托后即须缮制集装箱托运单（Booking Note），这是外运机构向船公司订舱配载的依据。该托运单一般一式数份，分别用于货主留底、船代留底、运费通知、装货单、交纳出口货物港务费申请书、场站收据、货代留底、配舱回单、场站收据副本（大副联）等。其中比较重要的单据有：

1）装货单。装货单（Shipping Order：S/O）又称关单、下货纸，是船公司或其代理签发给货物托运人的一种通知船方装货的凭证。船公司收到托运单后根据船舶配载原则，结合货物和具体航线、港口的情况，安排船只和舱位，然后签发 S/O 表示船公司接受这批货物的承诺。装货单（表 13-4）一经签发，承托双方即受其约束。同时，托运人凭船

表 13-4 装货单

中国外轮代理公司
CHINA OCEAN SHIPPING AGENT
装货单
SHIPPING ORDER

S/O No. ________

船名 S/S ________　目的港 For ________

托运人 Shipper ________

兹将下列完好状况之货物装船后，希签署收货单。
Receive on board the undermentioned goods apparent in good order and condition and sign the accompanying receipt for the same.

标记及唛码 Marks & nos.	件数 Quantity	货名 Description of Goods	毛重量公斤 Gross Weight in kg.

共计件数（大写）Total number of Package in Writing ________

日期 Date ________　时间 Time ________

装入何舱 Stowed ________

实收 Received ________

理货员签名 Tallied By ________　经办员 Approved By ________

公司签章的装货单要求船长将货物装船之前，还需先到海关办理货物装船出口的报关手续，经海关查验后，在S/O上加盖海关放行章，表示该票货物已允许装船出口，才能要求船长装货，这就是装货单习称关单的由来。

2）场站收据副本。场站收据副本（Mate's Receipt；M/R）即传统的收货单（表13－5），它是船方收到货物的凭证，在货物装船后由大副签署后退还给托运人，故又称大副收据。托运人凭此向船公司换取正本已装船提单。如装船时，船方发现货物包装不良或有其他残损等缺陷，即在M/R内作各种批注，这些批注将全部转移到提单上，就成为不清洁提单，托运人不能凭有批注的收货单换取清洁提单，除非向船公司出具保函。

表13－5 收货单

中国外轮代理公司
CHINA OCEAN SHIPPING AGENT
收货单
MATE'S RECEIPT

M/R No. ____________

船名 S/S ____________ 目的港 For ____________

托运人 Shipper ____________

兹将下列完好状况之货物装船后，希签署收货单。
Receive on board the following goods apparent in good order and condition.

标记及唛码 Marks & nos.	件数 Quantity	货名 Description of Goods	毛重量公斤 Gross Weight in kg.

共计件数（大写）
Total number of Package in Writing ____________

日期 Date ____________ 时间 Time ____________

装入何舱 Stowed ____________

实收 Received ____________

理货员签名 Tallied By ____________ 大副 Chief Officer ____________

（二）主要订舱单据的填制

1. 订舱委托书的填制

（1）发货人（托运人）——填写出口公司（信用证受益人）。

（2）收货人——填写信用证规定的提单收货人。

（3）通知人——填写信用证规定的提单通知人。一般在订舱委托书上会注明托运人、收货人、通知人这三栏为提单 B/L 项目要求。意即，将来公司签发的提单上的相应栏目的填写也会参照订舱委托书的写法。因此，这三栏的填写应该按照信用证提单条款的相应规定填写（具体可以参见提单条款的填制方法）。

（4）信用证号码——填写相关交易的信用证号码。

（5）开证银行——填写相关交易的信用证开证银行的名称。

（6）合同号码——填写相关交易的合同号码。

（7）成交金额——填写相关交易的合同总金额。

（8）装运口岸——填写信用证规定的起运港口。如信用证未规定具体的起运港口，则填写实际装货港名称。

（9）目的港——填写信用证规定国内的目的地。如信用证未规定具体的目的港口，则须填写实际卸货港名称。

（10）装船运输——根据信用证条款，如允许转运，则填“YES”，反之，则填“NO”。

（11）分批装运——根据信用证条款，如允许分批，则填“YES”，反之，则填“NO”。如信用证未对转船和分批作具体的规定，则应该按照合同的有关规定填写。

（12）信用证效期——填写信用证的有效期。

（13）装运期限——填写信用证规定的装运期限。

（14）运费——根据信用证提单条款的规定填写“FREIGHT PREPAID”（运费预付）或“FREIGHT TO COLLECT”（运费到付）。

（15）成交条件——填写成交的贸易术语。如：“FOB”、“CIF”、“CFR”等。

（16）、（17）、（18）、（19）栏有关公司联系人、电话/传真、开户银行及银行账号按公司实际情况填写。

（20）特别要求——托运人对所订舱位有特殊要求的话，可以填在这一栏中。

（21）标记唛码——填写货物的装运标志，即通常所说的“唛头”。

（22）货号规格—填写货物描述。

（23）包装件数——填写货物的外包装的数量。比如“370 CARTONS”。

（24）、（25）、（26）、（27）、（28）毛重、净重、数量、单价、总价——按货物的实际情况填写。

（29）、（30）、（31）、（32）、（33）总件数、总毛重、总净重、总尺码、总金额——按货物的实际情况填写。

（34）备注——如有其他事项可填入“备注”栏中。

【案例】制作订舱委托书

根据以下信息制作订舱委托书。

2. 合同

SALES CONFIRMATION

S/C NO.：02EC301302

DATE：JAN. 26TH，2005

The Seller：Anhui Chemicals Imp. & Exp. Co. Ltd. **The Buyer**：Hop Tong Hai（pte）Ltd.

Address: Jin' an mansion 306 Road, Hefei, China

Address: Blk 15, North Bridge Road Tunxi #04 - 9370 BARCELONA SPAIN, 100032

We hereby confirm having sold to you the following goods on terms and conditions as stated bellows:

Commodity & specification	Quantity	Unit price	Amount
100% cotton overalls	7200PCS (600DOZS)	CIF BARCELONA USD45.00/DOZ	USD27000.00
100% cotton shirts	7200PCS (600DOZS)	USD16.50/DOZ	USD9900.00
100% cotton singlets	1200PCS (100DOZS)	USD9.50/DOZ	USD950.00
TOTAL	1300DOZS		USD37850.00
TOTAL CONTRACT VALUE: SAY US DOLLARS THIRTY SEVEN THOUSAND EIGHT HUNDRED AND FIFTY ONLY			

PACKING: To be packed in cartons, total 304 cartons (100% cotton overalls: 30pcs/ctn; 100% cotton shirts: 120pcs/ctn; 100% cotton singlets: 300pcs/ctn.).

PORT OF SHIPMENT : Shanghai

PORT OF DESTINATION : BARCELONA

TIME OF SHIPMENT : Not later than Apr. 7, 2005

TERMS OF PAYMENT : By irrevocable Letter of Credit to be available by sight draft and remain valid for negotiation in China until the 10th day after the aforesaid time of shipment.

INSURANCE: To be covered by seller for 110% of CIF value against All Risks and War Risks as per CIC of PICC dated 01/01/1981.

REMARKS:

INSPECTION:

The certificate of Quality, Quantity/Weight issued by the China Entry-Exit Inspection and Quarantine Bureau or the Seller shall be taken as the basis of delivery.

FORCE MAJEURE:

The Seller shall not held responsible if they, owing to Force Majeure cause or causes, fail to make delivery within the time stipulated in the Contract or cannot deliver the goods. However, in such a case, the Seller shall inform the Buyer immediately by cable and if it is requested by the Buyer, the Seller shall also deliver to Buyer by registered letter, a certificate attesting the existence of such a cause or causes.

DISCREPANCY AND CLAIM:

In case discrepancy on the quality or quantity (weight) of the goods is found by the Buyer, after arrival of the goods at the port of destination, the Buyer may, within 30 days and 15 days respectively after arrival of the goods at the port of destination, lodge with the Seller a claim which should be supported by an Inspection Certificate issued by a public surveyor approved by the Seller. The Seller shall, on the merits of the claim, either make good the loss sustained by the Buyer or reject their claim, it being agreed that the Seller shall not be held responsible for any loss or losses due to natural cause failing within the responsibility of Shipowners of the Underwriters. The Seller shall reply to the Buyer within 30 days after receipt of the claim.

ARBITRATION:

All disputes in connection with this contract or the execution thereof shall be settled amicably by negotiation. In case no settlement can be reached, the case shall then be submitted to the China International Economic Trade Arbitration Commission for settlement by arbitration in accordance with the Commission's arbitration rules. The award rendered by the commission shall be final and binding on both parties. The fees for arbitration shall be borne by the losing party unless otherwise awarded.

The Seller:	The Buyer
Anhui Chemicals Imp. & Exp. Co. Ltd.	Hop Tong Hai (pte) Ltd.
(signature)	(signature)

3. 信用证

ADVISING BANK: BANK OF CHINA, ANHUI BRANCH

IRREVOCABLE DOCUMENTARY CREDIT NO.: 211LC200116 DATED: 18FEB2005.

DATE AND PLACE OF EXPIRY: 17 APR. 2005 IN BENEFICIARY'S COUNTRY

BENEFICIARY: ANHUI CHEMICALS IMP. & EXP. CO. LTD.
JIN AN MANSION 306
TUNXI ROAD, HEFEI, ANHUI, CHINA
A/C NO.: 6018090000 - 185

APPLICANT: HOP TONG HAI (PTE) LTD.
BLK 15, NORTH BRIDGE ROAD
#04 - 9370 BARCELONA SPAIN 100032
FAX: 2953397

AMOUNT: USD37850.00
UNITED STATES DOLLARS THIRTY SEVEN THOUSAND EIGHT HUNDRED AND FIFTY ONLY.

PARTIAL SHIPMENT: NOT ALLOWED

TRANSHIPMENT: ALLOWED

SHIPMENT FROM CHINA TO BARCELONA W/T AT HONG KONG

LATEST SHIPMENT DATE: 7 APR. 2005

THIS CREDIT IS AVAILABLE WITH THE ADVISING BANK BY NEGOTIATION AGAINST PRESENTATION OF THE DOCUMENTS DETAILED HEREIN AND BENEFICIARY'S

DRAFT (S) AT 30 DAYS AFTER SIGHT DRAWN ON ISSUING BANK FOR FULL INVOICE VALUE.

DOCUMENTS REQUIRED (IN THREE-FOLD UNLESS OTHERWISE STIPULATED):

①SIGNED COMMERCIAL INVOICE;

②SIGNED PACKING LIST;

③CERTIFICATE OF CHINESE ORIGIN;

④INSURANCE POLICY/CERTIFICATE ENDORSED IN BLANK FOR 110% CIF VALUE, COVERING ALL RISKS AND WAR RISK;

⑤FULL SET OF CLEAN "ON BOARD" OCEAN BILLS OF LADING MADE OUT TO ORDER OF BANK OF CHINA, BARCELONA MARKED FREIGHT PREPAID AND NOTIFY APPLICANT;

⑥SHIPMENT ADVICE SHOWING THE NAME OF THE CARRYING VESSEL, DATE OF SHIPMENT, MARKS, AMOUNT AND THE NUMBER OF THIS DOCUMENTARY CREDIT TO APPLICANT WITHIN 3 DAYS AFTER THE DATE OF BILL OF LADING.

EVIDENCING SHIPMENT OF:

1300 DOZENS 100% COTTON OVERALLS, SHIRTS & SINGLETS AS PER S/C NO. 02EC301302 DATED 26 - 01 - 2005 AS DETAILS BELOW:

①600 DOZENS 100% COTTON OVERALLS AT USD45. 00 PER DOZEN. CIF BARCELONA;

②600 DOZENS 100% COTTON SHIRTS AT USD16. 50 PER DOZEN. CIF BARCELONA;

③100 DOZENS 100% COTTON SINGLETS AT USD9. 50 PER DOZEN. CIF BARCELONA.

OTHER TERMS AND CONDITIONS:

①ALL BANKING CHARGES, INCLUDING REIMBURSEMENT CHARGES, OUTSIDE BARCELONA ARE FOR ACCOUNT OF BENEFICIARY.

②THE NUMBER AND DATE OF THIS CREDIT AND THE NEME OF ISSUING BANK MUST BE QUOTED ON ALL DRAFTS.

③A FEE OF USD50. 00 (OR ITS EQUIVALENT) TO BE DEDUCTED FROM THE PROCEEDS UPON EACH PRESENTATION OF DISCREPANT DOCUMENTS EVEN IN THE CREDIT INDICATES THAT ALL BANKING CHARGES ARE FOR THE ACCOUNT OF APPLICANT AND ACCEPTANCE OF SUCH DOCUMENTS DOES NOT IN ANY WAY ALTER THE TERMS AND CONDITIONS OF THIS CREDIT.

④ONE ADDITIONAL COPY OF COMMERCIAL INVOICE AND PHOTOCOPY OF TRANSPORT DOCUMENT (S) /DELIVERY ORDER (S) ARE REQUIRED TO BE PRESENTED TOGETHER WITH THE DOCUMENTS FOR THE ISSUING BANK'S RETENTION, OTHER-

WISE USD5.00 OR EQUIVALENT WILL BE DEDUCTED FROM THE PROCEEDS IF THESE EXTRA DOCUMENTS ARE NOT PRESENTED.

⑤5 PCT MORE OR LESS IN QUANTITY AND AMOUNT ARE ALLOWED.

⑥SHIPMENT MUST BE EFFECTED BY 1 × 20' FULL CONTAINER LOAD. B/L TO SHOW EVIDENCE OF THIS EFFECT IS REQUIRED.

⑦ONE SET OF NON-NEGOTIABLE SHIPPING DOCUMENTS TO BE FAXED TO APPLICANT AFTER SHIPMENT. BENEFICIARY'S CERTIFICATE TO THIS EFFECT IS REQUIRED.

INSTRUCTIONS TO THE NEGOTIATING BANK:

THE AMOUNT AND DATE OF EACH NEGOTIATION MUST BE ENDORSED ON THE REVERSE OF THE ORIGINAL CREDIT BY THE NEGOTIATING BANK. ALL DOCUMENTS ARE TO BE SENT TO ISSUING BANK IN ONE LOT.

UPON RECEIPT OF DOCUMENTS IN CONFORMITY WITH THE TERMS AND CONDITIONS OF THIS CREDIT, WE SHALL REIMBURSE YOU BY CREDITING OUR HEAD OFFICE'S ACCOUNT WITH US.

THIS CREDIT IS ISSUED SUBJECT TO UNIFORM CUSTOMS AND PRACTICE FOR DOCUMENTARY CREDTIS (1993 REVISION) ICC PUBLICATION NO. 500.

BANK OF CHINA, BARCELONA

+ + + + + + + +

AUTHORISED SIGNATURES

4. 其他信息

(1) PACKING INFORMATION

Commodity & specification	No of packages	Total gross weight	Total net weight	Measurement
100% COTTON OVERALLS	250CTNS	5750KGS	5250KGS	$24M^3$
100% COTTON SHIRTS	60CTNS	1980KGS	1860KGS	$4M^3$
100% COTTON SINGLETS	4CTNS	248KGS	240KGS	$1M^3$
TOTAL	314CTNS	7978KGS	7350KGS	$29.000M^3$

(2) SHIPPING MARKS:

C. T. H

BARCELONA

NO.: 1 - 314

(3) DATE OF SHIPMENT: MARCH 31, 2005

VESSEL NAME AND VOYAGE NO.: TIANSHUN V. 138

根据以上信息制作订舱委托书如表 13 - 6 所示。

表 13－6 订舱委托书

出口货物订舱委托书 2005 年 3 月 18 日		信用证号	211LC200116	填制单位编号	AXAO2C3－0474
		收汇方式	L/C AT SIGHT	外运编号	
开证银行	BANK OF CHINA, BARCELONA	合 同 号		02EC301302	
		核销单号		许可证号	
发票抬头人	HOP TONG HAI (PTE) LTD. BLK 15, NORTH BRIDGE ROAD #04－9370 BARCELONA SPAIN 100032	贸易性质	GENERAL	贸易国别	SPAIN
		佣金		运输方式	BY SEA
托运人	ANHUI CHEMICALS IMP. & EXP. CO. LTD. JIN AN MANSION 306 TUNXI ROAD, HEFEI, ANHUI, CHINA	出口口岸	SHANGHAI	目 的 港	BARCELONA W/T AT HONG KONG
		可否转运	YES	可否分批	NO
		装运期限	7 APR. 2005	有效期限	17 APR. 2005

TO ORDER OF BANK OF CHINA, BARCELONA	
HOP TONG HAI (PTE) LTD. BLK 15, NORTH BRIDGE ROAD #04－9370 BARCELONA 100032 FAX: 2953397	提单特别显示：1. CLEAN "ON BOARD" OCEAN BILLS OF LADING 2. SHIPMENT MUST BE EFFECTED BY 1 × 20' FULL CONTAINER LOAD
FREIGHT PREPAID 提单份数 3/3 + 2N/N	

标记唛头	货名规格及货号	包装件数	数量或尺码	毛重	净重	价格（成交条件）单价	价格（成交条件）总价
CIF BARCELONA							
C. T. H BARCELONA NO.: 1－314	100% COTTON OVERALLS (H. S. CODE: 62113290. 29)	250CTNS	7500PCS (625DOZS)	5750KGS	5250KGS	USD45. 00 PER DOZ	USD28125. 00
	100% COTTON SHIRTS (H. S. CODE: 62052000. 99)	60CTNS	7200PCS (600DOZS)	1980KGS	1860KGS	USD16. 50 PER DOZ	USD9900. 00
	100% COTTON SINGLETS (H. S. CODE: 61091000. 10)	4CTNS	1200PCS (100DOZS)	248KGS	240KGS	USD9. 50 PER DOZ	USD950. 00
TOTAL:		314CTNS	15900PCS (1325DOZS)	7978KGS	7350KGS		USD38975. 00
SAY TOTAL: UNITED STATES DOLLARS THIRTY EIGHT THOUSAND NINE HUNDRED AND SEVENTY FIVE ONLY							

外运外轮注意事项		总体积	$29M^3$
		险别	ALL RISKS AND WAR RISK
		保额	按发票金额加：10%
		赔款地点	BARCELONA IN USD
		业务员	＋＋＋＋

二、租船运输

租船运输（Shipping by Chartering），又称租船，是海洋运输的一种方式，是指租船人（Charterers）向船东（Owners）租赁船舶用于货物运输的一种方式。租船运输适用于大宗货物运输，有关航线和港口、运输货物的种类以及航行的时间等，都按照承租人的要求，由船舶所有人确认，并按商定运价，向船舶所有人支付运费或租金的运输方式。租船人与出租人之间的权利义务以双方签订的租船合同（Charter Party）来确定。

（一）租船方式种类及特点

租船方式主要有定程租船和定期租船两种：

1. 定程租船

定程租船（Voyage Charter），又称程租船，是以航程为基础的租船方式。它是船舶所有人按双方事先议定的运价与条件向租船人提供船舶全部或部分舱位，在指定的港口之间进行一个或多个航次运输指定货物的租船业务。定程租船可分为：（1）单航次程租（Single Voyage Charter），只租一个航次的租船。船舶所有人负责将指定货物由一港口运往另一港口，货物运到目的港卸货完毕后，合同即告终止。（2）来回航次租船（Round Voyage Charter），洽租往返航次的租船，一艘船在完成一个单航次后，紧接着在上一航次的卸货港（或其附近港口）装货，驶返原装货港（或其附近港口）卸货，货物卸毕合同即告终止。（3）连续航次租船（Consecutive Voyage Charter），即洽租连续完成几个单航次或几个往返航次的租船。在这种方式下，同一艘船舶，在同方向、同航线上，连续完成规定的两个或两个以上的单航次，合同才告结束。（4）包运合同（Contract of Affreightment，COA），又称大合同。包运合同租船是指船东在约定的期限内，派若干条船，按照同样的租船条件，将一大批货物由一个港口运到另一个港口，航程次数不作具体规定，合同针对待运的货物。

包运租船的特点是：（1）包运租船合同中不确定船舶的船名及国籍，仅规定船舶的船级、船龄和船舶的技术规范等，船舶所有人只须比照这些要求提供能够完成合同规定每航次货运量的运力即可，这对船舶所有人在调度和安排船舶方面是十分灵活、方便的。（2）租期的长短取决于货物的总量及船舶航次周期所需的时间。（3）船舶所承运的货物主要是运量特别大的干散货或液体散装货物，承租人往往是业务量大和实力强的综合性工矿企业、贸易机构、生产加工集团或大石油公司。（4）船舶航次中所产生的时间延误的损失风险由船舶所有人承担，而对于船舶在港装、卸货物期间所产生的延误，则通过合同中订有的“延滞条款”的办法来处理，通常是由承租人承担船舶在港的时间损失。（5）运费按船舶实际装运货物的数量及商定的费率计收，通常按航次结算。

程租船特点有：（1）船舶的经营管理由船方负责；（2）规定一定的航线和装运的货物种类、名称、数量以及装卸港；（3）船方除对船舶航行、驾驶、管理负责外，还应对货物运输负责；（4）在多数情况下，运价按货物装运数量计算；（5）规定一定的装卸期限或装卸率，并计算滞期费和速遣费；（6）船租双方的责任义务，以定程租船合同为准。

2. 定期租船

定期租船（Time Charter/Period Charter）简称期租船，它是船舶所有人把船舶出租给承租人使用一定时期的租船方式，在这期限内，承运人可以利用船舶的运载能力来安排货运。租期内的船舶燃料费、港口费用以及拖轮费用等营运费用，都由租船人负担，船东只负责船舶的维修、保险、配备船员和供给船员的给养和支付其他固定费用。期租船的租金在租期内不变，支付方法一般按船舶夏季载重线时的载重吨每吨每月若干货币单位计算，每30天（或每日每月），或每半月预付一次。

期租船特点：（1）船长由船舶所有人任命，船员也由船舶所有人配备，并负担他们的工资和给养，但船长应听从承租人的指挥，否则承租人有权要求船舶所有人予以撤换。（2）船舶的营运调度由承租人负责，并负担船舶的燃料费、港口费、货物装卸费、运河通行费等与营运有关的费用，而船舶所有人则负担船舶的折旧费、维修保养费、船用物料费、润滑油费、船舶保险费等船舶维持费。（3）租金按船舶的载重吨、租期长短及商定的租金率计算。（4）租船合同中订有关于交船和还船，以及关于停租的规定。（5）较长期的定期租船合同中常订有“自动递增条款（Escalation clause）”以保护船舶所有人在租期中因部分费用上涨而使船舶所有人的盈利减少或发生亏损的损失。由于租金一经确定，通常在租期内不再变动，如果合同中订有“自动递增条款”，在规定的费用上涨时，按约定租金即可按相应的比例提高。

3. 定期租船合同

（1）定期租船合同的形式。定期租船合同（Time Charter Party）是指船舶出租人向承租人提供约定的由出租人配备船员的船舶，由承租人在约定的期间内按照约定的用途使用，并支付租金的合同。

目前，国际上常用的定期租船合同范本主要有以下三种。

1）纽约土产交易所期租合同。纽约土产交易所期租合同（New York Produce Exchange Time Charter），简称为“土产格式”（Produce Form），由美国纽约土产交易所于1913年制定，因而航运界常称此格式为“NYPE”（租约代号）。NYPE经美国政府批准使用，故又称“政府格式”（Government Form）。到目前为止，该格式经历了1921年、1931年、1946年、1981年和1993年五次修订。现在普遍使用的是经1946年10月3日修订后的格式，即NYPE46，据业内人士估计，大约有90%的定期租船合同是以NYPE46为蓝本的。有人认为NYPE是租船人格式，但大多数人认为NYPE对租船人和船东双方的权利和义务订得较为合理，并没有偏袒任何一方。

2）统一定期租船合同。统一定期租船合同（Uniform Time Charter）的租约代号为BALTIME。此格式由波罗的海国际航运公会于1909年制定，最后修订于1939年。BALTIME由于是船东组织制定的，所以在很多条款上比较维护船东的利益。

3）中国定期租船合同标准格式。中国定期租船合同标准格式（China National Chartering Corporation Time Charter Party）的租约代号为SINOTIME1980，由中国租船公司制定，此格式较多地维护租船人的利益。

（2）定期租船合同的主要内容。在定期租船合同中，通常订有以下主要条款：船舶说明（Description of Vessel）条款；交船（Delivery of Vessel）条款；租期（Charter Period）条款；合同解除（Cancelling）条款；货物（Cargo）条款；Limits 航行区域（Trading）条款；船东提供的事项（Owners to Provide）条款；租船人提供的事项（Charterers to Provide）条款；租金支付及撤船（Payment of Hire and Withdrawal）条款；还船（Redelivery of vessel）条款；停租（Off-hire）条款；船东的责任及豁免（Owners’ Responsibilities and

Exceptions）条款；使用与赔偿（Employment & Indemnity）条款；转租（Sub-let）条款；共同海损（General Average）条款；新杰森（New Jason）条款；双方互有责任碰撞（Both-to-Blame Collission）条款；战争（War Risks）条款；仲裁（Arbitration）条款；佣金（Commission）条款。（注：杰森条款在1936年COGSA《海上货物运输法》出现后演变为“新杰森条款”，其主要内容为：当船舶因船长、船员或引航员的过失发生事故而采取救助措施时，即使救助船与被救助船同属于一个船公司，被救船仍需支付救助报酬，该项救助报酬可作为共同海损费用。）

4. 航次租船合同

航次租船合同（Voyage Charter）又称程租合同，是指出租人就约定港口之间的航程提供船舶或部分舱位，承运约定的货物，而由承租人支付约定运费的合同。

目前，世界上最常用的航次租船合同格式有以下五种：

（1）《统一杂货租船合同》。《统一杂货租船合同》（Uniform General Charter），租船合同代号“金康”（GENCON）。此格式由波罗的海国际航运公会（The Baltic and International Maritime Conference）制定，并经1922年、1976年、1994年三次修订。到目前为止，国际使用较多的仍是1976年格式。此格式在很多条款上，比较明显地维护出租人的利益。它可适用于各种航线和各种货物的航次租船，目前在世界上采用最广。中国进出口的航转租承租人多用这一格式。

（2）《巴尔的摩C式》。《巴尔的摩C式》（Baltime Berth Charter Party Steamer，Form C），此格式广泛适用于北美地区整船谷物运输，由北美谷物出口协会制订并为波罗的海国际航运公会认可，租船合同代号“NORGRAIN”。

（3）《澳大利亚谷物租船合同》。《澳大利亚谷物租船合同》（Australian Grain Charter Party），租船合同代号“AUSTRAL”。

（4）《油船航次租船合同》。《油船航次租船合同》（Tanker Voyage Charter Party），此格式由美国船舶经纪人和代理人协会于1977年制订，专门适用于油船航次租船，租船合同代号“ASBATANKVOY”。

（5）《油船航次租船合同》。《油船航次租船合同》（Tanker Voyage Charter Party），由国际独立油轮船东协会制订，租船合同代号“INTERTANKVOY”。

5. 航次租船合同的主要内容

航次租船合同范本种类繁多，而且适用的范围也各不相同。但一般而言，航次租船合同都订有下列条款：船舶说明（Description of Vessel）条款；预备航次（Preliminary Voyage）条款；船东责任（Owners Responsibility）条款；运费支付（Payment of Freight）条款；装卸（Loading/Dlscharging）条款；滞期费和速遣费（Demurrage & Despatch）条款；销约（Cancelling）条款；留置权（Lien clause）条款或租船人责任中止条款（Cesser Clause）；提单（Bill of Lading）条款；双方互有碰撞责任条款（Both-to-Blame Collision Clause）；新杰森条款（New Jason Clause）；共同海损条款（General Average Clause）；仲裁条款（Arbitration Clause）；佣金条款（.Broberage Commission Clause）；罢工条款（Strike Clause）；战争条款（War Risks Clause）；冰冻条款（Ice Clause）。

6. 定期租船合同与航次租船合同的不同

定期租船合同具有财产租赁合同和运输合同的双重性，因为承租人根据定期租船合同在一定时期内取得对船舶的调动权和使用权。另外，承租人租赁船舶，在多数情况下是为了承运第三人的货物，且合同中有许多条款是直接规定货物运输的，因此，它又具有运输合同的某些特征。其与航次租船合同的主要不同是：

（1）出租人地位不同 。在定期租船合同中，承租人享有出租人让与的经营权，因此，在其承揽第三者货物时，通常以自己的名义签发提单交与托运人，承租人为承运人，他与托运人、收货人具有最密切的合同关系，而出租人与第三人无合同关系。

另外，这种经营权的区别，使得定期租船合同的船东（出租人）为了保证其船舶的安全，就会在合同中加入有关航区、可装运货物范围等航次租船合同中没有的规定。

（2）在营运成本方面不同。在航次租船合同中由船方负担的航次成本在定期租船下转由租船人承担，因而在定期租船中会有关于燃油消耗量、航速的规定。

（3）在时间损失上不同。航次租船的时间损失由船方承担，因此，在航次租船合同中有关于装卸时间的规定；而在定期租船合同中，时间损失由租船人承担，因此，定期租船合同中有关于停租的规定。

7. 租船合同实例

VOYAGE CHARTER PARTY

This Charter Party, dated as 29th January, 2012 is concluded by and between Hong Kong ABC Trade Co. Ltd. as Charterers (hereinafter referred to as "Charterers") and XYZ SHIPPING Co. Ltd. as Owners (hereinafter referred to as "Owners").

WITNESSETH THAT:

Charterers undertake to provide cargoes, and Owners undertake to provide transportation, on the terms and conditions of this Charter Party, for cargoes of IRON ORE (as mentioned in the clause No. 3) from One to two main Port (s), India to P. R. China (the loading and discharging ports as per clause No. 5).

1. Definitions

In this Charter Party, unless otherwise defined, the terms should have following meanings:

1 A. "Dollars" and "Cents" mean respectively dollars and cents in lawful money of the United States of America.

2. Performing Vessel

MV TOP SEA or SUBSTITUTE

PANAMA FLAG / BUILT 2004

SINGLEDECK BULKCARRIER

DWAT 29, 000MT ON 10M SSW

LOA 186. 60M / BEAM 25M

TPC SUMMER 40. 29 T/CM

5 HOLDS/ 5 HATCHES

GRT/NRT 18813 / 9520

ALL DETAILS ABOUT

Owners to have the option to substitute performing vessel at any time under advice to Charterers without delay provided such vessel intake is similar to the vessel original nominated and the laycan remains unchanged. Charterers should confirm the nomination or substitute vessel with shippers/receivers' approval within two business days, which will not be unreasonably withheld.

3. Cargo Quantity

25 000 metric tons with 10% more or less in Owners' option iron ore in bulk (Maximum two grades of ore in Charterers option, but always excluding DRI/DRIP/HBI.).

4. Laydays and Canceling date

Laydays shall be the period of 8th Feb, 2012 to 18th Feb, 2012.

When it becomes apparent that the vessel cannot make the cancelling date, Charterers to advise Owners within two (2) working day after receiving Owners' notice thereof, whether they cancel the fixture or not.

5. Loading and Discharging Ports

5A. The Charterers shall load and spout trim the cargo at one safe berth one safe port Paradip, India. The vessel is always to be safety afloat and always accessible.

5B. The Shipowners agree to carry maximumtwo grades of Ore (Fine, Pellets or Lump Ore) within the vessel's natural segregation. The Charterers shall inform the Owners of the quantity and variety of the cargo prior to the vessel reaching the loading port.

5C. Upon completion of loading, the vessel shall proceed to one safe berth, one safe port Beilun or Nantong in the People's Republic of China. The vessel is to be always safely afloat and free of risks and expenses to the Owners.

Exact discharging port should be declared by Charterers 10 days before arrival of the vessel at the discharging port.

And Charterers guarantee there is no draft limitation for the mentioned vessel at the discharge port.

6. Deviation

The Carrying vessel shall sail and arrive at the port of discharging within the normal and reasonable period of time. Any unreasonable deviation or delay is not allowed. It is understood that the vessel is allowed to proceed at economical speed and to bunker en-route.

The Owners shall have the responsibility to advise the Charterers of accidents occurred as soon as they are known to the Owners while the vessel is en-route. If the Owners fail to give such advice in time, any losses and charges incurred therefrom shall be for the Owners' account. For the purpose of saving life or property the vessel has liberty to deviate to tow and assist vessels in distress.

7. Notices

7A. The Master or the Owner shall provide notice of the vessel's ETA at the loading port to both the Shippers and the Charterers. Such notice shall be given 12 days, 8 days, 72 hours, 48 hours and 24 hours prior to the vessels expected arrival or at any time upon the Charterers' request.

7B. The Master or the Owners shall, with the 72 hours notice, inform the Shippers about the vessels cargo plan with the following details:

- Arrival and departure drafts
- Air draft
- Ballast quantity on arrival and, if any is in the cargo holds, and if so, how is it distributed
- Time required for deballasting after berthing
- Loading sequence

Unless otherwise instructed by the Shippers. The Master or the Owners shall undertake that the vessel will be presented for berthing with minimum ballast compatible with the vessels seaworthiness.

7C. The Owners should, on departure of vessel from the loading port, inform the Charterers of the departure date, ETA China, loaded quantity of each type of Ore, quantity and type of Ore in each hold and the estimated arrival draft.

7D. The Master of the vessel or the Owners shall give the Charterers Agent at the discharging port, the following 5 notices of ETA of the vessel. The first notice is to be given on departure from the loading port, then 15 days, 72 hours, 48 hours and 24 hours prior to the ETA.

The first notice shall indicate the name of the vessel, the type and quantity of cargo and the number of compartments.

8. Freight Rates

Net basic freight rates, in U. S. Dollars, per wet metric ton, on the Bill (s) of Lading cargo quantity shall be:

USD per wet metric ton, F. I. O. S. T. basis 1/1 on the Bill (s) of Lading cargo intake, for discharge at Beilun only.

USD per wet metric ton F. I. O. S. T. basis 1/1 on the Bill (s) of Lading cargo intake, for discharge at Nantong only.

9. Bunker Escalation/De-escalation (Nil)

10. Demurrage and Despatch Clause

Demurrage and despatch shall be calculated on the basis of the statement of facts made by the Agents at the loading and discharging ports, entrusted by the Owners and mutually confirmed by the Master and the loading or discharging port authorities.

10A. Loading Port:

Loading rate : scale rates as in relevant sales contract to apply.

Notice of Readiness is to be tendered at any time, day or night, Sundays and Holidays included, whether in port or not, whether in berth or not, whether customs cleared or not, whether in free pratique or not.

Demurrage: USD6, 500 per day or pro rata for part of a day;

Despatch half Demurrage; laytime time saved.

Turn time: 12 hours unless sooner commenced, actual time used to count.

10B. Discharging Port:

Vessel to be discharged at customary quick despatch (C. Q. D.).

At each discharging port, Notice of Readiness shall be tendered upon vessel's arrival, in writing/fax/telex/e-mail, at any time any day or night, Sunday and holiday included, whether in berth or not, whether in port or not, whether in custom clearance or not, whether free pratique or not.

Charterers shall have all necessary import licences, cargo documents and formalities ready on/before vessel's arrival at discharge port. Failing which, Charterers shall be liable for any vessel detention caused (including but not limited to detention fee, time and expenses). Owners have the right to claim the detention fee on the basis of market demurrage rate or as per the detention fee claimed by the head Owners. Detention time to count from vessel's arrival at discharge port till the time vessel commences discharge. In case of any stoppage during discharging on this account, actual time lost shall be borne by Charterers at the above mentioned rate.

10C. The cargo in the vessel shall be in grabs' reach. The Vessel shall be guaranteed suitable for grab discharge. Discharging shall complete upon the last grab of cargo leaving hatches.

11. Payment of Freight

11A. Freight is to be paid in U. S. Dollar to the bank account designated by the Owners as followed. (Owners Bank details: to be advised)

11B. The Freight is to be paid 95% against the Bill (s) of Lading quantity within five (5) business days after release of the Bill (s) of Ladings to the Shippers and receipt of the Owners Freight invoice with the Owners signature and attachment copy of the signed Bill (s) of Lading marked "Freight To Be Paid As Per Charter Party" which was submitted by the Owners or their Agents. But freight payment always before breaking bulk owners have lien on cargo for freight/deadfreight/demurrage.

11C. The balance of Freight shall be settled within 30 days after right and true delivery of the cargo together with Demurrage and Despatch money, at loading and discharging ports.

11D. The Freight is to be paid discountless and non-returnable whether the vessel and or cargo is lost or not lost.

12. Overtime at Discharging Ports

Overtime of the Crew and Officers on board shall be for the Owners' account. The vessel shall, if required, supply light for night work as on board free of expense to the Charterers.

13. Taxes and Dues

Any Taxes/Dues/Wharfages on the cargo at the loading and discharging ports shall be for the Charterers' account. Any Taxes/Dues/Wharfages on the Vessel/Freight/Bill (s) of Lading at the loading port and discharging ports shall be for the Owners' account.

14. Stevedoring Damage at Discharging Port (s)

Stevedore damage, if any, at the loading port shall be settled between the Port Authorities and the Owners, but the Charterers will lend all possible assistance to the Owners in collecting any Stevedore damage claims.

Stevedore damage, if any, at the discharging port shall be settled between the Owners and the Stevedoring Company, but the Charterers will lend all possible assistance to the Owners in collecting any Stevedore damage claims.

15. Bill of Lading

The Bill (s) of Lading shall be prepared in accordance with procedures established in the Purchase Contract. The Bill (s) of Lading shall be signed by the Master or the Agents of the Owners within 24 hours after completion of loading and awarded to the Shippers, the Freight and all conditions as per this Charter Party. If any of the clauses in the Bill (s) of Lading are inconsistent with the clauses in this Charter Party, the latter are to be taken as the governing documents.

16. Discharge without Original Bill of Lading

If original bills of lading can not be presented at discharging port, owners /master agree to discharge the cargo against charterers' letter of Indemnity in owners P&I club standard form without bank guarantee, bank endorsement.

17. Assignment

Neither the Owners nor the Charterers may assign the Charter Party in whole or in part without prior written consent of the other party. The Owners and the Charterers shall always remain responsible for the due fulfillment of this Charter Party.

18. Agents

The Owner's Agents at the loading port. The Agents at the discharging ports shall be nominated by the Charterers and appointed by the Owners.

The Owners shall send to the Charterers by express-mail or fax the statement of facts of the loading and discharging ports within 3 business days after the completion of loading or discharging.

19. General Average

In case of General Average, the same shall be adjusted as in London according to English Law and the "YORK-ANTWERP Rules, 1974 amended 1990" or any amendment thereto. Should the vessel put into any port or ports due to leakage or damage incurred en route or in any port, the Master and Owners shall inform the Charterers without any delay.

20. Bimco Standard ISM clause to apply

21. Both To Blame Collision Clause

Clause 23 of ASBATIME 1981 apply to this Charter Party.

22. New Jason Clause

Clause 23 of ASBATIME 1981 apply to this Charter Party.

23. Clause Paramount

All Bill (s) of Lading under the Charter Party shall include the following Clause Paramount: Hague-Visby Rules 1968 or similar legislation of the nation of destination shall be applicable.

24. War Risk

Clause VOYWAR 2004 shall apply to this Charter Party

WAR RISKS CLAUSE FOR VOYAGE CHARTERING, 2004

Code Name: VOYWAR 2004

(a) For the purpose of this Clause, the words:

(i) "Owners" shall include the shipowners, bareboat charterers, disponent owners, managers or other operators who are charged with the management of the Vessel, and the Master;

(ii) "War Risks" shall include any actual, threatened or reported:

War; act of war; civil war; hostilities; revolution; rebellion; civil commotion; warlike operations; laying of mines; acts of piracy; acts of terrorists; acts of hostility or malicious damage; blockades (whether imposed against all vessels or imposed selectively against vessels of certain flags or ownership, or against certain cargoes or crews or otherwise howsoever); by any person, body, terrorist or political group, or the Owners, may be dangerous or are likely to be or to become dangerous to the Vessel, her cargo, crew or other persons on board the Vessel.

(b) If at any time before the Vessel commences loading, it appears that, in the reasonable judgment of the Master and/or the Owners, performance of the Contract of Carriage, or any part of it, may expose, or is likely to expose, the Vessel, her cargo, crew or other persons on board the Vessel to War Risks, the Owners may give notice to the Charterers canceling this Contract of Carriage, or may refuse to perform such part of it as may expose, or may be likely to expose, the Vessel, her cargo, crew or other persons on board the Vessel to War Risks; provided always that if this Contract of Carriage provides that loading or discharging is to take place within a range of ports, and at the port or ports nominated by the Charterers the Vessel, her cargo, crew, or other persons onboard the Vessel may be exposed, or may be likely to be exposed, to War Risks, the Owners shall first require the Charterers to nominate any other safe port which lies within the range for loading or discharging, and may only cancel this Contract of Carriage if the Charterers shall not have nominated such safe port or ports within 48 hours of receipt of notice of such requirement.

(c) The owners shall not be required to continue to load cargo for any voyage, or to sign Bills of Lading for any port or place, or to proceed or continue on any voyage, or on any part thereof, or to proceed through any canal or waterway, or to proceed to or remain at any port or place whatsoever, where it appears, either after the loading of the cargo commences, or at any stage of the voyage thereafter before the discharge of the cargo is completed, that, in the reasonable judgment of the Master and/or the Owners, the Vessel, her cargo (or any part thereof), crew or other persons on board the Vessel (or any one or more of them) may be, or are likely to be, exposed to War Risks. If it should so appear, the Owners may by notice request the Charterers to nominate a safe port for the discharge of the cargo or any part thereof, and if within 48 hours of the receipt of such notice, the Charterers shall not have nominated such a port, the Owners may discharge the cargo at any safe port of their choice (including the port of loading) in complete fulfillment of the Contract of Carriage. The Owners shall be entitled to recover from the Charterers the extra expenses of such discharge and, if the discharge takes place at any port other than the loading port, to receive the full freight as though the cargo had been carried to the discharging port and if the extra distance exceeds 100 miles, to additional freight which shall be the same percentage of the freight contracted for as the percentage which the extra distance represents to the distance of the normal and customary route, the owners having in lien on the cargo for such expenses and freight.

(d) If at any stage of the voyage after the loading of the cargo commences, it appears that, in the reasonable judgment of the Master and/or the Owners, the Vessel, her cargo, crew or other persons on board the Vessel may be, or are likely to be, exposed to War Risks on any part of the route (including any canal or waterway) which is normally and customarily used in a voyage of the nature contracted for, and there is another longer route to the discharging port, the Owners shall give notice the Charterers that this route will be taken. In this event the Owners shall be entitled, if the total extra distance exceeds 100 miles, to additional freight which shall be the same percentage of the freight contracted for as the percentage which the extra distance represents to the distance of the normal and customary route.

(e) (i) The Owners may effect war risks insurance in respect of the Hull and Machinery of the Vessel and their other interests (including, but not limited to, loss of earnings and detention, the crew and their Protection and Indemnity Risks), and the premiums and/or calls therefore shall be for their account.

(ii) If the Underwriters of such insurance should require payment of premiums and/or calls because, pursuant to the Charterers' orders, or in order to fulfill the Owners' obligation under this Charter Party, the Vessel is within, or is due to enter and remain within, or pass through any area or areas which are specified by such Underwriters as being subject to additional premiums because of War Risks, then the actual premiums and/or calls paid shall be reimbursed by the Charterers to the Owners within 14 days after receipt of the Owners' invoice. If the Vessel discharges all of her cargo within an area subject to additional premiums as herein set forth, the Charterer shall reimburse the Owners for the actual additional premiums paid which may accrue from completion of discharge until the Vessel leaves such area or areas referred to above. The Owners shall leave the area as soon as possible after completion of discharge.

(f) The Vessel shall have liberty:

(i) to comply with all orders, directions, recommendations or advice as to departure, arrival, routes, sailing in convoy, ports of call, stoppages, destinations, discharge of cargo, delivery or in any way whatsoever which are given by the Government of the Nation under whose flag the Vessel sails, or other Government to whose laws the Owners are subject, or any other Government which so requires, or any body or group acting with the power to compel compliance with their orders or directions;

(ii) to comply with all orders, directions, recommendations of any war risks underwriters who have the authority to give the same under the terms of the war risks insurance;

(iii) to comply with the terms of any resolution of the Security Council of the United Nations, the effective orders of any other Supranational body which has the right to issue and give the same, and with national laws aimed at enforcing the same to which the Owners are subject, and to obey the orders and directions of those who are charged with their enforcement;

(iv) to discharge at any other port any cargo or part thereof which may render the Vessel liable to confiscation as a contraband carrier;

(v) to call at any other port to change the crew or any part thereof or other persons on board the Vessel when there is reason to believe that they may be subject to internment, imprisonment or other sanctions;

(vi) where cargo has not been loaded or has been discharged by the Owner under any provisions of this Clause, to load other cargo for the Owners' own benefit and carry it to any other port or ports whatsoever, whether backwards or forwards or in a contrary direction to the ordinary or customary route.

If in compliance with any of the provisions of sub-clauses (b) to (f) of this Clause anything is done or not done, such shall not be deemed to be a deviation, but shall be considered as due fulfillment of the Contract of Carriage.

25. Strike and Force Majeure Clause

25A. At loading port

The time lost as a result of all or any of the following causes shall not count as laytime and demurrage VIZ: war, rebellions, tumults, civil commotion, strikes, insurrections, political disturbances, epidemics, quarantine, riots, lock-out, stoppage of miners, workmen, railway employees, stevedores, seamen or any other workers essential to the working, carriage, delivery, shipment, interruptions of railway transport, whether partial or general, landslips, flood, intervention of sanitary, customs and/or other constituted authorities or other causes beyond the Charterers' control preventing cargo preparation, loading or berthing of the vessel. Once a nominated vessel has been confirmed by the Charterers, any loss of the vessel's schedule incurred by strikes of the miners or company employees is to be considered as Force Majeure.

25 B. At discharging ports

The time lost as a result of all or any of the following causes shall not count as laytime and demurrage VIZ: war, rebellions, tumults, civil commotions, strikes, insurrections, political disturbances, epidemics, quarantine, riots, lock-out, stoppage of workmen, railway employees, stevedores, seamen or any other workers essential to the working, carriage, delivery, shipment, interruptions of railway transport, whether partial or general, landslips, flood, intervention of sanitary, customs and/or other constituted authorities or other causes beyond the Charterers' control preventing cargo preparation, discharging or berthing the vessel.

If there is a strike or lockout or boycott or Force Majeure condition, affecting the vessel's arrival time, the discharging after the vessel arrival at or off the port of discharge, the vessel's berthing, departure and same has not been settled within 48 hours, the Charterers shall have the option of keeping the vessel waiting until such strike or lockout or boycott or Force Majeure condition is at an end against paying demurrage plus bunkers consumed after expiration of the time allowed for discharge, or ordering the vessel to a safe port where she can safely discharge without risk of being detained by strike or lockout or boycott or Force Majeure.

Such orders shall be given within 48 hours after the Master or the Owners have given notice to the Charterers of strike or lockout, boycott or Force Majeure condition affecting the discharge. On delivery of the cargo at such port, all conditions of this Charter Party shall apply and the vessel shall receive the same Freight as if she had discharged the cargo at the original port. If the distance of the substituted port exceeds 100 nautical miles, the Freight rate on the cargo delivered at the substituted port is to be increased in proportion. In any event any expenses and risk causes by strike or lockout or boycott of the Master, Officers or Crews on board the performing vessel is always to be for the Owners' account.

26. Arbitration

Any disputes arising under the Charter Party shall be settled amicably. In case no such settlement can be reached, the matter in dispute shall be referred to arbitration in Beijing and Chinese law to apply. The arbitration shall consist of three persons in Beijing, one chosen by each of the parties hereto, and the third by the two so chosen. Their decision or that of two of them shall be final, and for the purpose of enforcing any award, this agreement may be made a rule of the court, the arbitrators shall be commercial shipping men.

27. War Risk Insurance

Basic war risk insurance is to be for the Owners' account but any additional and/or extra and/or increased war risk insurance premium over and above the basic war risk insurance or other insurance premium payable under the vessel's hull and machinery and/or loss of earnings policies, as well as bonuses to the Officers and/or the Crew (for which the Owners are obliged to pay for trading in or to the area covered by such war risk insurance) shall be for the Charterers' account. The Owners are free to take out such insurance (including for blocking and trapping risks) and it is agreed that the Owners are to have discretion as to what are reasonable terms thereof.

28. Extra Insurance

If the performing vessel is over 20 years old, the overage premium on cargo due to vessel's old age to be for Owners account, but Charterers have to provide supporting documents and vouchers for Owners' approval first before their payment.

29. BIMCO ISPS Clause for voyage Charter Parties

(A) (i) From the date of coming into force of the International Code for the Security of Ships and of Port Facilities and the relevant amendments to Chapter XI of SOLAS (ISPS Code) in relation to the Vessel, the Owners shall procure that both the Vessel and "the Company" (as defined by the ISPS Code) shall comply with the requirements of the ISPS Code relating to the Vessel and "the Company". Upon request the Owners shall provide a copy of the relevant International Ship Security Certificate (or the Interim International Ship Security Certificate) to the Charterers. The Owners shall provide the Charterers with the full style contact details of the Company Security Officer (CSO).

(ii) Except as otherwise provided in this Charter Party, loss, damage, expense or delay, excluding consequential loss, caused by failure on the part of the Owners or "the Company" to comply with the requirements of the ISPS Code or this Clause shall be for the Owners' account.

(B) (i) The Charterers shall provide the CSO and the Ship Security Officer (SSO) /Master with their full style contact details and any other information the Owners require to comply with the ISPS Code.

(ii) Except as otherwise provided in this Charter Party, loss, damage, expense, excluding consequential loss, caused by failure on the part of the Charterers to comply with this Clause shall be for the Charterers' account and any delay caused by such failure shall be compensated at the demurrage rate.

(C) Provided that the delay is not caused by the Owners' failure to comply with their obligations under the ISPS Code, the following shall apply:

(i) Notwithstanding anything to the contrary provided in this Charter Party, the Vessel shall be entitled to tender Notice of Readiness even if not cleared due to applicable security regulations or measures imposed by a port facility or any relevant authority under the ISPS Code.

(ii) Any delay resulting from measures imposed by a port facility or by any relevant authority under the ISPS Code shall count as laytime or time on demurrage if the Vessel is on laytime or demurrage. If the delay occurs before laytime has started or after laytime or time on demurrage has ceased to count, it shall be compensated by the Charterers at the demurrage rate.

(D) Notwithstanding anything to the contrary provided in this Charter Party, any additional costs or expenses whatsoever solely arising out of or related to security regulations or measures required by the port facility or any relevant authority in accordance with the ISPS Code including, but not limited to, security guards, launch services, tug escorts, port security fees or taxes and inspections, shall be for the Charterers' account, unless such costs or expenses result solely from the Owners' negligence. All measures required by the Owners to comply with the Ship Security Plan shall be for the Owners' account.

(E) If either party makes any payment which is for the other party's account according to this Clause, the other party shall indemnify the paying party.

30. Lien

Owners shall have a lien on cargo for ocean freight, deadfreight, demurrage and general average contribution due under the Charter Party.

31. Gas Free Clause

Deleted

32. Language / Communication

It is agreed that the English language will be used in notices letter, cables and all other means of communications. All relevant communications between the Charterers and the Owners shall be made through telex, telegram or fax.

33. Commission (Nil)

34. Headings

The headings in the Charter Party are for purpose of convenience only and shall not limit or otherwise affect any of the terms or stipulation hereof. The Charter Party is written in English and signed as performing Charter Party.

IN WITNESS WHEREOF, this Charter Party has been executed by and between Owners and Charterers in Two (2) originals, one of each to be retained by Owners and Charterers.

CHARTERERS:	**OWNERS:**
Hong Kong ABC Trade Co. Ltd.	**XYZ SHIPPING Co. Ltd.**

(二) 报关

1. 报关及其程序

报关涉及的对象可分为进出境的运输工具和货物、物品三大类。由于性质不同，其报关程序各异。运输工具如船舶、飞机等通常应由船长、机长签署到达、离境报关单，交验载货清单、空运、海运单等单证向海关申报，作为海关对装卸货物和上下旅客实施监管的依据。而货物和物品则应由其收发货人或其代理人，按照货物的贸易性质或物品的类别，填写报关单，并随附有关的法定单证及商业和运输单证报关。如属于保税货物，应按“保税货物”方式进行申报，海关对应办事项及监管办法与其他贸易方式的货物有所区别。

2. 报关流程

报关可以分为五个基本环节，即申报、查验、征税、放行及结关。

(1) 申报。申报是指进口货物的收货人、出口货物的发货人或他们的代理人以书面或电子数据交换（电子口岸）方式向海关报告其进出口货物情况，申请海关审查、放行，并对所报内容的真实准确性承担法律责任的行为。申报时要填写进口货物报关单。1) 进出口货物的发货人在根据进出口合同的规定，按时、按质、按量备齐出口货物后，即应当向运输公司办理租船订舱手续，准备向海关办理报关手续，或委托专业（代理）报关公司办理报关手续。2) 需要委托专业或代理报关企业向海关办理申报手续的企业，在货物进出口之前，应在口岸就近向专业报关企业或代理报关企业办理委托报关手续。接受委托的专业报关企业或代理报关企业要向委托单位收取正式的报关委托书，报关委托书以海关要求的格式为准。3) 准备好报关用的单证是保证出口货物顺利通关的基础。一般情况下，报关应备单证除进出口货物报关单外，主要包括：托运单（即下货纸）、发票一份、贸易合同一份、出口收汇核销单及海关监管条件所涉及的各类证件。

申报应注意报关期限问题：报关期限是指货物运到口岸后，法律规定发货人或其代理人向海关报关的时间限制。进出口货物的报关期限在《海关法》中有明确的规定，而且出口货物报关期限与进口货物报关期限是不同的。

出口货物的发货人或其代理人除海关特许外，应当在装货的24小时以前向海关申报。做出这样的规定是为了在装货前给海关以充足的查验货物的时间，以保证海关工作的正常进行。

如果在这一规定的期限之前没有向海关申报，海关可以拒绝接受通关申报，这样，出口货物就得不到海关的检验、征税和放行，无法装货运输，从而影响运输单据的取得，甚至导致延迟装运、违反合同。因此，应该及早地向海关办理申报手续，做到准时装运。

进口货物的收货人或其代理人应当自载运该货的运输工具申报进境之日起14天内向海关办理进口货物的通关申报手续。做出这样的规定是为了加快口岸疏运，促使进口货物早日投入使用，减少差错，防止舞弊。

如果在法定的14天内没有向海关办理申报手续，海关将征收滞报金。滞报金的起收日期为运输工具申报进境之日起的15天；转关运输货物为货物运抵指运地之日起的第15天；邮运进口货物为收到邮局通知之日的第15天。截止日期为海关申报之日。滞报金的每日征收率为进口货物到岸价格的0.5‰，起征点为人民币10元。计算滞报金的公式为：

$$滞报金总额 = 货物的到岸价格 \times 滞报天数 \times 0.5‰$$

进口货物的收货人自运输工具申报进境之日起超过三个月未向海关申报的，其进口货物由海关提取变卖处理。所得价款在扣除运输、装卸、存储等费用和税款后，尚有余款的，自货物变卖之日起一年内经收货人申请，予以发还；逾期无人申请的，上缴国库。确属误卸或者溢卸的进境货物除外。

（2）查验。查验是指海关在接受报关单位的申报并已经审核的申报单位为依据，通过对出口货物进行实际的核查，以确定其报关单证申报的内容是否与实际进出口的货物相符的一种监管方式。1）通过核对实际货物与报关单证来验证申报环节所申报的内容与查证的单、货是否一致，通过实际的查验发现申报审单环节所不能发现的有无瞒报、伪报和申报不实等问题。2）通过查验可以验证申报审单环节提出的疑点，为征税、统计和后续管理提供可靠的监管依据。海关查验货物后，均要填写一份验货记录。验货记录一般包括查验时间、地点、进出口货物的收发货人或其代理人名称、申报的货物情况，查验货物的运输包装情况（如运输工具名称、集装箱号、尺码和封号）、货物的名称、规格型号等。需要查验的货物自接受申报起1日内开出查验通知单，自具备海关查验条件起1日内完成查验，除需缴税外，自查验完毕4小时内办结通关手续。

（3）征税。根据《海关法》的有关规定，进出口的货物除国家另有规定外，均应征收关税。关税由海关依照海关进出口税则征收。需要征税费的货物，自接受申报1日内开出税单，并于缴核税单2小时内办结通关手续。

进口方在收到海关的税款缴款书后，应当及时履行纳税义务；根据《海关法》的规定，进口方应在海关签发税款缴款书的次日起7天内（星期日和节假日除外）向指定的银行缴纳税款。逾期未缴的，将依法追缴并按滞纳天数征收应缴款额的0.1%的滞纳金。

（4）放行。放行是指海关在接受进出口货物申报、查验货物，并在纳税义务人缴纳关税后，在货运单据上签印放行。进出口商或其代理人必须凭海关签印的货运单据才能提取或发运进出口货物。未经海关放行的海关监管货物，任何单位和个人不得提取或发运。1）对于一般出口货物，在发货人或其代理人如实向海关申报，并如数缴纳应缴税款和有关规费后，海关在出口装货单上盖“海关放行章”，出口货物的发货人凭以装船起运出境。2）出口货物的退关。申请退关货物发货人应当在退关之日起三天内向海关申报退关，经海关核准后方能将货物运出海关监管场所。3）签发出口退税报关单。海关放行后，在浅黄色的出口退税专用报关单上加盖“验讫章”和已向税务机关备案的海关审核出口退税负责人的签章，退还报关单位。在中国每天大约出口价值1.5亿美元的货物，出口核销退税每延迟一天，就要给广大客户造成很大损失。如何加快出口核销退税速度呢？在单证操作方面最重要的一点就是正确填写出口报关单。报关单的有关内容必须与船公司传送给海关的舱单内容一致，才能顺利地核销退税。对海关接受申报并放行后，由于运输工具配载等原因，部分货物未能装载上原申报的运输工具的，出口货物发货人应及时向海关递交《出口货物报关单更改申请单》及更正后的箱单发票、提单副本进行更正，这样报关单上内容才能与舱单上内容一致。海关核准后方能将货物运出海关监管场所。

（5）结关。结关是指对经口岸放行后仍需继续实施管理的货物，海关在固定的期限内进行核查，对需要补证、补税货物作出处理直至完全结束海关监管的工作程序。

加工贸易进口货物的结关，是指海关在加工贸易合同规定的期限内对其进口、复出口及余料情况进行核对，并经经营单位申请办理了经批准内销部分的货物的补证、补税手续，对备案的加工贸易手册予以销案。

暂时进出口货物的结关，是指在海关规定的期限内（含经批准延期的）暂时进口货物复运出口或者暂时出口货物复运进口，并办理了有关纳税销案手续，完全结束海关监管的工作程序。

特定减免税货物的结关，是指有关进口货物到达海关监管年限并向海关提出解除监管申请，领取了经主管海关核发的《海关对减免税进出口货物解除监管证明》，完全结束海关监管的工作程序。

简单地说就是办结该批货物的一切海关手续。

3. 进口报关流程

（1）客户提供到货通知书、正本提单或电放保函及换单费、集装箱码头装卸作业费（Terminal Handling Charge，THC 费）等给货代公司，由货代公司代客户到所属船公司换取进口提货单，见图 13－2。

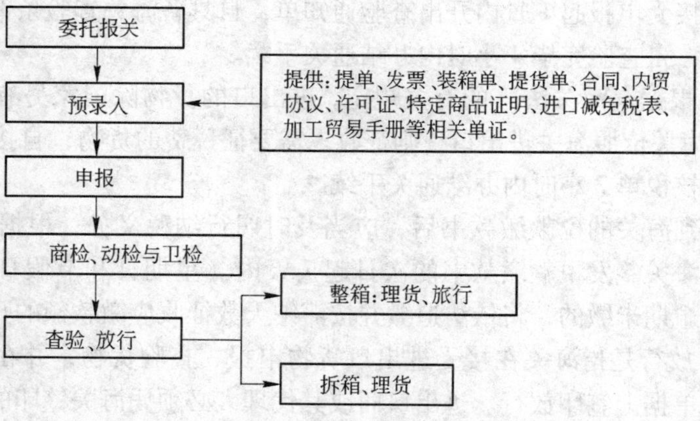

图 13－2 进口报关流程图

（2）准备进口报关所需单证。1）必备单证：货物装箱单、发票、合同一式一份、报关、报检委托书各一份。2）从欧盟、美国、韩国、日本进口货物，如是木制包装箱的需提供热处理证书或植物检疫证书，如是非木制的提供无木制包装。3）税则所规定的各项证件（如进口许可证、机电证、重要工业品证书）。4）有减免税手册的提供减免税证明手册。

（3）进口申报后如海关审价需要，客户需提供相关价格证明，如信用证、保单、原厂发票、招标书等海关所要求的文件。

（4）海关打印税单后，客户需在 7 个工作日缴纳税费。如超过期限，海关按日计征滞纳金。

（5）查验后放行。

4. 出口报关流程

（1）出口报关企业应在当地海关、检验检疫局注册备案，有进出口经营权和报检资格，见图 13－3。

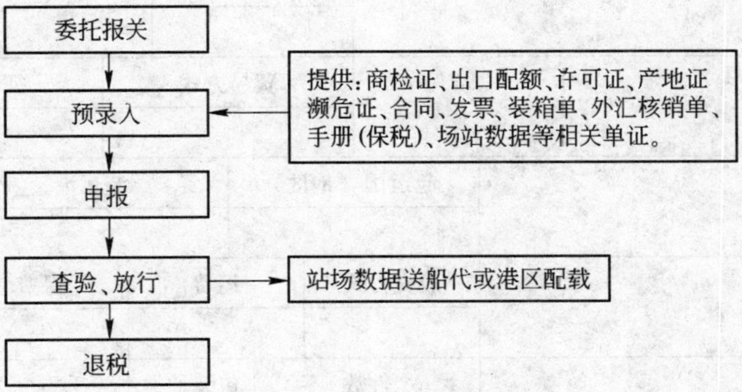

图 13－3　出口报关流程图

（2）出口报关所需单证有：1）客户就在货物运抵海关监管区后，装货的 24 小时之前，备齐海关所需单证向海关申报。2）必备单证：清单、发票、合同、报关委托书、船公司装货单等单证件各一份。3）按海关税则所规定的各项证件（如通关单、出口许可证等）。4）有出口手册需提供手册报关。

（3）需具备的各种单证。

1）基本单证。

①出口货物报关单。由海关总署统一格式印制，分一般贸易、来料加工、进料加工等若干种，格式基本相同，辅以不同颜色或加注贸易性质的文字以示区别。出口商缮制的报关单一式两份，一份连同商业发票、装箱单等单据交海关留底，一份交报关行录入并缮制报关单（退税联和外汇核销联）。②出口货物报关委托书。用海关统一要求的格式。③出口收汇核销单。④商业发票。⑤装箱单。

2）货运单证。

①海运装货单（《集装箱货物托运单》第五联）。②空运总运单或分运单。③铁路运单。④汽运载货清单。

3）法定单证。

①法定商检通关单。②来料、进料加工手册。③出口许可证（海关联）。④其他海关监管的法定单证。

4）备用单证。

①贸易合同或出口代理协议。②出口货物保险单。

5. 进出口货物报关单填制规范

为统一进出口货物报关单填报要求，保证报关单数据质量，根据《海关法》及有关法规，海关总署制定了报关规范。参见：海关总署公告 2008 年第 52 号（关于再次修订《中华人民共和国海关进出口货物报关单填制规范》）和海关总署 2009 年第 6 号公告（关于修订进出口货物报关单的填制要求）。附进出口货物报关单如下：

中华人民共和国海关进口货物报关单

预录编号：		海关编号：	

进口口岸	备案号	进口日期	申报日期
经营单位	运输方	运输工具名称	提运单号
发货单位	贸易方式	征免性质	征税比例
许可证号	起运国（地区）	装运港	境内目的地

批准文号	成交方式	运费	保费	杂费
合同协议号	件数	包装种类	毛重（公斤）	净重（公斤）
集装箱号	随附单据		用　途	

标记唛码及备注

项号	商品编号	商品名称、规格型号	数量及单位	最终目的国（地区）	单价	总价	币制	免征

税费征收情况

录入员	录入单位	兹声明以上申报无讹并承担法律责任	海关审单批注及放行日期（签章）	
			审单	审价
报关员		申报单位（签章）	征税	统计
单位地址			查验	放行
		填制		

三、货物运输保险

货物在运输过程中往往会发生风险并导致损失，为了在货物发生损失后能得到补偿，需要对货物进行保险。因此，在CIF/CIP条件成交时，卖方应及时办理出口货物的保险手续；以FOB/FCA或CFR/CPT条件成交，买方应及时办理进口货物的保险手续，一般应在货物从装运仓库运往码头或车站之前办妥投保手续。中国进口货物大多采用预约保险的办法，各专业进出口公司或其收货代理人同保险公司事先签有预约保险合同（Open Cover）。签订合同后，保险公司负有自动承保的责任。保险涉及到保险险别的选择、保险金额的确定等相关的内容。

（一）出口货物的投保手续

按照规定，凡买卖合同规定由我方办理保险时，各公司应按规定向保险公司办理保险手续。具体程序如下：（1）投保人根据合同或信用证的规定，在备妥货物并确定装运日期后，出口公司应在货物装船前向保险公司填制一份“海运出口货物投保单”，送保险公司投保，这是保险公司接受投保、出具保单的依据。（2）保险公司接到投保单后，以此为依据，出具保险单。（3）投保人在保险公司出具保险单后，如需更改相关内容如险别、保险金额、投保期限、航程或运输工具等，需向保险公司提出申请，保险公司出立批单，附在保险单上作为保险单的组成部分。批单的法律效力优于保险单。（4）投保人缴纳保险费。

（二）海运出口货物投保单的缮制说明

1. 保险人

填写承保此批货物的保险公司的名称。一般印在投保单的上方。

2. 被保险人

保险单的受益人。除非信用证另有规定，CIF交易中被保险人一般为信用证的受益人，即出口公司。

3. 标记

标记即指“唛头”。根据信用证或S/C或订舱回单填写，如内容较多，也可以简单填写“AS PER INVOICENO. ×××”。

4. 包装及数量

填写商品外包装的数量及种类。

5. 保险货物的项目

填写商品的名称。可以填写与货物性质不相矛盾的商品统称。

6. 保险金额

按信用证规定的金额加一定的加成率投保。如信用证对此未做具体规定，则按CIF或CIP或发票金额的110%投保。注意保险金额没有辅币，因此如果算出来的保险金额为小数，应进位，不能四舍五入，否则会造成保险金额不足，而导致银行拒付。如经计算保险金额为USD65879.02，则在投保单上保险金额应填USD65880。

7. 总保险金额

本栏填写保险金额的大写数字，注意与小写一致。

8. 运输工具

按实际情况填写运输工具的名称及航次。

9. 装运港

根据信用证或合同规定填写。

10. 目的港

根据信用证或合同规定填写。

11. 货物起运日期

填写船公司配舱资料上的货物装船日期。

12. 投保险别

填写信用证规定的投保险别，包括险种和相应的保险条款等。

13. 赔款地点

根据信用证的规定填写，一般在进口国目的港。

14. 保险代理

由保险公司填写。

15. 保单号次

由保险公司提供。

16. 投保人盖章及日期

本栏由出口公司盖章并由具体经办人员签字，日期为投保的日期。

海运出口货物投保单

保险人：		被保险人：	
标记	包装及数量	保险货物项目	保险金额

总保险金额（大写）

运输工具：	（船名）	（航次）
装运港：		目的港：
货物起运日期		
投保险别：		赔款地点：
保险代理：		保单号次：
		投保人盖章
		年 月 日

（三）进口货物的投保手续

中国进口货物大多采用预约保险的办法，各专业进出口公司或其收货代理人同保险公司事先签有预约保险合同（Open Cover）。签订合同后，保险公司负有自动承保的责任。

（四）进口货物运输预约保险合同案例

进口货物运输预约保险合同

合同号 UTDT—326　　年/月　2012 年 1 月

甲方：华东贸易有限公司　　　　　　　　　　　　　乙方：中国人民保险公司

双方就进口货物的运输预约保险，议定下列各条以资共同遵守：

1. 保险范围

甲方从国外进口的全部货物，不论运输方式，凡贸易条件规定由买方办理保险的，都属于合同范围之内。甲方应根据本合同规定，向乙方办理投保手续并支付保险费。乙方对上述保险范围内的货物，负有自动承保的责任，在发生本合同规定范围内的损失时，均按本合同的规定负责赔偿。

2. 保险金额

保险金额以进口货物的 CIF 价为准。如果交易不是以 CIF 价成交，则折算成 CIF 价，计算时，运费可用实际运费，亦可由双方协定一个平均运费率计算。

3. 保险险别和费率

各种货物需要投保的险别由甲方选定并在投保单中填明。乙方根据不同的险别，规定不同的费率。现暂定如下：

货物种类	运输方式	保险险别	保险费率
铁矿石	海运	一切险 + 战争险	

4. 保险责任

各种险别的责任范围，按照所属乙方制定的“海洋货物运输保险条款”“海洋货物运输战争险条款”“航空运输综合险条款”和其他有关条款的规定为准。

5. 投保手续

甲方一经掌握货物发运情况，即应向乙方发出起运通知书，办理投保。通知书一式五份，由保险公司签订、确认后，退回一份。如果不办理投保，货物发生损失，乙方不予理赔。

6. 保险费

乙方按甲方寄送的起运通知书照前列相应的费率逐笔计收保险费，甲方应及时付费。

7. 索赔手续和期限

本合同所保货物发生保险范围以内的损失时，乙方应按制定的“关于海运进口保险货物残损检验和赔款给付办法”迅速处理。甲方应尽力采取防止货物扩大受损的措施，对已遭受损失的货物必须积极抢救，尽量减少货物的损失。

向乙方办理索赔的有效期限，以保险货物卸离海轮之日起满一年终止。如有特殊需要可向乙方提出延长索赔期。

8. 合同期限

本合同自 2012 年 01 月 01 日开始生效。

甲方：华东贸易有限公司　　　　　乙方：中国人民保险公司

第七节　结付汇单据

结汇即外汇结算（Exchange Settlement/Foreign Exchange Settlement）是指外汇收入所

有者将其外汇收入出售给外汇指定银行，外汇指定银行按一定汇率付给等值的本币的行为。结汇有强制结汇、意愿结汇和限额结汇等多种形式。

强制结汇是指所有外汇收入必须卖给外汇指定银行，不允许保留外汇；意愿结汇是指外汇收入可以卖给外汇指定银行，也可以开立外汇账户保留，结汇与否由外汇收入所有者自己决定；限额结汇是指外汇收入在国家核定的数额内可不结汇，超过限额的必须卖给外汇指定银行。在我国，过去是实行强制结汇制的，在 2008 年 8 月 1 日 新《外汇管理条例》出台之后，目前，我国实行的是实行意愿结汇制（Willingness Exchange Settlement System）。

付汇则是指经批准经营外汇业务的金融机构，根据有关售汇以及付汇的管理规定，审核用汇单位和个人提供的规定的有效凭证和商业单据后，从其外汇账户中或将其购买的外汇向境外支付的行为。

结付汇的主要单据有以下几种。

一、商业发票

（一）商业发票的作用

商业发票（Commercial Invoice）是出口企业开立的凭以向买方收款的发货价目清单，也是出口企业对于一笔交易的全面说明。商业发票是出口贸易结算单据中最主要的单据之一，所有其他单据都应以它为中心来缮制。在制单顺序中，一般先缮制商业发票，稍后再缮制其他单据，以便向商业发票看齐。

在外贸业务中，商业发票具有以下几个方面的作用：（1）是出口企业向买方发送货物的凭证；（2）是进出口双方收付货款和记账的凭证；（3）是进出口双方办理报关、清关、纳税的凭证；（4）是出口企业缮制其他出口单据的依据。

（二）商业发票的内容及缮制说明

商业发票没有固定的格式，每个出具商业发票的企业都可有自己的格式，格式虽不尽相同，但其所填制的项目却相差无几。

1. 出口公司的名称和地址

在托收项下一般填合同中卖方的名称及地址；若为信用证方式支付，出票人的名称和地址应与信用证的受益人的名称和地址相一致（特殊情况除外）。

2. 进口人的名称和地址

进口人即商业发票的抬头人，在信用证业务中，按照《UCP 600》的规定，除可转让信用证外，商业发票的抬头人必须与信用证的开证申请人相一致；在托收业务中，填写合同中买方的名称和地址。填写时名称和地址应分行合理放置。

信用证对买方名称的表示方法通常有：

“Applicant”、“Accountee”、“Fo raccount of…”、“By order of…”、“Accreditor”、“At the request of…” 等。

3. 单据的名称

“INVOICE” 或 “COMMERCIAL INVOICE” 字样应用粗体字印出，以便与其他单据区别开来。

4. 发票号码

商业发票应该有它的编号。因为商业发票是所有单据中的中心单据，所以商业发票编号可以代表整套单据的代表号。开证行拒付货款指出单据中的问题，也是指×××号（即商业发票号）单据项下存在单证不符。该号码由出口公司根据本公司的实际情况自行编制。

5. 发票日期

根据《跟单信用证统一惯例》的规定，除非信用证另有规定，银行将接受出单日期早于信用证开立日期的单据，但该单据需在信用证规定的时限内提交。据此，发票日期，可早于开证日期，但不得迟于信用证的议付有效期或最迟交单期。

6. 运输细节

主要规定起运地、目的地及使用的运输方式。起运地、目的地及运输方式均应按信用证规定填写，并要和提单上的起运地、目的地及运输方式相一致。若信用证规定起运地为“任何中国港口”，则货物必须在某一中国港口装运，该栏填写的就应是该具体装货港口的名称；若信用证的目的地为“美国口岸”，可参照合约或定单将货物运往任何美国港口，但应注意目的地必须与价格条件相一致，如价格条件为 CIF 旧金山，那么货只能运往旧金山，而不能运往美国的其他港口，该栏填写的也应是具体的目的地旧金山。

7. 合同号码

应按信用证要求以原句说法在商业发票上表示出来。一笔交易牵涉几个合同的，应在发票上表示出来。

8. 信用证号码

按照信用证填写。

9. 付款条件

按信用证规定填写。

10. 唛头及件号

商业发票上的唛头及件号既要按照刷唛的实际情况填制，也要与提单上的唛头相符，还要符合信用证上的规定。若信用证无唛头规定，可按照合同要求填制，也可由出口商自行选用。若没有运输标志，此栏可填：“N/M”。

11. 货物的描述

货物的描述是商业发票的主要部分。所有商品在商业发票上的名称描述都应严格按照信用证规定填写。信用证未规定的内容，尽量不表明。但是，若信用证对品名只规定统称，有时在商业发票上可用具体名称表示。如信用证规定品名为：“药物”，实际出口货物是“安乃近”，发票可表示“安乃近”。但最好的表示方法是按照信用证规定表示“药物”，然后再表示具体的名称“安乃近”。商品的品质、规格的描述也必须按信用证规定的原词表示，不得随便增减或更改。

信用证中引导货物内容的词或词组常用的有：（1）Description of goods；（2）Description of merchandise；（3）Covering shipment of；（4）Covering the following goods by；（5）Shipment of goods 等。

12. 商品的数量

商业发票上的数量、重量等要和提单上的数量、重量一致，不能有出入，当然，也必须符合信用证的规定。

13. 和 14. 单价和总值

单价和总值也是商业发票的主要项目，必须正确计算、缮制并认真复核。特别要注意小数点的位数是否正确，金额是否符合信用证的规定。

在信用证的单价或总值处需表示价格条件，如 FOB、CFR、CIF 等。因为它关系到买卖双方承担风险和所负责任的界限划分的问题，牵涉到运费由谁支付，保险由谁投保的问题，也是进口地海关核定关税的依据，因而不可遗漏。在价格条件后有“Liner Terms”，“Stowed”，“Trimmed” 等都应该填写。

如果信用证中有佣金或折扣的规定，应按信用证规定填制。“Commission” 和 “Discount” 两个词不能互用，因进口国海关对 “Commission” 要征税，而对 “Discount” 则可免税。

如信用证的总金额是按照含佣价计算的，则商业发票上的总金额也应按含佣价计算，不要减佣；如来证单价为含佣价，但总金额已扣除佣金，则在商业发票的总金额之下要减去佣金。

例：

QTY.	UnitPrice	Amount
	CIFC5% SINGAPORE	
500PCS	USD100/PC	USD50000. 00
	Less5% Commissi：	USD2500. 00
	CIF NET VALUE：	USD47500. 00

有些国家的来证要求在商业发票上分别表示运费、保险费和 FOB 值，我们应照办，并且运费、保险费和 FOB 值三者相加总和应等于商业发票上的 CIF 值。

15. 商品的包装、件数

商业发票上必须表明商品的包装、件数，同时应打出货物的毛、净重及包装尺码，这些都是缮制托运单、提单、保险单等的必要资料。不过这些内容绝大部分都在商业发票的补充单据——装箱单据上表示。

16. 出口商的名称及负责人的签字或盖章

出口商的名称一般打印在商业发票的右下角。根据《跟单信用证统一惯例》的规定，商业发票毋需签字。但信用证有规定者除外。

此外，某些国家的信用证经常要求在商业发票上注明“进口许可证号”（Import License No.）、“关税号”（Customs Tariff No.）、“外汇核准号”（Foreign Exchange Permit No.）等均应照办。

有些地区、国家开来的信用证，经常要求在商业发票上加注某些声明，如证明货物系中国产、价格是真实正确的等也均应照办。

例如：

证明原产地。

例：“兹证明所列货物系中国产”。

This is to certify that the goods named herein are of Chinese Origin.

We hereby certify that the above mentioned goods are of Chinese Origin。

证明货物符合合同。

例："兹证明本批货物符合第×××号合同/确认书"。

We hereby certify that the goods are in accordance with Contract/Confirmation No. ×××.

证实发票的真实可靠。

例："兹证明本发票所列货物在价格、品质规格各方面均真实无误"。

We certify that this invoice is in all respects true and correct both as regards to the price and description of the goods referred herein.

又例："兹证明本发票真实无误，是本批货物唯一的发票，货值中并未扣除任何折扣，货物的原产地在中国"。

We hereby certify that this invoice is authentic, that it is only invoice issued by us for the goods described herein, and that its hows their exactvalue without deduction of any discount and that their originis of China.

证明已寄有关单据。

例："兹证明发票、装箱单各一份，已于装运后立即直接航邮给开证申请人"。

This is to certify that one copy of invoice and packing list have been airmailed direct to applicant immediately after shipment.

证明不装载于限制性的船只或停靠限制性的港口。

例："兹证明本发票所列货物不装载于悬挂以色列国旗或驶靠任何以色列港口的船只"。

We certify that the goods mentioned in this invoice have not been shipped on board of any vessel flying Israeli flag or due to call at any Israeli port.

《UCP 600》对商业发票的缮制有以下一些规定：（1）商业发票必须表明是由信用证中指定的受益人出具（可转让信用证除外）；（2）商业发票必须作成以开证申请人的名称为抬头（可转让信用证或信用证另有规定除外）；（3）商业发票无须签字；（4）除非信用证另有规定，银行可拒绝接受金额超过信用证所允许的金额的商业发票；（5）商业发票中的货物描述，必须与信用证规定相符等。

（三）商业发票的作用

（1）可供进口商了解和掌握装运货物的全面情况。发票是一笔交易的全面叙述，详细列明了该装运货物的货物名称、商品规格、装运数量、价格条款、商品单价、商品总值等全面情况、为进口商提供识别该批货物属于哪一批订单项下的。进口商可以依据出口商提供的发票，核对签订合同的项目，了解和掌握合同的履约情况，进行验收。

（2）作为进口商记账、进口报关、海关统计和报关纳税的依据。发票是销售货物的凭证，对进口商来说，需要根据发票逐笔登记记账，按时结算货款。同时进口商在清关时需要向当地海关当局递交出口商发票，海关凭以核算税金、验关放行和统计的凭证之一。

（3）作为出口商记账，出口报关，海关统计和报关纳税的依据。出口商凭以发票的内容，逐笔登记入账。在货物装运前，出口商需要向海关递交商业发票，作为报关发票，海关凭以核算税金，并作为验关放行和统计的凭证之一。

（4）在不用汇票的情况下，发票可以代替汇票作为付款依据。在即期付款不出具汇票的情况下，发票可作为买方支付货款的根据，替代汇票进行核算。光票付款的方式下，因为没有货运单据跟随，也经常跟随发票，商业发票起着证实装运货物和交易情况的作用。

另外，一旦发生保险索赔时，发票可以作为货物价值的证明等。

（四）商业发票案例

与最终发票（Final Invoice）相对应的是临时发票（Provisional Invoice）。ISBP 第 59 条规定如果信用证要求 INVOICE，则提交最终发票是可以接受的，但临时发票是不能被接受的。临时发票只是一个临时结算的发票，而不是最终结算的发票，比如当进口铜精矿时，因为其价格要待一定时间后期货交易所的价格出来后才能最终定下，另外由于矿石中其他成分如硫、磷要待检验后才能确定，所以这部分价格在信用证项下交单时不能明确，出口商只好出具临时发票结算，待最终价格确定后再出具最终发票，多退少补。

临时发票实例：

PROVISIONAL INVOICE（临时发票）

Huadong Trade Co. Ltd Tel：86－0513－85359365 Fax：86－0513－85351081 http：//www. huadong－hometex. com 地址：中国江苏省南通市西寺路 8 号 Add.：West temple road 8，Nantong，Jiangsu Province，China	Date 17－Feb－2012 Invoice No：ABC20120201－P Delivery：SHIPMENT DATE：17－02－2012 Terms L/C NO：2012LC123456 Our Contract No：ABC20120201 Via M/V TOP SEA
Shipped From PARADIP，INDIA To NANTONG，P. R，CHINA	

DESCRIPTION OF GOODS AND/OR SERVICES

COMMODITY：IRON ORE FINES

ORIGIN：INDIA

PACKING：IN BULK

QUANTITY：25300. 000WMT

CHEMICAL COMPOSITIONS：

		ACTUAL
FE	60PCT BASIS/60PCT MIN	61. 08 PCT
AL2O3	4. 00 PCT MAX	3. 12 PCT
SIO2＋AL2O3	10. 00 PCT MAX	7. 35 PCT
P	0. 07 PCT MAX	0. 056 PCT
S	0. 04 PCT MAX	0. 007 PCT
MOISTURE	10 PCT MAX	6. 94 PCT

PHYSICAL PROPER TIES：

SIZE：ABOVE 10MM	10 PCT MAX	5. 07 PCT
BELOW 0. 15MM	40 PCT MAX	22. 78 PCT

UNIT PRICE

USD 120. 00 PER DRY METRIC TON CFR FO CQD NANTONG，P. R. CHINA

BASED ON 60PCT FE IN RESPECT OF FINES.

PRICE ADJUSTMENT：

A）FOR FE CONTENT

THE BASE PRICE SHALL BE INCREASED AT A RETE OF USD 1. 4333 PER DRY METRIC TON FOR EACH 1PCT FE ABOVE 60PCT，FRACTION PRORATA.

THE BASE PRICE SHALL BE DECREASED AT A RETE OF USD 1. 4333 PER DRY METRIC TON FOR EACH 1PCT FE ABOVE 60PCT，FRACTION PRORATA.

B）FOR OTHER ELEMENTS

IF THE CONTENT OF THE FOLLOWING ELEMENTS EXCEED THE GUARANTEED MAXIMUM STATED IN L/C THE BASE PRICE SHALL BE DECREASED AS FOLLOWS FRACTION PRORATA：

a）FOR EXCESS PHOSPHORUS（P）

AT THE RATE OF FIVE（5）US CENTS PER DRY METRIC TON FOR EACH 0. 01PCT IN EXCESS OF 0. 07PCT.

b）FOR EXCESS SILPHUR（S）

AT RATE OF FIVE（5）US CENTS PER DRY METRIC TON FOR EACH 0. 01PCT IN EXCESS OF 0. 04PCT.

c）FOR EXCESS SILICA + ALUMINA（SIO2 + AL2O3）

AT RATE OF FIVE（5）US CENTS PER DRY METRIC TON FOR EACH 1. 00PCT IN EXCESS OF 10. 00PCT.

d）FOR EXCESS ALUMINA（SIO2 + AL2O3）

AT RATE OF FIVE（5）US CENTS PER DRY METRIC TON FOR EACH 1. 00PCT IN EXCESS OF 4. 00PCT.

C）FOR SIZE

a）USD0. 50PER MT ON NATURAL BASIS FRACTION PRORATA SHALL BE APPLIED TO THE QUANTITIES OF FINES ABOVE 10MM IN EXCESS OF 10PCT.

b）USD0. 50PER MT ON NATURAL BASIS FRACTION PRORATA SHALL BE APPLIED TO THE QUANTITIES OF FINES BELOW 0. 15MM IN EXCESS OF 40PCT.

QUANTITY：		25301. 000 WMT
MOISTURE		6. 92 PCT
DRY METRIC TON：	23544. 1180 DMT	USD28225，301. 6
PLUS：PRICE ADJUSTMENT ON FE		
23544. 1180 DMT × USD 1. 4333 PDMT X 1. 08		USD36，445. 54
100PCT OF CFR CARGO VALUE		USD2，861，747. 14
95PCT OF CFR CARGO VALUE		USD2，718，659. 78

SAY U. S. DOLLARS TWO MILLION SEVEN HUNDRED EIGHTEEN THOUSAND SIX HUNDRED FIFTY NINE AND CENTS SEVENTY EIGHT ONLY.

CONTRACT NO. ABC20120201

L/C NO：2012LC123456

NAME OF CARRYING VESSEL：M/V TOP SEA

最终发票实例：

FINAL INVOICE（最终发票）

Huadong Trade Co. Ltd Tel：86 －0513 －85359365 Fax：86 －0513 －85351081 http：//www. huadong－hometex. com 地址：中国江苏省南通市西寺路8号 Add.：West temple road 8，Nantong，Jiangsu Province，China	Date 05 – April –2012 Invoice No：ABC20120201 – F Delivery：SHIPMENT DATE：17 –02 –2012 Terms L/C NO：2012LC123456 Our Contract No：ABC20120201 Via　M/V TOP SEA

Shipped From　PARADIP，INDIA　To　NANTONG，P. R，CHINA

DESCRIPTION OF GOODS AND/OR SERVICES

COMMODITY：IRON ORE FINES

ORIGIN：INDIA

PACKING：IN BULK

QUANTITY：　25301. 000WMT

CHEMICAL COMPOSITIONS：

		ACTUAL
FE	BASIS/60PCT MIN	60. 75 PCT
AL2O3	4. 00 PCT MAX	3. 765 PCT
SIO2 + AL2O3	10. 00 PCT MAX	8. 275 PCT
P	0. 07 PCT MAX	0. 063PCT
S	0. 04 PCT MAX	0. 0095 PCT
MOISTURE	10 PCT MAX	6. 92 PCT
PHYSICAL PROPERTIES：		
SIZE：ABOVE 10MM	10 PCT MAX	3. 14 PCT
BELOW 0. 15MM	40 PCT MAX	11. 26 PCT

UNIT PRICE

USD 120. 00 PER DRY METRIC TON CFR FO CQD NANTONG，P. R. CHINA BASED ON 60PCT FE IN RESPECT OF FINES.

A）PRICE ADJUSTMENT：

FOR FE CONTENT

THE BASE PRICE SHALL BE INCREASED AT A RETE OF USD 1. 4333 PER DRY METRIC TON FOR EACH 1PCT FE ABOVE 60PCT，FRACTION PRORATA.

THE BASE PRICE SHALL BE DECREASED AT A RETE OF USD 1. 4333 PER DRY METRIC TON FOR EACH 1PCT FE ABOVE 60PCT，FRACTION PRORATA.

B）FOR OTHER ELEMENTS

IF THE CONTENT OF THE FOLLOWING ELEMENTS EXCEED THE GUARANTEED MAXIMUM STATED IN L/C. THE BASE PRICE SHALL BE DECREASED AS FOLLOWS

FRACTION PRORATA：

a）FOR EXCESS PHOSPHORUS（P）

AT THE RATE OF FIVE（5）US CENTS PER DRY METRIC TON FOR EACH 0.01PCT IN EXCESS OF 0.07PCT.

b）FOR EXCESS SULPHUR（S）

AT THE RATE OF FIVE（5）US CENTS PER DRY METRIC TON FOR EACH 0.01PCT IN EXCESS OF 0.04PCT.

c）FOR EXCESS SILICA + ALUMINA（SIO2 + AL2O3）

AT THE RATE OF FIVE（5）US CENTS PER DRY METRIC TON FOR EACH 1.00PCT IN EXCESS OF 10.00PCT.

d）FOR EXCESS ALUMINA（SIO2 + AL2O3）

AT RATE OF FIVE（5）US CENTS PER DRY METRIC TON FOR EACH 1.00PCT IN EXCESS OF 4.00PCT.

C）FOR SIZE

a）USD0.50PER MT ON NATURAL BASIS FRACTION PRORATA SHALL BE APPLIED TO THE QUANTITIES OF FINES ABOVE 10MM IN EXCESS OF 10PCT

b）USD0.50PER MT ON NATURAL BASIS FRACTION PRORATA SHALL BE APPLIED TO THE QUANTITIES OF FINES BELOW 0.15MM IN EXCESS OF 40PCT.

QUANTITY：	25301.000 WMT
MOISTURE	6.92 PCT
DRY METRIC TON：	23550.171 DMT USD2826020
PLUS：PRICE ADJUSTMENT ON FE	
23，550.171 DMT X USD 1.4333 PDMT X 0.75	USD25315
100PCT OF CFR CARGO VALUE	USD2851336.37
LESS：PROVISIONAL AMOUNT（95PCT OF CFR CARGO VALUE）	USD2718659.78
BALANCE PAYMENT DUE TO HONGKONG ABC TRADE CO. LTD	USD132676.59

SAY U.S. DOLLARS ONE HUNDRED THIRTY TWO THOUSAND SIX HUNDRED SEVENTY SIX AND CENTS FIFTY NINE ONLY.

CONTRACT NO. ABC20120201

L/C NO：2012LC123456

NAME OF CARRYING VESSEL：M/V TOP SEA

二、装箱单和重量单

装箱单（Packing List）是对商业发票的补充，也是由出口人员缮制的，主要内容有货物名称、规格、数量、唛头、件数、重量和包装情况。

重量单（Weight Note）也是对商业发票的补充，着重说明货物的重量情况，也是由出口人缮制的，其主要内容有毛重、净重等。

根据业务的需求情况不同，有的企业将装箱单和重量单合二为一。在制作装箱单、重量单时要注意：（1）使单据的名称与信用证和合同要求相符；（2）货物的名称与其他单据一致；（3）包装情况、重量等与发票、提单一致；（4）日期应不早于发票日期或与发票日期相同；（5）号码为发票号码。

重量单实例：

CERTIFICATE OF WEIGHT

DATE：FEB 17，2012

RE：SHIPMENT OF 25300 WMT OF IRON ORE FINES
PER M/V "TOP SEA"
FROM PARADIP，INDIA
TO NANTONG，P. R. CHINA

WE HEREBY CERTIFYING THE ACTUAL SURVEYED WEIGHT OF CARGO SHIPPED AT LOANING POPT IS 25300 WMT.

（签章）

三、海运提单

（一）海运提单概述

海运提单（Bill of Lading，Ocean Bill of Lading），简称提单，是承运人或其代理人签发给托运人的、证明已收到特定的货物或已将特定的货物装船，并负责将货物运送到指定的目的港，交付给收货人的一种物权凭证。

（二）海运提单的内容及缮制

海运提单的格式因不同的国家、不同的船运公司而有所不同，但其内容和项目大体一致。

1. 托运人

托运人（Shipper）也称发货人（Consignor），是指委托运输的当事人即装货的货主。如信用证无特殊规定，应以受益人为托运人。如果受益人是中间商，货物是从产地直接装运的，这时也可以实际卖方为发货人；如果信用证未规定受益人的地址，提单也可以不填地址，保持单证一致。根据《跟单信用证统一惯例》规定，除非信用证特别规定不得以第三者为发货人，则提单允许以第三者为发货人。信用证要求以某外商为发货人，一般不能接受，尤其当信用证规定提单为空白抬头时。

托收支付方式项下的提单发货人，应按合同规定填写合同中的卖方。

2. 收货人

收货人（Consignee）栏为提单的抬头，是银行审核的重点项目。应与托运单中"收货人"的填写完全一致，并应严格符合信用证的规定。收货人栏的填写必须与信用证要求完全一致。任何粗心大意和贪图省事的填法都可能是单证不符点。不符点的例：B/L issued to the order of ABC Co. Ltd. Whereas L/C required " to ABC Co. Ltd. "。（提单开成凭ABC公司指定人指示，而信用证要求"凭ABC公司指示"）。抬头为特定的公司与这一公司的指定人是完全不同的，前者只有这一特定的公司可以提货，提单不能转让，后者提单经此公司背书便可以转让。又如，假设信用证上规定的地名是简称，而提单上写的是全称，也是不符点。

如为托收支付方式下的提单，则一般只作成空白指示或托运人指示提单，即在该栏打上"To order"或"To order of Shipper"等字样，切不可做成以买方为抬头人的提单，也不可做成以买方为指示人的提单，因为这样代收行和发货人均无法控制货权；未经代收行同意，也不能做成代收行指示式，因为UCP522第10条规定：事先未征得银行的同意，货物不应直接运交给银行或做成银行抬头或银行指示性抬头，以免货款尚未收到时，物权业已转移。

3. 被通知人

被通知人（Notify Party）是货物到达目的港时发送到货通知的对象，即买方的代理人，货到目的港时由承运人通知其办理报关提货等手续。应注意以下情况：(1) 如果信用证中有规定，应严格按信用证规定填写，如详细地址、电话、电传、传真号码等，以使通知顺利。(2) 如果来证中没有具体说明被通知人，那么就应将开证申请人名称、地址填入提单副本的这一栏中，而正本的这一栏保持空白或填写买方亦可。副本提单必须填写被通知人，是为了方便目的港代理通知联系收货人提货。(3) 如果来证中规定 Notify…only，意指仅通知某某，则 Only 一词不能漏掉。④ 如果信用证没有规定被通知人地址，而托运人在提单被通知人后面加注详细地址，银行可以接受，但无须审核。

但无论如何提单的副本要填写被通知人的名称及详细地址，且"ONLY"字样照填。

4. 提单号码

提单上必须注明提单号码（B/L No.），此号码十分重要，不可漏打。该号码主要是便于工作联系，便于通知和核查。没有号码的提单无效。

5. 联运提单

若为联运提单，其上有：(1) 前段运输（Pre Carriage by），本栏应填写第一段运输方式的运输工具的名称。如货物从包头经火车运往天津，由天津装船运往国外。(2) 收货地点（Place of Receipt），本栏填前段运输承运人接受货物的地点，如包头。(3) 交货地点（Place of Delivery），是指最终目的地，如货物从天津海运至美国旧金山，然后再由旧金山陆运至芝加哥，则交货地点应填写芝加哥。

6. 船名及航次

船名及航次（Name of Vessel，Voy. No.）应按装船的实际情况缮制。若无航次号可不填。如果是联运方式而其中包括有海运者，则本栏填其中海运的船名及航次号。

7. 装运港

装运港（Port of Loading）应填写实际装船港口的具体名称。填写时应注意：(1) 应严格按信用证规定填写，装运港之前或之后有行政区的，如 Xingang/Tianjin，应照加。(2) 一些国外开来的信用证笼统规定装运港名称，仅规定为"中国港口"（Chinese Ports，Shipment from China to…），这种规定对受益人来说比较灵活，如果需要由附近其他港口装运时，可以由受益人自行选择。制单时应根据实际情况填写具体港口名称。若信用证规定

"Your Port"，受益人只能在本市港口装运，若本市没有港口，则事先须洽开证人改证。（3）如信用证同时列明几个装运港（地），提单只填写实际装运的那一个港口名称。（4）托收方式中的提单，本栏可按合同的卖方名称填入。

8. 卸货港

在直达船运输的情况下，卸货港（Port of Discharge）栏即为最终的目的港。若在转运的情况下，该栏所填写的应是第一程海运船只上的货物卸下的地点。例如，货物从上海（SHANGHAI）运往洛杉矶（LOSANGELES），须在香港（HONGKONG）转船，则该栏目应填"HONGKONG"，而"LOSANGELES"应填在下一栏，即"Final Destination"栏内。Port of transhipment，转船港；如果货物需转运，则在此两栏分别填写第一程船的船名和中转港口名称。

如信用证规定两个以上的港口者，或笼统规定"×××主要港口""European Main Ports"（欧洲主要港口时），只能选择其中之一或填明具体卸货港名称。

Final Destination，最终目的地。如果货物的目的地就是目的港，空白这一栏。填写目的港或目的地应注意下列问题：（1）除 FOB 价格条件外，目的港不能是笼统的名称，如 European Main Port，必须列出具体的港口名称。如国际上有重名港口，还应加国名。世界上有 170 多个港口是同名的，例如"Newport"（纽波特）港同名的有五个，爱尔兰和英国各有一个，美国有两个，还有荷属安的列斯一个；"Portsmouth"（朴次茅斯）港也有五个，英国一个，美国四个；"Santa Cruz"（圣克鲁斯）港有七个，其中两个在加那利群岛（Canary Islands），两个在亚速尔群岛（Azores Islands），另外三个分别在阿根廷、菲律宾和美国；而"Victoria"（维多利亚）港有八个，巴西、加拿大、几内亚、喀麦隆、澳大利亚和塞舌尔、马来西亚和格林纳达都有。（2）如果来证目的港后有 In transit to…，在 CIF 或 C&F 价格条件，则不能照加，只能在其他空白处或唛头内加注此段文字以表示转入内陆运输的费用由买方自理。（3）美国一些信用证规定目的港后有 OCP 字样，应照加。OCP 即 Overland Common Points，一般称为"内陆转运地区"，包括 North Dakota，South Dakota，Nebrasla，Colorado，New Mecico 起以东各州都属于 OCP 地区范围内。例如 San Francisco OCP，意指货到旧金山港后再转运至内陆。San Francisco OCP Coos Bay，意指货到旧金山港后再转运至柯斯湾。新加坡一些信用证规定"Singapore PSA"，PSA 意指 Port of Singapore Authority，即要求在新加坡当局码头卸货。该码头费用低廉，但船舶拥挤，一般船只不愿意停泊该码头，除非承运人同意。（4）有些信用证规定目的港后有 Free Port（自由港），Free Zone（自由区），提单也可照加，例如 Aden（亚丁），Aqaba（阿喀巴），Colon（科隆），Beirut（贝鲁特），Port Said（赛得港）这些目的港后应加 Free Zone，买方可凭此享受减免关税的优惠。（5）如信用证规定目的港为 Kobe/Negoga/Yokohama，此种表示为卖方选港，提单只打一个即可。如来证规定 Option Kobe/ Negoga/Yokohama，此种表示为买方选港，提单应按次序全部照打。（6）如信用证规定某港口，同时又规定具体的卸货码头，提单应照打。如到槟城目的港有三种表示："Penang"、"Penang/Butterworth"、"Penang/Georgetown"。后两种表示并不是选港，Butterworth 和 Georgetown 都是槟城港中的一个具体的卸货码头，如果信用证中规定了具体的卸货码头，提单则要照填。

9. 唛头

唛头为标志和号码，俗称唛头（Marks & Nos.）。唛头即为了装卸、运输及存储过程中便于识别而刷在外包装上的装运标记，是提单的一项重要内容，是提单与货物的主要联系要素，也是收货人提货的重要依据。提单上的唛头应与发票等其他单据以及实际货物保持一致，否则会给提货和结算带来困难。因为：（1）如信用证上有具体规定，缮制唛头应以信用证规定的唛头为准。如果信用证上没有具体规定，则以合同为准。如果合同上也没有规定，可按买卖双方私下商订的方案或受益人自定。（2）唛头内的每一个字母、数字、图形、排列位置等应与信用证规定完全一致，保持原形状，不得随便错位、增减等。（3）散装货物没有唛头，可以表示“No Mark”或“N/M”。裸装货物常以不同的颜色区别，例如钢材、钢条等刷上红色标志，提单上可以“Red Stripe”表示。

10. 包装的件数和种类

包装的件数和种类（No. and Kind of Packages），应填写实际货物的件数和包装的单位，与唛头中件号的累计数相一致。如散装货无包装件数者，可表示“In Bulk”。包装种类一定要与信用证一致。

如果在同一张提单上有两种以上包装单位，如100件中有40件是木箱装；60件是纸箱装，应分别填写不同包装单位的数量，然后再表示件数。如：

40 Wooden cases
<u>60 Cartons</u>
100Packages

11. 货名

货名（Description of Goods）即商品名称应按信用证规定的品名以及其他单据如发票品名来填写，应注意避免不必要的描述，更不能画蛇添足地增加内容。如信用证上商品是Shoes（鞋子），绝不能擅自详细描述成Men’s canvas shoes（男式帆布鞋），或Ladies’ casual shoes（女式轻便鞋）等。如果品名繁多、复杂，则银行接受品名描述用统称表示，但不得与信用证中货物的描述有抵触。如果信用证规定以法语或其他语种表示品名时，亦应按其语种表示。又如，来证规定货物的名称为“复写纸”（Carbon Paper）。它是一种独特的商品，我们不能用“纸”（Paper）来代替复写纸，否则银行可以拒付。

12. 毛重

毛重（Gross Weight）即货物的总毛重。除非信用证另有规定，一般以公斤作为计量单位。如裸装货物没有毛重只有净重，应先加 Net Weight 或 N. W.，再注具体的净重数量。

13. 尺码

尺码（Measurement）即货物的体积。除非信用证另有规定，一般以立方米作为计算单位，保留小数点后三位小数并注意与其他单据保持一致。FOB 价格条件下可免填尺码。

14. 运费条款

运费条款（Freight Clause）应按信用证规定注明。如信用证未明确，可根据价格条件是否包含运费决定如何批注。主要有以下几种情况：（1）如果是 CIF、CFR 等价格条件，运费在提单签发之前支付者，提单应注 Freight Paid（运费已付）或 Freight Prepaid（运费预付）。（2）FOB、FAS 等价格条件，运费在目的港支付者，提单应注明 Freight Collect、Freight to Collect、Freight to be Collected（运费到付或运费待收），或注 Freight Payable at

Destination（运费目的港支付）。(3) 如信用证规定 Charter Party B/L Acceptable（租船契约提单可以接受），提单内可注明 Freight as Per Charter Party 表示运费按租船契约支付。(4) 如果卖方知道运费金额或船公司不愿意暴露运费费率的情况下，提单可注 Freight Paid as Arranged（运费已照约定付讫），或者运费按照约定的时间或办法支付，提单可注 Freight as Arranged，或者，Freight Payable as Per Arrangement。(5) 对于货物的装船费和装卸费等负担问题，经常船方要求在提单上注明有关条款，如"F. I."（Free In）：船方不负担装船费；"F. O."（Free Out）：船方不负担卸船费；"F. I. O."（Free In and Out）：船方不负担装船费和卸船费；"F. I. O. S."（Free In，Out and Stowed）：船方不负担装卸费和理舱费；"F. I. O. S. T."（Free In，Out，Stowed and Trimmed）：船方不负担装卸费和平舱费；除非信用证另有规定，此栏一般不填写运费的具体数额，只填写运费的支付情况。

15. 大写件数

件数（Total Packages in Words）用大写英文字母打出，须与小写件数一致。

16. 正本提单的份数（No. of Original B（s）/L）

托收支付方式下的正本提单的份数一般一至三份都可以。信用证支付方式项下的提单正本份数必须依据信用证规定，例如信用证规定："3/3 original on board ocean Bills of Lading…"，则须出具三份正本。如果信用证规定为全套，则做成1份、2份或3份都可以，并用大写"ONE"、"TWO"或"THREE"表示。为了简化提单工作与减少重复提单在社会上造成的麻烦，《跟单信用证统一惯例》规定，提单可以是一套单独一份的正本单据。正本提单不论有多少份，其法律效率是一样的，其中任何一份正本提单提货后，其他各份正本提单即告失效。

正本提单须有"Original"字样。

17. 提单的签发地点和日期

提单签发地点和日期（Place and Date of Issue）。签单地址通常是承运人收受货物或装船的地址，但也有时不一致，例如，收受或装运货物在新港（Xingang）而签单在天津。也有的甚至不在同一国家。提单签发的日期不得晚于信用证规定的装运期，这对出口商能否安全收汇很重要。本提单正面条款中已有装上船条款（Shipped on board the vessel named above…），在这种情况下签单日期即被视为装船日期。如中途转船应是第一程船装货港的地点。提单的签发日期通常是装船完毕的那一天，该日期不得迟于信用证或合约所规定的最迟装运日期。

18. 装船批注的日期和签署（Laden on Board the Vessel Date…by…）

据《跟单信用证统一惯例》的解释，如果提单上没有预先印就的"已装船"（Shipped on board…）字样，则必须在提单上加注装船批注（On board notation），装船批注中所显示的日期即视为货物的装船日期。

已装船批注。有些提单正面没有预先印就的类似已装上船的条款，这种提单便称为备运提单。备运提单转化为已装船提单的方式有两种：(1) 在提单的空白处加"已装船"批注或加盖类似内容的图章。例如"Shipped on Board"，有的只加"On Board"，然后加装船日期并加提单签发的签字或简签。所谓简签，是指签字人以最简单的签字形式通常只签本人姓名中的一个单词或一个字母来代替正式签字。(2) 在备运提单下端印有专供填写装船条款的栏目：Laden on Board the Vessel，已装船标注。有人称之为“装船备忘录”。装船后，在此栏处加注必要内容，如船名等，并填写装船日并由签字人签字或简签。

19. 承运人签署

承运人签署（Signed for the Carrier）。每份正本提单都必须有船方或其代理人的签章才能生效。根据《跟单信用证统一惯例》的规定，提单必须注明承运人的名称，然后由承运人或作为承运人的具名代理人或其代表，或船长或作为船长的具名代理人或代表签署。以上任何人的签字或证实均须表明其身份。

关于提单签字的式样，有以下几种参考格式：

（1）由承运人签发的提单

ABC Shipping Co. as carrier

（签署）

（2）由承运人的具名代理人签发的提单

XYZ Shipping Co. as agent for（or “on behalf of”）ABC Shipping Co. （carrier）

（签署）

（3）由船长签发的提单

Smith（船长名）Master of ABC Shipping Co. （承运人公司名）

（签署）

（4）由船长的具名代理人签发的提单

MXN Co. （代理人公司名称）签字

As agent for（or “on behalf of”）Smith（船长名）

Master of ABC Shipping Co. （承运人公司名）

（签署）

在收到提单后应逐份检查签章有无遗漏，同时注意信用证是否有提单必须手签的条款，如有此规定必须手签。

在提单的缮制过程中还应注意，不属于上述范围内，但信用证上要求在提单上加注的内容，如要求在提单上列名信用证的号码等，必须按信用证要求办理。

四、租船提单案例

CODE NAME：“CONGENBILL”, EDITION 1994 B/L No. 01

Shipper

Hong Kong ABC Trade Co. Ltd.

BILL OF LADING

TO BE USED CHARTER – PARTIES

Reference No. xyz20120128

Consignee

TO OTDER

Notify address

TO ORDER

ORIGINAL

Vessel Port of loading

M/V "TOP SEA" PARADIP, INDIA

Port of discharge

CHINA MAIN PORT (S)

Shipper's description of goods Gross weight

N/M IRON ORE FINES

PACKING: IN BULK

25,300.000 WMT

"FREIGHT PAYABLE AS PER CHARTER PARTY"

"CLEAN ON BOARD FEB 17, 2012"

(签字盖章)

of which on deck at shipper's risk; the Carrier not being responsible for loss or damage howsoever aris

Freight payable as per CHARTER - PARTY dated FREIGHT ADVANCE Received on account of freight ……………………………………… Time used for loading…days… hours	SHIPPED at the Port of loading in apparent good order and condition on board the Vessel for carriage to the port of Discharge or so near there to as she may safely get the goods specified above. Weight, measure, quantity, condition, contents and value unknown. IN WITNESS where of the Master or Agent of the said Vessel has signed the number of Bills of Lading indicated below all of this tenor and date, any one of which being which being accomplished the others shall be void FOR CONDITIONS OF CARRIAGE SEE OVERLEAF

15 Printed and sold by Witherby & Company Limited, 32/36 Aylesbury Street, London ECIR DET. TEL. No. 0171 251 5341 FAX No. 0171 251 1296 By authority of the Baltic and International Maritime Council.	Freight payable at	Place and date of issue HONG KONG, FEB 17, 2012
	Number of original Bs/L HREE (3)	Signature AS AGENT FOR AND OR ON BEHALF OF MASTER: CAPT. M. SINGH …………………………………

五、保险单

保险单是中国目前使用最广的保险单据，由保险公司根据出口商投保时提供的相关资料来填制。保险单的缮制内容如下：

（1）保险人即保险公司的名称。保险人即保险公司的名称（Name of Insurance Company）印就在保险单的上方。如中国人民保险公司（The Peoples Insurance Company of China, ×××Branch）；中国太平洋保险公司（China Pacific Insurance Company Limited，××× Branch）等。

（2）保险单号次。保险单号次（Insurance Policy No.）由保险公司提供。

（3）发票号码。发票号码（Invoice No.）填写本批投保货物的发票号码。

（4）被保险人。被保险人（Insured）即投保人，即人们通常所说的保险单的抬头。在CIF或CIP条件下，出口货物都由出口商申请投保，所以在信用证没有特别规定的情况下，都以信用证受益人名称为被保险人。

如信用证规定须过户给银行或第三者时，则在投保人之后加打“Held to the order of ×××”。

如果信用证规定保险单做成“背书给×银行”（Endorsed to order of ×××Bank），可在被保险人栏填写受益人名称，并在保单背面注明：“To order of ×××Bank”，然后再由受益人盖章，表示背书。

如果信用证规定被保险人为受益人以外的某公司或某银行，保险单应直接打该公司或银行的名称。如信用证在被保险人名称前注有“To the order of ×××”，填制保险单时应照办，受益人不需背书。

如果信用证要求保险单做成“To order”，可以在被保险人栏照填，同时加以背书，其效果与填信用证的受益人加以背书一样。

在FOB或CFR价格条件下，若买方委托卖方代办保险，被保险人一栏可做成“×××（卖方）on behalf of×××（买方）”，由卖方按此形式在保险单背面背书。

（5）标记。保险单上的标记（Marks & Nos.）应和提单、发票及其他单据上的标记一致。一种简化的打法是在保险单上不填标记，在标记栏内注明：“按×××号发票上的标记。”（As Per Invoice No. ×××），以减少产生差错的可能。

也有人认为，上述打法未必使制单简化，反而给挑剔的开证人或开证行找到借口，认为保险单未填写标记而保留追索权。因而在唛头并不复杂的情况下，不如把实际标记打上，以免后患。

此外，保险索赔时须提供商业发票，这样做便于将两种单据相互对照。

（6）包装及数量。包装及数量（Quantity）应参照商业发票填写。

以单位包装件数计算者，可只填总件数，如“100Cartons”；如散装货物应注明“In Bulk”，然后填写重量，如“150M/T in bulk”；一批货物分为散装及袋装，应分别予以注明，如“100M/Tin bulk and 1000M/T in 20 bags gross for net”。

（7）保险货物项目。保险货物项目（Description of Goods）可参照商业发票中描述的商品名称填制，也可填货物的统称。

个别信用证有时要求所有单据都表示本信用证号码，保险单也不例外，则可在本栏空白处表示。

（8）保险金额。保险单上的保险金额（Amount Insured）有两栏，即“保险金额”（Amount Insured）（小写金额）和“总保险金额”（Total Amount Insured）（大写金额）。两栏金额要完全一致，所用的货币也要与信用证金额所用的货币完全一致。

按国际惯例的规定，保险金额一般按发票金额或成交金额加10%计算。如投保加成超过10%，应根据实际情况确定。

发票金额有折扣或佣金时，不能按扣除佣金或折扣后的发票净金额加成计算，否则，会造成保险金额不足。

保险金额不用辅币，其货币单位以下的辅币采取进位制。如计算出保险金额为13579.05美元，应进位为13580美元。

大写的保险金额后应加一个“整”（only）字，以防涂改。

（9）保费及费率。保费（Premium）及费率（Rate）一般没有必要在保险单上表示。中国人民保险公司的保险单格式上已印就“AS ARRANGED”（按照约定）。但来证如要求标明保费及费率时，则应打上具体数字及费率。

有的信用证要求在保险单上表示“保险费已付”，可在保险单的空白处注明。

（10）装载运输工具。装载运输工具（Per Conveyance S. S）如由海洋运输，须打船名。如果该船在中途转船，在投保时业已确定二程船名，则把二程船名也打上。如：S. S. “ZHUANGYUN” to be transhipped at HongKong on to S. S “ZHONGHE”；如二程船名无法确定，可填S. S. “ZHUANGYUN” with transhipment at HongKong；如连转船地点也不知道，可填S. S. “ZHUANGYUN” with transhipment。

如由铁路运输，则填写“By Train”或“By Railway”或加上车号，如“Wagon No. 2475”。

如由航空运输，则填写“By Air Plane”。

如由邮包运输，则填写“By Parcel Post”。

如由海陆联运，则填写船名及陆运目的地。

如由陆空陆联运，则填写“Train/Air/Truck”。

（11）开航日期。开航日期（slg. on or about）应填上提单的签发日期。但一般按如下方式填写：

海运填“As Per B/L”；

陆运填“As Per Cargo Receipt”；

空运填“As Per Air way Bill”；

邮运填“As Per Post Receipt”等。

（12）起运地和目的地。保险单上的起运地和目的地（From…To…）必须和提单或其他运输单据一致。

如需转运，则应加打转运港名称，即From（装运港）To（目的港）W/T（WithTranshipment）或Via（转运港）。例如：From Shanghai To Vancouver with transhipment at（or Via Hong Kong）。

如果信用证要求海运至某目的港而保险规定保到内陆，保险单应该填目的港后再填内陆地点。

（13）承保险别。承保险别（Conditions）栏是保险单的核心内容。它主要规定了保险公司对该批货物承保的责任范围，也是被保险人在货物遭到损失后，确定是否属保险公司责任的根据。本栏应按投保资料缮制，并要严格符合信用证条款的要求。

（14）勘查、理赔代理人。有的信用证要求保险单表示勘查、理赔代理人（Insurance Survey Agent）名称，可查阅中国人民保险公司的有关货损检验、理赔代理人名册。应填写该代理人的详细地址，以便收货人在出险后向其联系和索赔。勘查、理赔代理人一般由保险公司自己选定，但要提供其地址，以便在损失发生时，收货人通知其代理人进行勘查和赔款事宜。

（15）赔付地点。赔付地点（Claim Payable at…），每份保险单均应列出赔付地点。

信用证如有规定，应按信用证规定地点填制。一般信用证规定在赔付地点后要注明偿付的货币名称，例如："At New York in USD"。赔款的货币名称一般与 L/C 的货币名称一致。

若信用证未规定赔付地点，赔付地点一般填写保险单上所载明的目的港（地）。

若来证规定不止一个目的港或赔付地点，则应全部照填。

如来证规定一旦发生货损，赔款给×××公司，则应在保险单赔付地点后加打"Pay to ×××Co."。

（16）保险单的签发日期和地点（Date and Place of Issue）。保险单的出单日期要在提单或其他货运单据签发日期之前，最迟可与上述单据出单日期为同一天，以表示货物在装运前已办理保险。

为了便于掌握，有些出口公司要求保险公司在缮制保险单时把发票日期作为保险单的日期，这是因为发票总是在货物启运前缮制的。

保险单的签发地点一般填受益人所在地。

（17）保险公司签章（Authorized Signature）。保险单只有经保险公司或其代表签章后才生效。

六、产地证

产地证（Certificate of Origin）是证明货物原产地或制造地的证明文件。国外来证要求提供产地证，主要是便于确定对货物应征收的税率。有的国家限制从某个国家或地区进口货物，也要求以产地证来证明货物的来源。在中国产地证由中国国际经济贸易促进委员会或中国国家质检总局所属各地出入境检验检疫机构签发。

（一）产地证的缮制说明

应在证书右上角填上证书编号。此栏不得留空，否则证书无效。

第一栏：出口方。

此栏不得留空，填写出口方的名称、详细地址及国家（地区），一般可按外贸合同的卖方或发票抬头人填写。若经其他国家或地区需填写转口商名称时，可在出口商后面加添英文 VIA，然后再填写转口商名称、地址和国家。例如：

××× International Trading Corp.

No. ×××，×××ROAD，××CITY，××PROVINCE，CHINA

VIA HONG KONG ××Co. Ltd.

No. ×××，×××ROAD，HONGKONG

第二栏：收货方

应填写最终收货方的名称、详细地址及国家（地区），通常是外贸合同中的买方或信用证上规定的提单通知人。但有时由于贸易的需要，信用证规定所有的单证收货人一栏留空，在这种情况下，此栏应加注"TO WHOM IT MAY CONCERN"或"TO ORDER"，但不得留空。若需填写转口商名称时，可在收货人后面加填英文 VIA，然后再填写转口商名称、地址、国家。

第三栏：运输方式和路线

海运、陆运或空运应填写装货港（地）、到货港（地）及运输线路。如需转运，还应注明转运地。例如，“通过海运，于2012 年1 月5 日由广州经中国香港转运至鹿特丹港”，英文为“FROM GUANGZHOU TO ROTTERDAM BY VESSEL VIA HONG KONG ON JAN. 5, 2012”。

第四栏：目的地国家（地区）

指货物最终运抵港，一般应与最终收货人或最终目的港的国别一致，不能填写中间商国家名称。

第五栏：检验机构用栏

此栏为签证机构在签发后发证书、补发证书或加注其他声明时使用。证书申领单位应将此栏留空。

第六栏：运输标志

应按照出口发票上所列唛头填写完整图案、文字标记及包装号码，不可简单地填写“按照发票（ASPERINVOICENO. ×××）”或者“按照提单（ASPERB/L）”。货物无唛头，应填写 N/M（NOMARK，无唛头）。此栏不得留空。如唛头多，本栏填写不下，可填写在第七、八、九栏的空白处，如还不够，可用附页填写。

第七栏：商品名称、包装数量及种类

商品名称要填写具体名称，例如：睡袋（SLEEPING BAGS）、杯子（CUPS），不得用概括性表述，例如：服装（GARMENT）。包装数量及种类要按具体单位填写，例如：100 箱彩电，填写为“100 CARTONS（ONE HUNDRED CARTONS ONLY）OF COLOUR TV SET”。包装数量应在阿拉伯数字后加注英文表述，如货物系散装，在商品名称后加注“散装”（IN BULK），例如：1000 公吨生铁，填写为“1000 M/T（ONE THOUSAND M/T ONLY）PIG IRON IN BULK”。

第八栏：商品编码

此栏要求填写 8 位数的 H. S. 编码，与报关单一致。若同一证书包含有几种商品，则应将相应的税目号全部填写。此栏不得留空。

H. S. ：全称《商品名称及编码协调制度》，是目前国际上最新的国际贸易商品分类目录，具有严密的科学性和逻辑性，已在国际上广泛采用。中国海关对进出境货物监管和商检签发普惠制产地证、一般产地证都已采用 H. S. 商品编码，可到发证机构或网上查询。

第九栏：数量

填写出口货物的数量并与商品的计量单位联用。如上述的 100 箱彩电，此栏填“100 SETS”。1000 公吨散装生铁，此栏填“N. W. 1000M/T”（净重 1000 公吨）或“1000M/T（N. W. ）”。如果只有毛重时，则需注明“G. W. ”。

第十栏：发票号码及日期

发票号码及日期必须按照所申请出口货物的商业发票填写。该栏日期应早于或同于实际出口日期，为避免对月份、日期的误解，月份一律用英文表述，例如：2006 年 12 月 10

日，用英文表述为：DEC. 10，2006. 此栏不得留空。

第十一栏：出口方声明

该栏由申领单位已在签证机构注册的人员签字并加盖有中英文的印章，填写申领地点和日期。该栏日期不得早于发票日期（第十栏）。手签人签字与公章在证面上的位置不得重合。

第十二栏：签证机构证明

由签证机构签字、盖章。签字和盖章不得重合，并填写签证日期、地点。签发日期不得早于发票日期（第十栏）和申请日期（第十一栏）。附中华人民共和国产地证如下：

ORIGINAL

<table>
<tr><td colspan="2">1. Exporter</td><td colspan="3">Certificate No.

CERTIFICATE OF ORIGIN
OF
THE PEOPLE' S REPUBLIC OF CHINA</td></tr>
<tr><td colspan="2">2. Consignee</td><td colspan="3"></td></tr>
<tr><td colspan="2">3. Means of transport and route</td><td colspan="3" rowspan="2">5. For certifying authority use only</td></tr>
<tr><td colspan="2">4. Country / region of destination</td></tr>
<tr><td>6. Marks and numbers</td><td>7. Number and kind of packages; description of goods</td><td>8. H. S. Code</td><td>9. Quantity</td><td>10. Number and date of invoices</td></tr>
<tr><td colspan="2">11. Declaration by the exporter
The undersigned hereby declares that the above details and statements are correct, that all the goods were produced in China and that they comply with the Rules of Origin of the People' s Republic of China.

Place and date, signature and stamp of authorized signatory</td><td colspan="3">12. Certification
It is hereby certified that the declaration by the exporter is correct.

Place and date, signature and stamp of certifying authority</td></tr>
</table>

（二）进口铁矿石产地证案例

CERTIFICATE OF ORIGIN

DATE: FEB 17, 2012

RE: SHIPMENT OF 25, 300 WMT OF IRON ORE FINES
PER M/V "TOP SEA"
FROM PARADIP INDIA
TO NANTONG, P. R. CHINA

WE HEREBY CERTIFYING THE SUBJECT CARGO IS OF INDIAN ORIGIN

签证机构签章

七、其他单据

（一）普惠制产地证（Generalized System of Preference Certificate of Origin, GSP Certificate of Origin）

普遍优惠制简称普惠制，是指发达国家对从发展中国家和地区输入的商品，特别是制成品和半制成品，普遍给予优惠关税待遇的一种制度。普惠制的三项原则是普遍的、非歧视的、非互惠的。

1. 普惠制产地证的申报

参阅内蒙古出入境检验检疫局网站：

http: //www. nmciq. gov. cn/nmgjyjyj/ggfw/bjhcdzgl/ywgl/11604. shtml.

2. 普惠制原产地证明书格式 A 填制

普惠制原产地证明书 FORM A 共有 12 栏，各栏的填写方法如下：

（1）普惠制原产地证书标题栏（右上角），填上检验检疫机构编定的证书号。在证头横线上方填上“中华人民共和国”。国名必须填打英文全称，不得简化。Issued in THE PEOPLE' S REPUBLIC OF CHINA（国内印制的证书，已将此印上，无须再填打。）

（2）第 1 栏出口商名称、地址、国家。此栏带有强制性，应填明详细地址，包括街道名、门牌号码等。例：CHINA ARTEX（HOLDING）COPR. GUANGDONG CO. NO. 119, LIUHUA ROAD, GUANGZHOU, CHINA

中国地名的英文译音应采用汉语拼音。如 GUANGDONG（广东）、GUANGZHOU（广州）、SHANTOU（汕头）等。

（3）第 2 栏：收货人的名称、地址、国家。该栏应填给惠国最终收货人名称（即信用证上规定的提单通知人或特别声明的收货人），如最终收货人不明确，可填发票抬头人。但不可填中间转口商的名称。

欧洲联盟、挪威对此栏是非强制性要求，如果货物直接运往上述给惠国，而且进口商要求将此栏留空时，则可以不填详细地址，但须填：To Order。

（4）第 3 栏：运输方式及路线（就所知而言）。一般应填装货、到货地点（始运港、目的港）及运输方式（如海运、陆运、空运）。例：ON/AFTER NOV. 6, 2000 FROM GUANGZHOU TO HONG KONG BY TRUCK, THENCE TRANSHIPPED TO HAMBURG BY

SEA. 转运商品应加上转运港，如 VIA HONGKONG。该栏还要填明预定自中国出口的日期，日期必须真实，不得捏造。对输往内陆给惠国的商品，如瑞士、奥地利，由于这些国家没有海岸，因此如系海运，都须经第三国，再转运至该国，填证时应注明。例 ON/AFTER NOV. 6，2000 BY VESSEL FROM GUANGZHOU TO HAMBURG W/T HONG KONG，IN TRANSIT TO SWITZERLAND.

（5）第4栏：供官方使用。此栏由签证当局填写，申请签证的单位应将此栏留空。正常情况下此栏空白。特殊情况下，签证当局在此栏加注，如：（1）货物已出口，签证日期迟于出货日期，签发“后发”证书时，此栏盖上“ISSUED RETROSPECTIVELY”红色印章。(2）证书遗失、被盗或损毁，签发“复本”证书时盖上“DUPLICATE”红色印章，并在此栏注明原证书的编号和签证日期，并声明原发证书作废，其文字是“THIS CERTIFICATE IS IN REPLACEMENT OF CERTIFICATE OF ORIGIN NO. …DATED…WHICH IS CANCELLED”。

（6）第5栏：商品顺序号。如同批出口货物有不同品种，则按不同品种、发票号等分列“1”、“2”、“3”……，以此类推。单项商品，此栏填“1”。

（7）第6栏：唛头及包装号。填具的唛头应与货物外包装上的唛头及发票上的唛头一致；唛头不得出现中国以外的地区或国家制造的字样，也不能出现中国香港、中国澳门、中国台湾原产地字样（如 MADE IN TAIWAN，HONG KONG PRODUCTS 等）；如货物无唛头应填“无唛头”、即“N/M”或“NO MARK”。如唛头过多，此栏不够填，可填打在第7、8、9、10栏截止线以下的空白处。如还不够，此栏打上（SEE THE ATTACHMENT)，用附页填打所有唛头（附页的纸张大小要与原证书的一样），在右上角打上证书号，并由申请单位和签证当局授权签字人分别在附页末页的右下角和左下角手签、盖印。附页手签的笔迹、地点、日期均与证书第11、12栏相一致。

（8）第7栏：包件数量及种类，商品的名称。包件数量必须用英文和阿拉伯数字同时表示，例：ONE HUNDRED AND FIFTY（150）CARTONS OF WORKING GLOVES。商品名称必须具体填明，不能笼统填“MACHINE”（机器）、“GARMENT”（服装）等。对一些商品，如：玩具电扇应注明为“TOYS：ELECTRIC FANS”，不能只列“ELECTRIC FANS”（电扇）。商品的商标、牌名（BRAND）及货号（ARTICLE NUMBER）一般可以不填。商品名称等项列完后，应在下一行加上表示结束的符号，以防止加填伪造内容。国外信用证有时要求填具合同、信用证号码等，可加填在此栏空白处。

（9）第8栏：原产地标准。完全原产品，不含任何非原产成分，出口到所有给惠国，填“P”。

含有非原产成分的产品，出口到欧盟、挪威、瑞士和日本，填“W”，其后加上出口产品的 HS 品目号，如“W”42.02。条件：1）产品列入了上述给惠国的“加工清单”符合其加工条件。2）产品未列入“加工清单”，但产品生产过程中使用的非原产原材料和零部件要经过充分的加工，产品的 HS 品目号不同于所用的原材料或零部件的 HS 品目号。含有非原产成分的产品，出口到加拿大，填“F”。条件：非原产成分的价值未超过产品出厂价的40%。

含有非原产成分的产品，出口到波兰，填“W”，其后加上出口产品的 HS 品目号，如“W”42.02。条件：非原产成分的价值未超过产品离岸价的50%。

含有非原产成分的产品，出口到俄罗斯、乌克兰、白俄罗斯、哈萨克斯坦、捷克、斯洛伐克六国，填“Y”，其后加上非原产成分价值占该产品离岸价格的百分比，如“Y”38%。条件：非原产成分的价值未超过产品离岸价的50%。

输往澳大利亚、新西兰的货物，此栏可以留空。

(10) 第9栏：毛重或其他数量。注：此栏应以商品的正常计量单位填，如“只”、“件”、“双”、“台”、“打”等。例：3200 DOZ. 或6270 KG. 以重量计算的则填毛重，只有净重的，填净重亦可，但要标上N. W.（NET WEIGHT）。

(11) 第10栏：发票号码及日期。注：此栏不得留空。月份一律用英文（可用缩写）表示，例：PHK50016 Nov. 2, 2000。此栏的日期必须按照正式商业发票填具，发票日期不得迟于出货日期。

(12) 第11栏：签证当局的证明。此栏填打签证机构的签证地点、日期，例：GUANGZHOU NOV. 3, 2000。检验检疫局签证人经审核后在此栏（正本）签名，盖签证印章。（注：此栏日期不得早于发票日期（第10栏）和申报日期（第12栏），而且应早于货物的出运日期（第3栏）。）

(13) 第12栏：出口商的申明。在生产国横线上填英文的“中国”（CHINA）。进口国横线上填最终进口国。进口国必须与第三栏目的港的国别一致。凡货物运往欧盟二十七国范围内，进口国不明确时，进口国可填EU。

另外，申请单位应授权专人在此栏手签，标上申报地点、日期，并加盖申请单位中英文印章。手签人手迹必须在检验检疫局注册登记，并保持相对稳定。此栏日期不得早于发票日期（第10栏）（最早是同日）。盖章时应避免覆盖进口国名称和手签人姓名。本证书一律不得涂改，证书不得加盖校对章。

在证书正本和所有副本上盖章时，避免覆盖进口国名称和手签人姓名。

（注意：国名应是正式的和全称的。）

附普惠制原产地证明书格式A如下：

截至2010年7月世界上共有38个给惠国，它们是：欧盟25国（英国、法国、德国、意大利、荷兰、比利时、丹麦、卢森堡、希腊、爱尔兰、葡萄牙、西班牙、瑞典、芬兰、奥地利、塞浦路斯、匈牙利、捷克、爱沙尼亚、拉脱维亚、立陶宛、马耳他、波兰、斯洛伐克、斯洛文尼亚）、挪威、瑞士、日本、加拿大、澳大利亚、新西兰、俄罗斯、乌克兰、白俄罗斯、哈萨克斯坦、土耳其、美国和保加利亚。现在，除美国和保加利亚外，其余36个给惠国均宣布给予中国普惠制待遇。

由于普惠制对我国推销出口商品有利，所以我们应对其充分利用。表现在单据方面，就是出口商须按规定提供有关GSP单据，作为进口国海关减免关税的依据。最常用的普惠制单据就是GSP产地证Form A，此种格式产地证适用于一般商品，由出口商填制后，由中国国家质检总局签发。

（二）受益人证明

受益人证明（Beneficiary' s Certificate）是指进口商在信用证中要求受益人开出证明，证明其办理了某项工作或证实某件事实的单据。受益人证明无固定格式，只需打在白纸上即可。

ORIGINAL

1. Goods consigned from (Exporter' s business name, address, country)	Reference
	GENERALIZED SYSTEM OF PREFERENCES CERTIFICATE OF ORIGIN (Combined declaration and certificate)
2. Goods consigned to (Consignee' s name, address, country)	
	Issued in THE PEOPLE' S REPUBLIC OF CHINA (country) See Notes overleaf
3. Means of transport and route (as far as known)	4. For official use

5. Item number	6. Marks and numbers of packages	7. Number and kind of packages; description of goods	8. Origin criterion (see Notes overleaf)	9. Gross weight or other quantity	10. Number and date of invoices

11. Certification It is hereby certified, on the basis of control carried out, that the declaration by the exporter is correct.	12. Declaration by the exporter The undersigned hereby declares that the above details and statements are correct, that all the goods were produced in CHINA (country) and that they comply with the origin requirements specified for those goods in the Generalized System of Preferences for goods exported to
Place and date, signature and stamp of certifying authority	Place and date, signature and stamp of authorized signatory

缮制受益人证明时须注意：（1）单据上要有受益人证明的字样；（2）应显示信用证号及发票号；（3）日期不能迟于信用证规定的日期，一般可与提单日期相同；（4）证明的内容与信用证要求相符；（5）受益人出立并正式签章。

[案例]

CERTIFICATE OF WEIGHT

DATE: FEB 17, 2012

RE: SHIPMENT OF 25300 WMT OF IRON ORE FINES
PER M/V "TOP SEA"
FROM PARADIP, INDIA
TO NANTONG, P. R. CHINA

WE HEREBY CERTIFYING THE ACTUAL SURVEYED WEIGHT OF CARGO SHIPPED AT LOANING POPT IS 25300 WMT.

签章

(三) 装船通知

装船通知（Shipment Advice）即出口商发给进口商的电报或传真通知。通常有两种：一种是通知进口商投保的，须将投保的各项内容，如商品名称、规格、件数、金额、唛头、开航日期、船名、装运港、目的港、合同号、信用证号等告知对方。这种电报或传真同时也是装船通知，发了投保通知就不必再发装船通知。另一种是通知装船的，须把装船详情电告对方，如合同号、信用证号、船名、装船日期、装运港、目的港、品名、件数、数量金额、唛头等。

[案例]

SHIPMENT ADVICE

DATE: FEB 18, 2012 **FAX NO**: * * * * * * * * * *
TO: Huadong Trade Co. Ltd
CC
ROM: Hong Kong ABC Trade Co. Ltd
SUBJECT: CONTRACT NO. ABC20120124
(OUR REF.)
25, 300 WMT OF IRON ORE FINES

WITH REFERENCE TO THE CAPTIONED CONTRACT, WE ARE PLEASED TO ADVISE THE SHIPMENT DETAILS AS FOLLOWS:

NAME OF COMMODITY	IRON ORE FINES
SHIPPED QUANATITY	25, 300 WMT
NAME OF VESSEL	M/V "TOP SEA"
APPROXIMATE	USD2, 861, 747. 14 (100% VALUE)
INVOICE VALUE	USD2, 718, 659. 78 (95% VALUE)
B/L DATE	FEB 17, 2012

LOADING PORT PARADIP, INDIA
ETA NANTONG, P. R. CHINA MAR 06 2012

REGARDS,

CERTIFIED TRUE COPY
签章

（四）商检证书

商检证书是用以证明货物的品质、数量、重量和卫生等情况是否与合同相符的依据，有时也是出口人向银行议付货款的单据之一。商检证书一般由中国出入境检验检疫局或商检公司出具，如合同或信用证无特别规定，也可由进出口公司或生产厂家出具，但应注意商检证书的名称及所列项目或检验结果必须符合合同和信用证的规定。

中华人民共和国出入境检验检疫
ENTRY – EXIT INSPECTION AND QUARANTINE
OF THE PEOPLE' S REPUBLIC OF CHINA

编号 No.: 32110011000248

品 质 证 书
CERTIFICATE OF QUALITY

收货人 Huadong Trade Co. Ltd
Consignee

发货人 Hongkong ABC Trade Co. Ltd
Consignor

品名 IRON ORE FINE
Description of Goods

报检数量/重量 * * 253300. 000MT
Quantity / Weight Declared

合同号
Contract No. ABC20120201

发票号
Invoice No. ABC20120201 – P

提单或运单号
B/L or Way Bill No. 01

标记及号码
Mark & No.
N/M

到货地点 NANTONG CHINA
Place of Arrival

启运地 PARADIP INDIA
Place of Despatch

到货日期 06 MAR, 2012
Date of Arrival

卸毕日期 08 MAR , 2012
Date of Completion of Discharge

运输工具 M/V TOP SEA
Means of Conveyance

检验日期 06 MAR, 2012 – 30 MAR, 2012
Date of Inspection

检验结果：

RESULTS OF INSPECTION：

在卸货过程中，按标准 GB/T 10322. 1—2000 从本批货物中抽取代表性样品，经测试，其结果如下：

The representative samples form this lot of goods were drawn according to the standard GB/T 10300. 1—2000 stipulation in the process of dischange and tested with the results as follow：

证书
CERTIFICATE

编号 No.：＊ ＊＊＊＊＊＊＊＊＊

Chemical Contents（On Dry Basis）：

Fe：	60. 75%
P：	0. 063%
SiO2 + AL2O3：	9. 20%
S：	0. 0095%
AL2O3：	4. 41%

Physical properties：

Moisture：	6. 92%
Size：＋10MM	3. 14%
－0. 15MM	11. 26%

评定：上述货物中“AL2O3”不符合合同 ABC20120124 要求

CONCLUSION：The item“AL2O3” in this lot of goods is not in conformity with the Contract No. ABC20120124

签证地点 Place of Issue NANTONG CHINA 签证日期 Date of Issue 04/APRIL，2010

授权签字人 Authorized Officer ________ 签名 Signature ________

中华人民共和国出入境检验检疫

ENTRY – EXIT INSPECTION AND QUARANTINE

OF THE PEOPLE'S REPUBLIC OF CHINA

重 量 证 书

INSPECTION CERTIFICATE OF WEIGHT

收货人：
Consignee：Huadong Trade Co. Ltd

发货人：
Consignor：Hong Kong ABC Trade Co. Ltd

品名： Description of Goods：IRON ORE FINES	标记及号码 Mark & No. N/M
报检数量 、重量： Quantity/Weight Declared 25300000 WMT	
合同号： Contract No. ABC20120201	
发票号： Invoice No. ABC20120201 – P	
提单或运单号： B/L or Way Bill No. 01	

到货地点 NANTONG CHINA
Place of Arrival

启运地 PARADIP INDIA
Place of Despatch

到货日期 06 MAR，2012
Date of Arrival

卸毕日期 08 MAR，2012
Date of Completion of Discharge

运输工具 M/V TOP SEA
Means of Conveyance

检验日期 06 MAR，2012 – 08 MAR，2012
Date of Inspection

检验结果：

RESULTS OF INSPECTION：

本局根据所查卸货前及卸货后之船舶水尺与船用物料，依据船方所提供之排水量表并作必要之校正后，计算货物重量如下：

Having checked the ship's drafts and elements at the time before and after discharge and based on the ship's displacement scale provide on board with necessary corrections made，we compute the weight of the above cargo being as follows：

自船舱卸出货物重量： ＊＊25301 湿公吨

The weight of the cargo discharged from the ship's holds：

TWENTY FIVE THOUSAND THREE HUNDRED AND ONE WMT.

扣除水分 6.92% 重量: * * 1750.8 公吨

Deducting moisture content 6.92%

干态重量: * * 23550.2 公吨

Weight on dry basis

证书

CERTIFICATE

共 2 页第 2 页 Page2

编号 No. * * * * * * * * * * * * * * * * * *

INSPECTIONN RECORD OF COMPUTATION OF WEIGHT BY CHECKING OF SHIP' S DRAFT

1. SHIP' S DRAFT	BEFORE DISCHARGE (M)	AFTER DISCHARGE (M)
Fore, corrected	10.720	4.167
After, corrected	10.780	6.577
Midship, averaged	10.690	5.37
Draft after correction for deflection	10.705	5.323

2. DENSITY OF HARBOUR WATER AT BERTH	0.9980	0.9980
3. DISPLACEMENT (M/T)		
Corresponding displacement	35009.5	16043.3
After correction for the trim	35009.5	15905.4
After correction for density of harbour water	34087.3	15486.4
4. QUANTITY OF SHIPS ELEMENTS (M/T)		
Fuel oil	502.6	497.6
Fresh water	240.0	228.0
Ballast water	150.4	6867.2
Other cargo	0.0	0.0
5. WEIGHT OF CARGO	* * * * * * * * * * * 25301MT	

签证地点 Place of Issue NANTONG CHINA 签证日期 Date of Issue 30 MAR, 2012

授权签字人 Authorized Officer ________ 签名 Signature ________

(五) 船公司证明

船公司证明 (Shipping Compamy' s Certificate) 是船公司或其代理人出立的单据，用来证明船籍、船龄、航程等。船公司证明用在特殊情况下，例如进口商由于某些政治原因，或为避免运输途中被扣，有时要求出口商仅装某些国家的船或不装某些国家的船。要求船只不经过某些地区，不通过某一运河或不在某些港口靠港，这时，出口商就要取得船公司证明。

第八节　外汇核销与出口货物退税

一、外汇核销

（一）外汇核销

外汇核销是指国家为加强进出口收付汇管理，指定外汇管理部门对进出口企业贸易的外汇收入和支出情况进行监督检查的一种制度，这套制度就称为出口收汇核销制度和进口付汇核销制度，统称为外汇核销制度。伴随这套外汇核销制度而来的就是出口收汇核销单与进口付汇核销单，统称为核销单。核销单实际上是一张跟踪单，每张核销单上都有一个唯一的编号，用以跟踪每一笔进出口业务的各个环节。目的是监控每一笔贸易的每一笔外汇的进和出。

外汇核销分全额核销和差额核销，一般来料加工企业采取差额核销的办法。差额核销是按一定的比例将出口的收入汇入国内，余额可留境外用于材料的采购等。

（二）新的贸易外汇管理方式

为了大力推进贸易便利化，进一步改进货物贸易外汇服务和管理，对实施近 20 年的贸易外汇管理制度进行重大改革。国家外汇管理局、海关总署、国家税务总局联合决定，自 2012 年 8 月 1 日起，在全国实施货物贸易外汇管理制度改革，并相应调整出口报关流程，优化升级出口收汇与出口退税信息共享机制。

中国于 1991 年建立的出口收汇核销制度和 1994 年建立的进口付汇核销制度，是通过逐笔匹配企业的货物流和资金流信息，对货物贸易外汇资金流动的真实性、合法性进行监督，这曾在诸多方面发挥了重要的作用。但随着国内外形势的变化，进出口外汇核销制度面临新的挑战，“一一对应”的传统核销管理模式与中国对外贸易的快速发展已不相适应。为了大力推进贸易便利化，真正实现外汇管理方式的转变，外汇局积极研究构建适应市场经济运行要求的货物贸易外汇管理制度，并确立了以总量核查为特点的改革思路，将管理环节从收付汇前转到收付汇后，管理对象从逐笔收付汇行为转到企业主体收付汇总量，管理方式从现场的柜台业务转到非现场的电子化监测分析，从而实现贸易收付汇真实性管理方式的根本性变革。2010 年 5 月 1 日，进口付汇核销改革首先在天津、江苏、山东、湖北、内蒙古、福建以及青岛等进行试点。

新的贸易外汇管理方式的具体内容如下：

（1）改革货物贸易外汇管理方式。改革之日起，取消出口收汇核销单（简称核销单），企业不再办理出口收汇核销手续。国家外汇管理局分支局（简称外汇局）对企业的贸易外汇管理方式由现场逐笔核销改变为非现场总量核查。外汇局通过货物贸易外汇监测系统，全面采集企业货物进出口和贸易外汇收支逐笔数据，定期比对、评估企业货物流与资金流总体匹配情况，便利合规企业贸易外汇收支；对存在异常的企业进行重点监测，必要时实施现场核查。

（2）对企业实施动态分类管理。外汇局根据企业贸易外汇收支的合规性及其与货物进出口的一致性，将企业分为 A、B、C 三类。A 类企业进口付汇单证简化，可凭进口报关单、合同或发票等任何一种能够证明交易真实性的单证在银行直接办理付汇，出口收汇无需联网核查；银行办理收付汇审核手续相应简化。对 B、C 类企业在贸易外汇收支单证审核、业务类型、结算方式等方面实施严格监管，B 类企业贸易外汇收支由银行实施电子数据核查，C 类企业贸易外汇收支须经外汇局逐笔登记后办理。

外汇局根据企业在分类监管期内遵守外汇管理规定情况，进行动态调整。A 类企业违反外汇管理规定将被降级为 B 类或 C 类；B 类企业在分类监管期内合规性状况未见好转的，将延长分类监管期或被降级为 C 类；B、C 类企业在分类监管期内守法合规经营的，分类监管期满后可升级为 A 类。

（3）调整出口报关流程。改革之日起，企业办理出口报关时不再提供核销单。

（4）简化出口退税凭证。自 2012 年 8 月 1 日起报关出口的货物（以海关“出口货物报关单［出口退税专用］”注明的出口日期为准，下同），出口企业申报出口退税时，不再提供核销单；税务局参考外汇局提供的企业出口收汇信息和分类情况，依据相关规定，审核企业出口退税。

2012 年 8 月 1 日前报关出口的货物，截至 7 月 31 日未到出口收汇核销期限且未核销的，按本条第一款规定办理出口退税。

2012 年 8 月 1 日前报关出口的货物，截至 7 月 31 日未到出口收汇核销期限但已核销的以及已到出口收汇核销期限的，均按改革前的出口退税有关规定办理。

（5）出口收汇逾期未核销业务处理。2012 年 8 月 1 日前报关出口的货物，截至 7 月 31 日已到出口收汇核销期限的，企业应不迟于 7 月 31 日办理出口收汇核销手续。自 8 月 1 日起，外汇局不再办理出口收汇核销手续，不再出具核销单。企业确需外汇局出具相关收汇证明的，外汇局参照原出口收汇核销监管有关规定进行个案处理。

（6）加强部门联合监管。企业应当严格遵守相关规定，增强诚信意识，加强自律管理，自觉守法经营。国家外汇管理局与海关总署、国家税务总局将进一步加强合作，实现数据共享；完善协调机制，形成监管合力；严厉打击各类违规跨境资金流动和走私、骗税等违法行为。

二、出口货物退税

退税（Tax Rebate）是指国家按规定对纳税人已纳税款的退还。优惠退税是税收支出的一种形式，即国家为鼓励纳税人从事或扩大某种经济活动而给予的税款退还。通常包括出口退税、再投资退税、复出口退税、溢征退税等多种形式。

出口退税（Export Rebates）是指对出口商品已征收的国内税部分或全部退还给出口商的一种措施，这也是国际惯例。1985 年 3 月，国务院正式颁发了《关于批转财政部〈关于对进出口产品征、退产品税或增值税的规定〉的通知》，规定从 1985 年 4 月 1 日起实行对出口产品退税政策。1994 年 1 月 1 日起，随着国家税制的改革，中国改革了已有退还产品税、增值税、消费税的出口退税管理办法，建立了以新的增值税、消费税制度为基础的出口货物退（免）税制度并开始施行《中华人民共和国增值税暂行条例》规定，纳税人出口商品的增值税税率为零，对于出口商品，不但在出口环节不征税，而且税务机关还要退还该商品在国内生产、流通环节已负担的税款，使出口商品以不含税的价格进入国际市场。根据《增值税暂行条例》规定，企业产品出口后，税务部门应按照出口商品的进项税额为企业办理退税，由于税收减免等原因，商品的进项税额往往不等于实际负担的税额，如果按出口商品的进项税额退税，就会产生少征多退的问题，于是就有了计算出口商品应退税款的比率——出口退税率。

出口产品退税制度，是一个国家税收的重要组成部分。主要是通过退还出口产品的国内已纳税款来平衡国内产品的税收负担，使本国产品以不含税成本进入国际市场，与国外产品在同等条件下进行竞争，从而增强竞争能力，扩大出口创汇。

出口货物海关放行并且上船后就可以结关了，从结关日开始三个月内是退税有效期，出口商只要在出口退税有效期内办理完进出口经营权和国税登记的相关手续就可以申请退税，如果三个月内无法将手续办理完毕，可以向税务部门申请延期，延期期限三个月。

（一）出口退税的条件

（1）必须是增值税、消费税征收范围内的货物。增值税、消费税的征收范围，包括除直接向农业生产者收购的免税农产品以外的所有增值税应税货物，以及烟、酒、化妆品等 11 类列举征收消费税的消费品。

之所以必须具备这一条件，是因为出口货物退（免）税只能对已经征收过增值税、消费税的货物退还或免征其已纳税额和应纳税额。未征收增值税、消费税的货物（包括国家规定免税的货物）不能退税，以充分体现“未征不退”的原则。

（2）必须是报关离境出口的货物。所谓出口，即输出关口，它包括自营出口和委托代理出口两种形式。区别货物是否报关离境出口，是确定货物是否属于退（免）税范围的主要标准之一。凡在国内销售、不报关离境的货物，除另有规定者外，不论出口企业是以外汇还是以人民币结算，也不论出口企业在财务上如何处理，均不得视为出口货物予以退税。

对在境内销售收取外汇的货物，如宾馆、饭店等收取外汇的货物等，因其不符合离境出口条件，均不能给予退（免）税。

（3）必须是在财务上作出口销售处理的货物。出口货物只有在财务上作出销售处理后，才能办理退（免）税。也就是说，出口退（免）税的规定只适用于贸易性的出口货物，而对非贸易性的出口货物，如捐赠的礼品、在国内个人购买并自带出境的货物（另有规定者除外）、样品、展品、邮寄品等等，因其一般在财务上不作销售处理，故按照现行规定不能退（免）税。

（4）必须是已收汇的货物。国家规定外贸企业出口的货物必须要同时具备以上 4 个条件。生产企业（包括有进出口经营权的生产企业、委托外贸企业代理出口的生产企业、外商投资企业，下同）申请办理出口货物退（免）税时必须增加一个条件，即申请退（免）税的货物必须是生产企业的自产货物或视同自产货物才能办理退（免）税。

（二）出口退税注意三个时限

出口企业在办理出口退税时要特别注意申报程序，注意时间观念，以免造成损失。出口企业在办理出口退税时，应注意三个时限规定：

一是“30 天”。外贸企业购进出口货物后，应及时向供货企业索取增值税专用发票或普通发票，属于防伪税控增值税发票，必须在开票之日起 30 天内办理认证手续。

二是“90 天”。外贸企业必须在货物报关出口之日起 90 天内办理出口退税申报手续。生产企业必须在货物报关出口之日起三个月后免抵退税申报期内办理免抵退税申报手续。

三是“3 个月”。出口企业出口货物纸质退税凭证丢失或内容填写有误，按有关规定可以补办或更改的，出口企业可在申报期限内向退税部门提出延期办理出口货物退（免）税申报的申请，经批准后，可延期 3 个月申报。

（三）出口退税流程

办理进出口退税时大体可分下列五步：

第一步，退税申报数据录入；

第二步，退税申报数据审核；

第三步，退税申报数据检查；

第四步，预申报；

第五步，正式申报。

具体操作可参见中国出口退税综合服务平台（http：//www. taxrefund. com. cn/pt/ckts_ pt. asp）

第九节 索赔与理赔

国际贸易中的买卖双方在履行合同时，一方违约给另一方造成损失时，除不可抗力之外，受损方有权向违约方提出赔偿损失的要求。

一、索赔与理赔

索赔（Claim）是指买卖合同的一方当事人因另一方当事人违约致使其遭受损失而向另一方当事人提出要求损害赔偿的行为。理赔则是一方对于对方提出的索赔进行处理。可见，索赔与理赔是一个问题的两个方面，即对守约方而言是索赔，对违约方而言是理赔。

二、买卖合同中的索赔条款

买卖双方为了正确处理好索赔与理赔工作，通常在合同中订立索赔条款。实际业务中主要采用“异议与索赔条款”和“罚金条款”两种。

（一）异议与索赔条款

异议与索赔条款（Discrepancy and Claim Clause）多是针对卖方交货质量、数量或包装不符合同规定而订立的，主要包括索赔依据、索赔期限。

（二）罚金或违约金条款

罚金条款（Penalty Clause）也称为违约金条款（Liquidated Damage Clause），是指合同当事人一方未履行合同义务而向对方支付一定金额的罚金，多用与卖方延期交货或买方延期交货或延期付款的情况。关于合同的罚金条款，各国的法律有不同的规定。如大陆法系国家（法、德等国）的法律承认并予以保护；而英美法系国家（英、美、澳、新等国）的法律则一般不承认罚金。我国《合同法》规定：约定的违约金过分高于或低于违反合同所造成的损失时，当事人可以请求仲裁机构或法院予以适当减少或增加。

参考文献

[1] WTO. Trade to Remain Subdued in 2013 after Sluggish Growth in 2012 as European Economies Continue to Struggle [R/OL]. (2013-04-10) [2013-04-15].
http://www.wto.org/english/news_e/pres13_e/pr688_e.htm.
[2] 中国出口信用保险公司. 产品与服务 [EB/OL].
http://www.sinosure.com.cn/sinosure/index.html.
[3] 于立新，杨晨. 新阶段中国服务贸易发展战略路径研究 [J]. 国际贸易，2013 (1)：62~66.
[4] 张莉. "十二五"时期国际服务贸易发展趋势及中国的对策 [J]. 国际贸易，2011 (1)：24~28.
[5] 黎孝先，王健. 国际贸易实务 [M]. 北京：对外经济贸易大学出版社，2011.
[6] 刘重力. 国际贸易实务 [M]. 北京：清华大学出版社，2008.
[7] 徐盛华，郑明贵. 进出口贸易实务操作指南 [M]. 北京：清华大学出版社，2009.
[8] 李宏. 国际贸易理论与实务 [M]. 北京：电子工业出版社，2010.
[9] 黄海东. 国际贸易实务 [M]. 北京：清华大学出版社，2009.
[10] 盛洪昌. 国际贸易实务 [M]. 上海：上海财经大学出版社，2012.
[11] 赵慧娥. 国际贸易实务 [M]. 北京：中国人民大学出版社，2011.
[12] 刘静华. 国际货物贸易实务 [M]. 北京：对外经济贸易大学出版社，2005.
[13] 申艳玲. 国际贸易理论与实务 [M]. 北京：清华大学出版社，2009.
[14] 童宏祥. 国际贸易实务 [M]. 上海：上海财经大学出版社，2008.
[15] 陈岩. 国际贸易理论与实务 [M]. 北京：清华大学出版社，2007.
[16] 刘秀玲. 国际贸易实务与案例 [M]. 北京：清华大学出版社，2008.
[17] 李权. 国际贸易实务 [M]. 北京：北京大学出版社，2004.
[18] 查德利. 国际贸易实务 [M]. 重庆：重庆大学出版社，2006.
[19] 夏合群，周英芬. 国际贸易实务 [M]. 北京：中国林业出版社，2007.
[20] 宫焕久，许源. 进出口业务教程 [M]. 上海：上海人民出版社，2007.
[21] 韩常青. 新编进出口贸易实务 [M]. 北京：电子工业出版社，2009.
[22] 陈国武. 新编进出口业务案例精选 [M]. 北京：清华大学出版社，2009.
[23] 周学明. 国际贸易实务 [M]. 北京：清华大学出版社，2009.
[24] 吴国新. 国际贸易单证实务 [M]. 北京：清华大学出版社，2008.
[25] 李敏华，任铁争. 国际贸易实务 [M]. 北京：中国人民大学出版社，2010.
[26] 侯铁珊，逯宇铎. 国际贸易实务案例与练习 [M]. 大连：大连理工大学出版社，2002.
[27] 王秋红. 国际贸易实务 [M]. 北京：清华大学出版社，2012.
[28] 王善论. 国际贸易实务解惑500题 [M]. 北京：对外经济贸易大学出版社，2007.
[29] 冷柏军. 国际贸易实务 [M]. 北京：对外经济贸易大学出版社，2005.
[30] 田运银. 国际贸易实务精讲 [M]. 4版. 北京：中国海关出版社，2010.
[31] 陈哲. 进出口业务案例解析 [M]. 北京：对外经济贸易大学出版社，2004.
[32] 海关总署. 关于修订进出口货物报关单的填制要求 [Z/OL]. (2009-01-22) [2012-12-20].
http://www.customs.gov.cn/publish/porta10/tab399/info157551.htm.
[33] 内蒙古出入境检验检疫局. 普惠制产地证的申报 [EB/OL]. (2010-12-30) [2013-01-22].
http://www.nmciq.gov.cn/nmgjyjyj/ggfw/bjhcdzgl/ywgl/11604.shtml.
[34] 中国出口退税咨询网. 中国出口退税综合服务平台 [DB/OL]. [2013-01-20].
http://www.taxrefund.com.cn/pt/ckts_pt.asp.
[35] 郭建军. 国际货物贸易实务教程 [M]. 2版. 北京：科学出版社，2009.

[36] 王正华，杨杰．国际贸易实务操作教程［M］．北京：中国经济出版社，2009.
[37] 黄建忠，许梅恋，钟锃光．国际贸易实务模拟实验教程［M］．北京：科学出版社，2010.
[38] 陈岩，刘玲．国际贸易实务［M］．北京：对外经济贸易大学出版社，2007.
[39] 祁晓霞，姜莉．21 世纪高校教材：国际贸易实务［M］．北京：航空工业出版社，2008.
[40] 周瑞琪，王小鸥，徐月芳．国际贸易实务［M］．北京：对外经济贸易大学出版社，2008.
[41] 吴富定．保险原理与实务［M］．北京：中国财政经济出版社，2010.
[42] 胡国晖，等．探析中国出口信用保险发展策略研究［J］．现代商贸工业，2008（12）：203 ~ 204.
[43] 兰东娟，宋军刚．出口信用保险发展策略探析［EB/OL］．（2010 - 04 - 14）［2013 - 02 - 22］．
http：//finance. ce. cn/rolling/201004/14/t20100414_ 15693368. shtml.
[44] 出口信用保险简介［EB/OL］．（2012 - 01 - 05）［2013 - 04 - 22］．
http：//www. hzins. com/study/detal - 28567. html.
[45] 王国太．出口信用保险企业文化建设的目标和途径［EB/OL］．（2012 - 12 - 04）［2013 - 04 - 22］．
http：//finance. ifeng. com/money/insurance/hydt/20121204/7383525. shtml.
[46] 泰康人寿．信用保险有什么作用？［EB/OL］．（2013 - 02 - 06）［2013 - 04 - 22］．
http：//www. taikang. com/tab2309/info251347. htm.
[47] TOXUE 外贸网．外贸企业办理出口退税流程图［EB/OL］．［2013 - 03 - 20］．
http：//www. toxue. com/Tool/11070901. html.
[48] 税务知识．出口退税怎样做会计分录［EB/OL］．［2012 - 12 - 17］．
http：//www. djzw. cn/hjjy/hjjy/11367. html.
[49] 税务知识．出口退税申报步骤［EB/OL］．［2012 - 12 - 22］．
http：//www. djzw. cn/cszyxz/wendangxiazai/27177. html.
[50] 中华人民共和国第九届全国人民代表大会常务委员会第二十一次会议．中华人民共和国税收征收管理法（中华人民共和国主席令第四十九号）．2001 - 04 - 28.
[51] 海关总署．关于再次修订《中华人民共和国海关进出口货物报关单填制规范》［Z/OL］．（2008 - 08 - 04）［2012 - 12 - 22］．
http：//www. customs. gov. cn/publish/porta10/tab399/info122417. htm.

后　记

本书能够按时交稿和出版，得到很多朋友的支持和帮助，特别要感谢内蒙古科技大学经济与管理学院张璞院长的热切关怀，在百忙中为本书提出意见和建议；感谢北京大学杨丽莉老师在审稿和文字的校对上给予热心帮助；在此对所有关心和支持我们的朋友和家人表示衷心的感谢。

由于编者水平与经验有限，本书难免存在不妥之处，在此留下联系方式：ylmty@126.com，诚请同行和读者批评指正。

编　者

2013年5月